Sander L. Gilman
Gebannt in diesem magischen Judenkreis

Sander L. Gilman

Gebannt in diesem magischen Judenkreis

Essays

Aus dem Englischen
von Thomas Stauder

Wallstein Verlag

Bibliografische Information der Deutschen Nationalbibliothek
Die Deutsche Nationalbibliothek verzeichnet
diese Publikation in der Deutschen Nationalbibliografie;
detaillierte bibliografische Daten sind im Internet
über http://dnb.d-nb.de abrufbar.

© Wallstein Verlag, Göttingen 2022
www.wallstein-verlag.de
Vom Verlag gesetzt aus der Garamond Premier und der Neuen Kabel
Umschlag: Marion Wiebel, Wallstein Verlag
Umschlagbilder: (oben) Ali Harb, »›Our house‹: Inside the MAGA riot that rocked
America«, in: MIDDLE EAST EYE, 7.1.2021, https://www.middleeasteye.net/news/
our-house-inside-maga-riot-rocked-america; (unten) Verbrennung von Juden in
Deckendorf (Bayern), aus: Schedelsche Weltchronik 1443, Zeichner/Stecher:
Michel Wolgemut; Stiftung Deutsches Historisches Museum.
Lithografie: SchwabScantechnik, Göttingen
Druck und Verarbeitung: Hubert & Co, Göttingen
ISBN 978-3-8353-5170-7

Zum Andenken an Eberhard Lämmert und Hartmut Steinecke

Inhalt

»Die einen werfen mir vor, daß ich Jude bin, die anderen verzeihen mir es, ein Dritter lobt mich gar dafür, aber alle denken daran. Sie sind wie gebannt in diesem magischen Judenkreis. Es kann keiner hinaus.«

Ludwig Börne, Briefe aus Paris,
hrsg. von Manfred Schneider, Stuttgart 1977, S. 146.

Autobiographische Einleitung:
Ein Leben im Judenkreis

Im Frühjahr 1965 befand ich mich mitten in der Nacht auf dem Bahnhof von Frankfurt am Main. Ich war in bester Stimmung, aber ziemlich erschöpft, weil ich auf meiner Reise aus den USA nach Deutschland mit einem Propellerflugzeug der Air Icelandic über Keflavík nach Luxemburg geflogen war. Vom dortigen Flughafen aus musste ich dann noch eine lange Busfahrt ohne Zwischenstopps nach Frankfurt durchstehen, weshalb ich nun völlig ausgehungert war. In einem Verkaufsschalter des Bahnhofs stand eine einsame Gestalt über einen Kohlengrill mit Bratwürsten gebeugt. Diese waren das Erste, was ich in der Bundesrepublik Deutschland zu essen bekam; sie blieben auch später das, was mir am besten schmeckte. Ich war auf dem Weg nach München, um an der Ludwig-Maximilians-Universität zu studieren, auf Einladung des Germanisten Helmut Motekat, dessen Veranstaltungen ich an der Tulane University besucht hatte, als er dort 1963/64 eine Gastprofessur innehatte. Ich war damals 21 Jahre alt; 1963 hatte ich mit 19 Jahren meinen Bachelor-Abschluss in Tulane gemacht, und anschließend hatte ich als National Defense Education Act-Stipendiat mit den Forschungen für meine Doktorarbeit in Germanistik begonnen. (Merkwürdigerweise hatte die UdSSR mit ihrem Sputnik-Satelliten die wissenschaftliche Beschäftigung mit deutscher Sprache und Literatur zu einem unverzichtbaren Bestandteil der amerikanischen Selbstverteidigung gemacht. Dadurch bekam ich ein Stipendium, um Germanistik zu studieren!) Dennoch war dies meine erste Reise in ein deutschsprachiges Land.

In meiner Generation war es für einen amerikanischen Studenten aus der Arbeiterklasse keineswegs ungewöhnlich, eine Sprache und eine Kultur zu studieren, der er seine berufliche Laufbahn widmen wollte, ohne persönlich in dem Land gewesen zu sein. Geographische Isolation und eine Lehre von Sprache und Kultur, die losgelöst war von einer konkreten Lebenserfahrung, waren damals die Regel. Aber für einen osteuropäischen Juden, nur eine Generation entfernt vom Judentum in der weißrussischen Stadt Gomel (gelegen im Ansiedlungsrayon der jüdischen Bevölkerung des Russischen Kaiserreichs) und von den Juden im Warschau der Zeit vor dem Ersten Weltkrieg, war das schon etwas befremdlich. Meine Großeltern waren vor 1914 nach Nordamerika emigriert, und mein Vater wurde am 4. Juli 1918 in den USA geboren, dem Datum des Nationalfeiertags, wodurch er sich immer als besonders ›echter‹ Amerikaner fühlte. Seine Schwester war noch im zaristischen Russland geboren worden; meine Mutter war ein Säugling, als ihre Familie in den 1920er Jahren aus Polen nach Halifax in Kanada kam. Alle ihre Verwandten, ihre Schwestern und Brüder, Tanten und Onkel sowie deren Eltern, sollten später durch das mörderische Wüten der Nazis zu Tode kommen, sowohl die aus Deutschland als auch die aus dem Osten Europas. Im Unterschied zu vielen anderen Gruppen von Einwanderern in jener Welt des frühen 20. Jahrhunderts empfanden diese Juden keine Nostalgie gegenüber ihrer ›alten Heimat‹. Da wir uns schon früh einen Fernseher angeschafft hatten, kamen meine Großeltern einen Abend pro Woche zu uns, um sich gemeinsam mit uns die Serie *I Remember Mama* anzusehen, in der es um eine norwegische Familie ging, die eine ähnliche Zusammensetzung aufwies wie die unsrige und die ebenso versuchte, sich in Amerika zurechtzufinden. Das regelmäßig auftretende Heimweh dieser Norweger war das Einzige, was meine Großeltern nicht verstehen konnten.

Warum studiert man die deutsche Sprache oder Kultur? Warum studiert man sie in Deutschland? Warum tat man dies in den 1960er Jahren? Viele Jahre später, 1989, habe ich einen damals umstrittenen Aufsatz mit dem Titel »Warum und wie ich den Deutschen studiere« veröffentlicht.[1] Von älteren Vertretern der Germanistik wurde ich dafür gerügt, ein unnatürliches und unwirkliches Objekt namens »der Deutsche« geschaffen zu haben, das es so nicht wirklich gebe. Ich antwortete, dass in der deutschsprachigen Literatur – ein weites Feld aufgrund der historischen Komplexität der Entstehung der deutschen, österreichischen und schweizerischen Kultur – und speziell in den in der Germanistik untersuchten Texten ›der Jude‹ früher häufig als »Problem« und in den 1960er Jahren nostalgisch als »verlorener« Impulsgeber der deutschen Hochkultur bezeichnet wurde. Eine schwierigere Frage ist vielleicht, warum damals nicht mehr Juden aus den Vereinigten Staaten zum Studium in die BRD kamen. Lag es daran, dass es sich um ein Deutschland inmitten des Wirtschaftswunders handelte, das mit dem Wiederaufbau des Landes beschäftigt war und gleichzeitig die Erinnerung an seine jüngste Vergangenheit verdrängte, wie Susan Nieman in ihrem Buch *Learning from the Germans: Race and the Memory of Evil* argumentierte?[2]

---

1 »Why and How I Study the German«, in: The German Quarterly 62 (1989), S. 192-204.
2 Susan Nieman, Learning from the Germans: Race and the Memory of Evil, New York 2019; dies., Von den Deutschen lernen: Wie Gesellschaften mit dem Bösen in ihrer Geschichte umgehen können, Berlin 2020.

Ein Leben im Judenkreis

Die Deutschen begannen ihre oftmals nur bruchstückhafte, erzwungene und gehemmte Vergangenheitsbewältigung im Osten bereits in den 1950er Jahren, im Westen jedoch erst in den 1970er Jahren. Etwa zur gleichen Zeit wurde in den USA heftig um das Wahlrecht und weitere Bürgerrechte der afroamerikanischen Bevölkerung gekämpft.

Ich fand ein Zimmer in Berg am Laim, damals noch kein Stadtbezirk, sondern ein Vorort von München und gelegen am Ende der Straßenbahnlinie Nr. 1. An jeder Haltestelle hing ein Schild mit der Aufschrift »Jeder Zug hält nur einmal«, was für mich zu einem Lebensmotto wurde, da ich es ohne zu zögern mit »carpe diem« übersetzte. An der Ludwig-Maximilians-Universität in München studierte ich Lessing und die Aufklärung bei Helmut Motekat, dessen Gottfried-Benn-Seminar ich in New Orleans besucht hatte. Aber es war ein merkwürdiges Benn-Seminar gewesen, da es nahtlos vom radikalen expressionistischen Dichter der 1910er Jahre zum neoklassischen Elegiker der Zeit nach dem Zweiten Weltkrieg übergegangen war. Gefehlt hatte jener Gottfried Benn, der als einer der ersten und sicherlich wichtigsten Vertreter des literarischen Establishments nicht nur Hitlers Triumph von 1933 gefeiert hatte, sondern sich selbst zum Philosophen des »Dritten Reichs« stilisiert hatte. Da er von den Nazis aber ignoriert und ausgegrenzt wurde, zog sich Benn bald zurück – wie so viele anfängliche Anhänger des Nationalsozialismus –, um dann nach 1945 seine Abfuhr als staatliche Verfolgung auszugeben. 1948 erhielt er einen sogenannten Persilschein, der ihn von dem Makel seiner früheren politischen Überzeugungen reinwusch, womöglich ohne innerlich Abstand von diesen genommen zu haben. Motekat war ein Konservativer; nach der Gleichschaltung aller akademischen Organisationen war er Mitglied der Burschenschaft »Gothia« (eigentlich war er Mitglied ihrer Nachfolgerin im Untergrund, der »Diadalia«) an Kants Universität in Königsberg gewesen. Wie die meisten meiner Dozenten in München hatte er in der Wehrmacht gedient, war aber früh im Krieg verwundet worden. Als junger Wissenschaftler der Bundesrepublik verstand er es, das Schweigen über die jüngste Vergangenheit mit der Konzentration auf die kulturellen Errungenschaften der Wirtschaftswunderzeit der 1960er Jahre zu verbinden. Benn hatte 1951 den Büchner-Preis erhalten und galt nun wieder als kulturelle Ikone. Die Universität, die ich in München vorfand, war politisch konservativ, aber von antifaschistischer Gesinnung: Ihr bekanntester Professor war Romano Guardini, der 1939 mit einem Lehrverbot belegt worden war, weil er die Auffassung vertreten hatte, dass Jesus tatsächlich ein Jude war; er war kurz vor meiner Ankunft in den Ruhestand gegangen, seine geistige Präsenz war aber immer noch spürbar. Als nicht sehr gastfreundlich empfand ich es jedoch, dass meine Vermieterin mir zu verstehen gab, dass sie nicht gerne an Ausländer vermiete, ich aber »o.k.« sei, da ich wenigstens kein Afrikaner sei.

Im Wintersemester 1965 befand ich mich auf einer Insel: Westberlin. Vier Jahre zuvor war die Mauer errichtet worden, und der Tunnelbau vom Osten der Stadt in den Westen war in vollem Gange (und, wie sich herausstellte, der Stasi wohlbekannt). Gemäß dem im deutschen Studiensystem damals üblichen Wechsel des Studienortes war ich von München nach Berlin gezogen, an die relativ neue und als liberal geltende Freie Universität, die 1948 gegründet worden war, finanziert von der Ford Foundation und, wie wir erst viel später erfuhren, auch von der CIA. Wie viele meiner Kommilitonen fühlte ich mich von einer Gruppe jüngerer Literatur- und Geschichtswissenschaftler angezogen, die Mitte der 1960er Jahre nach Berlin gekommen waren und einen harten Kern von engagierten und kritischen Denkern bildeten. Ihnen gegenüber stand eine Reihe von Dozenten, die aus der DDR abgeworben worden waren und die zuvor an der Humboldt-Universität in Ostberlin gelehrt hatten; andere waren aus politischen Gründen, wegen ihrer rassistischen Überzeugungen und Aktivitäten im »Dritten Reich«, in den Westen vertrieben worden, so auch einer der führenden Professoren für Anthropologie. Am fesselndsten von den jüngeren Wissenschaftlern fand ich den Germanisten Eberhard Lämmert; wegen ihm war ich zur Fortsetzung meines Studiums nach Berlin gekommen. Er hielt eine Ringvorlesung über die Literatur des »Dritten Reichs«. Das war für mich besonders interessant. Auf verschiedenen Ebenen hatte mich der damalige Umgang mit dieser Thematik dazu motiviert, genau zu diesem Zeitpunkt Germanistik in Deutschland zu studieren. Lämmert hatte sich 1960 in Bonn habilitiert und war 1961 an die FU gekommen, zusammen mit dem Komparatisten Peter Szondi, dessen Vater in Bergen-Belsen gewesen war, und der dann 1964 das Institut für Vergleichende Literaturwissenschaft gründete. Wie verhandelt man die lebendige Vergangenheit innerhalb kompromittierter Institutionen, die nicht bereit waren, offen über ihre Verstrickungen mit dieser Vergangenheit zu sprechen? Lämmerts renommierteste Publikation – durch die er weithin bekannt wurde – war die brillant überarbeitete Fassung seiner Bonner Dissertation von 1952, die 1955 unter dem Titel *Bauformen des Erzählens* erschienen war. Darin untersuchte er die Verbindung zwischen den Strukturen der Narrativik und den dabei eingesetzten Strategien. Diese formalistische Perspektive hatte nichts zu tun mit der Aufarbeitung des nationalsozialistischen Erbes der akademischen Institutionen, zu denen er gehörte. Seine Arbeit zur Narratologie stellte jedoch später die Grundlage für meine eigene Dissertation über die Erzählstrukturen im expressionistischen Roman dar – eine Thematik, die weit entfernt war von meinen ursprünglichen Interessen und meinen Beweggründen, in Deutschland zu studieren, die mir aber gute Dienste leistete, um unter den damals gültigen Rahmenbedingungen eine Stelle an einer amerikanischen Universität zu erlangen. Denn die Germanistik in den USA hatte sich nicht mit Ruhm bekleckert, als es darum ging, den faschistisch beeinflussten Ansatz der Literaturinterpretation entschieden abzulehnen. Nur wenige Institute hatten jüdische Exilanten eingestellt, von denen einige bereits in Deutschland erfolgreich Karriere gemacht hatten, wie Richard Alewyn, der Nachfolger von Friedrich Gundolf in Heidelberg, der am Queens College in New York unterkam; andere, wie der Dichter und Kritiker Heinz Politzer, der 1950 am Bryn Mawr College in Pennsylvania über Heinrich Heine und Ludwig Börne promovierte und anschließend in Berkeley lehrte, wurden de facto in den Vereinigten Staaten ausgebildet. Es waren nicht sehr viele, und nur selten befassten sie sich mit jüdischen Themen; nicht einmal dann, wenn sie es mit Autoren zu tun hatten, die mit ihrem eigenen Judentum rangen (oder damit, dass sie als Juden abgestempelt wurden). Richard Alewyns Studie über Hugo von Hofmannsthal und Heinz Politzers Untersuchung über Kafka waren der beste Beweis dafür. Meine Generation forderte, das ›Jüdischsein‹ in der deutschen Kultur, sei es als Schriftsteller, Komponist oder Wissenschaftler, nicht als Makel oder Hauch von Exotik zu betrachten. Der bestehenden Verlegenheit im Umgang mit dieser Thematik mussten wir entgegenwirken, indem wir die Welt des deutschen Judentums weder als Ausnahme noch als Auswuchs, sondern als eine der vielen Formen von Komplexität innerhalb der europäischen Kultur betrachteten.

Ein einziger Gelehrter schien dies zu verstehen, was sich in seinem neuen methodischen Ansatz zeigte: Eberhard Lämmert brach 1966 auf dem Germanistentag in aller Öffentlichkeit mit dem bis dahin gültigen Ethos des Faches, indem er dem Pseudo-Nationalismus der Germanistik des »Dritten Reichs« (und dem vieler seiner Lehrer und Kollegen im In- und Ausland) eine Absage erteilte und die Literatur nicht nur als transnationales, sondern auch als historisches Phänomen verstand – ein konstruktiver Widerspruch, der viele von uns in sein Doktorandenkolloquium lockte. Dort lernte ich seinen Assistenten Ulrich Profitlich kennen, mit dem ich die erste historisch-kritische Ausgabe der Werke des Sturm-und-Drang-Autors Friedrich Maximilian von Klinger erstellte, sowie einen Kommilitonen namens Hartmut Eggert, der später einer der international führenden Literaturdidaktiker wurde; mit diesen beiden Wissenschaftlern blieb ich nicht nur viele Jahre in Kontakt, sondern war auch mit ihnen eng befreundet.

Natürlich ging es im Berlin der 1960er Jahre chaotisch zu: Es gab Streiks, Tote auf der Straße bei Demonstrationen gegen den iranischen Schah und gegen den Vietnamkrieg sowie eine Pseudo-Revolution der Studierenden – Letztere nicht nur in Berlin, sondern an allen Universitäten der BRD. Die institutionellen Strukturen im Hochschulwesen, die die Nazis bereits vor 1933 offen und durchgängig unterstützt hatten, waren nach dem Krieg nicht reformiert worden. Einige der Professoren in Berlin und anderswo hatten »Persilscheine« erhalten, und manche von ihnen hatten ihre früheren akademischen Monographien neu aufgelegt, bereinigt von allen braunen Flecken. Hier ist zu erwähnen, dass einer der Professoren des Instituts, bei dem ich studierte, Wilhelm Emrich war, der – ohne dass wir dies gewusst hätten – seit 1937 Parteimitglied gewesen war und ab 1941 als Zellenleiter fungierte. Er erstellte die »Judenbibliographie« in der *Deutschen Bücherei*. Das allein war schon schlimm genug, aber er war außerdem noch Verfasser eines Aufsatzes aus dem Jahre 1943 über den »Einbruch des Judentums in das wissenschaftliche und fachliche Denken«.[3] Darin prangerte er die als jüdische Wissenschaft geltende Psychoanalyse als eine der zersetzenden Kräfte an, die »praktische Auswirkungen auf die öffentliche Hygiene« hätten. Dies alles drang erst nach seinem Tod im Jahre 1998 an die Öffentlichkeit. Emrich hatte seinen »Persilschein« 1945 beim Eintritt in den Schuldienst erhalten und lehrte ab 1949 Germanistik an der Universität Göttingen. Nach Berlin kam er 1960; zuvor hatte er unter anderem 1958 eine vielgelesene Studie über Franz Kafka als allegorischen Schriftsteller verfasst. Natürlich war sein Kafka nicht der jüdische Kafka, über den ich später zwei Bücher und zahlreiche Artikel schreiben sollte.[4] Als ich nach Berlin kam, gab es an der Freien Universität keinen einzigen hochrangigen Literaturwissenschaftler, der sich mit der »Judenfrage« im Kontext der deutschen Kultur befasst hätte.

Es gab eine fragmentarische Judaistik, die 1952 mit einer Teilzeitstelle für den jüdischen Pädagogen Adolf Leschnitzer, der 1939 aus Deutschland ins Exil gehen musste, eingerichtet worden war; er lehrte in Berlin als Honorarprofessor für die Geschichte und Kultur des Judentums, während er gleich-

---

3 In: Das Deutsche Fachschrifttum, 1943, Heft 4-6, S. 1-3.
4 Franz Kafka: The Jewish Patient, New York 1995, und Franz Kafka, London 2005.

zeitig seine Vollzeitstelle als Deutschlehrer an der City University of New York weiter beibehielt. Aber er und seine Lehrveranstaltungen nahmen eine marginale Position innerhalb der Geisteswissenschaften ein. Die Einordnung seiner Judaistik unter die Theologie hatte er abgelehnt und die Bezeichnung »Wissenschaft des Judentums« aus dem 19. Jahrhundert vorgezogen (zumindest war dies der Fall in den 1960er Jahren, als ich dort war). Der vielschichtig, aber oft kompliziert denkende Theologe Jacob Taubes, der in Zürich ausgebildet worden war, war 1965 aus New York nach Berlin gekommen, und ich saß mit einigen wenigen anderen Hörern in seinen Vorlesungen über Hermeneutik. Sein Versuch, die Bereiche der Literaturwissenschaften und Judaistik miteinander zu verknüpfen, stieß auf wenig Interesse unter den Studierenden. Als ich viele Jahre später auf einer großen internationalen Germanistik-Konferenz einen Vortrag über (ausgerechnet) die deutsche Aufklärung kommentierte und die renommierte Rednerin nach der parallelen Entwicklung einer hebräischsprachigen Aufklärungsliteratur im deutschsprachigen Raum fragte, reagierte sie mit einer abwehrenden Geste und bemerkte, »sie spreche nicht über Afrika«.

Lämmerts Eintreten für Reformen und sein entschiedener Widerstand gegen den Versuch des Staates, angebliche Extremisten von der Universität auszuschließen (der sogenannte Radikalenerlass), machten ihn zu einer Ausnahmeerscheinung unter seinen Kollegen. Mit einigen von ihnen – erwähnen könnte man Joachim Bumke, der 1965 von Harvard kam, und Peter Wapnewski, der 1967 aus Heidelberg berufen wurde – setzte er sich für eine grundlegende Umstrukturierung der Nachkriegsuniversität ein. 1970 ging Lämmert nach Heidelberg; 1976 kehrte er an die Freie Universität als deren Präsident zurück. 1969 hatten auch Bumke und Wapnewski das damals besonders chaotische Berlin verlassen. Da mir in Deutschland die nötige Ruhe zum Studieren und Schreiben fehlte, war ich bereits zuvor an die Tulane University in New Orleans zurückgekehrt, an der ich 1968 meine Dissertation verteidigte. Meine Untersuchung, die ich im Rahmen der Betreuung durch Eberhard Lämmert in dessen Doktorandenkolloquium zur Romantheorie begonnen hatte, beschäftigte sich mit Klabunds (Alfred Henschkes) expressionistischem Prosawerk im Lichte der narrativen Umwälzungen der Weimarer Republik und seinen obsessiven Bestrebungen, die neuen Erzählweisen des Kinos im Roman zu reproduzieren.[5] Klabunds Werke waren im »Dritten Reich« verboten, aber an den bundesdeutschen

---

5 Form und Funktion: Eine strukturelle Untersuchung der Romane Klabunds, Frankfurt a. M. 1971.

Universitäten wurden sie weiterhin gelesen, da er weder Jude noch Kommunist und so vernünftig gewesen war, bereits 1928 an Tuberkulose zu sterben.

In New Orleans ging es bei den Demonstrationen weder um den iranischen Schah noch um Vietnam, sondern um die gerade im Erstarken begriffene, sehr vielschichtige Bürgerrechtsbewegung der Afroamerikaner. Diese orientierte sich in Teilen an Gandhis Philosophie der Gewaltlosigkeit, die durch den Rückzug der Briten aus Südasien in ihrer Wirksamkeit bestätigt worden war; zum Teil war das Engagement der Bürgerrechtler aber keineswegs gewaltfrei, was beispielsweise für das reformierte SNCC galt, das sich für Black Power einsetzte. In New Orleans unterrichtete ich Deutsch, zunächst am St. Mary's Dominican College für junge (weiße) katholische Frauen und anschließend an der Dillard University, einer historisch gesehen nur von Schwarzen besuchten Hochschule. Die Gegensätze hätten nicht größer sein können. Das Fehlen von Bürgerrechten in New Orleans wie auch im gesamten Land wurde damals radikal angefochten. Allerdings hatten die Schwarzen in New Orleans praktisch während der gesamten Geschichte der Stadt, vom Code Noire der französischen Kolonien bis zur Jim-Crow-Ära nach dem Bürgerkrieg, in der ich in den 1960er Jahren lebte, einen besonderen Rechtsstatus genossen. Die römisch-katholische Kirche, die in dieser katholischsten aller Städte eine wichtige Rolle spielte, setzte gegen den großen lokalen Widerstand die Integration der beiden zuvor parallel laufenden katholischen Schulsysteme für Weiße und Schwarze durch. Privatuniversitäten wie Tulane und Dillard blieben jedoch konservativ, nicht nur hinsichtlich ethnischer, sondern auch hinsichtlich wirtschaftlicher Kriterien. Beide wandten sich an die aufstrebende Mittelschicht: Dillard an diejenigen, die W. E. B. Du Bois das »talentierte Zehntel« nannte und die in der afroamerikanischen Mittelschicht in New Orleans gut vertreten waren, und Tulane an die weiße Mittelschicht – nicht an die weiße Elite, deren Kinder weiterhin in den Norden nach Princeton und Yale gingen, wie sie es schon lange vor dem Bürgerkrieg getan hatten –, sondern an eine aufstrebende Mittelschicht. Als Kind von Eltern aus der Arbeiterklasse, das mit vollem Stipendium in Tulane zugelassen wurde, war ich gleich in mehrfacher Hinsicht ein Außenseiter. Als Jude wurde ich von der Universitätsgemeinschaft ausgegrenzt; als finanziell schlechtgestellter Jude wurde ich vom wohlhabenden jüdischen Bürgertum ebenso schief angesehen wie vom Umfeld der Studentenverbindungen auf dem Campus. Man könnte sagen, dass sich die vorherrschenden christlichen Burschenschaften von mir ebenso abgrenzten wie die Weißen von den Schwarzen in der Stadt. Ich wohnte nicht auf dem Campus, gehörte keiner Studentenverbindung an – ein Faktor, der später im Berufsleben wichtig ist – und war arm, sogar so arm, dass ich unter den gut situierten Studierenden mit ihren Autos unangenehm auffiel, weil ich täglich zwei Stunden mit Bus und Straßenbahn unterwegs war, um zur Universität und wieder nach Hause zu kommen.

Meine Beschäftigung mit dem Deutschen hatte in der High School bei Frau Schulz begonnen und fand eine Fortsetzung an der Tulane University bei zwei für mich wichtigen akademischen Lehrern. Der erste war Erich Albrecht, der während des Krieges im Nachrichtendienst der Armee gedient hatte und 1941 seinen Abschluss in Vergleichender Literaturwissenschaft an der Johns Hopkins University gemacht hatte. Ich wurde sein wissenschaftlicher Assistent, ohne von seiner außergewöhnlichen Karriere unmittelbar nach Kriegsende zu wissen: Er erhielt den Auftrag, Hitlers Privatsekretärin Christa Schroeder in Berchtesgaden zu befragen. Ebenso wichtig für mich war Margaret Groben, die 1934 bei Paul Hankamer und Ernst Bertram in Köln ihre Dissertation über Friedrich Schlegel geschrieben hatte. Beide lehrten am Newcomb College, dem zu Tulane gehörenden Frauencollege. Margaret Groben wurde meine Fürsprecherin und Beraterin, als ich mit einer halb fertigen Doktorarbeit aus Berlin zurückkehrte. Ihre eigenen Erfahrungen in einem schnell faschistisch gewordenen Köln, wo sie an einem Thema arbeitete, das die deutschen Nationalisten damals rasch für sich vereinnahmten, prägten die Ratschläge, die sie mir gab, und ihre Sichtweise half mir, meine Dissertation abzuschließen, während ich an der Dillard University lehrte. Dillard war eine politisch konservative Institution, deren Leitung der Bürgerrechtsbewegung ablehnend gegenüberstand, während viele der Studierenden diese nicht nur unterstützten, sondern sich sogar an vorderster Front in der ganzen Stadt für die Integration der Schwarzen einsetzten. Die Spannungen auf dem Campus waren deutlich spürbar, und meine eigenen Aktivitäten machten mich schnell zu einer Persona non grata.

Die Geisteswissenschaften waren in den späten 1960er Jahren »in« und galten als wesentlicher Bestandteil der Universität, da ihnen – zumindest in der englischsprachigen Welt – die Aura des moralischen Zentrums der Hochschulbildung anhaftete. 1968, mit frisch erworbenem Doktortitel, wurde mir zunächst eine Stelle an der University of South Carolina angeboten, die ich aber ablehnte, und dann eine an einer brandneuen Universität, die gerade aus dem Case Institute und der Western Reserve University in einem postapokalyptischen Cleveland, Ohio, gebildet worden war. Tatsächlich fiel in meine Zeit in Cleveland auch der Tag, an dem der Cuyahoga

River aufgrund der starken Verschmutzung mit Chemikalien in Flammen aufging, eine der symbolträchtigsten Umweltkatastrophen der damaligen Zeit. Meine Aufgabe am Institut für Germanistik bestand darin, neben der Pflichtveranstaltung »Deutsche Sprache für Ingenieure« auch die gesamte deutsche Literatur zu unterrichten, von der Frühzeit bis zur Gegenwart. Im amerikanischen Universitätsbetrieb hatte das Deutsche damals immer noch den Nimbus einer Wissenschaftssprache, den es sich im 19. Jahrhundert erworben hatte, jedoch in den folgenden Jahrzehnten zusammen mit seinem privilegierten Status in den Geisteswissenschaften verlieren sollte. Unter meinen neuen Kollegen und Kolleginnen sollte eine von ihnen zu meiner lebenslangen Freundin werden: Ruth Angress, die Auschwitz und (laut ihr) eine gescheiterte Ehe mit dem Historiker Tom Angress überlebt hatte und ein Jahr vor mir nach Cleveland gekommen war. Uns verband vieles. Eines Tages entdeckte sie auf meinem Schreibtisch eine Anthologie von Gedichten, die in den Konzentrations- und Vernichtungslagern der Nazis entstanden waren, und sagte mir zu meiner Überraschung, dieser Band enthalte auch ein von ihr verfasstes Gedicht. Als ich es nicht finden konnte, erklärte sie mir, es stehe unter ihrem Mädchennamen darin: Ruth Klüger. Viele Jahre später begann sie, mir die Entwürfe für ihre Autobiographie zu schicken, die ich kritisch kommentierte und die sie trotz meiner Einwände 1992 unter dem Titel *weiter leben* veröffentlichte, eine im Nachhinein betrachtet richtige Entscheidung. Vielleicht noch wichtiger war, dass es durch eine komplizierte Serie von Lehrveranstaltungswechseln, wozu auch das Einspringen für einen abwesenden Kollegen gehörte, dazu kam, dass Ruth mir Marina von Eckardt vorstellte, die später meine Frau wurde. Ruth sagte in der Folge immer, diese Ehe sei das beste Ergebnis unserer gemeinsamen Zeit in Cleveland.

Meine Forschungen zur wachsenden jüdischen Präsenz im kulturellen Leben der beiden deutschen Staaten wurden durch einen Kauf in der Heinrich-Heine-Buchhandlung in Ostberlin in jenem Sommer von 1969 angeregt: Ich erwarb dort den brandneuen Roman *Jakob der Lügner* von Jurek Becker, dessen Biograph ich später wurde.[6] Das Buch war mir von einem Freund an der ostdeutschen Akademie der Wissenschaften als »Neuübersetzung aus dem Polnischen« empfohlen worden. Dass es damals eine Renaissance der jüdischen Kultur (wie auch immer man diese definieren mochte) im deutschsprachigen Raum würde geben können, galt als unvorstellbar. Die ›philosemitische‹ Literatur über die jüdische Präsenz

---

6 Jurek Becker: Die Biographie, Berlin 2002; Taschenbuch-Ausgabe 2004.

Ein Leben im Judenkreis

oder Rolle innerhalb der deutschen Kultur war von der Sehnsucht nach einer verlorenen Welt geprägt, einer Welt, in der die Juden (wie auch immer definiert) die ›fremde‹ Würze waren, die das ›deutsche‹ Gericht schmackhaft machte.

Einer meiner akademischen Lehrer an der FU, Eckehard Catholy, bei dem ich »Vergleichendes Drama der Moderne« studiert hatte, lud mich im Sommer 1968 zum Mittagessen ein, als ich in Berlin zu Besuch weilte, eine höchst ungewöhnliche Situation für noch einen sehr jungen Wissenschaftler wie mich. Catholy war 1961 aus Tübingen nach Berlin gekommen. Im Jahr 1968 war der normale Universitätsbetrieb an der FU praktisch eingestellt worden, und Catholy hatte zwei Einladungen aus Nordamerika bekommen, die er mit mir besprechen wollte. Catholy, der wie alle meine jüngeren Dozenten während des Krieges beim Militär gewesen war, hatte ein Geheimnis, das er mit niemandem öffentlich besprechen konnte: Er war homosexuell. Vor 1945 hätte man deswegen in ein Konzentrationslager gesteckt werden können, nach dem Krieg beruflich geächtet werden. In Berlin hatte er eine historisch gesehen stets relativ tolerante Stadt vorgefunden, in der es sich als Schwuler aushalten ließ, wenn man seine Homosexualität dezent verborgen hielt. Wir haben nie darüber gesprochen, warum ich zum Mittagessen eingeladen wurde und warum er ausgerechnet mich nach den zwei Institutionen fragte. Die eine war die Cornell University, die andere das St. Michael's College der University of Toronto. Die eine Hochschule befand sich in einer kleinen Universitätsstadt, die andere in einer kosmopolitischen Großstadt. Ich verstand allerdings, worum es ihm eigentlich ging; 1970 verließ er Berlin in Richtung Toronto. Ebenso wie Lämmert empfahl mich Catholy nachdrücklich für die Stelle an der Cornell University, die ich dann tatsächlich bekam und ein Vierteljahrhundert lang behielt.

Marina zog mit mir nach Ithaca. Sie war Sängerin und eine begeisterte Kunst- und Kulturliebhaberin. Sie hatte die School of Music an der Indiana University absolviert und engagierte sich sofort in der Musikwelt des Bundesstaates New York, unter anderem an der Ithaca Opera, die vom Mitbegründer des Jüdischen Kulturbundes aus der Nazizeit, Kurt ›Ken‹ Baumann, aufgebaut worden war und damals auch noch geleitet wurde. Marina und ich heirateten im Dezember 1969 im Wohnzimmer ihres Elternhauses in Washington DC, während draußen ein Schneesturm tobte. Ihre Eltern waren ebenfalls deutsche Einwanderer. Ihre Mutter, die Psychiaterin Marianne Horney-Eckardt, die Tochter der bedeutenden Psychoanalytikerin Karen Horney, hatte 1932 ihr Medizinstudium in Berlin abgebrochen, um ihrer Mutter nach Chicago zu folgen, wo sie ihr Medizinstudium abschloss.

Karen Horney hatte eine Stelle an der Universität von Chicago als Ausbildungsleiterin des neuen psychoanalytischen Instituts unter der Direktion von Franz Alexander erhalten. Marinas Vater, Wolf von Eckardt, der Schöpfer der »Cityscape«-Kolumne in der *Washington Post*, dessen Mutter Jüdin war, war 1938 mit dieser und seiner Schwester aus Deutschland nach New York geflohen. Die Mutter war ihrem zweiten Ehemann Emil Lederer gefolgt, der 1931 die Nachfolge von Werner Sombart auf dem Lehrstuhl für Volkswirtschaftslehre an der Humboldt-Universität angetreten hatte. Er floh 1933 vor den Nazis und wurde Gründungsdekan der Exiluniversität in New York City. Wolf und Marianne wurden nicht nur meine Schwiegereltern, sondern auch meine intellektuellen Sparringspartner. Mit meinem Schwiegervater habe ich später zwei Bücher geschrieben, eines über Berlin in den 1920er Jahren und eines über London in den 1890er Jahren.[7] Meine Schwiegermutter war meine ständige Gesprächspartnerin bei meinen Forschungen zur Psychoanalyse und deren historischem Kontext, was zu einer Reihe von Büchern über die Geschichte der Psychiatrie führte.[8] Trotz des Chaos bei der Hochzeit – die meisten Gäste saßen im Schnee fest – hat sich Ruth Klügers Prophezeiung bewahrheitet, und unsere Ehe ist immer noch das beste Geschenk, das sie Marina und mir gemacht hat. Unsere inzwischen erwachsenen Söhne Daniel und Samuel und ihre Familien sind der Beweis dafür.

An der Cornell University herrschte 1969 das gleiche Chaos wie zuvor an der Freien Universität in Berlin. Bewaffnete Schwarze Studenten hatten 1968 die Willard Straight Hall in ihre Gewalt gebracht, und die Fakultät war in der Frage der Unterstützung für die Schwarzen Studierenden auf dem Campus weiterhin gespalten. Die handfesten Meinungsverschiedenheiten zwischen einer für die Besetzung Verständnis zeigenden Fraktion der Fakultät und den Gegnern dieser Übernahme überschatteten meine Anfangszeit an der Cornell University. Eine meiner ersten Aufgaben bestand darin, eine Nacht in der Goldwin Smith Hall zu verbringen, in Erwartung möglicher Brandbomben Schwarzer Radikaler, die jedoch ausblieben. Goldwin Smith, ehemaliger Regius-Professor für Geschichte in Oxford, war 1868 Gründungsmitglied der Cornell-Fakultät gewesen. Großbritannien hatte er nicht zuletzt deswegen verlassen, weil Benjamin Disraeli im Begriff war, Premierminister zu werden. Er war ein schlimmer, rassistischer Antisemit

---

7 Bertolt Brecht's Berlin, New York 1975; Oscar Wilde's London, New York 1987.
8 Wichtig darunter vor allem Freud, Race, and Gender, Princeton 1993; Jewish Book Club 1993; Psychology Book Club 1993; Frankfurt a. M. 1994; Sao Paulo 1995; Tokyo 1997; Dehli 1997; Frankfurt a. M. 2016.

Ein Leben im Judenkreis

avant la lettre, der in den Juden aufgrund ihres »eigentümlichen Charakters und ihrer Sitten«, insbesondere ihrer »Vorliebe für Geldgeschäfte«, »Feinde der Zivilisation« sah.[9] Als ich später Direktor der Jüdischen Studien wurde, hielt ich unsere Veranstaltungen regelmäßig in dem nach ihm benannten Gebäude ab.

Die 1970er Jahre zeichneten sich durch den zunehmenden Widerstand gegen den Vietnamkrieg und die allmähliche Erkenntnis aus, dass Schwarze Studierende und Black Studies zu unserem Campus dazugehörten, unabhängig davon, wie unangenehm Black Power für die fast ausschließlich weiße Fakultät sein mochte. Dies führte zur Gründung des Africana Center – ausgerechnet dieses wurde im April 1970 in Brand gesteckt – und zur Berufung einer Reihe brillanter afroamerikanischer Kollegen, darunter der Psychologe William Cross, mit dem ich viele Jahre lang gemeinsam unterrichtete und der einer meiner engsten akademischen Freunde blieb. Seine Forschungen zur Psychologie der Herausbildung von Schwarzer Identität im Amerika des 20. Jahrhunderts verliefen parallel zu meinen eigenen Untersuchungen zur Komplexität jüdischer Identität in einer Epoche, die vom Kampf um Bürgerrechte zu unterschiedlichen Zeiten und an unterschiedlichen Orten geprägt war.[10] Die Gespräche mit ihm führten zu meiner umfangreichen Studie *Jewish Self-Hatred: Anti-Semitism and the Hidden Language of the Jews*, die 1986 veröffentlicht wurde und immer noch lieferbar ist.[11] Eine deutsche Version dieses Buches erschien 1993.[12]

Cornell gab mir den Freiraum, mehr zu sein als ein Angehöriger eines akademischen Instituts und Fachbereichs. Dies entsprach vielleicht dem Ethos dieser Universität seit ihrer Gründung im Jahr 1865. Die Cornell University sollte, wie ihr erster Präsident, der Wissenschaftshistoriker A. D. White, 1862 schrieb, »ein Asyl für die Wissenschaft« werden, »ein Ort, an dem die Wahrheit um ihrer selbst willen gesucht wird und nicht gedehnt oder zurechtgestutzt wird, um der Offenbarungsreligion zu entsprechen«.[13]

---

9 Goldwin Smith, »The Jewish Question«, 1881, in: Essays on Questions of the Day, London 1893, S. 221-260.

10 William Cross, Shades of Black: Diversity in African-American Identity, Philadelphia 1991.

11 Baltimore 1986.

12 Jüdischer Selbsthaß. Antisemitismus und die verborgene Sprache der Juden, Frankfurt a. M. 1993.

13 https://rmc.library.cornell.edu/cornell150/exhibition/white/AndrewDWhiteletterGerritSmith.pdf (aufgerufen am 10.1.2021).

Das verärgerte damals viele. Matthew Arnold gab in seinem Werk *Culture and Anarchy* (1869) die Tonlage der Gegenstimmen vor, als er schrieb, dass »Kultur und die harmonische Vervollkommnung unseres gesamten Wesens – das, was wir Ganzheitlichkeit nennen – zur Nebensache werden«, wenn an den Universitäten andere Fächer als die Geisteswissenschaften eine Rolle spielten. Er hielt einen derartigen Paradigmenwechsel für motiviert von

[derselben] verengte[n] und partielle[n] Sicht der Menschheit und ihrer Bedürfnisse, wie sie die freien Religionsgemeinschaften einnehmen. So wie die Freikirchen [...] mit ihrem Provinzialismus und ihrem Mangel an Zentralität bloß hebräisierende Gläubige und keine vollkommenen Menschen hervorbringen, so scheint die Universität von Herrn Ezra Cornell, die ein nobles Denkmal seiner Freigebigkeit darstellt, dennoch auf einer provinziellen Fehlvorstellung dessen zu beruhen, was Kultur wirklich ist, und scheint es darauf anzulegen, Bergbauspezialisten oder Ingenieure oder Architekten hervorzubringen, nicht Harmonie und Licht.[14]

Meine Studierenden verlangten von mir sowohl inhaltliche Breite als auch Tiefe; sie kamen in meine Veranstaltungen aus allen privaten und staatlichen Colleges der Universität. Sie studierten Agrarwissenschaften, Hotelmanagement, Arbeitsrecht oder eben auch Geisteswissenschaften, und sie zwangen mich, über das hinauszugehen, was normalerweise von einem Professor für deutsche Literatur erwartet wurde.

An der Cornell University gab es zahlreiche Vorbilder für transdisziplinäre Arbeit. Eric Blackall war 1957 als Lehrstuhlinhaber für Deutsch aus Cambridge gekommen. Er verfügte über eine erstaunliche Bandbreite an Wissen und hatte im Wien der Zwischenkriegszeit gelebt, wo er im Alleingang Arthur Schnitzlers umfangreichen Nachlass rettete und nach dem »Anschluss« nach Großbritannien schmuggelte. Er war Stipendiat der Latymer Upper School gewesen, ein Junge aus der Arbeiterklasse, der an Kinderlähmung erkrankt war, brillant, aber immer ein wenig ein Außenseiter. In Cambridge wurde ihm gesagt, das Institut benötige einen Sprachhistoriker, woraufhin er ein großartiges Buch über die Entwicklung einer

---

14 Matthew Arnold, Culture and Anarchy: An Essay in Political and Social Criticism, London 1869, S. 16.

Ein Leben im Judenkreis

Literatursprache in Deutschland verfasste.[15] Seine breiteren Interessen konnten sich aber erst entfalten, als er 1958 an die Cornell University kam, wo er über Goethe, den Roman der Romantik sowie über moderne deutsche und österreichische Themen schrieb. Die ihm gewährte Freiheit brachte erstklassige Forschung und Lehre hervor.

An der Cornell setzte ich meine eigene, vorwiegend einzelgängerische Untersuchung des Verhältnisses der Juden zur deutschen Hochkultur der Zeit nach dem Mauerbau fort, ein Projekt, das ich eher halbherzig während meines Aufenthalts in Cleveland mit der Lektüre von Jurek Beckers erstem Roman begonnen hatte. Dabei entdeckte ich etwas, das es eigentlich nicht hätte geben dürfen: das plötzliche Wiedererstarken während der 1980er Jahre einer (nicht unbedingt nur mit Bindestrich geschriebenen) deutsch(-)jüdischen Literatur von hoher Qualität in beiden deutschen Staaten und Österreich. Mein Interesse daran war durch die Veröffentlichung einiger Romane geweckt worden, die im zeitgenössischen Deutschland – in West und Ost – unter Juden spielten; 1992 wurde ich dann vom damaligen Kulturattaché der deutschen Botschaft (der selbst Jude war) eingeladen, auf einer Veranstaltung in der Botschaft über diese recht bemerkenswerte Erscheinung zu sprechen. Mein Vortrag war akademisch und etwas trocken, aber im Publikum saß, ohne dass ich es wusste, Yohanan Meroz, der ehemalige Botschafter Israels in der BRD. (Ich kannte ihn vom Hörensagen, denn sein Vater war Max Marcuse, der medizinische Sexualforscher, dessen Arbeiten von Freud, mit dem er in der Öffentlichkeit konkurrierte, oft zitiert wurden.) Meroz stellte die erste Frage, die lautete: Gab es wirklich eine Wiedergeburt einer deutsch-jüdischen Kultur in Deutschland? Ich antwortete, dass die Anfänge bereits vorhanden zu sein schienen. Er explodierte und sagte, dass auch für den Fall, dass ich Recht hätte – was er bezweifele –, dies niemals weder sein könne noch sein dürfe. Im Bewusstsein, auf eine Landmine getreten zu sein, kehrte ich nach Ithaca zurück. Als ich in den 1960er Jahren in Westberlin studierte, wurde die jüdische Kultur als die große Leerstelle in der zeitgenössischen deutschen Kultur verstanden, die in der Weimarer Republik ihre Glanzzeit erlebt hatte. Ich dachte darüber nach, ob etwas existieren konnte, das für Deutschland als völlig ausgeschlossen galt: eine jüdische Kultur im Hier und Jetzt, die sich mit dem Hier und Jetzt auseinandersetzte. Die Frucht meiner Überlegungen war eine von mir organisierte Tagung – wie sich herausstellte, die erste

---

15   Eric A. Blackall, The Emergence of German as a Literary Language, 1700-1775, Cambridge 1959.

wissenschaftliche Konferenz zum Thema jüdische Kultur und jüdisches Leben im Nachkriegsdeutschland. Darauf folgte eine Reihe von Vorträgen und Büchern zu dieser Thematik in den letzten Jahrzehnten des 20. Jahrhunderts.[16] Dadurch schloss ich Freundschaft mit vielen jüngeren Schriftstellern, darunter Jurek Becker, dessen Thema oft die Schwierigkeit, wenn nicht gar die Unmöglichkeit war, sich in der deutschen Nachkriegsgesellschaft als Jude zu erkennen zu geben oder auch einfach nur als Jude in ihr zu leben.

Jurek Becker hatte in der DDR in einem ganz anderen Umfeld gelebt als die jüdischen Schriftsteller der BRD, deren Werke ich ab den 1980er und '90er Jahren kennenlernte und las. Im Sommer 1976 war ich als IREX-Fellow (International Research and Exchange Board) zu Lehr- und Forschungszwecken in Jena und Weimar. Vor meiner Abreise aus den USA hatte ich mit John Sherman Cooper, dem ersten amerikanischen Botschafter in der DDR, über kulturelle Fragen gesprochen. In Weimar wurde mir ein Zimmer in einem offiziellen Gästehaus der »Nationalen Forschungs- und Gedenkstätten der klassischen deutschen Literatur«, einer Kulturorganisation der DDR, zur Verfügung gestellt. Schnell wurde mir klar, dass es sich um die ›Villa Silberblick‹ handelte, das Haus, in dem der kranke Friedrich Nietzsche und seine bösartige, extrem antisemitische Schwester Elisabeth gelebt hatten. Von meinem Zimmer aus blickte man auf den riesigen Kastanienbaum im Hof, unter dem sich Nietzsche – oder zumindest seine körperliche Hülle, denn er hatte knapp ein Jahrzehnt zuvor einen schweren geistigen Zusammenbruch erlitten – auszuruhen pflegte. Ich habe mich schon sehr früh mit Nietzsche beschäftigt, nicht als Philosophen, sondern als Kultur- und Literarhistoriker. Mich faszinierte seine Gesellschaftskritik des späten 19. Jahrhunderts und vor allem seine zweideutige Position als Gegner der Antisemiten und Kritiker der Religion, einschließlich aller Formen des Monotheismus. In Weimar arbeitete ich in Nietzsches Bibliothek und las seine Bücher; dabei war ich, abgesehen von einigen zu Besuch weilenden Ausländern, praktisch allein, denn Nietzsche war in der DDR eine Persona non grata. Meine eigenen Forschungen über Nietzsche wurden so durch die Politik der Zeit bereichert.[17]

16 Reemerging Jewish Culture in Germany: Life and Literature since 1989, New York 1994; Jews in Today's German Culture: The Schwartz Lectures, Bloomington 1995; Deutsch-jüdische Literatur der Neunziger Jahre: Die Generation nach der Shoah (Beihefte zur Zeitschrift für deutsche Philologie, 11), Berlin 2002.

17 Nietzschean Parody: An Introduction to Reading Nietzsche, Bonn 1976; Toyko 1997; zweite, erweiterte Auflage Aurora 2001; Begegnungen mit Nietzsche, Bonn

Ein Leben im Judenkreis

Meine Interessen erstreckten sich nicht nur auf die Vergangenheit, sondern auch auf die Gegenwart. Jurek Becker traf ich zum ersten Mal bei einem Empfang in der provisorischen amerikanischen Botschaft in Ostberlin. Später, im selben Jahr, wurde Wolf Biermann während einer Konzerttournee durch die BRD die Staatsbürgerschaft der DDR entzogen. Becker war einer von einem Dutzend ostdeutscher Schriftsteller, die in einem öffentlichen Brief forderten, ihm die Rückkehr zu erlauben, womit sie aber kein Gehör fanden. Dies veranlasste eine große Zahl von Künstlern und Intellektuellen dazu, Biermann aus der DDR in den Westen zu folgen. Becker ging im darauffolgenden Jahr, 1977, nach Westberlin, wo wir uns oft trafen, wenn ich an der Freien Universität zu Gast war. 1984 lud ich ihn ein, ein Semester bei mir in Ithaca zu verbringen und dort zusammen mit mir ein Seminar über sein Werk abzuhalten. Oder zumindest mit den Studierenden zu diskutieren, die alle vor seinem Aufenthalt seine Werke mit mir gelesen haben würden. Er sagte zu und absolvierte seine Auftritte mit Bravour. In einer hitzigen Debatte ging es um den Roman, der ihn weltberühmt gemacht hatte und den ich mir viele Jahre zuvor gekauft hatte: *Jakob der Lügner.* »Ist das ein jüdischer Roman?«, wollten die Studierenden von ihm wissen. »Nein«, erwiderte er. »Es ist ein deutscher Roman.« Denn Jude zu sein war für ihn, wie für alle deutschsprachigen Schriftsteller seiner Generation, die sich durch ihr Schaffen auf die eine oder andere Weise als jüdisch bezeichneten oder identifizierten, sowohl ein ›Pluspunkt‹ als auch ein Stigma. In finanzieller Hinsicht hatte es seinem Vater in der DDR eine Rente ermöglicht und ihm selbst den Zugang zu einer Universitätsausbildung; aber man stand immer unter dem Verdacht, bestimmte Vorteile erhalten zu haben, weil man Jude war und den eigenen Opferstatus als Jude ausgenutzt hatte. Staatlicher Antisemitismus (der damals als Antizionismus bezeichnet wurde) ging einher mit einer stets präsenten Erinnerung an den Holocaust, auch wenn in der DDR nicht speziell die Juden als Opfer des

1981; zweite, verbesserte Auflage 1985; dritte Auflage 1987; Conversations with Nietzsche: A Life in the Words of his Contemporaries, New York 1987; Taschenbuch-Ausgabe 1991, ausgewählt als eines der zehn besten akademischen Bücher von 1988 durch die Zeitschrift *Choice*; Friedrich Nietzsche on Rhetoric and Language: With the Full Text of His Lectures on Rhetoric Published for the First Time, New York 1989; auch ins Griechische übersetzt (Athen 2004). Speziell zu Nietzsche und den Juden vgl. meine Aufsätze »Parody and Parallel: Heine, Nietzsche and the Classical World«, in: James O'Flaherty (Hrsg.), Nietzsche and the Classical Tradition, Chapel Hill 1976, S. 199-213, und »Nietzsche, Heine and the Rhetoric of Anti-Semitism«, in: London German Studies 2 (1983), S. 76-93.

Massenmords gesehen wurden, sondern unter ihre nationalen Identitäten als Deutsche, Polen oder Bürger der UdSSR subsumiert wurden. Meine Freundschaft mit Jurek Becker dauerte bis zu seinem Tod im Jahre 1997. Er schrieb mir einmal, dass unsere Sichtweisen des Judentums unvereinbar seien, obwohl wir beide >Ostjuden< waren, also von jüdischen Familien aus Polen abstammten. Er bemerkte, ich sei der Ornithologe, er dagegen der Vogel mit dem glänzenden Gefieder, der den analytischen Blick der Wissenschaft auf sich ziehe. Was mich an *Jakob der Lügner* angezogen hatte, war in der Tat das unausgesprochene Judentum dieses Romans, aber das war genau der Teil von Beckers kreativer Welt, dem gegenüber er sich am zögerlichsten zeigte, obwohl er sich seiner offenkundig bewusst war. Nach seinem Tod im Jahre 1997 wurde ich gebeten, seine autorisierte Biographie zu schreiben, was ich mit großer Traurigkeit über den Verlust eines Freundes und brillanten Schriftstellers tat. Sein widersprüchliches Verhältnis zu der Rolle, die er als überlebendes Kind der Shoah innehatte, prägte sowohl seine Existenz als auch sein vielschichtiges literarisches Vermächtnis. In jenem Jahr begab ich mich in aller Stille auf den Friedhof in Sieseby, legte einen kleinen Besuchsstein auf sein Grab und sprach das Kaddisch, das Totengebet, zu seinem Gedenken.

Zu jenem Zeitpunkt war die Berliner Mauer nahezu vollständig verschwunden. Die radikalen politischen Veränderungen in Europa in den 1990er Jahren hatten mich (und viele andere Deutschland-Experten) vorübergehend desorientiert. Während ich intellektuell durchaus verstand, dass die Teilung Europas und der Bau der Berliner Mauer eine Folge des Kalten Krieges gewesen waren, hatte ich auch das unterschwellige Gefühl, dass die Mauer die sichtbare Tätowierung auf dem Körper der Deutschen war, die dauerhaft ihre Schuld am Holocaust symbolisierte. Letzteres hatte am besten Edgar Hilsenrath – Überlebender der Judenverfolgung, Schriftsteller und mein Freund – 1983 in seinem Roman *Zibulsky oder Antenne im Bauch* zum Ausdruck gebracht.[18] Die Zeit zwischen dem Zusammenbruch des Honecker-Regimes im November 1989 und der Wiedervereinigung der beiden deutschen Staaten im Oktober 1990 verging in einem seltsamen Schwebezustand. Während dieses Zeitraums, im Januar 1990, ertappte ich mich dabei, wie ich ziellos zwischen Ost- und Westberlin hin- und herfuhr

---

18 Hilsenrath verbrachte 1988 ein Semester an der Cornell University im Rahmen meines Seminars für deutsch-jüdische Schriftsteller. Vgl. dazu meinen Aufsatz »Hilsenrath und Grass Redivivus«, in: Thomas Kraft (Hrsg.), Edgar Hilsenrath: Das Unerzählbare erzählen, München 1995, S. 119-127.

und zu verstehen versuchte, wie diese beiden Stadthälften, die ich beide für sich seit den frühen 1960er Jahren sehr gut kannte, miteinander verbunden waren; ich war mir nie ganz sicher, wie ein bestimmter Teil des Westens mit einem bestimmten Teil des Ostens zusammenhing.

Davon erschöpft, fand ich mich in Potsdam wieder, einer Stadt, die ich ›offiziell‹ zuletzt 1976 besucht hatte, als ich an der Universität Jena gelehrt hatte. Potsdam war mir ein Begriff – ich hatte 1975 in dem Buch *Bertolt Brecht's Berlin*, das ich zusammen mit meinem Schwiegervater Wolf von Eckardt verfasst hatte, ausführlich über den Einsteinturm geschrieben, die von Erich Mendelsohn entworfene und schließlich 1924 errichtete Sternwarte, die ich aber nie mit eigenen Augen gesehen hatte. Der Turm befand sich auf dem Gelände des Zentralinstituts für Astrophysik der DDR (zusammen mit einer Reihe von wissenschaftlichen Gebäuden der alten Kaiser-Wilhelm-Gesellschaft) und war unzugänglich. Doch an jenem Nachmittag fuhr ich die von Nadelbäumen beschattete Straße hinauf, näherte mich dem Institut und wurde ohne Schwierigkeiten durch die bewachten Tore eingelassen. Das Gebäude war so außergewöhnlich, wie ich es mir vorgestellt hatte. Es wirkte wie ein großes, fest am Boden verankertes Schiff, das den Wahrheitsgehalt von Albert Einsteins These beweisen sollte, dass das Licht abgelenkt werden kann und sich die Zeit relativ zum Beobachter verändert. Als ich wieder gehen wollte, hielt mich die Aufseherin, eine ältere Frau in einer schlecht sitzenden Uniform, an und fragte, ob ich in Einsteins Haus gewesen sei. »Nein«, antwortete ich. »Aber das müssen Sie. Es ist in Caputh, nicht weit entfernt.« Sie beschrieb mir, wie ich dorthin gelangen konnte, und ich machte mich auf den Weg, auf der Suche nach einem Haus mit entschieden moderner Architektur, vielleicht einem Raumschiff nachempfunden, passend zu diesem modernsten aller deutsch-jüdischen Denker. Oder vielleicht ein großer Gründerzeitbau mit Türmchen und Giebeln, wie der der Kaiser-Wilhelm-Gesellschaft in Berlin, wo er gearbeitet hatte, dachte ich. Was für eine Ironie wäre es, wenn er in einem Haus gelebt hätte, das der damaligen bürgerlichen Welt entsprach. Natürlich habe ich mich mehrmals verfahren: Caputh war weiter weg, als ich angenommen hatte, und der Weg dorthin komplizierter, als ich es mir vorgestellt hatte. Aber schließlich stand ich vor einem winzigen Holzhaus, das sehr schlicht und billig wirkte im Vergleich zu dem großen Gründerzeithaus nebenan. »Wie traurig«, dachte ich, »das ist das Haus von Einstein?« Es sah aus wie die Sommerhäuschen, die wir früher an der Küste von New Jersey gemietet hatten.

Im darauffolgenden Jahr lud mich der gerade gewählte Ministerpräsident des neuen Bundeslandes Brandenburg ein, den Vorsitz im Vorstand des sogenannten Einstein Forums zu übernehmen, einer neuen Einrichtung, die eine Plattform für den öffentlichen intellektuellen Diskurs in Brandenburg bieten sollte. Ich erklärte mich sofort dazu bereit und nahm an der ersten großen Sitzung teil, die von Direktor Gary Smith organisiert wurde und kurz nach dem Erntedankfest im Palmensaal von Schloss Sanssouci stattfand. Zum Rahmenprogramm gehörte überraschenderweise eine Busfahrt zu dem kleinen Holzhäuschen, das früher einmal Einstein gehört hatte. Dabei erfuhr ich auch die mir bis dahin nicht bekannte Geschichte dieses Gebäudes. Nachdem Einstein 1921 der Nobelpreis zuerkannt worden war, wollte die Stadt Berlin ihm ursprünglich ein Haus schenken, aber die Konservativen im Stadtrat brachen dieses Versprechen. Einstein ließ sich daraufhin dieses Holzhaus in Caputh errichten, um dort im Sommer seiner Leidenschaft für das Segeln zu frönen. Nach 1933 wurde es Teil eines Waisenhauses für jüdische Kinder, und nach dem Krieg wurde es in der DDR als Gästehaus von ebenjenem Zentralinstitut für Astrophysik übernommen, das ich im Frühjahr zuvor besucht hatte. Man erzählte uns von den Streitigkeiten zwischen Einsteins Erben und der Hebräischen Universität um den Besitz dieses bescheidenen Häuschens und davon, dass das Einstein Forum gebeten worden war, sich im Rahmen seiner Mission auch um dieses Gebäude zu kümmern. Seltsam, dachte ich, meine Eindrücke vom neuen Deutschland waren eine Art Rückblende in die 1920er Jahre, zu Einstein in Berlin und Potsdam.

Aber so merkwürdig war das gar nicht. Wenn es etwas gab, das die 1920er Jahre in Deutschland auszeichnete – unabhängig davon, ob man dies positiv oder negativ bewerten will –, dann war es die Umfunktionierung des traditionellen deutschen Gelehrten zum modernen ›öffentlichen Intellektuellen‹. In den 1920er Jahren wurden Akademiker, die vor dem Krieg über ästhetische Theorie geschrieben hatten, zu Filmkritikern, während Photographen, die wenige Jahre zuvor noch hoch ästhetische Porträts angefertigt hatten, zu Mode- oder Straßenphotographen für Ullstein oder Mosse wurden. Einstein selbst hatte sich von einem in der Schweiz und in Prag eher zurückgezogen lebenden Wissenschaftler auf einem für Außenstehende schwer verständlichen Gebiet zu einem Intellektuellen entwickelt, der öffentlich das Wort ergriff und sich nach 1919 über alles Mögliche äußerte: von der Natur des Krieges (in einem berühmten Briefwechsel mit Sigmund Freud, der gedruckt erschien) bis hin zur Bedeutung des Zionismus. Die Weimarer Demokratie mit all ihren Schwachstellen machte es erforderlich, dass sich die Intellektuellen, denen (in welcher Hinsicht auch immer) der damalige Zustand Deutschlands nicht gleichgültig war, auf den Marktplatz

Ein Leben im Judenkreis

der Ideen begaben. Das konnte auch negative Folgen haben: Aus Joseph Goebbels, einem gescheiterten Literaturkritiker und Romancier, wurde ein brillanter Propagandist, der durch seine Manipulation der öffentlichen Meinung zum Untergang Weimars im Jahre 1933 beitrug. Benötigte das neue Deutschland nach der Wiedervereinigung einen Ort für den freien Austausch von Ideen? Tatsache war, dass sich dem gerade gegründeten Einstein Forum die Chance bot, Einfluss zu nehmen auf die öffentliche Diskussion in den neu geschaffenen Bundesländern, die sich rasch auf ein westliches Modell des intellektuellen Austauschs zubewegten. Bis dahin war dieser westliche Diskurs im Osten Deutschlands nur im intellektuellen Treibhaus Westberlin gefördert worden, aber diese scheinbare Freiheit des Austauschs von Wissen war völlig künstlich. Nach dem Bau der Berliner Mauer ab 1963 von der CIA und dem amerikanischen Außenministerium unterstützt, sollte Westberlin im Osten als Schaufenster dienen, um das Potenzial eines demokratischen Systems zu veranschaulichen, darunter fielen allerdings auch radikale Positionen. Es war natürlich eine erzwungene Demokratie, die sich während des Vietnamkriegs mit den lautstarken Protesten der Linken konfrontiert sah, von denen einige durch heimliche finanzielle Unterstützung der Alliierten ermöglicht wurden. (Robert Neumann ist das beste Beispiel dafür.) Nach dem Zusammenbruch des Ostblocks, der von zeitgenössischen Historikern als »Ende der Geschichte« bezeichnet wurde, gab es weder eine Notwendigkeit noch ein Interesse daran, dieses ›Schaufenster‹ inmitten des wiedervereinigten deutschen Staates zu erhalten. Die Bonner Regierung (die bald nach Berlin umziehen würde) schenkte wirtschaftlichen Fragen mehr Aufmerksamkeit als intellektuellen Diskursen – als ob diese voneinander trennbar gewesen wären. Neuen Institutionen wie dem Einstein Forum fiel daher die Aufgabe zu, diese Kluft zu überbrücken. Und das gelang ihm, indem es amerikanische, westeuropäische und israelische Intellektuelle nach Potsdam und Berlin brachte, um sie vor einem ständig wachsenden Publikum sprechen zu lassen. Es wurden weitgespannte Themen ausgesucht und breit angelegte Vortragsreihen organisiert. Auf einen Schlag waren die Plakate mit den Programmen an jeder Ecke Berlins und Brandenburgs zu sehen – in den Lokalen, den Schulen, den Universitäten und den Clubs. Und es kamen genügend Zuhörer: manchmal nur, um den berühmten Redner zu sehen, oftmals aber auch, um mit ihm zu diskutieren. Meine Rolle als Vorstandsvorsitzender war politisch: Ich vermittelte regelmäßig zwischen der neuen Regierung in Potsdam, dem Forum und der Hebräischen Universität, die alle ihre völlig ungewohnte Rolle im nunmehr vereinigten deutschen Staat oder im Verhältnis zu ihm definieren mussten. Amerikaner, Jude und Hochschullehrer in den neuen Bundesländern zu sein, war, wie Jurek Becker mich gewarnt hatte, ein zweischneidiges Schwert. Mit all diesen Instanzen zu verhandeln – sowie über die Hebräische Universität in Jerusalem indirekt auch mit der israelischen Regierung –, war ein außergewöhnlicher Balanceakt. Für die Einheimischen in Potsdam war ich ein Eindringling (wie so viele Westdeutsche, die auf Arbeitsplätze in der ehemaligen DDR scharf waren), und für die »Bundesdeutschen« war ich ein Ausländer (zu sehr Amerikaner, um zu wissen, was gut für das vereinigte – halb neue, halb alte – Deutschland war). Für die Israelis war ich ein Ärgernis, weil ich es in den späten 1980er Jahren abgelehnt hatte, Gründungsdirektor des geplanten Instituts für deutsch-jüdische Studien an der Hebräischen Universität zu werden (das später Rosenzweig-Zentrum heißen sollte), und seitdem von ihnen nicht mehr ganz ernst genommen werden konnte. All das bedeutete, dass ich mehr zu tun hatte als je zuvor. Nachdem Gary Smith als Direktor des Forums abgedankt hatte, half ich dabei, Susan Neiman, eine Philosophieprofessorin aus Tel Aviv, als seine Nachfolgerin zu installieren. Ein kompliziertes, aber letztendlich erfolgreiches Unterfangen, bei dem es notwendig war, eine Vielzahl von Akteuren an einen Tisch zu bringen. Außerdem eine aufregende Erfahrung, die mich auf die politischen Aufgaben im Hochschulbereich vorbereitete, die mir an der Cornell University noch bevorstanden.

25 Jahre Cornell. Zunächst in der Abteilung für deutsche Literatur, anschließend als Gründer und Leiter des Programms für Jüdische Studien und dann des Programms für Medizinische Geisteswissenschaften (17 Jahre als Lehrstuhlinhaber an der School of Medicine in New York City). Mit Studierenden aus den verschiedensten Fachbereichen. Als Direktor des Ford Foundation Center for European Studies schuf ich den ersten interdisziplinären Germanistik-Studiengang, der Sprache, Literatur, Geschichte, Politik- und Wirtschaftswissenschaften vereinte. Ich unterrichtete alles, Seminare und Vorlesungen über deutsche und europäische Literatur, Kultur, Kino, Philosophie und Geschichte, immer in größeren geistigen Zusammenhängen; und ich diskutierte mit den Studierenden über die neuen und heftig umstrittenen intellektuellen Theorien, die aus Frankreich kamen (auf dem Umweg über New Haven und Kalifornien), mit den kritischen Werkzeugen, die ich aus Deutschland mitgebracht hatte. Ich verwendete die Lehre als Experimentierfeld für Ideen und schrieb parallel dazu eine Vielzahl von Büchern über Themen wie die Kultur der Reformation, die deutsche Klassik, die deutsche Geschichte (von Goethes Weimar bis zu den

Nazis), den Antisemitismus, die Geschichte der Psychiatrie und vieles mehr.[19] In den Jüdischen Studien unterrichtete ich zunächst Jiddische Literatur von Mendele bis Isaac Bashevis Singer, den ich dann für einen langen Artikel in der neuen Zeitschrift *diacritics* interviewte, in deren Gründungsvorstand ich saß. Später, einige Jahre nachdem Singer 1978 den Nobelpreis erhalten hatte, organisierten Marina und ich ein besonderes ›Nobel-Dinner‹ in Ithaca (im vegetarischen Restaurant Moosewood): Wir stellten ihm den Chemiker Roald Hoffmann vor, den jüngsten Preisträger von Cornell, der 1981 in seinem Fachgebiet mit dem Nobelpreis ausgezeichnet worden war. Ich war zweimal Direktor des Programms für Jüdische Studien und hatte mehrere Amtszeiten als Lehrstuhlinhaber für Germanistik. Damit war ich Teil einer Revolution in den Geisteswissenschaften, die weit über die akademische Welt und die traditionellen Fächer hinausreichte. Meine eigenen Forschungen konzentrierten sich immer stärker auf die Idee der Differenz und darauf, wie wir als Menschen unsere Wahrnehmung der Welt gestalten. Dies war eine Folge meiner früheren Bemühungen, sowohl in der BRD als auch in New Orleans, durch das Studium von Texten im weitesten Sinne herauszufinden, wie wir sowohl andere verstehen als auch uns selbst definieren. Die Psychoanalyse hat meine wissenschaftliche Arbeit in vielen Bereichen geprägt, zunächst durch die Objektbeziehungstheorie und dann im größeren Zusammenhang durch das Verständnis der Beziehung zwischen den Theorien des Geistes und ihrem komplexen und oft widersprüchlichen Ausdruck in den Bildern und dem Vokabular bestimmter Zeiten, Orte und Menschen.

Auf institutioneller Ebene habe ich dazu beigetragen, neue umfassende Bereiche in den Jüdischen Kulturwissenschaften und den Medizinischen Geisteswissenschaften zu erschließen und das Studium und die Lehre der deutschen Literatur und Kultur tiefgreifend umzugestalten und zu erweitern. Zwei meiner Bücher waren dabei von zentraler Bedeutung: eine Studie über Stereotypen des jüdischen Körpers für das erstgenannte Fach-

---

19 Als Auswahl meiner an der Cornell University verfassten Publikationen nenne ich: The Face of Madness: Hugh W. Diamond and the Rise of Psychiatric Photography, New York 1976; Difference and Pathology: Stereotypes of Sexuality, Race, and Madness, Ithaca, NY, 1985; Disease and Representation: Images of Illness from Madness to AIDS, Ithaca, NY, 1988; Sexuality: An Illustrated History, New York 1989; sowie Herausgeberschaften von Johannes Agricola, Die Sprichwörtersammlungen: Eine historisch-kritische Ausgabe, Berlin 1971, NS-Literaturtheorie: Eine Dokumentation, Frankfurt a.M. 1971; Robert Blum: Aus dem literarischen Nachlaß, Nendeln 1979; Reading Freud's Reading, New York 1993.

gebiet und eine Analyse visueller Darstellungen psychischer Erkrankungen für das zweite.[20] Die Reaktionen ließen nicht auf sich warten und waren sehr heftig. Ein älterer Kollege aus Princeton bezeichnete mich wegen meines Buches über Kafkas Selbstverständnis als Antisemiten, und ein Gelehrter der Columbia University behauptete in einem pauschalisierenden Zeitungsartikel, ich sei wegen meiner Lehrplan-Innovationen in der Germanistik ein akademischer Faschist. Dennoch war diese ganze Zeit äußerst spannend. Nicht nur unsere Forschung und Lehre wurden von Grund auf neu durchdacht, sondern auch die Art der Verbreitung unserer Forschungsergebnisse weit über den universitären Bereich und die Hörsäle hinaus. So nahm ich mehrere Sondersendungen auf: zur Geschichte der Infektionskrankheiten für das Australian Broadcasting System, zu Freud und der Natur Gottes für das staatliche Fernsehen der USA, zu der filmischen Darstellung des Holocaust für das deutsche Regionalfernsehen. Außerdem gab ich regelmäßig Fernseh- und Radiointerviews in verschiedenen Ländern zu den Themen meiner Veröffentlichungen. Nicht zuletzt entwarf ich auch Ausstellungskonzepte für Museen in Berlin, Wien (wo ich Gründungsmitglied des Vorstands des neuen Jüdischen Museums war) und später in Chicago.[21] Zusätzlich hielt ich weltweit 10 bis 15 Vorträge pro Jahr (oft auch mehr) in akademischen und öffentlichen Einrichtungen. Meine Rolle in der Wissenschaftsverwaltung erreichte ihren Höhepunkt im Jahre 1995, als ich zum Präsidenten der größten geisteswissenschaftlichen Fachorganisation in den Vereinigten Staaten, der Modern Language Association, gewählt wurde. Da sich damals die Bedingungen der staatlichen Unterstützung für die Hochschulbildung radikal änderten, war ich ebenso oft als Lobbyist in Albany oder Washington unterwegs wie als Vortragender in Ithaca oder auf der ganzen Welt. Die Lektionen, die ich im wiedervereinigten Deutschland gelernt hatte, zahlten sich in Newt Gingrichs Amerika in hohem Maße aus.

Jeden Sommer kehrte ich nach Deutschland zurück. Ein längerer Aufenthalt dort wurde mir 1972/73 durch ein Guggenheim Fellowship ermög-

20 The Jew's Body, New York 1991, übersetzt ins Hebräische, Japanische und Italienische sowie ausgewählt als eines der zehn besten akademischen Bücher des Jahres 1992 durch die Zeitschrift *Choice*; Seeing the Insane: A Cultural History of Psychiatric Illustration, New York 1982; Taschenbuch-Ausgabe 1985; Neuauflagen 1996 und 2013.

21 Der schejne Jid: Das Bild des ›jüdischen Körpers‹ in Mythos und Ritual, Wien 1998; Gesichter der Weimarer Republik: eine physiognomische Kulturgeschichte, Köln 2000.

Ein Leben im Judenkreis

licht, sodass Marina und ich jenes Jahr in Hamburg verbrachten, ganz in der Nähe des Hauses, in dem Marinas Vater geboren wurde, als dessen Vater Hans von Eckardt Redakteur des *Hamburgischen Wirtschaftsdienstes* war. Außerdem war dies auch die Stadt, an deren Universität Hans sich bei Alfred Weber habilitierte, bevor er 1927 als Direktor des Instituts für Zeitungswesen nach Heidelberg wechselte; dort wurde er im April 1933 von den Nazis aus seinem Amt gedrängt. Hamburg zeichnete sich durch seine außergewöhnliche Gastfreundlichkeit und Hochkultur aus. In der dortigen Universitätsbibliothek arbeitete ich fleißig an der Vorbereitung meiner Klinger-Ausgabe.[22] Eine unserer Besucherinnen in jenem Jahr war Marinas Tante, die Schauspielerin Brigitte Horney, deren Erscheinen unsere normalerweise gelangweilte Concierge plötzlich in solche Aufregung versetzte, dass wir von ihr danach immer ganz bevorzugt behandelt wurden.

Danach waren meine jährlichen Aufenthalte in Deutschland, meistens in Westberlin, regelmäßig versetzt mit Einladungen zu Gastdozenturen in der gesamten BRD. Das erste Mal in diesem Rahmen unterrichtete ich an der neuen Gesamthochschule in Paderborn, als Ulrich Profitlich und sein Kollege Hartmut Steinecke (mit dessen Familie wir auch privat befreundet waren) mich 1980 einluden, dort Kurse abzuhalten. Paderborn hatte eine ziemlich düstere Geschichte, da es ab den letzten Jahrzehnten des 19. Jahrhunderts eine Hochburg antisemitischer Publikationen gewesen war und nach 1933 ein bedeutendes Zentrum der faschistischen Ideologie. Ich nutzte die Gelegenheit, meinen ersten Kurs dort der Literatur des Holocausts zu widmen, den ich bereits über ein Jahrzehnt zuvor an der Cornell University angeboten hatte. Anschließend wiederholte ich dies 1989 als Gastprofessor für Neuere deutsche Literatur an der Freien Universität in Berlin, wo ich im Jahr 2000 zum Honorarprofessor für Deutsche und Vergleichende Literaturwissenschaft ernannt wurde; und dann 1995 an der neuen Universität Potsdam als einer der ersten Fellows des Moses Mendelssohn Zentrums für Jüdische Studien. Während meiner Zeit als Fellow der American Academy in Berlin im Jahre 2000/01 lehrte ich auch Vergleichende Literaturwissenschaft an der Freien Universität. 2017/18 lehrte ich als Allianzprofessor für jüdische Geschichte an meiner anderen Alma Mater, der Ludwig-Maximilians-Universität München, dank der Einladung eines jüngeren Freundes, Michael Brenner.

Im Laufe meiner Karriere habe ich auf der ganzen Welt und in verschiedenen Disziplinen gelehrt und geforscht: Ich lehrte einige Semester an der

---

22 Friedrich Maximilian von Klinger, Werke, Tübingen 1978 ff.

Colgate University im Fachbereich Deutsch; an meiner Alma Mater, der Tulane University, als Mellon Professor of Humanities; in Princeton als Old Dominion Foundation Fellow in Englisch; dann als Northrop Frye Visiting Professor of Literary Theory an der University of Toronto; als B. G. Rudolf Visiting Professor of Jewish Studies an der Syracuse University sowie ein Jahr lang als Visiting Historical Scholar an der National Library of Medicine, National Institutes of Health in Bethesda, Maryland. Mitte der 1990er Jahre hatte ich sowohl mich selbst als auch die Breite meiner Forschungen und Interessen als eine Art Anomalie etabliert, die jedoch in der akademischen Welt gebraucht zu werden schien. Im Jahr 2000 schrieb ich ein Buch über die Zukunft der Hochschulbildung, wobei ich leider das wirtschaftliche und politische Chaos, das die Universität im 21. Jahrhundert heimsuchen würde, noch nicht vorhersehen konnte.[23] Cornell bot mir ein außergewöhnliches Umfeld, in dem ich brillante Kollegen und Verwaltungsangestellte vorfand, die bereit waren, mir genügend intellektuellen Freiraum für die Lehre einzuräumen, und die verstanden, dass eine durch Fächer definierte Wissenschaft auch über diese Fächer hinausgehen konnte.

Anfang der 1990er Jahre hatte ich jedoch das Gefühl, dass die räumliche Abgeschiedenheit von Upstate New York und die relative Stabilität des Lehrkörpers dazu führten, dass mir oftmals die Impulse fehlten, die ich benötigte, um meine eigene wissenschaftliche Ausrichtung zu hinterfragen. 1994 wechselte ich deshalb an die University of Chicago als Henry R. Luce Professor of the Liberal Arts in Human Biology, mit persönlichen Verantwortungsbereichen in den Geisteswissenschaften, den Sozialwissenschaften und der Pritzker Medical School. Dort setzte ich meine Aufbau- und Innovationsarbeit fort und half dabei, das Programm für Jüdische Studien ins Leben zu rufen und den geisteswissenschaftlichen Unterricht für Studierende der Medizin (und solche, die sich auf das Medizinstudium vorbereiten) zu erweitern. Das Konzept »vormedizinischer« (»Vorphysikum«) Studiengänge war traditionell verbunden mit einer Überfrachtung von Lehrinhalten in den Grundlagenwissenschaften, insbesondere der Biologie und Chemie, die im ersten Jahr des Medizinstudiums erneut behandelt werden mussten. Vieles von dem, was vorher gelernt worden war, wurde dann wieder verlernt. An der Cornell University hatte ich mich zusammen mit Kollegen aus den Sozialwissenschaften mit der Bedeutung des Verständnisses der Rolle von Krankheit und Heilung in der Gesellschaft be-

23   The Fortunes of the Humanities: Teaching the Humanities in the New Millennium, Stanford 2000.

Ein Leben im Judenkreis

fasst und war zu der Überzeugung gelangt, dass die Studierenden bereits in den ersten Semestern, noch vor der Spezialisierung auf Medizin, Krankenpflege oder öffentliches Gesundheitswesen, diese Aspekte ihres späteren Berufs verstehen sollten. Robert Michels, der Lehrstuhlinhaber für Psychiatrie und spätere Dekan der Cornell School of Medicine, den ich 1977/78 während meines Aufenthalts als Research Fellow auf dem New Yorker Campus der medizinischen Fakultät kennengelernt hatte, lud mich daraufhin ein, dieselben Kurse auch für Studenten und Studentinnen der Medizin anzubieten. Dies sollte sich fortan auf alle meine Forschungen und meine gesamte Lehrtätigkeit auswirken, insbesondere bei meiner Konzeption des Grundstudiums für medizinische Geisteswissenschaften in Chicago und an der Emory University.

Da ich mich zuvor aktiv am akademischen Boykott Südafrikas beteiligt hatte, wurde ich im Sommer 1994, 100 Tage nach der Wahl Nelson Mandelas, zum Mellon Foundation Visiting Professor an der University of the Witwatersrand in Johannesburg und im darauffolgenden Sommer zum Gastprofessor am Kaplan Centre for Jewish Studies an der University of Cape Town. Das Merkwürdige daran war, dass ich zwar als Literatur- und Kulturwissenschaftler an die Wits-Universität eingeladen worden war, aber in Südafrika als Kunsthistoriker bekannt war, oder zumindest als der Kritiker, dessen Essay über die »Hottentotten-Venus« in Südafrika häufig in der Lehre zitiert wurde. Bis ich anfing, mich mit diesem Thema zu beschäftigen, war der Darstellung Schwarzer Frauenkörper im westlichen Denken nur wenig Aufmerksamkeit geschenkt worden, weder in Südafrika noch anderswo. Ein (damals) junger Wissenschaftler aus Yale, Henry Louis Gates, Jr., bat mich, einen Aufsatz zu einem von ihm herausgegebenen Band über race beizutragen.[24] Ich dachte sofort an meine Forschungen zum Zusammenhang zwischen race und der Medizin. Der Aufsatz, der daraufhin erschien, wurde mehr als ein Dutzend Mal nachgedruckt und führte dazu, dass ich von einem führenden Wissenschaftler der Black Studies noch vor der Veröffentlichung als »akademischer Pornograph« angegriffen wurde. Diese Kritik wurde nach dem Erscheinen des Aufsatzes von einer führenden niederländischen Feministin aufgegriffen, die ungefähr denselben Vorwurf formulierte. Heute, im Zeitalter der sogenannten Cancel Culture –

---

24 »Black Bodies, White Bodies: Toward an Iconography of Female Sexuality«, in: Critical Inquiry 12 (1985), S. 203-242. Vgl. auch meinen Aufsatz »Confessions of an Academic Pornographer«, in: Phillipe Vergne (Hrsg.), Kara Walker: My Complement, My Enemy, My Oppressor, My Love, Minneapolis 2007, S. 27-36.

die es sowohl von links wie auch von rechts gibt –, wird das Problem der Verwendung von Darstellungen und Bildern, die rassistisch, frauenfeindlich oder antisemitisch waren und sind, wieder akut wahrgenommen. Die zentrale Absicht eines Großteils meiner Veröffentlichungen, einschließlich des vorliegenden Bandes, besteht jedoch darin, bei meinen Lesern und Leserinnen eine emotionale Reaktion hervorzurufen, die es ihnen ermöglichen soll, die emotionalen Reaktionen derjenigen zu verstehen, die solche Bilder in der Vergangenheit wie auch in der Gegenwart erzeugt und konsumiert haben, sowie vor allem derjenigen, die davon beeinflusst wurden. Wie diejenigen reagiert haben, die Opfer von Fremdenfeindlichkeit wurden, war schon immer Gegenstand meiner Forschung. Doch für einen Kritiker ist es schwierig, tief sitzende und intensive Emotionen zu reproduzieren, da von ihm eigentlich ein bestimmtes Maß an Objektivität erwartet wird. Dennoch ist es notwendig, diese intensiven Emotionen bei sich selbst zuzulassen und sie gleichzeitig rational zu analysieren. Denn für eine wahrhaft kritische Auseinandersetzung mit rassistischer Bildlichkeit ist beides erforderlich. Gilles Deleuze nahm 1962 in seinem Buch über *Nietzsche und die Philosophie* dieselbe Haltung ein, als er bemerkte:

> Der Zweck der Philosophie besteht darin, zu betrüben. Eine Philosophie, die niemanden traurig macht, die niemanden ärgert, ist keine Philosophie. Sie dient dazu, der Dummheit weh zu tun, die Dummheit in etwas zu verwandeln, dessen man sich schämen muss. Ihre einzige Funktion ist die Entlarvung aller Formen von Unzulänglichkeit des Denkens.[25]

Mein Aufsatz, der ein Appell zur ernsthaften Beschäftigung mit den Beziehungen zwischen gender, race und Medizin sein sollte, machte meine Forschungen auch unmittelbar zugänglich für kreative Künstler, die ihre Werke aus der Perspektive ihrer Emotionen gestalten. Die Wirkung meines Artikels – unabhängig davon, ob man diese positiv oder negativ bewerten möchte – zeigte sich in Gemälden, Romanen und dem ersten größeren Gedichtband von Elizabeth Alexander, der 1990 veröffentlicht wurde.

Das Überschreiten von Grenzen blieb für meine Arbeit in der Germanistik und darüber hinaus von zentraler Bedeutung. Weitere Einladungen für langfristige Gastaufenthalte folgten: als Inaugural Distinguished Visitor am Institut für Germanistik der Ohio State University; als Canterbury

---

25 Nach der englischen Fassung von Hugh Tomlinson, London 1983, S. 104.

Ein Leben im Judenkreis

Visiting Fellow in Gender Studies an der University of Canterbury, Christchurch, Neuseeland; in Form einer Nichols Visiting Professorship of the Humanities and the Public Sphere an der University of California, Irvine; als Visiting Fellow am Getty Center for the Arts and Humanities; als Gastprofessor für Vergleichende Literaturwissenschaft an der University of British Columbia; als Visiting Fellow am Geisteswissenschaftlichen Zentrum der University of Michigan, Ann Arbor, und als offizieller Fellow des Zentrums für Höhere Studien in Behavioral Sciences in Stanford.

Im Frühjahr 1999 war ich der erste Drobny-Dozent für Jüdische Studien an meiner Nachbarhochschule in Chicago, der University of Illinois. Im darauffolgenden Jahr wurde ich von dem neuen Dekan für Geisteswissenschaften, dem Literatur- und Rechtswissenschaftler Stanley Fish, als Verwalter und leitendes Fakultätsmitglied angeworben. Ich sollte ihn bei der Verwirklichung seiner Vision unterstützen, eine innovative öffentliche Forschungseinrichtung zu schaffen, unter Einbezug der außerordentlichen Vielfalt der Einwohnerschaft Chicagos sowie der fachübergreifenden und interdisziplinären Innovationen, die ich an der Cornell University und an der University of Chicago entwickelt hatte. Ich rief das Humanities Laboratory ins Leben, das geisteswissenschaftliche Projekte unter Einbindung des Großraums Chicago förderte, sowie das Jewish Studies Program, dessen Direktor ich wurde, wie schon an der Cornell University. Während der Wirtschaftskrise der 1990er Jahre mussten Fishs Ziele für die UIC rasch aufgegeben werden, und die leitenden Verwaltungsangestellten, die mich mit besseren Zukunftshoffnungen eingestellt hatten, gingen ebenso schnell von Bord. Stanley Fish verabschiedete sich überstürzt in den Vorruhestand. Ich blieb in der Universitätsverwaltung zurück und hatte nichts mehr zu tun, da er bei seinem Weggang auch die von mir geleiteten Programme beendet hatte.

Im Jahr 2004 hielten Marina und ich es für sinnvoll, darüber nachzudenken, unser Jahr zwischen den Vereinigten Staaten und Europa aufzuteilen. Viele meiner Kollegen hatten Wohnungen in Berlin gekauft, genauer gesagt in Berlin-Mitte, dem Herzen von Ostberlin. Doch mit dem Umzug der Bundeshauptstadt von Bonn nach Berlin im Jahr 1991 wurde vor allem Westberlin, das früher so aufregend und radikal gewesen war, immer >normaler<, was die Einwohner verständlicherweise auch wollten. Deswegen entschieden wir uns, nicht nach Berlin zu gehen, sondern eine Wohnung im alten Londoner East End zu kaufen, einer Gegend, in der die Gentrifizierung noch nicht so weit fortgeschritten war und die viele kleine Ladengalerien sowie eine blühende Szene zeitgenössischer Musik zu bieten hatte.

Bei dem Gebäude handelte es sich um eines der wichtigsten Beispiele für den brutalistischen Baustil in London: Keeling House, 1957 von dem anglo-jüdischen Architekten Denys Lasdun entworfen und im Jahr 2000 umgestaltet. Wie einer meiner Freunde bemerkte, hatte man den Eindruck, in einer Skulptur zu wohnen. Ich antwortete ihm: Auf diese Weise kehren die Juden ins East End zurück. Wir hatten beide Recht. Obwohl ich den Jewish-Chronicle-Lehrstuhl für Jüdische Studien am University College London abgelehnt hatte, unterhielt ich weiterhin intensive akademische und persönliche Beziehungen zu den Londoner Institutionen und Kollegen. Zwischen 2004 und 2020 verbrachte ich dort jedes Jahr drei Monate mit Arbeiten in der British Library und der Wellcome Library für Medizingeschichte (die ich bereits in den 1970er Jahren kennengelernt hatte) sowie mit weitgefächerter Lehrtätigkeit: als Gastprofessor für Jüdische Studien am University College London und an der University of Sussex; als Mellon-Gastprofessor für Kunstgeschichte am Courtauld Institute of Art; drei Jahre lang als Gastforscher am geisteswissenschaftlichen Institut des Birkbeck College; als Gastforscher am Institute of Advanced Studies der Universität Warwick und am Institute of Advanced Studies der Universität Durham sowie als Weidenfeld-Professor für Vergleichende europäische Literatur an der Universität Oxford. Ich wurde auch zum Vorsitzenden des Kuratoriums des Leo Baeck Instituts in London gewählt; hier half ich dabei, das Institut durch schwierige Zeiten und Umstände zu führen. London blieb eine Konstante in meinem Leben, sogar dann, als die Lage in den Vereinigten Staaten immer komplizierter wurde.

Nach reiflicher Überlegung – denn wir liebten Chicago als eine der großen Kulturhauptstädte der Welt – nahm ich 2005 eine Stelle als Distinguished Professor of the Liberal Arts and Sciences am Graduierten-kolleg für Geisteswissenschaften der Emory University in Atlanta, Georgia, an. Die Rückkehr in den Süden, rund 50 Jahre nachdem ich New Orleans verlassen hatte, war für mich eine bittersüße Erfahrung. An der Emory University setzte ich meine transdisziplinäre Arbeit fort, indem ich die Health Sciences Humanities Initiative gründete und als Mitglied des Psychoanalytischen Instituts das Studienprogramm für Psychoanalyse leitete. Meine internationale Lehrtätigkeit setzte sich mit Gastprofessuren in verschiedenen Fachbereichen fort: zwei Semester als Cecil-Green-Gast-professor an der University of British Columbia, als Distinguished Visitor an der Ben-Gurion-Universität in Be'er Scheva, Israel – als Gast meines Freundes und ehemaligen Post-Docs Mark Gelber – und von 2010 bis 2013 als zeitweiliger Forschungsprofessor an der University of Hongkong, wo ich anschließend von 2014 bis 2018 externer Prüfer für Geisteswissenschaften war. Heute denke ich angesichts der politischen Entwicklung in Hongkong mit tiefer Traurigkeit an die acht Jahre zurück, während derer ich jedes Jahr dort unterrichtete. Meinen Freunden an der Fakultät für Geisteswissenschaften und an der medizinischen Fakultät Li Ka Shing bin ich dankbar für die außerordentlichen intellektuellen Anregungen, die sie mir gegeben haben.

1997 wurde mir an der University of Toronto ein Ehrendoktorat der Rechtswissenschaften verliehen, im Jahr 2000 eine Ehrenprofessur an der Freien Universität Berlin; 2007 wurde ich zum Ehrenmitglied der American Psychoanalytic Association ernannt und 2016 zum Fellow der American Academy of Arts and Sciences. Im August 2021 ging ich als emeritierter Professor an der Emory University in den Ruhestand, zwei Jahre nach meinem Umzug nach Washington DC und nach den Schrecken am Ende der Trump-Ära und der damit einhergehenden Pandemie, zu deren negativen Auswirkungen er nicht unwesentlich beigetragen hat.

Meine Pensionierung erfolgte inmitten der schlimmsten internationalen Pandemie seit 1918. COVID-19 hatte die ganze Welt zum Stillstand gebracht: Unser Sohn Sam und seine Familie in Boston waren nun so schwer erreichbar für Marina und mich wie unser geographisch weiter entfernter Sohn Daniel, der für die Vereinten Nationen in Bangkok arbeitet und dort mit seiner Familie lebt. Am Reisen gehindert, aber nicht isoliert, haben wir einfach »Ruhe bewahrt und weitergemacht«. Ich schrieb ein Buch über Fremdenfeindlichkeit und Pandemien, basierend auf unseren in der Weltpresse gespiegelten Alltagserfahrungen und den oftmals unsinnigen, aber stets gefährlichen Äußerungen von Spitzenpolitikern.[26] Mein Blick war dabei immer auf Deutschland gerichtet und auf die komplexen und oft widersprüchlichen Reaktionen auf die Pandemie, die ich im Licht meiner eigenen Erfahrungen damals wie heute beobachtete. Während sich die Welt zum Guten wie zum Schlechten hin verändert, verschiebt und verformt, sehe ich meine Rolle stets darin, zuzuschauen, zuzuhören, zu lesen und Kritik zu üben im Interesse derer, die zumindest versuchen wollen, eine intellektuelle Distanz, aber eine emotionale Nähe zur Welt zu wahren.

Diese Auswahl an Aufsätzen umfasst Arbeiten von 2010 bis heute. Die Themen sind klar umrissen und repräsentieren meine fortwährenden Bemühungen, Unterschiede aus dem Blickwinkel meiner eigenen Erfahrungen und meiner Forschungen in Deutschland und andernorts zu begreifen.

---

26 »I Know Who Caused COVID-19«: Xenophobia and Pandemics, London 2021.

Die Beiträge sind bestrebt, eine Reihe von Fragen zu stellen, die das Judentum mit Aspekten aus größeren Zusammenhängen in Beziehung setzen. Statt »Jüdische Studien«, »Germanistik« und »Geschichte der Medizin« als getrennte Speicher des Denkens und der Wissenschaft zu betrachten, versuchen alle diese Essays, die Bilder der Differenz als optische Brechungen unter und zwischen diesen Welten zu verstehen. Wie man dies tun kann, wird in den Aufsätzen veranschaulicht. Eine der eindrucksvollsten Debatten über die Untersuchung von Kultur fand zwischen meinem verstorbenen Kollegen in Chicago, Marshall Sahlins, und seinem kritischen Gegenspieler, dem Princeton-Anthropologen Gananath Obeyesekere, statt. Es ging dabei um die Frage, ob man universelle Theorien des Geistes verwenden könne, um spezifische kulturelle Momente oder Erscheinungsformen zu analysieren. Sahlins argumentierte, jede Kultur weise eine besondere Form von »Rationalität« auf, während Obeyesekere diese Sichtweise als eine Form von intellektuellem Kolonialismus verurteilte, da sie die allen Menschen zugrundeliegenden Universalien ignoriere, einschließlich des »Denkens des primitiven Menschen«, in Anlehnung an Franz Boas' antirassistische Ansichten aus der Zeit vor dem Ersten Weltkrieg. Das Streitgespräch war komplizierter und heftiger, als ich es hier zusammenfassen kann, aber was ich daraus lernte, ebenso wie aus meinen Begegnungen mit Michel Foucault in den 1980er Jahren, war, dass beide Annahmen richtig sein können. Man benötigt eine universelle Theorie des Geistes, die alle Menschen in ihrer physiologischen und psychologischen Entwicklung als ›menschlich‹ beginnen lässt. Aber die Veränderung hin zu Variationen und Anpassungen ist spezifisch für die Kultur, die Geschichte, die Klasse, die Kaste, das Geschlecht, race, die Besonderheiten und die Umgebung jedes einzelnen Individuums innerhalb jeder Gruppe. Ließe sich also argumentieren für eine ›Basis‹-Theorie des Geistes und einen ›Überbau‹ des Ausdrucks von Ich und Über-Ich innerhalb der Grenzen und Erwartungen kultureller und sozialer Konventionen, die unseren Habitus darstellen?

Der Titel dieser Sammlung meiner überarbeiteten, inhaltlich ineinandergreifenden Aufsätze sowie das Motto zu diesem Kapitel stammen aus einem Brief Ludwig Börnes aus Paris vom 7. Februar 1834, in dem er sich beklagt, dass die Deutschen (und auch die Franzosen) seiner Zeit es nicht vermeiden könnten, ständig an seine jüdische Identität zu denken. Zweifellos hat meine eigene Karriere als Gelehrter, Dozent und Autor von meiner eigenen Faszination für das Judentum nicht nur profitiert, sondern wurde auch davon gehemmt. Und vielleicht hängt die Aufmerksamkeit, die meine Untersuchungen über die Komplexität der Vorstellungen vom Jüdischsein in der

Zeit nach der Aufklärung sowohl bei gleichgesinnten als auch bei kritischen Lesern gefunden haben, damit zusammen, dass ich mich selbst als Jude identifiziert habe. Aber dadurch habe ich auch den weltweiten Zorn weißer Nationalisten und Antisemiten auf mich gezogen, und zwar von Beginn meiner akademischen Karriere an. In meiner 1999 erschienenen Studie über die Geschichte der Schönheitschirurgie, *Making the Body Beautiful: A Cultural History of Aesthetic Surgery*, stellte ich die Frage, wie sehr wir uns wünschen, in das Kollektiv überzugehen, in ihm zu verschwinden, um auf diesem Weg unsere tatsächliche oder eingebildete Andersartigkeit zu beseitigen.[27] Juden spielten in dieser Geschichte eine zentrale Rolle, sowohl als Chirurgen wie als Patienten. Ein Teil dieses komplexen Ausdrucks des Gesehenwerdens und der Wahrnehmung von Differenz ist das, was ich in diesem Buch – offen oder implizit, in erschreckenden Zitaten – als »jüdisch« bezeichnet habe.

Trägt meine Verwendung des Begriffs »jüdisch« der Komplexität der vielfältigen, sich überschneidenden und widersprüchlichen Definitionen und Erwartungen Rechnung, was und wer jüdisch sein soll? Alle unsere heutigen Definitionen sind von der Moderne geprägt: Dass die drei großen Vertreter der verschiedenen religiösen Richtungen des Judentums mehr oder weniger Zeitgenossen waren – Moses Mendelssohn (1729-1786), Gaon von Wilna (1720-1797) und Baal Schem Tov (1698-1760) –, bedeutet, dass sie alle von einer Welt geprägt waren, in der viele grundlegende Konzepte (wie beispielsweise der Nationalstaat) schwerwiegenden Veränderungen unterworfen waren. Theodor Herzl (1860-1904), der das Jüdischsein radikal anders definierte als diese drei, lebte mehr als ein Jahrhundert später. Ein derart radikales Überdenken der Regeln, nach denen wir uns als Kollektive verstehen – sei es als Staat, Gemeinschaft oder Kirchengemeinde gekennzeichnet –, führt zu anderen konkurrierenden Definitionen des Jüdischen in verschiedenen Bereichen: dem genetischen, dem nationalen, dem kulturellen, dem ethnischen, dem historischen, dem religiösen. Und es führt auch zur Anfechtung dieser Definitionen. Ein endgültiger Anspruch auf Authentizität ist nicht möglich, sondern nur das Bewusstsein, dass alle diese Definitionen immer Teil eines Prozesses der Etikettierung und Identitätsbildung sind. Natürlich hat die Moderne in Asien andere Konnotationen als in Europa, und die (realen oder imaginierten) Juden spielen in diesen verschiedenen Kulturräumen unterschiedliche Rollen. Zu dieser Komplexität der gemeinschaftlichen Identifikation, die immer im Fluss

---

27 Making the Body Beautiful: A Cultural History of Aesthetic Surgery, Princeton 1999.

ist, gehört auch die Verwendung des Etiketts »Jude«, entweder zur Verunglimpfung (bei allen Arten von Antisemiten, die Juden oder Nicht-Juden sein können) oder zur Wertschätzung (bei Philosemiten, die Juden oder Nicht-Juden sein können). Beide Kategorisierungen waren integriert in die Psyche derjenigen, die solche Stereotypen benutzten, und hatten starke Auswirkungen auf die Psyche derjenigen, deren Identität auf diese Weise definiert wurde.

Ich wusste sehr wohl, dass die Tatsache, dass ich als Jude wahrgenommen wurde, in den 1960er Jahren im deutschsprachigen Raum für einige einen ›Pluspunkt‹ darstellte. Das allein wurde jedoch von vielen Kollegen innerhalb und außerhalb der Germanistik bereits als Fehlverhalten meinerseits angesehen. Was die gelebte Erfahrung, Jude zu sein, in München und Berlin bedeutete, war schon zu meiner Studienzeit umstritten. War das Teil einer Kontinuität von Juden in Deutschland oder war es eine neue, fremdartige Infiltration von Juden aus dem Ausland? Diese Problematik kam bei nahezu allen meinen persönlichen Kontakten zum Vorschein, da ich sowohl meine jüdische als auch meine amerikanische Identität weder verbarg noch zur Schau stellte. Die Israelis, denen ich in München begegnete – nicht nur Studierende, sondern auch andere Menschen –, betrachteten mich ebenso als nicht zu ihnen gehörig wie die Münchner Juden, die zum Teil aus Überlebenden aus Osteuropa, zum Teil aus Rückkehrern und in wenigen Fällen aus deutschen Juden bestanden, die die Lager überlebt hatten. Dasselbe widerfuhr mir in Berlin, sowohl an der Universität als auch in der Stadt, in West und Ost. Was mir damals immerhin klar wurde, war die Tatsache, dass der Holocaust – ein Begriff, der gerade erst in Gebrauch kam, als ich Student war – das Verständnis des Jüdischseins in einer Weise geprägt hatte, die ich als amerikanischer Jude als unangenehm empfand. Es war eine Welt voller Geheimnisse, versteckter Synagogen und unausgesprochener privater Erlebnisse aller Betroffenen. In der Öffentlichkeit einfach nur ein Jude zu sein, ohne etwas zu repräsentieren, war, wie ein Freund damals zu mir sagte, »friedensstörend«.

In den späten 1980er Jahren kamen die anfänglichen Vorbehalte gegenüber dem Umgang mit dem Erbe der Vergangenheit in der Öffentlichkeit zum Ausbruch, gerade als meine eigenen Arbeiten über die erneute Manifestation eines jüdischen Kulturlebens im deutschsprachigen Raum im Druck zu erscheinen begannen. Die akademischen Historiker Ernst Nolte und Andreas Hillgruber argumentierten, dass der Holocaust auf einer Ebene stehe mit den systematischen Massenmorden der Sowjets nach 1919 und dass Stalin sogar als Vorbild für Hitler gedient habe. Ebenso wurde behauptet, die von den Alliierten bei der Bombardierung von Städten wie Dresden verübten Gräueltaten seien eine moralische Entsprechung zum Holocaust. Sir Arthur »Bomber« Harris sei genauso schlimm gewesen wie Heinrich Himmler. Was anfangs nur ein Austausch unter wenigen Spezialisten zu sein schien, wurde plötzlich zu einer öffentlichen Diskussion, als Günter Grass sich über das Leiden der Deutschen äußerte und mit ihm eine Reihe weiterer liberaler deutscher Schriftsteller und Intellektueller, deren Haltung gegenüber der Vergangenheit bis dahin mit meiner eigenen weitgehend übereinzustimmen schien. Von allen Seiten zeigten sich heftige Emotionen über die Erfahrungen aus den 1930er und 1940er Jahren. Es brodelte, bis ein konservativer Politiker, der deutsche Bundespräsident Richard von Weizsäcker, mit seiner Rede auf dem Bamberger Historikertag 1988 den Historikerstreit endgültig beendete: »Auschwitz bleibt singulär«, sagte er. »Es geschah in deutschem Namen durch Deutsche. Diese Wahrheit ist unumstößlich. Und sie wird nicht vergessen.«[28] (Zehn Jahre nach der Wiedervereinigung war ich Weizsäckers Gastgeber bei einem Gala-Dinner in Chicago und erwähnte, dass mein Schwiegervater bei der Anklage der Kriegsverbrecherprozesse in Nürnberg mitgewirkt hatte, als Weizsäckers Vater wegen seiner Tätigkeit im Außenministerium unter Hitler zu einer Gefängnisstrafe verurteilt wurde. Er nickte nur und wechselte rasch das Thema.[29]) Die Frage nach der deutschen Verantwortung, die Karl Jaspers schon 1946 in *Die Schuldfrage* gestellt hatte, war damit beantwortet. In jeder Stadt, sogar in beinahe jedem Stadtviertel, entstanden Holocaust-Gedenkstätten. Sowohl in West- als auch in Ostdeutschland bildete sich eine Erinnerungskultur heraus, die Susan Neiman 2019 als Anregung für ihr Buch *Learning from the Germans* diente. Sie beschäftigt sich darin mit der in den USA aktuellen Frage, warum die Vereinigten Staaten nach dem Bürgerkrieg des 19. Jahrhunderts bis in die Zeit nach den Bürgerrechts-kämpfen in der zweiten Hälfte des 20. Jahrhunderts wenig oder gar nichts aus der Überwindung der Sklaverei gelernt zu haben schienen. Die Deut-schen, so argumentierte sie, begannen ihre oftmals bruchstückhafte, er-zwungene und gehemmte Vergangenheitsbewältigung im Osten bereits in den 1950er Jahren, im Westen aber erst in den 1970ern. Susans Behauptung,

---

28 Wilfried Scharf, Deutsche Diskurse: Die politische Kultur von 1945 bis heute in publizistischen Kontroversen, Hamburg 2009, S. 58.

29 Sein Vortrag auf der von mir zu diesem Anlass organisierten Tagung, die auch an den 250. Jahrestag von Goethes Geburt und den 50. Jahrestag der Aspen-Konferenz erinnerte, wurde veröffentlicht in meinem Buch *A New Germany in the New Europe*, New York 2000, S. 25-42.

dass die Kommunisten der DDR, deren Antifaschismus bereits aus der Zeit der Weimarer Republik und des »Dritten Reiches« stammte und durch den mörderischen Überfall der deutschen Streitkräfte auf die UdSSR noch tiefer in ihr politisches Bewusstsein eingebrannt wurde, schon früher und vielleicht etwas ernsthafter damit begannen als die durch ihre Vergangenheit belasteten Konservativen der BRD, sorgte für einige Aufregung. Dabei wurde nicht nur deutlich, dass in der DDR und der BRD unter Judentum etwas völlig anderes verstanden wurde, sondern auch, dass sich die Semantik dieses Begriffs chronologisch betrachtet von den 1950er Jahren bis in die 2010er Jahre unübersehbar verschoben hatte. Meine Arbeiten über den DDR-Autor Jurek Becker und parallel dazu über sehr unterschiedliche jüdische Stimmen aus der BRD, darunter Maxim Biller, Raphael Seligmann und Wladimir Kaminer, haben das klar gezeigt. Bald nach 2019 begann die kollektive Erinnerungskultur bezüglich des Holocausts, die für die Deutschen im Großen und Ganzen eine positive Erfahrung darstellte, jedoch zu zerfallen.

2020 hatte sich die Debatte über das Judentum sowohl hinsichtlich ihrer zeitlichen Fokussierung als auch hinsichtlich ihrer Form verschoben. Ein Jude zu sein, wurde nunmehr damit assoziiert, ein Israeli zu sein, eine Verkettung, die bereits unter Konrad Adenauer mit der Anerkennung der westdeutschen Schuld gegenüber den Juden in Form einer Schuld gegenüber dem neuen Staat Israel begonnen hatte. Plötzlich galt die Diskussion über die moralische Gleichwertigkeit von Palästinensern und Israelis als ebenso anstößig wie die revanchistische Geschichtskritik von Nolte und Hillgruber. In den 1970er Jahren hatten Lämmert und andere dagegen gekämpft, dass Lehrveranstaltungen an der FU Berlin mit der Begründung verboten wurden, die Dozenten würden Ideen lehren, die gegen die Interessen des deutschen Staates gerichtet seien. Der Bundestag beschloss 2019, dass jede gezielte Kritik an Israel »antisemitisch« sei, und schloss damit auch mich aus der Gemeinschaft der Juden aus. Als amerikanischer Jude aus der Zeit nach dem Zweiten Weltkrieg hatte ich Israel zunächst ganz unbefangen unterstützt, ohne mich mit den inneren politischen Auseinandersetzungen des neuen Staates zu identifizieren. Mein Großvater mütterlicherseits, dessen kommentierte jiddische Übersetzung von Marx' *Das Kapital* ich immer noch besitze, sah in Israel eine sozialistische Antwort auf die pseudokommunistischen Staaten der Nachkriegszeit in Mitteleuropa. In den 1970er Jahren war ich an der Cornell University Kollege von Benzion Netanjahu, dem Vater des späteren Premierministers, und fand seine teleologische Sichtweise der gesamten jüdischen Geschichte, die er rückblickend

Ein Leben im Judenkreis

aus der Perspektive des Holocausts interpretierte, zu sehr in seiner eigenen politischen Ideologie verwurzelt. Später empfand ich die Korruption und die antidemokratischen Tendenzen seines Sohnes Benjamin (»Bibi«) als Ministerpräsident als noch schlimmer. Dass »Bibi« den Zionismus in den Vereinigten Staaten für seinen eigenen politischen Vorteil instrumentalisierte, als Barack Obama Präsident war, erschien mir beschämend, wenn nicht gar moralisch verwerflich. Dass er der Auffassung war, es sei politisch wichtiger, die evangelikale Rechte und die ultraorthodoxen Juden in den Vereinigten Staaten zu umwerben, als den Konsens nahezu aller Amerikaner bezüglich der Unterstützung Israels zu bewahren, erschien mir als Gefährdung Israels. Ich blieb Zionist, war aber gerne dazu bereit, mich in Israel und andernorts öffentlich als Gegner der sogenannten pro-zionistischen Politik zu erkennen zu geben. In Deutschland wurde die Diskussion der Frage, was akzeptabel sei, um als »zionistisch« zu gelten, schnell zu einer Debatte darüber, was akzeptabel sei, um als jüdisch zu gelten. Susan Neiman verteidigte gemäß der Ziele des Einstein Forums die Freiheit, Israel in Deutschland zu kritisieren, was sogar Juden erlaubt sei; sie sah darin ein essenzielles Element ihrer eigenen jüdischen Identität.[30] Felix Klein, der Beauftragte der Bundesregierung für jüdisches Leben in Deutschland und den Kampf gegen Antisemitismus, griff sie für diese Haltung heftig an – mehr als alle anderen an der Diskussion beteiligten Personen – und behauptete, diese Position sei für eine Jüdin völlig abwegig.[31] Eine Identität, die sowohl bei Susan als auch bei mir geformt worden war durch unsere individuellen Erfahrungen mit dem Jim-Crow-Süden der USA, der die Afroamerikaner diskriminierte, und dem Leben in der zersplitterten jüdischen Welt von Westberlin, schien zu enden mit der Behauptung, von uns verabscheute politische Positionen nicht zu unterstützen, mache uns zu ›Un-Juden‹ – eine Auffassung, die im Juni 2021 von Konservativen wie dem israelischen Politiker Natan Scharanski und dem kanadischen Historiker Gil Troy bereitwillig aufgegriffen wurde.[32] Welch eine Ironie, da wir während des Kampfes für die Bürgerrechte der Afroamerikaner und der Bewegung gegen den Vietnamkrieg sehr ähnlich als ›unamerikanisch‹

---

30 https://www.deutschlandfunkkultur.de/philosophin-susan-neiman-ich-bin-der-typus-kosmopolitische.970.de.html?dram:article_id=497773 und https://taz.de/Kulturinstitute-gegen-Anti-BDS-Beschluss/!5730501/ (aufgerufen am 20.1.2022).

31 https://www.berliner-zeitung.de/kultur-vergnuegen/felix-klein-man-sollte-nicht-alles-nur-legalistisch-betrachten-li.130796?pid=true (aufgerufen am 20.1.2022).

32 https://www.tabletmag.com/sections/news/articles/the-un-jews-natan-sharansky (aufgerufen am 10.2.2022).

bezeichnet worden waren. Der Titel meiner zu jenem Zeitpunkt bereits zum Klassiker avancierten Studie über *Jewish Self-Hatred* (auf Deutsch erschienen als *Jüdischer Selbsthass*) wurde zum Etikett jeder Kritik an Israel durch Juden in der Diaspora. Merkwürdigerweise schienen die Israelis innerhalb Israels gegen diesen Vorwurf immun zu sein, egal wie kritisch ihre Haltung war. Eine differenzierte Debatte dieser Problematik schien schwierig, wenn nicht gar unmöglich.

Der Holocaust, für uns eine nur allzu reale Erfahrung, wurde plötzlich zu einer Belastung für die zeitgenössische Politik, weil er von allen Seiten instrumentalisiert wurde, um die jeweils eigene Position zu begründen, sei es zur Verteidigung der israelischen Politik oder in Opposition zu ihr. Im März 2021 griffen in der *Zeit* Michael Rothberg und Jürgen Zimmerer die mit dem Holocaust verbundene Erinnerungskultur an, um den Pluralismus zu verteidigen und das Recht von Wissenschaftlern wie Achille Mbembe, die Politik Israels zu kritisieren, ohne als Antisemit abgestempelt zu werden.[33] Darauf berief sich rasch eine Reihe anderer Wissenschaftler, die auf Mbembes antikolonialistischer Haltung aufbauten und eine direkte Verbindung zwischen der deutschen Kolonialvergangenheit und dem Holocaust herstellten – ein Gedanke, den ich 1982 in meinem Buch über deutsche Vorstellungen vom Wesen Schwarzer Menschen viel vorsichtiger formuliert hatte.[34] Dies löste einen neuen Historikerstreit aus, dessen Elemente von A. Dirk Moses in der Zeitschrift *Geschichte der Gegenwart* in einem Aufsatz über den spezifisch deutschen Holocaust-›Katechismus‹ umrissen wurden.[35] Seine Überlegungen entsprachen recht deutlich der bereits viele Jahre zuvor formulierten Einschätzung meines verstorbenen Kollegen und Freundes Peter Novick, wonach der Holocaust unter den amerikanischen Juden zu einer Art von ›Zivilreligion‹ geworden sei.[36] Moses unterstrich die Überzeugung der politischen Elite in Deutschland, der Holocaust beweise, dass der deutsche Antisemitismus einzigartig sei, weshalb die besondere Beziehung zum Staat Israel die Grundlage für die Moral des neuen Deutschlands darstelle und Antizionismus de facto Antisemitismus sei. Vergleiche sind Gift, egal ob mit dem Kolonialismus oder dem Kommunismus. Jeder Völkermord, jeder Hass ist einzigartig in seiner Form, seinen Absichten,

---

33 https://www.zeit.de/2021/14/erinnerungskultur-gedenken-pluralisieren-holocaust-vergleich-globalisierung-geschichte (aufgerufen am 10.1.2022).

34 On Blackness without Blacks: Essays on the Image of the Black in Germany (Yale Afro-American Studies), Boston 1982.

35 https://geschichtedergegenwart.ch/the-german-catechism/ (aufgerufen am 20.2.2022).

36 Peter Novick, The Holocaust in American Life, Boston 1999.

Ein Leben im Judenkreis

seinen Opfern und seinen Mitteln. Geschichtskenntnis ist wichtig insbesondere in unserer »post-memory« Epoche. In der Debatte von 2020 wurde eine Frage übergangen, die für mich weiterhin Börnes Schlüsselfrage ist, nämlich warum das Jüdische in der deutschsprachigen Welt der Prüfstein für moralische Beklemmung und Dissonanz sowie für das Konzept des moralischen Handelns geblieben ist. Und das galt schon lange vor dem Holocaust. Heinrich Heine antwortete darauf bekanntlich in *Deutschland. Ein Wintermärchen*, indem er in dem von ihm literarisch evozierten Deutschland die deutschen Juden und die nichtjüdischen Deutschen mit gleich viel Nostalgie und Entsetzen beschrieb. Sein zweideutiges und zwiespältiges Verhältnis dazu, immer als Jude gesehen zu werden und sich als Jude fühlen zu müssen, das möglicherweise durch seinen Übertritt zum Protestantismus noch verstärkt wurde, lässt sich vermutlich vergleichen mit meiner eigenen Situation als praktizierender amerikanischer ›Ostjude‹.

Weiß ich denn, was in Deutschland und andernorts Judentum bedeutet (oder bedeuten sollte)? Nein, das weiß ich nicht. Während meiner Gastprofessur in München hielt ich einen öffentlichen Vortrag darüber, wie die Erfahrungen der Juden im späten 19. Jahrhundert als Vorbild dienen könnten für die Integrierung der Moslems in die deutsche Gesellschaft des 21. Jahrhunderts; anschließend fragte man mich: »Gut, aber wie gewöhnen Sie ihnen den Antisemitismus ab, den sie mitgebracht haben?« Ich kann darauf nur antworten, dass sich die Juden auf vielfache Weise verwandelt haben: Einige wurden zu ultrakonservativen Nationalisten, andere zu linksradikalen Antinationalisten, wieder andere zu religiösen oder kulturellen Zionisten. Einige ließen ihre jüdische Identität verschwinden, andere bauten sie aus. Ich weiß nur, dass das Bild des Juden immer wieder neu erschaffen wird, um die Bedürfnisse anderer Menschen zu befriedigen, und dass solche Fantasien in das Bewusstsein derjenigen eingedrungen sind, die als Juden gelten oder sich selbst für Juden halten. In München stießen sie auf die Hemmungen, Unzulänglichkeiten, Ängste und Entfremdungen dieser Menschen, was positive oder negative Folgen haben konnte. In diesem Band wird nicht versucht, die Juden an sich zu erforschen, sondern die Phantasien über sie. So befasst sich das erste Kapitel mit der Behauptung, Juden seien schlauer als alle anderen, was – wie ich hoffe, in diesem Beitrag gezeigt zu haben – im besten Fall ein vergifteter Kelch ist, im schlimmsten Fall eine Grube, in die der Unvorsichtige leicht fallen kann. Der Leser wird sicherlich schnell feststellen, dass sich die ersten neun Aufsätze mit der Darstellung des Judentums in der Moderne befassen, von Ideen jüdischer Andersartigkeit hinsichtlich Geist und Körper bis hin zu konkurrierenden Bildern der jüdischen Gemeinschaft, unter Verwendung von Quellen, die sich innerhalb und außerhalb der Komplexität von Definitionen der Juden als ethnische Gruppe bewegen. Der letzte Aufsatz ist absichtlich in einer anderen Tonlage verfasst, denn er stellt einen Versuch dar, einen in der Bibel geschilderten Augenblick – vielleicht den aussage-kräftigsten im Alten Testament –, nämlich die Bindung Isaaks, aus der Perspektive unserer eigenen Bedürfnisse als moderner Mann in dem Patriar-chat sowie Bewohner dieser Welt zu betrachten, vor allem der Welt von COVID-19. Dass dieser Text eine zentrale Stellung im Kanon der abend-ländischen Kultur einnimmt, ist offensichtlich, aber seine Anwendung auf unsere heutige Gegenwart – und nicht zuletzt auch auf mein gesamtes akademisches Leben – erschien mir plötzlich sehr passend. Das Warten ist vielleicht das eigentliche Thema meiner eigenen Bemühungen als Wissen-schaftler, Autor, Dozent und Mensch.

Washington, im Januar 2022

Sind Juden genetisch anders?[*]

Warum sind Juden so intelligent? Weil sie sich im Rahmen einer evolutionären Gruppenstrategie gezielt »hochgezüchtet« haben: Dieses Erklärungsmuster hat Thilo Sarrazin von dem amerikanischen Antisemiten Kevin MacDonald übernommen. Das Klischee vom intelligenten Juden wurzelt in der uralten Vorstellung eines rassisch homogenen »jüdischen Typus«, der sich durch besondere Schlauheit und Raffinesse auszeichnet. Das war nur selten freundlich gemeint, denn der Vorteil für die Juden wurde oft als Nachteil für die Gesamtgesellschaft gedeutet.

Die anhaltende Debatte über die Erbeigenschaften von Menschengruppen und die Tauglichkeit des Rassenbegriffs im Zeitalter der modernen Genetik lässt die Diskurse des »ersten Zeitalters der Rassenbiologie« Ende des 19. Jahrhunderts wieder auferstehen. Unser »zweites Zeitalter der Biologie« scheint die vorgefassten Behauptungen des ersten zu wiederholen – wenn auch mit anderen wissenschaftlichen Argumenten.

Die *New York Times* berichtete am 29. August 2010 über Thilo Sarrazins Bestseller *Deutschland schafft sich ab* und dessen These, die hohe Fertilität »muslimischer Migranten« werde zum Untergang der »deutschen« Gesellschaft führen.[1] Doch es war der im Interview mit der *Welt* ausgesprochene Satz: »Alle Juden teilen ein bestimmtes Gen, das sie von anderen unterscheidet«, der einen internationalen Aufschrei auslöste.[2] Sarrazin versuchte, seine Einschätzung der »muslimischen Migranten« stärker zu konturieren, indem er die angeblich genetisch bedingte »überdurchschnittliche Intelligenz« der Juden anführt. Ironischerweise scheint sein Respekt vor der jüdischen Überlegenheit in Deutschland mehr Staub aufgewirbelt

---

[*] Aus dem Amerikanischen von Rebecca Pohle.

[1] Thilo Sarrazin, Deutschland schafft sich ab. Wie wir unser Land aufs Spiel setzen, München 2010. S. Klaus Hödl, »Sarrazin and the Myth of the Jewish Gene«, in: Efraim Sicher (Hrsg.), Race, Color, Identity: Rethinking Discourses about »Jews« in the 21st Century, New York 2013, S. 247-260, und Michael Meng, »Silences about Sarrazin's Racism in Contemporary Germany«, in: The Journal of Modern History 87 (2015), S. 102-135.

[2] Eine Vorabmeldung der *Welt* mit diesem Zitat ging am 28. 8. 2010 an die Medien. Judy Dempsey, »Comments by German on Minorities Are Criticized«, in: The New York Times, 29. 8. 2010.

zu haben als sein Angriff auf die muslimische Bevölkerung.[3] Seine Behauptung, es gebe eine genetische jüdische Identität, wurde in den USA als Ausdruck längst diskreditierter Rassenvorstellungen verstanden: »Whoever tries to define Jews by their genetic makeup, even when it is superficially positive in tone, is in the grip of a race mania that Jews do not share«, sagte Stephan Kramer, der damalige Generalsekretär des Zentralrats der Juden in Deutschland, in dem genannten Artikel der *New York Times*.

Thilo Sarrazins Gedanken entstammen dem Repertoire neu aufgekochter Vorurteile aus dem 19. Jahrhundert über das jüdische »Anderssein«. Dabei geht es um einen angeblich durch die Juden selbst geschaffenen, biologischen Unterschied, der häufig nicht als Nachteil, sondern als Vorteil verstanden wird. Ein Beispiel dafür ist Vorstellung, Juden seien als Kollektiv intelligenter als andere Gruppen. Genau diese Idee einer biologisch definierten »Rasse«, die durch eine Gruppenstrategie fortbesteht (eine »Verschwörung« im antisemitischen Jargon des 19. Jahrhunderts), ist aber das Problem. Denn wer genauer hinsieht, stellt fest, dass der vermeintliche Vorteil für die Juden oftmals als Nachteil für die Gesamtgesellschaft gedeutet wird (und sogar für das »genetische Kollektiv« der Juden selbst).

Die überkommene Vorstellung, man könne die Menschheit anhand genetischer Unterschiede in feststehende Gruppen einteilen, spukt noch immer durch die moderne Genetik. Die beiden Humangenetiker Lynn B. Jorde und Stephen P. Wooding schreiben:

---

3 »Alle Juden teilen ein bestimmtes Gen, Basken haben bestimmte Gene, die sie von anderen unterscheiden.« Am Folgetag relativierte Sarrazin diesen Satz mit einer »Erklärung«. Vgl. Andrea Seibel, Hajo Schumacher, Joachim Fahrun, »Ich bin kein Rassist«; Thilo Sarrazin, Bundesbank-Vorstand und früherer Berliner Finanzsenator, über seine These, muslimische Migranten hätten größere Probleme als andere Einwanderer, in: Welt am Sonntag (29. 8. 2010), S. 4, sowie Joachim Müller-Jung, »Phantasma ›Juden-Gen‹.« Gibt es auch eine genetische Identität?«, in: FAZ vom 30. 8. 2010:. Siehe auch Stephen Lowman, »German Politician Stirs Controversy with His Inflammatory Views on Muslims and Jews«, in: The Washington Post (31. 8. 2010), und Michael Woodhead, »›All Jews Share a Certain Gene‹: German Banker Sparks Outrage with ›Stupid‹ Comments«, in: The Daily Mail (30. 8. 2010). »Sarrazin wiederholte: ›... aber ich hatte mich so viel mit genetischen Fragen beschäftigt, dass ich die Sache gar nicht als dermaßen explosiv verstand, wie sie sich dann herausstellte.‹ Welt Online: ›Sonst nichts?‹ Sarrazin: ›Nein. Ich habe mir die kritischen Passagen öfter angesehen und nichts Falsches oder Anstößiges gefunden‹.« Die Welt-on-line (28. 1. 2012), http://www.welt.de/politik/deutsch land/article13805710/Thilo-Sarrazin-geisselt-die-Wut-der-Pharisaeer.html (aufgerufen am 10. 1. 2021).

Sind Juden genetisch anders?

New genetic data has enabled scientists to re-examine the relationship between human genetic variation and ›race‹ ... These [genetic] clusters are also correlated with some traditional concepts of race, but the correlations are imperfect because genetic variation tends to be distributed in a continuous, overlapping fashion among populations. Therefore, ancestry, or even race, may in some cases prove useful in the biomedical setting, but direct assessment of disease-related genetic variation will ultimately yield more accurate and beneficial information.[4]

Francis Collins, Direktor des amerikanischen Humangenomprojekts, gibt zu bedenken:

The downside of using race, whether in research or in the practice of medicine is that we are reifying it as if it has more biological significance than it deserves. Race is an imperfect surrogate for the causative information we seek. To the extent that we continue to use it, we are suggesting to the rest of the world that it is very reliable and that racial categories have more biological meaning than they do. We may even appear to suggest something that I know is not true: that there are bright lines between populations and that races are biologically distinct.[5]

Der Versuch, die komplexe und heterogene Menschheit anhand von »bright lines« aus der umstrittenen IQ-Forschung in feste Kategorien einzusortieren, ist mit der modernen Auffassung von Genetik nicht vereinbar.

Auch die Behauptung, es gebe ein vornehmlich bei Juden nachweisbares Gen, das Cohen Modal Haplotype (CMH), ist mehr als fragwürdig.[6] Die Forscher, die das CMH entdeckt zu haben glaubten, wurden aufgefordert,

---

4 Lynn B. Jorde und Stephen P. Wooding, »Genetic Variation, Classification and ›Race‹«, in: Nature Genetics 36 (2004), S. 28-33.
5 (Anonym), The Economist, 12. 4. 2006, S. 80.
6 Michael F. Hammer, Doron M. Behar, Tatiana M. Karafet, Fernando L. Mendez, Brian Hallmark, Tamar Erez, Lev A. Zhivotovsky, Saharon Rosset und Karl Skorecki, »Extended Y Chromosome Haplotypes Resolve Multiple and Unique Lineages of the Jewish Priesthood«, in: Human Genetics 126 (2009), S. 719-724, und Anatole Klyosov, »Comment on the paper: Extended Y Chromosome Haplotypes Resolve Multiple and Unique Lineages of the Jewish Priesthood«, in: Human Genetics 126 (2009), S. 719-724. S. auch Michael Hammer et al., »Response«, in: Human Genetics 126 (2009), S. 725 f.. Zwei Untersuchungen, die die Debatte darstellen, sind: Nadia Abu El-Haj, The Genealogical Science: The Search for Jewish

ihre Studie zu wiederholen – und räumten kürzlich ein, sie hätten sich getäuscht. Neuere Arbeiten zeigen, dass zumindest die aschkenasischen (europäischen) Juden genetisch vielfältiger sind als andere Gruppen europäischer Abstammung.[7] Die Forscher untersuchten nahezu eine Million einzelner Nukleotidpolymorphismen (SNP). Ein Maß für die genetische Vielfalt in einer Bevölkerung ist die Heterozygosität: Wie viele der vom Vater oder der Mutter ererbten SNP sind verschieden? Eine isoliert lebende Bevölkerung hat eine geringere Heterozygosität. »Wir waren überrascht zu sehen, dass aschkenasische Juden eine höhere Heterozygosität haben als andere Europäer, was der weitverbreiteten Meinung widerspricht, dass sie eine weitgehend isolierte Gruppe gewesen sind«, sagt Dr. Steven Bray, einer der Autoren.

Andere Fachrichtungen taten sich schwerer damit, reduktionistische genetische Modelle abzulehnen. So stellt eine neue Studie zur Rassensoziologie fest:

One respondent, who was involved in studies on Jewish populations, mentioned that his research was likely to be misinterpreted and misused by some, but insisted that it was out of his hands. He said that people used to approach him and ask whether it could be »genetically« tested if they were Jewish. He was adamant to stress that being Jewish was not about genetics and it was wrong that this research was interpreted this way, but claimed that he had no control over these types of »popular« representations of his work.[8]

Thilo Sarrazin gehört sehr deutlich in die Kategorie eines populären Missbrauchs von (in seinem Fall) sehr, sehr schlechter Wissenschaft.

Kann man die Juden im Deutschland des 21. Jahrhunderts noch immer als »Rasse« definieren? Wenn ja, dann, wie der Fall Sarrazin zeigt, nur mit positiven Konnotationen. Doch auch das »philosemitische« Vorurteil vom intelligenten Juden wurzelt in der Vorstellung eines rassisch ausgrenz-

Origins and the Politics of Epistemology, Chicago 2012, und Harry Ostrer, Legacy: A Genetic History of the Jewish People, Oxford 2012.

7   Steven M. Bray, Jennifer G. Mulle, Anne F. Dodd, Ann E. Pulver, Stephen Wooding, und Stephen T. Warren, »Signatures of Founder Effects, Admixture, and Selection in the Ashkenazi Jewish Population«, in: Proceedings of the National Academy of Sciences of the USA 107 (2010), S. 16222-16227.

8   Yulia Egorova, »DNA evidence? The Impact of Genetic Research on Historical Debates«, in: BioSocieties 5 (2010), 3, S. 348-365.

baren homogenen »jüdischen Typus«. Im 19. Jahrhundert war ein Jude biologisch definiert. Und alle Juden waren gleich. Der moderne, nach außen hin angepasste europäische Jude des 19. Jahrhunderts war eine Täuschung; in ihm versteckt der unveränderliche Jude, dessen Körper sich verleugnete. Dementsprechend behauptete der Arzt William-Frédéric Edwards 1829, dass die Rassen überall auf der Welt statisch seien[9] – und führte als Beweis dafür die angebliche Beständigkeit der Juden an (S. 129). Edwards' Freund, der schottische Arzt Robert Knox, meinte nachweisen zu können, dass die Porträts von Juden in ägyptischen Gräbern den Juden im damaligen London glichen (S. 130). Im Jahr 1841 behauptete Hubert Lauvergne, ein Anhänger des Phrenologen Franz Joseph Gall, die zeitgenössischen Griechen hätten das stolze Antlitz und den Schädel der griechischen Antike, während die »Unveränderlichkeit des jüdischen Typs« seine Entartung beweise (S. 59).

Der »jüdische Typus« des 19. Jahrhunderts wurde oft durch eine hervorstechende Eigenschaft definiert: eine spezielle Intelligenz oder Raffinesse. Das greift Sarrazin auf, wenn er von der »durchschnittlich höheren Intelligenz« von Juden spricht – und sie als Ergebnis jüdischer Familien- und Heiratspolitk darstellt (S. 94 f.). Letzteres hat nach dem Holocaust eine ganz eigenartige ideengeschichtliche Tradition. Im Jahr 1969 präsentierte Ernest van den Haag eine ähnliche (nicht-jüdische) Sicht auf die »jüdische intellektuelle Überlegenheit«.[10] Er behauptete, dass jüdische Männer von höherer Intelligenz durch ihr Umfeld ermuntert wurden, sich fortzupflanzen, und dass »die Intelligentesten buchstäblich über Jahrtausende die größten Chancen hatten zu heiraten, sich fortzupflanzen. Und ihre Kinder hatten die größten Chancen, das Kindesalter zu überleben.« (S. 14) Van den Haag behauptete weiterhin, die Christen hätten durch den Priesterzölibat ihre »guten« Gene geopfert; die Juden hingegen belohnten intelligente Rabbis mit den besten Frauen und der größten familiären Unterstützung. Christliche Intelligenzgene seien vermindert, die Gene für jüdische »Hoch-Intelligenz« hingegen seien systematisch gefördert worden.

The church offered the only career in which intellectual ability was rewarded, regardless of the origin of its bearer. [...] But the priesthood

---

9 Die nachfolgenden Zitate aus Martin S. Staum, Labeling People: French Scholars on Society, Race, and Empire 1815-1848, Montreal/Kingston 2003.

10 Ernest van den Haag, The Jewish Mystique, 1969; zweite Auflage, New York 1977, S. 3-25.

exacted a price: celibacy. Which meant that the most intelligent portion of the population did not have offspring; their genes were siphoned off, generation after generation, into the church, and not returned to the world's, or even the church's, genetic supply. (S. 15)

Es ist die Verkürzung der Gesamtheit »jüdischer« Erfahrung auf ein einziges genetisches Transmissionsmodell, die van den Haags Argumentation so einprägsam macht: eine »wissenschaftliche« Version von Einzelmeinungen wie die des jüdischen Mathematikers Norbert Wiener und seines Freundes, des marxistischen Genetikers J. B. S. Haldane. Wiener meinte: »The biological habits of the Christians tended to breed out of the race whatever hereditary qualities make for learning whereas the biological habits of the Jew tended to breed these qualities in.«[11] Der amerikanisch-jüdische Soziologe Lewis S. Feuer wies auf den logischen Fehler der »Wiener/Haldane«-These hin:[12] Die Sorge um unstandesgemäße Ehen hatte in jüdischen Familien durchaus Tradition. Nur wenige reiche Eltern wählten arme Gelehrte für ihre Kinder aus, sie strebten gleichwertige Ehen entweder mit wohlhabenden Juden oder mit den Sprösslingen etablierter Rabbiner-Familien an. Von einer an der »Züchtung von Intelligenz« orientierten Heiratspolitik konnte keine Rede sein. Die Bandbreite der Ehe-Strukturen bei den europäischen Juden änderte sich zudem durch die Aufklärung und durch das Aufkommen der Frauenbewegung im Mitteleuropa im späten 19. Jahrhundert.[13]

Van den Haag betont, die jüdische Isolation und das soziale Außenseitertum hätte ein positives Ergebnis gezeitigt: Es habe den Juden ermöglicht, ihre überlegene Intelligenz zu entwickeln und beizubehalten. Sie mussten sich nicht dem sozialen oder kulturellen Druck beugen, der die Intelligenz der christlichen Gemeinschaft »deformierte«.

11 Norbert Wiener, Ex-Prodigy: My Childhood and Youth, New York 1953, S. 11. Er evoziert hier ein Gespräch mit Haldane, das dessen Sichtweisen so wiedergibt, wie er sie in den Muirhead-Vorlesungen an der Birmingham University im Februar und März 1937 vorstellte, und die gedruckt vorliegen als J. B. S. Haldane, Heredity and Politics, London 1938, S. 162.
12 Lewis S. Feuer, Scientific Intellectual: The Psychological and Sociological Origins of Modern Science, New York 1963, S. 308, und noch ausführlicher in Lewis S. Feuer, »The Sociobiological Theory of Jewish Intellectual Achievement«, in: Joseph B. Maier und Chaim I. Waxman (Hrsg.), Ethnicity, Identity, and History: Essays in Memory of Werner J. Cahnman, New Brunswick 1983, S. 93-125.
13 Feuer 1983.

Sind Juden genetisch anders?

Richard J. Herrnsteins und Charles Murrays Bestseller *The Bell Curve* von 1994 lenkte die Aufmerksamkeit auf die Diskussion über das Verhältnis von Intelligenz und Vererbung.[14] (Abb. 1) Sarrazin zitiert *The Bell Curve* zunächst als Beleg für die intellektuelle Überlegenheit der Juden (S. 96), dann, um seine Hauptthese zur Gefährlichkeit einer sich ausbreitenden, biologisch minderwertigen Unterschicht zu stützen – wobei er die im amerikanischen Diskurs bezeichneten Afroamerikaner durch »muslimische Migranten« ersetzt. Es besteht kein Zweifel, dass *The Bell Curve* in den 1990er Jahren (und offensichtlich immer noch) als ein Buch über Rasse und Intelligenz verstanden wurde: Intelligenz wurde zu einer Frage des Charakters und der Moral. Während in den vergangenen drei Jahrzehnten im Zusammenhang mit Veröffentlichungen von Arthur Jensen, William Shockley, J. Philippe Rushton und Richard Lynn immer wieder über »Rasse« und »IQ« diskutiert wurde, schenkte man den Fragen nach der »Moral«, die von diesen Studien aufgeworfen wurden, wenig Beachtung.[15] »Tugend« und »Moral« sind die eigentlichen Themen von *The Bell Curve*.

14 Richard J. Herrnstein and Charles Murray, The Bell Curve: Intelligence and Class Structure in American Life, New York 1994; die Kommentare zur überlegenen jüdischen Intelligenz finden sich auf S. 275.

15 Zu den allgemeinen Fragen von »Rasse« und/oder »Intelligenz« vor und nach *The Bell Curve* siehe Richard E. Nisbett, Intelligence and How To Get It: Why Schools and Cultures Count, New York 2010; Ashley Montagu, Race and IQ, New York 1999; Joe L. Kincheloe, Shirley R. Steinberg, Aaron David Gresson (Hrsg.), Measured Lies: The Bell Curve Examined, New York 1996; Claude S. Fischer, Inequality by Design: Cracking The Bell Curve Myth, Princeton, NJ, 1996; Russell Jacoby, Naomi Glauberman und Richard J. Herrnstein (Hrsg.), The Bell Curve Debate: History, Documents, Opinions, New York 1995; Steve Fraser, The Bell Curve Wars: Race, Intelligence, and the Future of America, New York 1995; Robert S. Albert (Hrsg.), Genius and Eminence, Oxford 1992; Roger Pearson, Race, Intelligence and Bias in Academe, Washington, D. C., 1991; Elaine Mensh und Harry Mensh, The IQ Mythology: Class, Race, Gender, and Inequality, Carbondale, IL., 1991; Wilhelm Quitzow, Intelligenz, Erbe oder Umwelt? Wissenschaftliche und politische Kontroversen seit der Jahrhundertwende, Stuttgart 1990; Paul Davis Chapman, Schools as Sorters: Lewis M. Terman, Applied Psychology, and the Intelligence Testing Movement, 1890-1930, New York 1988; Raymond E. Fancher, The Intelligence Men: Makers of the I. Q. Controversy, New York 1985; R. C. Lewontin, Steven Rose und Leon J. Kamin, Not in Our Genes: Biology, Ideology, and Human Nature, New York 1984, S. 83-130; Stephen Jay Gould, The Mismeasure of Man, New York 1981; Michel Schiff, Richard Lewontin et al., Education and Class: The Irrelevance of IQ Genetic Studies, Oxford 1986; Brian Evans, IQ and Mental Testing: An Unnatural Science and its Social History, London/New York 1981; David Andrew Gersh, The Development And Use Of I. Q. Tests in the United States From

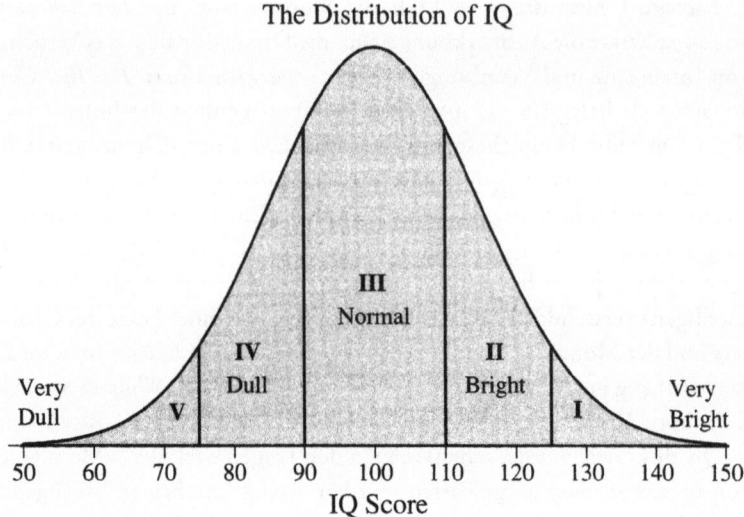

Abb. 1: Die »Glockenkurve«.

Die statistische Verteilung von Messintelligenz innerhalb einer Bevölkerung wird als Glockenkurve (»Bell Curve«) dargestellt (Abb. 1). Am Anfang sind die geringsten Intelligenzquotienten zu verzeichnen und ist die Linie ist noch flach. Bis zum Durchschnitts-IQ steigt sie an, um dann abzusinken und am Ende wieder flach auszulaufen. Die flachen Stellen bestimmen die Fragestellung, weil bei solchen Untersuchungen (dem Beispiel des Pathologischen in der Medizin folgend) fälschlicherweise angenommen wird, dass nur die extreme Abweichung Einsicht in das Normale biete. Es ist faszinierend zu sehen, dass die höchste Stelle der Kurve, dort, wo die »normale Mitte«, also die durchschnittliche Intelligenz und die Moral zu Hause sind, in der Analyse meist keine Rolle spielt.

Nur vor dem Hintergrund des politischen Klimas in Amerika Mitte der 1990er Jahre lässt sich nachvollziehen, warum Herrnstein und Murray so viel Aufmerksamkeit erregen konnten, indem sie das Schreckensbild einer verfestigten Unterschicht (aus Afroamerikanern) an die Wand malten, die durch hohe Fertilität, geringe Intelligenz und eine Anhäufung degenerierter soziopathischer Gene gekennzeichnet ist und die Straßen der großen ame-

1900-1930, Diss., State University of New York at Stony Brook 1981; Leon J. Kamin, The Science and Politics of I. Q., New York 1974; Thomas Pogue Weinland, A History of the I. Q. in America, 1890-1941, Diss., Columbia University, 1970.

Sind Juden genetisch anders?

rikanischen Städte unsicher macht. »Hohe Intelligenz bietet Menschen, die ansonsten gefährdet sind, auch einen gewissen Schutz gegen das Abrutschen in die Kriminalität«, behaupteten Herrnstein und Murray (S. 235). Dieser Denkfigur zufolge sind Kriminelle dumm und Dumme kriminell. Diese ahistorische Konstruktion lässt die komplexe Deutung der Beziehung zwischen »Intelligenz« (wie auch immer diese definiert wird) und Verbrechen (wie auch immer dieses definiert wird) außer Acht.[16] Zeitgenössischen Darstellungen zufolge war das im New Yorker Bezirk Manhattan gelegene Viertel »Hell's Kitchen« in den 1860er Jahren bevölkert mit primitiven Iren, die die Straßen unsicher machten. Auch sie wurden buchstäblich als eigene »Rasse« gesehen und bezichtigt, unangenehm viele Nachkommen zu zeugen. Das rassische Merkmal einer geringeren Intelligenz zeigte sich angeblich an ihrer affenartigen Stirn und ihrer Sattelnase. Solche rassistischen Mythen gehören mindestens seit Mitte des 18. Jahrhunderts zum Standardrepertoire, wenn westliche Wissenschaftler versuchten, die Furcht einer etablierten Gesellschaft vor den Ursachen sozialer Instabilität zu zerstreuen: Identifiziere deinen Feind und du kannst deine Angst kontrollieren! Dementsprechend war die Fokussierung auf die vordere flache Stelle der »Glockenkurve« ein Versuch, die Ursachen der Furcht vor individuellem Risiko mit einem stereotypen Erklärungsmuster greifbar zu machen.

Doch was ist mit jenen, die zu intelligent sind? Was ist mit dem flachen Ausläufer am anderen Ende der Glockenkurve? Herrnstein und Murray widmen der angeblich intelligentesten Gruppe – den »aschkenasischen Juden europäischer Herkunft«, die »bei Tests besser abschneiden als jede andere ethnische Gruppe« – nur eine Buchseite. Angesichts der ideologischen Prämissen des Buches wäre folgender Zusammenhang zu erwarten: je höher die Intelligenz, desto größer der Schutz gegen das Abrutschen in die Kriminalität und desto höher die Moralität der Gruppe.

»Jews in America and Britain have an overall IQ mean somewhere between a half and a full standard deviation above the mean, with the source of the difference concentrated in the verbal component«, schreiben Herrnstein und Murray (S. 275). Doch solche Testergebnisse sind für die Autoren noch nicht ausreichend, um die überlegene Intelligenz der Juden begründen zu können; sie ziehen weitere Daten heran: »analyses of occupational and scientific attainment by Jews, which constantly show their disproportionate level of success, usually by orders of magnitude, in various inventories

---

16 Siehe Carl E. Pope, »Race and Crime Revisited«, in: Crime and Delinquency 25 (1979), S. 347-357.

of scientific and artistic achievement«. Daran ist bemerkenswert, dass solche Thesen die Identifizierung und Messbarkeit von Moral implizieren – und dass durch solch plumpe Analogien die Moral der Juden gleichermaßen aufs Höchste gelobt und infrage gestellt wird. Beides sind Varianten desselben Märchens, das den Juden als Gruppe eine überlegene Intelligenz andichtet.

Diese Zwiespältigkeit wurde zuletzt nochmals deutlich durch die Arbeit von Kevin MacDonald, des selbsternannten »evolutionären Psychologen und [...] Erforschers jüdisch-nichtjüdischer Beziehungen«, der beim Thema »jüdische Intelligenz« Sarrazins wichtigste Quelle ist. MacDonald war Psychologie-Professor an der California State University in Long Beach und Verfasser einer Trilogie über jüdische Fortpflanzungsstrategien.[17] Seine eigentümliche Argumentation geht so:

> As indicated by the summaries of my books, my training as an evolutionist as well as the evidence compiled by historians leads me to conceptualize Judaism as self-interested groups whose interests often conflict with segments of the gentile community. Anti-Jewish attitudes and behavior have been a pervasive feature of the Jewish experience since the beginnings of the Diaspora well over 2000 years ago.[18]

In den Augen MacDonalds ist das Judentum weniger eine Religion als vielmehr eine evolutionäre Gruppenstrategie mit eugenischer Stoßrichtung:

> The basic proposal is that Judaism can be interpreted as a set of ideological structures and behaviors that have resulted in the following features: (1) the segregation of the Jewish gene pool from surrounding gentile societies; (2) resource and reproductive competition with gentile host societies; (3) high levels of within-group cooperation and altruism among

---

17 Kevin MacDonald, A People That Shall Dwell Alone: Judaism as a Group Evolutionary Strategy, Westport, Conn., 1994; Separation and Its Discontents: Toward an Evolutionary Theory of Anti-Semitism, Westport, Conn., 1998; The Culture of Critique: An Evolutionary Analysis of Jewish Involvement in Twentieth-Century Intellectual and Political Movements, Westport, Conn., 1998. S. Sander L. Gilman und J. M. Thomas, Are Racists Crazy? How Prejudice, Racism, and Antisemitism Became Markers of Insanity, New York 2016, S. 278-280; und Nathan Cofnas, »Judaism as a Group Evolutionary Strategy: A Critical Analysis of Kevin MacDonald's Theory«, in: Human Nature 29 (2018), S. 134-156.

18 http://www.fpp.co.uk/Legal/Penguin/experts/MacDonald/report1.html (aufgerufen am 20. 2. 2022).

Jews; and (4) eugenic efforts directed at producing high intelligence, high investment parenting, and commitment to group, rather than individual, goals.

Die intellektuelle Verteidigung des Judentums wie auch die jüdischen Theorien über die Ursachen des Antisemitismus sollen laut MacDonald »beim Erhalt des Judentums als evolutionäre Gruppenstrategie eine entscheidende Rolle gespielt« haben.

Sarrazin ist nicht weit von dieser Argumentation entfernt (S. 96 f.), wenn er die deutsch-jüdischen Ursprünge der Intelligenzforschung betont und dabei auf den Hamburger Psychologen Wilhelm Stern verweist, der vor den Nazis wegen seiner »jüdischen Herkunft« fliehen musste. Abgesehen davon, dass die ersten Intelligenztests in Frankreich durchgeführt wurden und es zudem eine eigenständige Entwicklung der Intelligenzforschung in den USA gab: Hier wird das Konzept der »Intelligenz« als jüdische Erfindung ausgegeben und damit der Kritik (auch dem Vorwurf des Antisemitismus) enthoben. Wenn die Juden einen Standpunkt vertraten, so die Argumentation von MacDonald und in der Folge von Sarrazin, dann musste dieser wohl richtig sein, denn die Juden seien doch aufgrund ihrer eugenischen Orientierung über die Maßen intelligent. Gleichzeitig scheint aber gerade die unterstellte Überlegenheit der Intelligenz als Beweis für eine »genetische Verschwörung« der Juden aufgefasst zu werden.

Die Ansichten von MacDonald entspringen dem biologischen Antisemitismus des 19. Jahrhunderts – allerdings verpackt in die Rhetorik einer mit grob vereinfachenden genetischen Modellen arbeitenden Evolutionsbiologie. Derlei evolutionistische und genetische Phantasiegeschichten stützen sich in hohem Maße auf die Definition ihrer Bestandteile. Seriöse Wissenschaft prüft und überprüft ihre Hypothesen und Folgerungen, sodass sie nicht in Vorurteilen erstarrt. MacDonalds Arbeit, wie die seiner Vorgänger, hält einer Überprüfung nicht stand.

Die Wiederbelebung klassischer Rassenideologie – nun im Namen der Evolutionsbiologie – führt zu sehr seltsamen politischen Partner- und Nachbarschaften. MacDonald trat am 31. Januar 2000 als alleiniger »wissenschaftlicher« Zeuge für David Irving in der berüchtigten Gerichtsverhandlung »Irving gegen Penguin Books Ltd und Deborah Lipstadt« auf. Irving hatte die amerikanische Historikerin Deborah Lipstadt der üblen Nachrede beschuldigt, weil sie ihn in ihrem 1993 erschienenen Buch *Denying the Holocaust* einen »Holocaust-Leugner« genannt hatte. Der Richter Justin Gray fasste das Ergebnis der Verhandlung folgendermaßen zusammen:

Irving has for his own ideological reasons persistently and deliberately misrepresented and manipulated historical evidence; that for the same reasons he has portrayed Hitler in an unwarrantedly favourable light, principally in relation to his attitude towards and responsibility for the treatment of the Jews; that he is an active Holocaust denier; that he is anti-Semitic and racist, and that he associates with right-wing extremists who promote neo-Nazism. (Irving gegen Lipstadt 2000, Paragraf 13.167)

Irving und infolgedessen auch MacDonald wurden also von einem britischen Gericht zu Antisemiten erklärt. Zum selben Ergebnis kann man auch kommen, wenn man die Stellungnahme MacDonalds zu neueren Sarrazin-Kritiken auf einer Website liest, die »weißer Identität, weißen Interessen und weißer Kultur« zugetan ist: »No need to discuss the fact that Jewish genetic commonality discovered by (Jewish) population geneticists can only be explained ultimately by the fact that the Jews have always had a race mania.«[19] Die Idee, die Juden hätten einen Rassenwahn, will die jüdische Intelligenz offenbar im Bereich des Pathologischen ansiedeln.

Das Gerede von der genetisch determinierten jüdischen »Identität« verstummte auch nicht nach der Zurückweisung von MacDonalds »Beweisen« durch ein Gericht. Im Jahr 2006 sorgten Gregory Cochran, Jason Hardy und Henry Harpending – allesamt Anthropologen an der Utah-University – für einigen Aufruhr mit einer Studie, in der sie behaupteten, dass die »überlegene« Intelligenz der Juden das Ergebnis von selektiver »Inzucht« sei. In ihrer Arbeit »Natural History of Ashkenazi Intelligence« schreiben sie, dass jüdische Intelligenz lediglich ein ausgleichender genetischer Effekt sei, der in direktem Zusammenhang mit genetisch bedingten »jüdischen« Krankheiten wie Tay-Sachs, Morbus Gaucher oder Fanconi Anämie stehe. So schreiben die Autoren:

[...] perhaps most of the characteristic Ashkenazi genetic diseases fall into this category. Selection has imposed a heavy human cost: not crippling at the population level, cheaper than the malaria-defense mutations like sickle cell and G6PD deficiency, but tragic nonetheless.[20]

19 http://theoccidentalobserver.net/tooblog/?p=3309 (aufgerufen am 20.2.2022).
20 G. Cochran, J. Hardy und H. Harpending, »Natural History of Ashkenazi Intelligence«, in: Journal of Biosocial Science 38 (2006), S. 659-693. Siehe die Verteidigung von: Hanna David und Richard Lynn, »Intelligence differences between

Sind Juden genetisch anders?

Hier findet eine Weiterentwicklung der biologistischen Paradigmen statt, die von MacDonald mitgetragen werden: Jeder brillante Jude ist gleichzeitig ein schwächlicher Jude, dessen Leben eher geistig als körperlich gehaltvoll ist.

Der Genetiker Robert Pollack von der Columbia Universität widerspricht der Vorstellung, genetische Einflüsse auf Eigenschaften wie Intelligenz seien auf wissenschaftliche Weise erfassbar:

Für alle Eigenschaften einer Person, die wir als interessant wahrnehmen, wie Intelligenz, Liebenswürdigkeit, musikalisches Können, Anstößigkeit, gilt: Soweit sie einen genetischen Bestandteil haben, sind tausende oder sogar zehntausende von Genen involviert. Es ist uns derzeit nicht möglich, das zu ermitteln.

Etwas derart Vages und Flüchtiges wie »Intelligenz« liefert nur dürftige Belege für eine genetische Weitergabe von Eigenschaften. Pollack sagt:

Die erstaunliche Blütezeit jüdischer Geistesleistungen in diesem Jahrhundert könnte sich als herbstlicher Überfluss der Farben entpuppen, gefolgt von einem langen, fahlen Winter. Und in 50 Jahren werden die Juden nicht fähiger sein als jeder andere. Die jiddische Redewendung »a Yid miz zich mitchen« (ein Jude muss sich abmühen) war immer ein ironischer, wenn auch sinnfälliger Kommentar zur Situation der Juden. Im Nachhinein könnte die Redewendung als geheimes jüdisches Erfolgsrezept aufgefasst werden.[21]

Aus alldem ergibt sich: Thilo Sarrazins Äußerungen sind ein Aufguss älterer, längst diskreditierter Mythen einer biologisch homogenen jüdischen Identität, angeblich belegt durch den überdurchschnittlichen jüdischen IQ. Wie schon bei den ideologischen Vorläufern werden »Juden« auch hier gegen Gruppen ausgespielt, die als biologisch weniger erfolgreich angesehen werden. Doch wenn es um den empirischen Nachweis von Intelligenz geht, werden auch bei Sarrazin individuelle Ausnahmeleistungen herangezogen, obwohl diese für genetische Erklärungsmuster völlig ungeeignet

European and Oriental Jews in Israel«, in: Journal of Biosocial Science 39 (2007), S. 465-473.
21 Abraham Rabinovich, »Farewell to Jewish gene-ius«, in: The Jerusalem Post (30.11.1998), S. 6.

sind – beispielsweise Nobelpreis-Gewinner und Geigenvirtuosen, die als jüdisch bezeichnet werden oder die ihrem Selbstverständnis nach jüdisch sind. Diese persönlichen Leistungen könnten sehr wohl eine Lern- und Leistungskultur von Individuen widerspiegeln, die sich in einer besonderen Diaspora-Situation befinden.[22] Historisch ist die Vorstellung, dass die Juden an und für sich »kreativ« sind. Kreativität wurde tatsächlich den Juden abgesprochen seit dem 18. Jahrhundert, lange vor Richard Wagners *Das Judentum in der Musik* (1850).[23] Der Stürmer und Dränger Friedrich Maximilian von Klinger, als ein alter Mann im russischen Dienst in Dorpat (Tartu), schreibt in seinen *Betrachtungen und Gedanken*:

> In der Idee, dem Glauben über und an eine Seele und ihre Unsterblichkeit, liegt der Grund der höhern, freyern Geisteskultur und des idealischen Sinns. Dieses beweiset die Geschichte aller Völker, und die der Juden, durch den Gegensatz.[24]

Klinger (und Wagner) hatte ein festes Judenbild im Kopf. Aber dieses Bild änderte sich mit der Zeit. So hat Albert Einstein in den zwanziger Jahren angemerkt:

> Wenn sich meine Relativitätstheorie als erfolgreich erweist, wird Deutschland einen Anspruch auf mich erheben, und Frankreich wird behaupten, dass ich ein Weltbürger sei. Sollte meine Theorie sich als falsch erweisen, wird Frankreich mich für deutsch erklären, und Deutschland wird sagen, ich sei Jude.[25]

Einstein behauptet, dass solche Kategorien von ihrem Kontext abhäng sind. Kategorien wie »jüdische Nobelpreis-Gewinner« spielen eine Rolle in Zeiten, in denen eine Gruppe sich mit außergewöhnlichen Leistungen

---

22 Kenneth M. Heilman, »Jews, Creativity and the Genius of Disobedience«, in: Journal of Religion and Health, 55, 1 (2016), S. 341-349; und A. Victor Counted, »Jews, Creativity and the Genius of Disobedience«, in: Journal of Religion and Health, 55, 1 (2016), S. 350-354.

23 Sander L. Gilman, Smart Jews: The Construction of the Idea of Jewish Superior Intelligence at the Other End of the Bell Curve (The Inaugural Abraham Lincoln Lectures), Lincoln 1996; München 1998.

24 Friedrich Maximilian von Klinger, Betrachtungen und Gedanken über verschiedene Gegenstände der Welt und der Literatur, Bd. 2, Königsberg 1809, S. 215.

25 Berliner Tageblatt (8. 4. 1922) (Einstein Archive 79-535).

Sind Juden genetisch anders?

identifizieren muss, um Unterstellungen über angeborene Unterschiede und angebliche Minderwertigkeit zu begegnen. Die Bedeutung solcher Leistungen nimmt in dem Maße ab, in dem der Druck nachlässt, als Mitglied einer identifizierbaren Gruppe zu reüssieren, und die Gruppe ihrerseits keine »Helden« mehr braucht. Wäre dem nicht so, könnte der derzeit zu beobachtende rasante Rückgang von Bewerbern mit jüdischem Selbstverständnis, die in Amerika ein Medizinstudium anstreben, bedeuten, dass die Juden Gottes Gnade verloren haben. Und dafür werden sie vielleicht weniger »krank«, aber aufgrund sinkender Intelligenz »anfälliger für das Verbrechen«.

Die Wahrheit ist: Personen, die sich selbst als Juden definieren, passen immer genauer in das Profil der amerikanischen Mittelklasse. Sie wählen ihren Beruf aufgrund ihrer mittelständischen Zugehörigkeit und nicht aufgrund der elterlichen Wünsche. Die »neuen Juden« sind derzeit die Asian-Americans, eine gleichermaßen erfundene Kategorie. Sie bevölkern die Medical Schools aufgrund des sozialen Drucks, der ein Medizinstudium als besten Weg zum Erfolg in der amerikanischen Diaspora erscheinen lässt.

Es ist die Angst vor der muslimischen Immigration, die Sarrazins Argumentation in Bezug auf die Juden prägt. Ironischerweise könnte die nächste Generation deutscher Genies sehr wohl aus Gruppen hervorgehen, die sich marginalisiert fühlen, wie dies auch bei den Juden im 19. Jahrhundert der Fall war. Das eigentlich Traurige daran ist, dass Sarrazin im deutschen Kontext die Juden als Erfolgsbeispiel instrumentalisiert – und damit den Zeitpunkt markiert, von dem an der Holocaust in Bezug auf Minderheitenfragen im öffentlichen Bewusstsein (mit Ausnahme der wenigen deutschen Juden) keine Rolle mehr spielt. So, wie die »muslimischen Migranten« für Sarrazin zu dumm sind, um Bürger zu werden, waren den Nazis die Juden zu schlau, um Bürger zu bleiben. So schließt sich der Kreis.

Jüdischer Humor und die Bedingungen, durch welche Juden Eintritt in die westliche Zivilisation fanden*

>Jeder< weiß, dass man die Fähigkeit besitzen sollte, über sich selbst zu lachen. Denn dies gilt als Zeichen, dass jemand kein Spielverderber ist, sondern ein vollwertiges Mitglied der Gesellschaft. Auch die Sozialpsychologie hat das klar erkannt. Gordon Allport etwa weist in seiner grundlegenden, auf früher psychoanalytischer Theoriebildung beruhenden Arbeit über die sozialpsychologischen Ursachen des Vorurteils darauf hin, dass eine unterdrückte Minderheit sich in selbstironischen Humor flüchtet, um dem negativen Image zu entrinnen, das die Gesellschaft ihr zuschreibt. Fremdbilder werden zu einem gewissen Grad verinnerlicht und, halb scherzhaft, halb ernst, in Selbstbilder überführt oder auf andere, noch weniger privilegierte Gruppen innerhalb der eigenen Minderheit verschoben. Allport zufolge kann ein solcher Humor zu sozialer Anerkennung führen, vorausgesetzt, seine Träger sind tatsächlich witzig und es gelingt ihnen, in der Mehrheitsgesellschaft als Komiker zu fungieren.[1] Um diese eigentümliche Form der Selbstverleugnung zu erklären, variiert Avner Ziv die These Anna Freuds, wonach die Identifikation mit dem Feind als Mittel der Selbstverteidigung dienen könne:

One message of self-disparaging humor to the enemy could [...] run something like this: »You don't have to attack me and damage my honor – I'll do it myself (and even better than you!).« In addition, the enemy's laugh may discharge his hostility, so that he does not use his weapon. It is better to look scared, miserly, and foolish, and to stay alive, than it is to die.[2]

Edmund Bergler spricht von einem masochistischen Moment im jüdischen Humor, der sich in der für ihn charakteristischen Selbstironie exemplifiziere.[3]

---

* Aus dem Amerikanischen von Angelika Beck.
1 Gordon W. Allport, The Nature of Prejudice, New York 1958.
2 Avner Ziv, Personality and Sense of Humor, New York 1984, S. 111.
3 Edmund Bergler, Laughter and the Sense of Humor, New York 1956, S. 112; vgl. auch die frühere Studie von Theodor Reik, »Zur Psychoanalyse des jüdischen Witzes«, in: Imago 15 (1929), S. 63-68. Das Thema bleibt aktuell: S. auch Ruth Wisse, No

Solche Behauptungen machen deutlich, dass ›das Lachen über sich selbst‹ eine Handlung ist, die sowohl eine soziologische als auch eine psychologische Komponente besitzt. Dass sie zudem eine Geschichte hat, lässt sich jedoch aus der Forschungsliteratur nicht unmittelbar erschließen. Es bedarf einer gewissen Selbstreflexion, damit ein Vorgang wie das ›Über-sich-lachen‹ möglich wird. Heutzutage wird diese Fähigkeit als Merkmal moderner Subjektivität betrachtet, aber nicht von einem individuellen Gesichtspunkt aus, sondern von dem einer kollektiven Subjektivität. Es liegt auf der Hand, dass diese Selbstreflexion in Westeuropa im Zeitalter der Aufklärung einsetzte und besonders den Status der Juden in der sich neu entwickelnden bürgerlichen Kultur betraf. Im 21. Jahrhundert ist sie zu einer übergeschichtlichen ›Wahrheit‹ geworden, zu einem Lackmus-Test für die Akzeptanz in der westlichen Kultur.

Als 2005 die Mohammed-Karikaturen in einer dänischen Zeitung erschienen, lautete die Begründung, dass Muslime, die in die dänische Gesellschaft aufgenommen werden wollten, lernen müssten, über sich selbst zu lachen.[4] Flemming Rose, der Kulturredakteur der dänischen *Jyllands-Posten* schrieb zur Zeit der Veröffentlichung am 30. September 2005:

> Die moderne, säkulare Gesellschaft wird von einigen Muslimen abgelehnt. Sie fordern eine besondere Stellung, indem sie auf einer besonderen Berücksichtigung ihrer religiösen Gefühle bestehen. Dies ist unvereinbar mit der zeitgenössischen Demokratie und Redefreiheit, wo man bereit sein muss, sich mit Beleidigungen, Hohn und Spott abzufinden. Das ist sicher nicht immer nett anzusehen, und es bedeutet nicht, dass religiöse Gefühle um jeden Preis lächerlich gemacht werden sollten, aber das spielt im gegenwärtigen Zusammenhang eine untergeordnete Rolle [...]. Wir begeben uns auf eine schiefe Bahn, wo niemand sagen kann, wie die Selbstzensur enden wird. Deshalb hat *Morgenavisen Jyllands-Posten* Mitglieder der dänischen Karikaturistengewerkschaft eingeladen, Mohammed zu zeichnen, wie sie ihn sehen.[5]

Joke: Making Jewish Humor, Princeton 2013; Jeremy Dauber, Jewish Comedy: A Serious History, New York, NY, 2017; Simon Bronner, Jewish Cultural Studies, Detroit, MI, 2021, S. 292-323.

4   Jytte Klausen, The Cartoons That Shook the World, New Haven 2009.

5   Flemming Rose, »Muhammeds ansigt«, in: Jyllands-Posten, 30. 9. 2005.

Am 19. Februar 2006, also vier Monate nach der Veröffentlichung der Karikaturen und nachdem der Sturm der Entrüstung losgebrochen war, stellte Rose dieses Argument in der *Washington Post* noch deutlicher heraus:

> The cartoonists treated Islam the same way they treat Christianity, Buddhism, Hinduism and other religions. And by treating Muslims in Denmark as equals they made a point: We are integrating you into the Danish tradition of satire because you are part of our society, not strangers. The cartoons are including, rather than excluding, Muslims.[6]

Dies scheint heutzutage ein Gemeinplatz zu sein. Akzeptiert nicht jedes Individuum, jede Religion, den Grundsatz, dass man es ertragen können muss, die Zielscheibe des Spotts zu sein, um als ›integriert‹ und ›gleichberechtigt‹ zu gelten? Wer lacht, erscheint hierbei wesentlich: Lachen über das Bild, das andere von einem geschaffen haben, oder lachen über Bilder, die man selbst von sich erzeugt hat und welche die eigene Gruppe repräsentieren, sind hier unter die Kategorie selbstkritisches Lachen subsumiert. Alle Randgruppen, gleichgültig welchen individuellen Hintergrunds, müssen lernen, über sich zu lachen, ja sogar in der Lage sein, selbst solche selbstkritischen Bilder hervorzubringen. Der Literaturnobelpreisträger Derek Walcott weist darauf hin, dass zwischen der Identität eines Juden und eines karibischen Schwarzen Ähnlichkeiten bestünden, da

> the race that has suffered the most is obviously the Jews in the Holocaust, and Jewish humor is very much a part of suffering. The kind of comedy that is in the Caribbean is also mixed with tragedy [...]. Because part of the element of Calypso is to be farcical, to laugh at oneself.[7]

Und folglich sind alle Gruppen letzten Endes wie die Juden in der Aufklärung Mitglieder der Gesellschaft, egal wie dürftig, wegen des kollektiven Sinns für Humor.

Ist es nicht in der Tat genau die bereitwillig angenommene Fähigkeit, Zielscheibe des Spotts zu sein, die Juden witzig macht? Juden sind imstande, über sich zu lachen, und können es ertragen, wenn man sich über sie

6 Flemming Rose, »Why I Published Those Cartoons«, in: The Washington Post, 19.2.2006.
7 William Baer (Hrsg.), Conversations with Derek Walcott, Jackson, MS, 1996, S. 171. S. Sander L. Gilman, »Is Life Beautiful? Can the Shoah be Funny? Some Thoughts on Recent and Older Films«, in: Critical Inquiry 26 (2000), S. 279-308.

lustig macht. Aber das war keine naturgegebene Neigung – Juden lernten über sich zu lachen im Zuge ihrer Assimilation an die von der Aufklärung geprägte Gesellschaft des 18. Jahrhunderts, die ihrerseits wiederum Bedeutung und soziale Struktur von Humor und Witzen in Selbsthilfebüchern für die aufstrebenden mittleren Schichten normierte. (Im ästhetischen Diskurs wie auch im allgemeinen Sprachgebrauch der Aufklärung gibt es ein ›Venn-Diagramm‹, wo Begriffe wie Humor, Witz, Geist und Ironie sich überschneiden. Obwohl klar ist, dass weder ›Geist‹ noch ›Ironie‹ notwendigerweise auf das ›Witzig-Humorvolle‹ eingeschränkt sind, gehören sie ebenfalls zu diesem Diagramm.)

Die Handbücher, welche die Deutschen zu lehren suchten, wie man gute Mittelstandsbürger wird, scheinen sich sogar mehr an Juden als an andere Leser gerichtet zu haben. Die deutsche Bourgeoisie sah sich inzwischen als ›das Bürgertum‹, nachdem sie sich seit der Reformation vom Adel abgegrenzt hatte. Der Adel galt nur auf eine oberflächliche und fehlerhafte Weise als zivilisiert, im Unterschied zum moralischen Bürger, zu dessen natürlicher Ausstattung es gewissermaßen gehörte, gebildet und kultiviert zu sein. Die Deutschen christlichen Glaubens, die (vor allem in Preußen) in den Mittelstand drängten, mussten nur die Regeln eines Spiels erlernen, das sich in der Adelsschicht über Jahrhunderte hinweg entwickelt hatte; die Juden hingegen mussten lernen, überhaupt erst Deutsche zu sein.

Der Benimm-Experte seiner Zeit – dessen Handbuch für richtiges Benehmen der Bestseller über gesellschaftliche Umgangsformen wurde (und blieb) – war Adolf Freiherr von Knigge (1752-1796). Für Knigge galt es als Zeichen zivilisierten Verhaltens, Sinn für Humor zu besitzen.

Wahrer Humor und ächter Witz lassen sich nicht erzwingen, nicht erkünsteln, aber sie würken, wie das Umschweben eines höhern Genius, wonnevoll, erwärmend, Ehrfurcht erregend. Willst Du witzige Einfälle anbringen; so überlege auch wohl, in welcher Gesellschaft Du Dich befindest. Was Personen von einer gewissen Erziehung sehr unterhaltend scheint, kann Andern sehr langweilig und unschicklich vorkommen, und ein freyer Scherz, den man sich in einem Cirkel von Männern erlaubt, würde bey Frauenzimmern übel angebracht seyn.[8]

8 Adolf Freiherr von Knigge, Ueber den Umgang mit Menschen, fünfte verbesserte und vermehrte Auflage, 1796, in: ders., Sämtliche Werke, 24 Bde., Bd. 10, München u. a. 1992, S. 80.

Aber es besteht natürlich die Gefahr, Humor als Waffe zu gebrauchen, denn

es ist schwer, in lustiger Stimmung, und wenn man dem Witze den Zügel schießen lässt, nicht in einen *satyrischen* Ton zu fallen. Was giebt uns reichern Stoff zum Lachen, als das unzählige Heer von Thorheiten der Menschen? [...] Lachen wir nun über die Narrheit; so ist es fast unvermeidlich, auch über den Narren mitzulachen, und da kann dann dies Lachen sehr ernsthafte, verdrießliche Folgen haben.[9]

Wahrhaft aufgeklärte Menschen sind jedoch gegen solche Angriffe immun. Die feine Trennungslinie zwischen dem kruden Zum-Gespött-Werden und dem eigenen Sinn für Humor ist von entscheidender Bedeutung, um das Wesen des aufgeklärten Bürgers zu verstehen. Allerdings spielt Lachen über sich selbst in Knigges Konstruktion des imaginären aufgeklärten Bürgers eigentlich keine Rolle.

Ein aufschlussreiches Beispiel findet sich in den Memoiren eines der bekanntesten Geschichtenerzähler der Aufklärung, Giacomo Casanovas (1725-1798). Casanova, ein Venezianer, der sich plötzlich gezwungen sieht, aus seiner Heimatstadt zu fliehen und nach Paris, dem kulturellen Zentrum des 18. Jahrhunderts, überzusiedeln, erlernt die gesellschaftlichen Gepflogenheiten seiner neuen Umgebung als ein Außenseiter, der, wie er uns zu Beginn seiner Memoiren mitteilt, Französisch stets mit unüberhörbarem italienischem Akzent sprach. Bald schon befindet er sich in einer peinlichen Lage, als er in einer düsteren und engen Kutsche versucht, sich einer jungen Frau namens Babet zärtlich zu nähern, und feststellen muss, dass er die Hand ihres Liebhabers, des Grafen La Tour d'Auvergne, geküsst und gestreichelt hat. Schnell macht die Geschichte in dem gesellschaftlichen Netzwerk die Runde, in das einzudringen Casanova sich bemüht.

Endlich hielt der Wagen vor meiner Tür; mein Bedienter öffnete den Schlag, und ich stieg eiligst aus, indem ich ihnen gute Nacht wünschte, was La Tour d'Auvergne unter beständigem Lachen erwiderte. Ganz verdutzt ging ich auf mein Zimmer, und erst eine halbe Stunde später begann ich über den eigentümlichen Vorfall ebenfalls zu lachen. Unangenehm war mir nur die Aussicht auf die schlechten Witze, die man darüber machen würde; denn ich konnte natürlich vom Grafen keine Verschwiegenheit erwarten.

9 Ebd., S. 216.

Ich ließ drei Tage hingehen, ohne den liebenswürdigen Grafen zu sehen; am vierten aber beschloß ich, gegen neun Uhr ihn aufzusuchen und um ein Frühstück zu bitten; denn Camilla hatte zu mir geschickt und sich nach meinem Befinden erkundigen lassen. Diese Geschichte durfte mich nicht von ferneren Besuchen bei ihr abhalten. Auch hätte ich gerne gewußt, wie man den Spaß aufgenommen hatte.

Sobald la Tour d'Auvergne mich sah, lachte er laut auf; ich stimmte ein, und wir umarmten uns herzlich, wobei er scherzhafterweise so tat, als ob er ein Mädchen wäre.»Mein lieber Graf, vergessen Sie diese Dummheit; es wäre kein Ruhm für Sie, mich anzugreifen; denn ich weiß nicht, wie ich mich verteidigen soll.«[10]

Casanova, der krasse Außenseiter, lernt, dass über sich selbst zu lachen, der einzig gangbare Weg ist, seine Gegner zu entwaffnen und für sich einzunehmen. Da es keine andere Möglichkeit gebe, sich zu verteidigen, schreibt er, müsse man in das Lachen mit einstimmen. Ein unverkennbarer Außenseiter zu sein, bedeutet immer, sich seiner Randexistenz bewusst zu sein.

Knigges kultivierter Bürger erkennt das Potenzial, das in jedem menschlichen Wesen steckt, warnt aber auch vor moralischen Defiziten gewisser Stände wie etwa dem der Juden:»Bey dem Handel mit Hebräern gemeiner Art rathe ich die Augen oder den Beutel zu öffnen. Es ist sehr natürlich, dass ein Christ sich auf ihre Gewissenhaftigkeit, auf ihre Betheuerungen nicht verlassen darf.«[11] Aber Knigge merkt an, dass er nicht von jenen spreche, »die sich (vielleicht nicht zu ihrem Glücke) nach den Sitten der Christen umgebildet haben.«[12] Das heißt, von jenen, die sich unglücklicherweise einen Sinn für Humor angeeignet haben und über sich selbst lachen können. In diesem Sinne könnte Casanova durchaus ein Modell für die gelingende Assimilation an die aufgeklärte Gesellschaft bieten.

Für die Deutschen war Humor damals eher eine nationale als eine individuelle Eigenschaft – und das obwohl Immanuel Kant (1724-1804) in seiner *Kritik der Urteilskraft* die universelle Rolle hervorhebt, auf der die Missverhältnisse im Humor beruhen:

---

10 Giacomo Girolamo Casanova, Geschichte meines Lebens. Vollständige Übersetzung nach der Ausgabe München/Leipzig 1907-1909, hrsg. und kommentiert von Günter Albrecht, 12 Bde., München 1984-1987, Bd. 5, S. 120.

11 Knigge (Anm. 7), S. 708.

12 Ebd, S. 710.

Es muß in allem, was ein lebhaftes, erschütterndes Lachen erregen soll, etwas Widersinniges sein (woran also der Verstand an sich kein Wohlgefallen finden kann). Das Lachen ist ein Affekt aus der plötzlichen Verwandlung einer gespannten Erwartung in nichts.[13]

An anderer Stelle erzählt Kant einen Witz, um das Wesen solchen Humors (»Witzwort«) zu veranschaulichen: »Jedermann weiß, wie eifrig der Anfang der Collegien von der munteren und unbeständigen Jugend gemacht wird, und wie darauf die Hörsäle etwas geräumiger werden.«[14] Aber Kant bemerkte, dass der aufgeklärte Geist an und für sich witzig ist, glaubt aber auch, dass Humor eine nationale Eigenschaft sei. Kant hielt französischen Witz für oberflächlich und sprach den Deutschen Witz ab.[15] Nationale Eigenschaften sind vom Witz geprägt und prägen wiederum den Witz.

Aber was ist mit den Juden? Obwohl Kant sich nicht über jüdischen Witz äußert, ist er sich doch des Assimilationsprozesses bewusst, der einen modernen aufgeklärten jüdischen Charakter zur Folge haben sollte:

Weiber, Geistliche und Juden betrinken gewöhnlich sich nicht, wenigstens vermeiden sie sorgfältig allen Schein davon, weil sie bürgerlich schwach sind und Zurückhaltung nöthig haben (wozu durchaus Nüchternheit erforderlich ist). Denn ihr äußerer Werth beruht bloß auf dem Glauben Anderer an ihre Keuschheit, Frömmigkeit und separatistische Gesetzlichkeit. Denn was das letztere betrifft, so sind alle Separatisten, d. i. solche, die sich nicht blos einem öffentlichen Landesgesetz, sondern noch einem besonderen (sectenmäßig) unterwerfen, als Sonderlinge und vorgeblich Auserlesene, der Aufmerksamkeit des Gemeinwesens und der Schärfe der Kritik vorzüglich ausgesetzt; können also auch in der Aufmerksamkeit auf sich selbst nicht nachlassen, weil der Rausch, der diese Behutsamkeit wegnimmt, für sie ein Skandal ist.[16]

Der Debatte über einen jüdischen Nationalcharakter kommt eine Schlüsselrolle im Denken der Aufklärung zu. Montesquieu in *De l'esprit des lois* (1748) wie auch Hume in seinem Essay *Of National Characters* (1748)

13 Immanuel Kant, Gesammelte Schriften (Akademieausgabe), 29 Bde., Berlin 1900 ff., hier Bd. 5, S. 332.
14 Ebd., Bd. 2, S. 309.
15 Kant (Anm. 12), Bd. 7, S. 318.
16 Ebd., Bd. 7, S. 171. S. a. E. M. Jellinek, »Immanuel Kant on Drinking«, in: Quarterly Journal of Studies of Alcohol 1 (1941), S. 777-780.

stimmen mit Kant hinsichtlich der aufgeklärten Juden in der Öffentlichkeit überein. Allerdings hat jeder seine eigene Erklärung. Montesquieu glaubte, dass der jüdische Nationalcharakter auf der »Natur« des Juden beruhe, Hume (und mit ihm Knigge) führten ihn auf den politischen Kontext zurück.[17] Ungeachtet der jeweiligen Erklärung drehte sich dabei alles um die Frage nach dem Humor der Juden.

Kants jüdischer Zeitgenosse, der Philosoph und Reformer Moses Mendelssohn (1729-1786), machte sehr deutlich, dass sich in seinen Augen Juden im Zeitalter der Aufklärung nur dann einen Sinn für Humor aneignen, wenn sie kulturell emanzipiert sind. Er verurteilt »gemeinen spitzfindigen Witz« und tritt für eine Form des »höheren Witzes« ein, der »eine fruchtbare Quelle des Erhabenen und des Bewunderungswürdigen« sei. Er ist gegen »einen eitlen Schimmer [...], der mehr blendet als erleuchtet.«[18] Shaftesbury zitierend, merkt Mendelssohn an: »Das Lächerliche ist ein Probierstein der Wahrheit; dieses klingt fremde und verspricht Neues. [...] die Wahrheit kann nichts Ungereimtes an sich haben, das belacht zu werden verdiene.«[19] Lachen und Wahrheit definieren sich selbst wechselseitig, und dennoch ist Humor eine notwendige Eigenschaft des Geistes, wenn er »höher« und nicht »gemein« ist. Und die Juden, die Deutsche werden, scheinen dem zuzustimmen.

Juden Rechte als Deutsche zu geben, hieß schlicht und einfach, darauf zu bestehen, dass sie sich ihrerseits einen eigentümlich deutschen Sinn für Humor zu eigen machten, weder französischen Humor noch spitzfindigen Witz, sondern den Humor, der die Deutschen als kultiviert und gesellig ausweist (was Kant freilich bezweifelt). Zwar sind diese Unterscheidungen im höchsten Maße haarspalterisch, doch nichtsdestoweniger gaben sie den Juden ein Mittel an die Hand, um in eine sich gerade entwickelnde deutsche bürgerliche Gesellschaft einzutreten.

Sogleich tauchte ein neues Genre auf: das Buch des jüdischen Witzes, geschrieben für Juden und mit Witzen über Juden. Das erste, das uns vorliegt, ist L. M. Büschenthals *Sammlung witziger Einfälle von Juden, als Beyträge zur Charakteristik der Jüdischen Nation* (1812). Es erinnert an Kant,

---

17 Vgl. Nathan Rotenstreich, The Recurring Pattern: Studies in Anti-Judaism in Modern Thought, London 1963, über Kant S. 23-47, und Michael Mack, German Idealism and the Jews, Chicago 2003, über Kant S. 23-41.

18 Moses Mendelssohn, »Ueber das Erhabene und Naive in den schönen Wissenschaften«, in: ders., Gesammelte Schriften, 7 Bde., Leipzig 1843-45, S. 307-347, hier S. 335.

19 »Gespräche«, in: ebd., Bd. 1, S. 191-231, hier S. 212.

Jüdischer Humor

wenn Büschenthal in seinem Vorwort schreibt, dass für *einige* Juden (wie für *alle* Frauen) Humor zu einer Waffe geworden sei:

> Noth und Schwäche – dieß lehrt uns das weibliche Geschlecht – gebären die List, und List ist die Mutter des Witzes; daher man auch unter den gedrückten und dürftigen Landjuden denselben bei weitem häufiger, als bey den reichern, antrifft.[20]

Zersetzender Humor ist folglich ein Zeichen des nicht-assimilierten Juden oder Landjuden. Unerwähnt bleibt die Tatsache, dass diese Aufspaltung ›des Juden‹, Kants Kategorie, zu deutschen Mittelstandsjuden führt, die ihre Waffen gegen sich selbst richten. Sowie die Juden gute Deutsche werden, lernen sie, über sich zu lachen, und schließen sich damit den Nicht-Juden an, die das bereits tun. Es ist ein Buch der Anleitung, aber auch eines des Beweises, um den Deutschen zu zeigen: Schaut her, wir verstehen es, über uns zu lachen. Ein charakteristisches Beispiel findet sich gleich am Beginn der Sammlung:

> In einer Loge im B– Schauspielhause saß ein Judenmädchen. Da trat ein junger bekannter Wüstling ein, und that ziemlich vertraut und zudringlich gegen sie.
> Mein Herr, sagte das Mädchen, Sie irren sich wahrscheinlich in der Person. Gott bewahre, versetzte jener, ich sehe ja wohl, Sie sind ein M ä d c h e n ; und dabei wurde er immer ungestümer, und zuletzt unverschämt. Das Mädchen, äußerst empört, gebrauchte ihre Zunge, wie nur Mädchen sie gebrauchen können. Nun, nun, rief der Wüstling, fressen Sie mich nur nicht! »Dafür, Herr, seyen Sie außer Sorge, versetzte jene schnell, ich bin ein J u d e n m ä d c h e n, und diese dürfen kein Schw—fleisch essen.«[21]

Hier wird der Spieß gegenüber dem Verführer umgedreht: Gleichwohl geht es in dem Witz um etwas, das damals als rückständige jüdische Praxis betrachtet wurde, nämlich die jüdischen Speiseverschriften (Kashrut), die aufzugeben von vielen Integrationswilligen befürwortet wurde. Im selben

---

20 L[ippmann] M[oses]Büschenthal, Sammlung witziger Einfälle von Juden, als Beyträge zur Charakteristik der Jüdischen Nation, Elberfeld 1812, S. IV.
21 Ebd., S. 5 f.

Maße freilich, wie es den Juden gelang, einen Sinn für Humor zu erwerben, wurde dieser von der Mehrheitsgesellschaft in Zweifel gezogen. Letztendlich galt dieser Humor als zu spitzfindig, zu zersetzend, zu destruktiv, mit anderen Worten, als zu jüdisch. Jene Form des negativen, zersetzenden Humors, den Mendelssohn und Büschenthal ablehnten, und der das Ergebnis dessen war, was nicht-assimilierte Juden verinnerlicht hatten, wurde zum Muster des jüdischen Humors schlechthin. Richard Wagner benutzt in seinem 1850 erschienenen Aufsatz »Das Judentum in der Musik« den Konvertiten, Satiriker und Erzjuden Heinrich Heine (1797-1856), um die üblen Folgen zu demonstrieren, die sich bei westeuropäischen Juden aus der Verbindung von Assimilation und Humor ergeben:

> Zu der Zeit aber, wo das Dichten bei uns zur Lüge wurde, insofern gänzlich unpoetischen Lebenselementen alles Mögliche, nur kein wahrer Dichter mehr entsprießen konnte, da war es das Amt eines sehr begabten dichterischen Juden, diese Lüge, diese bodenlose Nüchternheit und jesuitische Heuchelei unserer immer noch poetisch sich gebaren wollenden Dichterei mit hinreißendem Spotte aufzudecken [...]. Er war das Gewissen des Judentums, wie das Judentum das Gewissen unsrer modernen Zivilisation ist.[22]

Wagners Verurteilung des satirischen Humors als eine nicht im mindesten witzige Form des Komischen, als bloße jüdische Gehässigkeit, adressiert an ein naives deutsches Lesepublikum, illustriert nur zu gut, was geschieht, wenn kritische Satire nicht auf das eigene Ich zielt. In seiner beherzten Verteidigung des Juden in *Israël chez les nations: les juifs et l'antisémitisme* (1893) bemerkte Anatole Leroy-Beaulieu, seine Zeitgenossen glaubten, die Juden seien nie witzig, sie schienen nur so: »Heine n'en est que la fleur suprieme, fleur maladive aux perfums malsains; car il y a un ver dans cette rose allemande, le judaïsme.« (Heines Ironie ist noch dazu eine von Krankheit befallene Blüte mit dem ungesunden Duft; denn in dieser deutschen Rose lauert ein Wurm – der Judaismus.)[23] Friedrich Nietzsche (1844-1900), der Erz-Anti-Anti-Semit, stimmt dem zu, stellt aber wie gewöhnlich die Behauptung auf den Kopf: »›Geist‹: eine Eigenschaft später Rassen (Juden,

22 Jens Malte Fischer, Richard Wagners »Das Judentum in der Musik«. Eine kritische Dokumentation als Beitrag zur Geschichte des Antisemitismus, Frankfurt a.M. Leipzig 2000, S. 172.
23 Anatole Leroy-Beaulieu, Israël chez les nations: les juifs et l'antisémitisme, Paris 1893, S. 252.

Franzosen, Chinesen). Antisemiten verzeihen den Juden nie, dass sie >Geist< und Geld haben.« (1888)[24] Heine hat Geist, aber der ist gepaart mit zerstörerischer und hyperkritischer Satire, deren Quell (wen wundert's?) eine Ausbeutung des gutmütigen, harmlos humorvollen Deutschen ist. Otto Weininger, der Zeitgenossen wie Theodor Lessing als die Inkarnation des jüdischen Selbsthasses galt und dessen Dissertation u. a. von Freud begutachtet wurde, schrieb 1903, dass Juden und Frauen zum Beispiel keinen echten Humor hätten, denn echter Humor müsse transzendent sein: Der Jude, so Weininger, ist sich selbst »nach der Sexualität, das ergiebigste Objekt alles Witzes.«[25] Und: »Juden und Weiber sind humorlos, aber spottlustig.«[26] (Das Kapitel über die Juden war in der ursprünglichen Dissertation nicht enthalten und wurde von Weininger erst für die Veröffentlichung hinzugefügt.) Und solchen Äußerungen kann die Meinung selbst jener zur Seite gestellt werden, die damals die jüdische Andersartigkeit durchaus begrüßten, wie etwa Rabbi Solomon Schindler vom Temple Israel in Boston, der 1887 schrieb,

it remains a fact that we spring from a different branch of humanity, that different blood flows in our veins, that our temperament, our tastes, our humor is different from yours; that, in a word, we differ in our views and in our mode of thinking in many cases as much as we differ in our features.[27]

Sind Juden witzig? Nie auf passende Weise witzig genug für einige, im Guten wie im Schlechten. Witzig zu sein, bleibt jedoch ein Kriterium für die Zugehörigkeit zu einer Gruppe – zu >Deutschen< oder >Juden<; zu >Amerikanern< oder >Juden<.

Einer, der Juden für witzig hielt und glaubte, dass jüdische Witze, von Juden über Juden erzählt, mehr als bloß Formen des jüdischen Andersseins und der jüdischen Assimilation offenbaren, war zweifelsohne Sigmund Freud. Seine Theorie des Humors ist der Versuch, eine Kant'sche Theorie zu prä-

---

24 Friedrich Nietzsche: Sämtliche Werke: Kritische Studienausgabe, hrsg. von Giorgio Colli und Mazzino Montinari, 15 Bde., Berlin 1980, Bd. 8, S. 157.

25 Otto Weininger, Geschlecht und Charakter. Eine prinzipielle Untersuchung, Wien/Leipzig ⁵1905, S. 433.

26 Ebd., S. 434 f.

27 Zitiert nach Eric Goldstein, »>Different Blood Flows in Our Veins<: Race and Jewish self-definition in late nineteenth century America«, in: American Jewish History 85 (1997), S. 29-55, hier S. 46.

sentieren, jedoch überlagert durch das Unbewusste. Kants oben zitierte Ansicht, dass das Lachen »aus der plötzlichen Verwandlung einer gespannten Erwartung« hervorgeht, wird in das Unterbewusste verlegt, wo sich jene Verwandlung als plötzliche Entladung der Spannung in Vergnügen vollzieht. Lachen ist das Zeichen der Erleichterung, weil sich – und hier weicht Freud von Kant ab – unterdrückte, inakzeptable Impulse plötzlich Ausdruck verschaffen dürfen. Und die Pointe entgeht dem Zensor oder der Gegenbesetzung durch das Überraschungselement. Wie Träume und Versprecher erschließen Lachen und Humor die Funktionsweise des Unterbewussten.

Aber worin besteht Freuds Beweis für seine Theorie des Humors? In seiner Studie *Der Witz und seine Beziehung zum Unbewussten* (1905) schreibt er:

> Wir fragen nicht nach ihrer Herkunft, sondern nur nach ihrer Tüchtigkeit, ob sie uns zum Lachen zu bringen vermögen und ob sie unseres theoretischen Interesses würdig sind. Beiden diesen Anforderungen entsprechen aber gerade die Judenwitze am besten.[28]

Um die weitere Bedeutung des Witzes für jedermann (Juden wie Deutsche) zu bestimmen, kehrt Freud zur Aufklärung zurück, nicht zu Knigge, sondern zu dem Aphoristiker und Kommentator Georg Christoph Lichtenberg (1742-1799), der just dann ins Spiel kommt, wenn von der »feindlichen Tendenz« des Witzes gehandelt wird:

> Innerhalb unseres eigenen Kreises haben wir [...] Fortschritte in der Beherrschung feindseliger Regungen gemacht; wie es *Lichtenberg* drastisch ausdrückt: Wo man jetzt sagt: Entschuldigen Sie, da schlug man einem früher ums Ohr. Die gewalttätige Feindseligkeit, vom Gesetz verboten, ist durch die Invektive in Worten abgelöst worden, und die bessere Kenntnis der Verkettung menschlicher Regungen raubt uns durch ihr konsequentes »*Tout comprendre c'est tout pardonner*« immer mehr die Fähigkeit, uns gegen den Nebenmenschen, der uns in den Weg getreten ist, zu erzürnen. Mit kräftigen Anlagen zur Feindschaft noch als Kinder begabt, lehrt uns später die höhere persönliche Kultur, dass es unwürdig ist, Schimpfwörter zu gebrauchen, und selbst, wo der Kampf an sich erlaubt geblieben ist, hat die Anzahl der Dinge, die als Mittel im Kampf

---

28 Sigmund Freud, Gesammelte Werke, 18 Bde., London/Frankfurt a. M. ⁵1973, Bd. 6, S. 50.

nicht verwendet werden dürfen, außerordentlich zugenommen. Seitdem wir auf den Ausdruck der Feindseligkeit durch die Tat verzichten mussten – durch den leidenschaftslosen Dritten daran gehindert, in dessen Interesse die Bewahrung der persönlichen Sicherheit liegt – haben wir ganz ähnlich wie bei der sexuellen Aggression eine neue Technik der Schmähung ausgebildet, die auf die Anwerbung dieses Dritten gegen unseren Feind abzielt. Indem wir den Feind klein, niedrig, verächtlich, komisch machen, schaffen wir uns auf einem Umwege den Genuss seiner Überwindung, den uns der Dritte, der keine Mühe aufgewendet hat, durch sein Lachen bezeugt.[29]

Aber erzählen Juden Witze über Juden, um sie »klein, niedrig, verächtlich oder komisch« zu machen? Für Lichtenberg wäre das unstrittig gewesen, da er Juden als von Natur aus mit Fehlern behaftet ansah und sie mit allen erdenklichen Stereotypen belegte, sei es aufgrund seiner Lektüre von Hogarths *Harlot's Progress,* sei es aufgrund seines Umgangs mit jüdischen Zeitgenossen.[30] Oder anders gefragt: Erfolgt die Verspottung von Juden durch Juden, um zu zeigen, dass sie es als kultiviertes Volk ertragen können, in Witzen lächerlich gemacht zu werden? Ist der Jude der Feind des Juden? Man könnte argumentieren, dass das antisemitische Bild die Waffe des Feindes sei, die nun von den Juden selbst benutzt werde. (Doch wie die verstorbene Audre Lorde bekanntlich bemerkte, werden »die Werkzeuge des Meisters niemals das Haus des Meisters demontieren.«[31]) Im Grunde erzählt Freud Witze über die nicht-assimilierten Ostjuden, die er und seine kosmopolitischen Wiener Zeitgenossen unendlich komisch fanden:

Zwei Juden treffen in der Nähe des Badehauses zusammen.
»Hast du genommen ein Bad?« fragt der eine.
»Wieso«, fragt der andere dagegen, »fehlt eins?«[32]

Aber solche Witze über Ostjuden waren auch in den übelsten antisemitischen Hetzblättern Wiens zu finden wie etwa dem *Kikeriki* (Abb. 2).

29 Ebd., S. 112.
30 Jay Geller, »Judenzopf/Chinesenzopf. Of Jews and Queues«, in: Positions 2 (1995), S. 500-537.
31 Audre Lorde, »The Master's Tools Will Never Dismantle the Master's House«, in: Audre Lorde, Sister Outsider: Essays and Speeches, Berkeley, CA, 1984, S. 110-114.
32 Freud (Anm. 27), Bd. 6, S. 50.

Aus Halb-Asien.

— Gott der Gerechte! Was for a Menge Lait' vorm Itzig
sein Haus! Wos gibt's?
== Wos soll's geben? Er woscht sich die Händ'!

Abb. 2: Karikatur aus *Der jüdische Körper* von Sander Gilman.

Aus Halb-Asien

»Wos for eine Menge Lait' vorm Itzig sein Haaus! Wos gibt's?«
»Was sollt's gebeen? Er — woscht sich die Händ'!³³«

Der von Freud zitierte Witz soll für jene Witze stehen, die Juden über Juden
erzählten, während der im *Kikeriki* veröffentlichte dazu gedacht war, von
Nicht-Juden über Juden erzählt zu werden. Freud zufolge lachten Juden
also über Juden, aber das fiel leichter, wenn man sich selbst von denjenigen,
über die man lachte, abgrenzen konnte. Der negative Inhalt von Juden-
witzen ist für ihn nicht Ausdruck eines negativen Selbstbildes, sondern der
Tatsache geschuldet, dass Westjuden wirkliche Schwächen der Ostjuden
eingestanden. Wenn Juden diese Schwächen ihrer Glaubensgenossen in ihre
Witze einbezogen, wurden sie jedoch durch die positiven Eigenschaften des
Humors modifiziert. Nicht-Juden ignorierten das, sie lachten einfach über
alle Juden. Juden sind viel wählerischer und lachen nur über die Juden, die
sie witzig finden – zumindest in Freuds Wien und vielleicht sogar in Sein-
felds oder Woody Allens New York.³⁴ Aber Freud betrachtete dies als ein

---

33 Zitiert nach: Sander L. Gilman, »Der jüdische Körper: Gedanken zum physischen
    Anderssein der Juden«, in: Elizabeth Klamper (Hrsg.), Die Macht der Bilder. Anti-
    semitische Vorurteile und Mythen, Wien 1995, S. 168-180, hier S. 177.
34 S. z. B. Jon Stratton, »Seinfeld Is a Jewish Sitcom, Isn't It? Ethnicity and Assimila-
    tion in 1990s American Television«, in: David Lavery und Sarah Lewis Dunner

›jüdisches Problem‹ (oder vielleicht als einen jüdischen Vorteil) und äußerte, er wisse im Übrigen nicht, ob es viele andere Beispiele eines Volkes gebe, das sich »in solchem Ausmaß über sein eigenes Wesen lustig mach[e].«[35]

Freuds Wiener Jünger scheinen ihm beigepflichtet zu haben, allerdings nur oberflächlich. Eduard Hirschmann sah im jüdischen Humor eine Form von abgeschwächtem Masochismus.[36] Otto Rank (1884-1905) schrieb in seinem unveröffentlichten Essay *Das Wesen des Judentums* (1905): »Where the religion (of the Jews) is insufficient to do this (to maintain psychic balance), Jews resort to wit; for they do not have their own ›culture‹.«[37] Fritz Wittels (1880-1950), Freuds erster Biograph, bemerkte hinsichtlich des jüdischen (und leicht behinderten) Wiener Satirikers Karl Kraus (1874-1936): »Mockery seems to be linked with physical deformity, and in that way to be suitable as a special domain of the Jews«, wie Freud »in the analysis of the phobia of a five-year-old boy (Little Hans) with its stress on castration and circumcision« zeigte.[38] Im Bewusstsein ihrer körperlichen Andersartigkeit seien Juden (oder zumindest männliche Juden) die Zielscheibe des Spotts und verteidigten sich mit zersetzendem Humor. Jüdischer Humor wird für Rank und Wittels zu einer Quelle psychopathologischer Äußerungen, eine negative Antwort auf die nicht-jüdische Ansicht über Juden. Im Gegensatz dazu sieht Freud im jüdischen Humor eine Manifestation der Universalität des Humors und seine Funktionsweise als ein Mittel, um repressiver Selbstzensur zu entgehen.

Freuds Judenwitze spiegeln nicht nur die antisemitische Welt anti-jüdischen Humors wider, sondern offenbaren auch eine jüdische Sensibilität hinsichtlich der Eigenart des jüdischen Humors selbst:

(Hrsg.), Seinfeld, Master of Its Domain: Revisiting Television's Greatest Sitcom, New York, NY, 2006, S. 117-136, und Amelia Precup, »Jewish Humor and Woody Allen's Short Fiction«, in: Studies in American Humor, 3 (2017), S. 204-222. So wie Marc Caplan, »Jewish Humor in America«, in: Hana Wirth-Nesher (Hrsg.), The Cambridge History of Jewish American Literature, New York, NY, 2015, S. 601-621.

35 Freud (Anm. 27), Bd. 6, S. 23.
36 »Zur Psychologie des jüdischen Witzes«, in: Psychoanalytische Bewegung 2 (1930), S. 580-586.
37 Veröffentlicht in Dennis B. Klein, Jewish Origins of the Psychoanalytic Movement, New York 1981, S. 171.
38 Minutes of the Vienna Psychoanalytic Society, transl. by M. Nunberg, 4 Bde., New York 1962-75, Bd. 2, S. 387.

Der Arzt, der gebeten worden ist, der Frau Baronin bei ihrer Entbindung beizustehen, erklärt den Moment für noch nicht gekommen und schlägt dem Baron unterdes eine Kartenpartie im Nebenzimmer vor. Nach einer Weile dringt der Wehruf der Frau Baronin an das Ohr der beiden Männer. »*Ah mon Dieu, que je souffre!*« Der Gemahl springt auf, aber der Arzt wehrt ab: »Es ist nichts, spielen wir weiter.« Eine Weile später hört man die Kreisende wieder: »M e i n   G o t t ,   m e i n   G o t t , w a s   f ü r   S c h m e r z e n !« – »Wollen Sie nicht hineingehen, Herr Professor?« fragt der Baron. – »Nein, nein, es ist noch nicht Zeit.« Endlich hört man aus dem Nebenzimmer ein unverkennbares: »A i ,   w a i h ,   w a i h   g e s c h r i e n«; da wirft der Arzt die Karten weg und sagt: »Es ist Zeit.«[39]

Dieser Witz von Nicht-Juden über Juden wird von Freud in seine Sammlung aufgenommen, weil er dem jüdischen Humor ähnelt. Im Grunde aber ist es ein abgedroschener Scherz über die Anmaßung gesellschaftlich aufsteigender Wiener Juden. Hermann Oppenheim (1858-1919), Autor einer Studie über traumatische Neurosen, erzählt Freuds Witz in einem anderen Zusammenhang. Dieser weithin zitierte jüdische Autor eines psychiatrischen Standardwerks seiner Zeit berichtet, dass selbst

Wie oft habe ich bei der einfachen Sensibilitätsprüfung mit Nadelstichen die beschränkteren dieser Kranken mit dem Ausruf: »Gewalt; Gewalt!« reagieren hören. Gewiß mag dabei die Feigheit, die Furcht vor Schmerzen eine Rolle spielen, aber weit mehr schien mir dieser Wehruf ein Verkünder der furchtbaren Leidensgeschichte dieses Volkes bzw. dieser Rasse zu sein.[40]

Der jüdische Humor reflektiert somit die Geschichte der Juden und zeigt, wie die Fähigkeit, über sich selbst zu lachen, selbst im Kontext der damaligen Wissenschaft zu einem Gradmesser für zivilisiertes Benehmen wird.

Freud ist nicht der einzige Denker um die vorletzte Jahrhundertwende, der sich mit der Frage nach dem jüdischen Humor oder zumindest der komischen Darstellung von Juden beschäftigt hat. Während es Freud um Witze geht, die sich Juden untereinander erzählen, richtet der nicht-jüdi-

---

39 Freud (Anm. 27), Bd. 6, S. 86 f.
40 Hermann Oppenheim, »Zur Psychopathologie und Nosologie der russisch-jüdischen Bevölkerung«, in: Journal für Psychologie und Neurologie 13 (1908), S. 1-9, hier S. 4.

sche Autor Eduard Fuchs (1870-1940) sein Augenmerk auf Witze, die sich Nicht-Juden über Juden erzählen, Freuds klassische ›dritte Partei Witze‹. Fuchs, ursprünglich Rechtsanwalt, wurde nach 1892 Chefredakteur einer Reihe von satirischen Zeitschriften. Er saß wegen Majestätsbeleidigung und kritischen Äußerungen gegen das Kaiserreich im Gefängnis und schrieb diverse kulturgeschichtliche Werke, wobei er als Hauptquelle Karikaturen und wenige Witze benutzte. Die erste dieser Veröffentlichungen war seine *Karikatur der europäischen Völker* (1902). In unserem Zusammenhang von Belang ist sein Buch, in dem er Karikaturen über Juden dokumentiert: *Die Juden in der Karikatur. Ein Beitrag zur Kulturgeschichte* (1921). Freud bezieht sich in seiner Studie über Witze nicht auf bildliche Quellen, obwohl ihm wie im Fall des ›Badehaus‹-Witzes reichlich antisemitische Karikaturen zur Verfügung standen. Das Visuelle ist für Freud bereits 1905 kontaminiert. Er hatte mit Charcots Verständnis von bildlicher Darstellung gebrochen und ihn 1893 charakterisiert als »kein Grübler, kein Denker, sondern eine künstlerisch begabte Natur, wie er es selbst nannte, ein *visuel*, ein Seher. Von seiner Arbeitsweise erzählte er uns selbst Folgendes: »Er pflegte sich sehr die Dinge, die er nicht kannte, immer von neuem anzusehen, Tag für Tag den Eindruck zu verstärken, bis ihm dann plötzlich das Verständnis derselben aufging.«[41] Aber natürlich war das ein falsches »Sehen«, wie jenes der Karikaturen, die Fuchs dokumentiert. Freud ersetzt das Sehen in seiner Repräsentation (und Therapie) durch das Anhören – von Witzen.

Fuchs war wie Freud ein geradezu zwanghafter Sammler komischen Materials, was Walter Benjamin in seinem Nachruf auf ihn hervorhob. Christopher Rollason paraphrasiert diese Einlassung wie folgt:

The collector redeems the objects he accumulates from the weight of history, so it is the task of the radical critic of culture, not to destroy or marginalize the existing products of high culture, but to absolve them from their past exclusive ownership by society's rulers by making them accessible by everyone: cultural history may well increase the burden of the treasures that are piled up on humanity's back. But it does not give mankind the strength to shake them off, so as to get its hands on them.[42]

---

41 Freud (Anm. 27), Bd. 1, S. 22.
42 Christopher Rollason, The Passageways of Paris: Walter Benjamin's ›Arcades Project‹ and Contemporary Cultural Debate in the West, http://www.yatrarollason. info/files/BenjaminPassagesYatraversion.pdf (aufgerufen am 10. 2. 2022).

Für Fuchs scheinen, nach den Worten Benjamins, gängige Definitionen von Karikatur auf der Historizität des Bildes zu beruhen:

> Es ist zunächst zu bemerken, dass Fuchs mit der klassizistischen Kunstauffassung, deren Spur auch bei Marx noch erkennbar ist, auf der ganzen Linie gebrochen hat. Die Begriffe, in denen das Bürgertum diese Kunstauffassung entwickelt hatte, sind bei Fuchs nicht mehr im Spiele: nicht der schöne Schein, nicht die Harmonie, nicht die Einheit des Mannigfaltigen. Und die gleiche robuste Selbstbehauptung des Sammlers, die den Autor den klassizistischen Theorien entfremdet hat, macht sich bisweilen drastisch und brüsk, der Antike selbst gegenüber geltend.[43]

Die Rolle des Karikaturisten besteht für Fuchs darin, die vorgebliche innere Struktur der betrachteten Person oder Gruppe zu enträtseln: Die »oberste Absicht des Karikaturisten geht dahin, das Wesentliche einer Erscheinung oder einer Sache sichtbar zu machen.«[44] Der Porträtist, ob nun Rembrandt, Hogarth, Daumier oder Wilhelm Busch, möchte »das Wesentliche einer bestimmten Person zur Anschauung bringen; er will ihren Charakter, ihre geistige und seelische Physiognomie gestalten, die das Gesetz der äußeren physischen Form ist.«[45] Das Lachen, das aus diesem inneren Prozess hervorgeht, ist »das Resultat einerseits des Widerspruches zwischen geistiger Wahrheit und objektiver Unrichtigkeit, und andererseits des grellen Offenbarwerdens der gestalteten Idee.«[46]

Die Juden – und hier kehren wir wieder zu Kant zurück – stellen ein kulturelles Problem dar, einen Widerspruch zwischen dem, was sie zu sein scheinen, und dem, was sie zu sein beanspruchen, zumindest in den Augen des Karikaturisten:

> Gibt es einen innerlich bedingten Widerspruch zwischen der geistigen Wesenheit des Judentums und derjenigen der in Europa vor dem Auftreten der Juden ansässige Völker? Und wenn ja: Worin besteht dieser Widerspruch? Wurde er zu einer Ergänzung für unser nordisches Wesen oder zum Gegenteil?[47]

43 Walter Benjamin, Gesammelte Schriften, Revidierte Taschenbuchausgabe, 7 Bde., Frankfurt a. M. 1991, Bd. 2, S. 478.
44 Eduard Fuchs, Die Juden in der Karikatur. Ein Beitrag zur Kulturgeschichte, München, 1921, S. 92.
45 Ebd., S. 92 f.
46 Ebd., S. 95 f.
47 Ebd., S. 7.

Norbert Elias behauptete, dass sich Juden der »Peinlichkeitsschwelle« bewusst wurden, als sie gezwungen waren, sich an der »Schamschwelle« zu sehen.[48] Der gesellschaftliche Zwang zur Selbstkontrolle wird Teil der Idee, deutsch zu werden, der Idee von Bildung in der deutschen Kultur. Über sich selbst zu lachen, wenn andere über einen lachen, scheint ein Zeichen der plötzlichen Bewusstwerdung sowohl der »Peinlichkeitsschwelle« als auch der »Schamschwelle« zu sein – keine schlechte Variation der Kant'schen wie auch der Freud'schen Definition des Humors.

Lernt man wirklich über sich zu lachen als Teil des Zivilisationsprozesses oder besser ausgedrückt: lernt man, wer man nicht ist, sodass man über sich lachen kann? Muslime, zumindest die in Kanada nach 9/11, begannen das zu glauben. Anders als die karibischen Schwarzen, die über ihresgleichen Witze erzählen, oder Juden, die sich über ihre Glaubensgenossen lustig machen, wurden die dänischen Karikaturen nicht von dänischen Muslimen, sondern von dänischen Nicht-Muslimen gezeichnet. Als das kanadische Fernsehen kurz nach 9/11 eine neue Comedy-Show von einem kanadischen Muslim, Zarqa Nawaz, über eine muslimische Familie in dem fiktiven Präriestädtchen Saskatchewan mit dem Titel *Die kleine Moschee in der Prärie* herausbrachte, begründete der nicht-muslimische Drehbuchschreiber im *Toronto Star* vom 23. Januar 2007 die Produktion wie folgt:

> The attention is driven by the uniqueness of the premise but also the inaccurate feeling a lot of people have that Muslims have no sense of humour. It's based on two incidents: the Danish cartoon fiasco and Salman Rushdie's satirical version of the story of Muhammad. The difference between those incidents and the intent of our show is that, in both those cases, the intention was to provoke in a negative fashion.[49]

Die Antwort der israelischen Juden auf die Karikaturen fiel gar nicht so verschieden aus. Als die Iraner 2006 beschlossen, einen Wettbewerb für die gemeinsten anti-israelischen und antisemitischen Karikaturen zu veranstalten, kündigte Amitav Sandy, ein israelischer Illustrator, einen antisemitischen Karikaturenwettbewerb an, der nur Juden offenstehen sollte:

---

48 Norbert Elias, The Civilizing Process: The History of Manners, 2 Bde., New York 1982, Bd. II, S. 101.

49 »How comedy struggles with being race-y«, in: The Toronto Star (23.1.2007), https://www.thestar.com/news/2007/01/23/how_comedy_struggles_with_being_racey.html (aufgerufen 19.3.2022).

»We'll show the world we can do the best, sharpest, most offensive Jew hating cartoons ever published! No Iranian will beat us on our home turf!«[50] So lautet der Anspruch einer neuen und dennoch alten Sicht des jüdischen Humors. Arthur Asa Berger behauptet: »being able to laugh at these jokes shows one has somehow transcended the stereotyping. If you can laugh at yourself, you've won the game.«[51] Aber hat man das wirklich?

Im postmodernen, postzionistischen Zeitalter selbstbewusster jüdischer Aneignung von antisemitischen Klischees mögen die Juden und ihre Kultur durchaus auf andere Weise > anders < sein. Zeitschriften wie der New Yorker *Heb* und Filme wie *Borat* sind weitere Zeichen einer solchen Aneignung. Die von den Figuren in *Borat* gesprochene >verborgene Sprache<, die angeblich Kasachisch ist, erweist sich als Hebräisch. Und die von Sacha Baron Cohen – einem als zentralasiatischer Tölpel verkleideten britischen Juden – gespielte Hauptfigur stimmt mit einem feixenden, bierseligen Publikum in einem Schuppen in Tucson/Arizona ein antisemitisches Lied an: »Throw the Jew down the well / So my country can be free / You must grab him by his horns / Then we have a big party.« Ist in der postzionistischen Welt, wo die Israelis eine der neuesten und wichtigsten Diasporagemeinden in der globalisierten Kultur bilden, jüdische Identität plötzlich etwas, das über die älteren Modelle der Diasporaintegration oder des von Antisemitismus getriebenen Nationalismus hinausreicht? Juden haben ihre Lektion gut gelernt. Muslime (zumindest in der kanadischen Diaspora) lernen gerade, was sie zu >zivilisierten< Mitbürgern macht, so wie es Juden in der westlichen Diaspora seit dem 18. Jahrhundert getan haben.

---

50 Zitiert nach http://drawn.ca/archive/israeli-anti-semitic-cartoon-contest/ (aufgerufen am 20.2.2022). Ein Parallelbeispiel bildet: C. Elliott-Harvey, »Considering Ethnic Group Tensions: The Symptomatic Case of French Comedian Dieudonné«, in: Open Library of Humanities v. 6, n. 2 (2020). DOI 10.16995/olh.528 (aufgerufen am 10.1.2021).

51 Arthur Asa Berger, The Genius of the Jewish Joke, New Brunswick, NJ, 2006, S. 54.

Rituelles Schlachten und jüdische Identitätspolitik

»Du bist, was du isst.« Iss bio, natürlich, gesund, fettfrei, ballaststoffreich, kohlehydratarm, aus fairem Handel, langsam (oder zumindest Slow Food) – und du bist per definitionem ein besserer Mensch als die, die das nicht tun. Die Ernährungskonventionen bleiben, entgegen der Auffassung von Mary Douglas, eines der zentralen Mittel zur Schaffung von Kategorien der sozialen Inklusion oder Ausgrenzung.[1] Vom 19. bis ins 21. Jahrhundert waren und sind die Debatten über das rituelle Schlachten von Tieren im Rahmen jüdischer und muslimischer Schlachtpraktiken ein Lackmustest für die potenzielle oder tatsächliche Integration dieser Religionsgemeinschaften in ein säkularisiertes Europa nach der Aufklärung. Man ist im wahrsten Sinne des Wortes, was man isst.

Im 19. Jahrhundert wurde diese Frage als besonders beunruhigend empfunden: Wie wird man zu dem, was man ist? Sie wurde zu einer zentralen Frage der ›Humanwissenschaft‹ des Fin de Siècle, wie es im Untertitel von Friedrich Nietzsches *Ecce Homo* heißt: »Wie man wird, was man ist«. Die Juden jener Zeit lebten in einer noch größeren Angst als Nietzsche, dazu bestimmt zu sein, das zu werden, was sie angeblich sein sollten.[2] Entscheidend war, was man aß: »Wie hast gerade du dich zu ernähren, um zu deinem Maximum von Kraft [...] zu kommen?«[3] Nietzsches Erachtens macht das, was man isst, einen zu dem, was man ist:

Aber die deutsche Küche überhaupt – was hat sie nicht alles auf dem Gewissen! Die Suppe vor der Mahlzeit (noch in venetianischen Kochbüchern des 16. Jahrhunderts *alla tedesca* genannt); die ausgekochten

1 Mary Douglas, »The Abominations of Leviticus«, in: Purity and Danger: An Analysis of the Concept of Pollution and Taboo, New York 1966; Neuauflage 1998, S. 42-58. Vgl. auch ihr Buch Leviticus as Literature, Oxford 1999. Über sie der Aufsatz von T. M. Lemos, »The Universal and the Particular: Mary Douglas and the Politics of Impurity«, in: The Journal of Religion 89 (2), 2009, S. 236-251.

2 Gilman bezieht sich bei den Verweisen auf Friedrich Nietzsches *Ecce Homo* auf die englische Übersetzung durch R. J. Hollindale, Harmondsworth 1983, hier S. 52; bei allen expliziten Zitaten aus diesem Werk Nietzsches wird im Folgenden stattdessen immer sein deutscher Original-Wortlaut angeführt.

3 *Ecce Homo* wird zitiert nach der Ausgabe: Friedrich Nietzsche, Werke in drei Bänden, Bd. 2, München 1954, online unter http://www.zeno.org/nid/20009256911 (aufgerufen am 20. 2. 2022), hier S. 1082.

Fleische, die fett und mehlig gemachten Gemüse; die Entartung der Mehlspeise zum Briefbeschwerer! Rechnet man gar noch die geradezu viehischen Nachguß-Bedürfnisse der alten, durchaus nicht bloß alten Deutschen dazu, so versteht man auch die Herkunft des deutschen Geistes – aus betrübten Eingeweiden ... Der deutsche Geist ist eine Indigestion, er wird mit nichts fertig.[4]

Nötig sei »Wahl in der Ernährung«.[5] Man ist, was man isst. Im 19. Jahrhundert, einer Zeit des erstarkenden Nationalismus, hing sogar, wie Nietzsche bemerkte, die eigene politische Identität von der Wahl des Essens ab.

Und wenn man Speisen verzehrt, die einen als grausam, fremd und unassimilierbar erscheinen lassen, wird man so behandelt, als sei man grausam, fremd und unassimilierbar. Für die Juden des 19. Jahrhunderts konzentrierte sich diese Debatte über die Ernährung auf den Prozess des rituellen Schlachtens oder Schächtens (Schechita). Eine zeitgenössische, säkulare jüdische Quelle beschreibt die Schechita folgendermaßen, dabei die Schmerzlosigkeit des Aktes betonend, trotz der von den Tieren scheinbar erlittenen körperlichen Qualen:

> Durch Zurückbeugen des Kopfes wird der Hals gespannt. Dann folgt der blitzschnell geführte Halsschnitt mittels langen, haarscharfen Messers, der die Weichteile bis zur Wirbelsäule durchschneidet. In starken Strömen ergießen sich sogleich große Mengen Blutes aus den durchschnittenen Blutgefäßen, insbesondere aus den großen Halsschlagadern. Infolge des Nervenschocks sowie der plötzlichen Stockung in der Blutzufuhr zum Gehirn tritt augenblicklich Bewußtlosigkeit ein. Das Tier liegt in der Regel unbeweglich da, bis nach diesem, etwa ¾ Minute dauernden Ruhestadium durch rein mechanische Nervenreflexe – ebenfalls in bewußtlosem Zustande – mehr oder minder starke Körperbewegungen auftreten. Diese gehen im Laufe von 2-3 Minuten in krampfhafte Todeszuckungen über.[6]

Die im 19. Jahrhundert intensiv geführte Debatte über die Schechita war damals eng verknüpft mit europäischen Diskussionen über Schicklichkeit

---

4 Ebd., S. 1083.
5 Ebd., S. 1085.
6 Aus dem Artikel »Schächten«, in: Jüdisches Lexikon, begründet von Georg Herlitz und Bruno Kirschner, Berlin 1927-30, Bd. IV/2, Sp. 134-137, hier 134 f.

Rituelles Schlachten

und Gesundheit.[7] Essen und körperliches Wohlbefinden waren unauflöslich miteinander verbunden, und die Auffassung darüber, was die korrekte Zubereitung von Speisen sei, spiegelte sowohl die gesellschaftlichen Sitten als auch die politische Identität wider.

Was uns heute bemerkenswert erscheint, ist, dass das am strengsten geregelte Verfahren für die rituelle Schlachtung bei Juden und Muslimen dasselbe ist. Beide schlachten nur Tiere, die bei Bewusstsein sind, und lassen sie ausbluten. Beide haben genaue Vorschriften dafür, wer schlachten darf (obwohl die Muslime den Verzehr von Fleisch erlauben, das von Juden geschlachtet wurde, wenn kein Muslim zur Verfügung steht). Beide verbinden das rituelle Schlachten mit den göttlichen Regeln für den Alltag. Aber die grundsätzliche Verknüpfung derartiger Vorgehensweisen mit der Gesundheit steht auch für den Anspruch des religiösen Rituals, mit der modernen Wissenschaft vereinbar zu sein. Sogar heute noch verbinden Muslime das Ritual mit westlichen Hygienebestimmungen, wie der Mufti Ebrahim Desai kürzlich auf einem Seminar über Fleischsicherheit erklärte: »Blut enthält Organismen, die für verschiedene Krankheiten verantwortlich sind.«[8] Solche Argumente wurden anfänglich bei der Konstruktion nationaler

---

7 Hierzu Noëlie Vialles, Animal to Edible, übers. v. J. A. Underwood, Cambridge 1994; Meyer Kayserling, Die rituale Schlachtfrage oder ist Schächten Thierquälerei?, o. O. 1867; Wilhelm Landsberg, Das rituelle Schächten der Israeliten im Lichte der Wahrheit, Kaiserlautern 1882; C. Bauwerker, Das rituelle Schächten der Israeliten im Lichte der Wissenschaft, Kaiserlautern 1882; Auszüge aus den Gutachten der hervorragendsten Physiologen und Veterinärärzte über das »Schächten«, Frankfurt a. M. 1887; Komitee zur Abwehr antisemitischer Angriffe (Hrsg.), Gutachten über das jüdisch rituelle Schlachtverfahren (»Schächten«), Berlin 1894; Friedrich Weichmann, Das Schächten (Das rituelle Schlachten bei den Juden), Leipzig 1899; U. Liebling, »Die rituelle Fleischbeschau«, in: Österreichische Monatsschrift für Tierheilkunde 12 (1900), S. 2241-2250; Aaron Zebi Friedman, Tub Taam, Or a Vindication Of The Jewish Mode Of Slaughtering Animals for Food Called Shechitah, New York 1904; Hirsch Hildesheimer, Das Schächten, Berlin 1905; Hirsch Hildesheimer (Hrsg.), Neue Gutachten über das jüdische rituelle Schlachtverfahren (Schächten), Berlin 1908; Aus den Verhandlungen des Deutschen Reichstags über das Schächten: 18. Mai 1887, 25. April 1899 und 9. Mai 1899, Berlin 1909; Eduard Biberfeld, Halsschnitt, nicht Hirnzertrümmerung!, Berlin 1911; Thomas Barlow Wood, The Jewish Method of Slaughtering Animals for Food, London 1925; Board of Deputies of British Jews, Opinions of Foreign Experts on The Jewish Method Of Slaughtering Animals, London 1926; Bela Galandauer, Zur Physiologie des Schachtschnittes: Ist das Schächten eine Tierquälerei?, Berlin 1933. Über das Schlachten und dessen rituelle Bedeutung vgl. Keith Thomas, Man and the Natural World: Changing Attitudes in England, 1500-1800, New York 1984.

8 http://www.alinaam.org.za/library/rslaughter.htm (aufgerufen am 19. 1. 2020).

Identität im Zusammenhang mit der Konstituierung des Konzepts der »Hygiene« vorgebracht. Die Wissenschaft war ein Surrogat für die nationale Identität. Das Erlernen der Hygieneregeln bedeutete gleichzeitig das Erlernen der gesellschaftlichen Sitten. Sauber, gesund und anständig: Dadurch zeichnete sich ein guter Bürger aus.

In der Schweiz führten ebendiese Normen des sozialen Wohlverhaltens im 19. Jahrhundert zum Verbot des koscheren jüdischen Schlachtens und betrafen auch das Schlachten von Fleisch durch Moslems, die die rituelle Praxis (»Dhabiha«) befolgten, die zu Halāl-Fleisch führt. (»Koscher« ist eine Kategorie, die mehr umfasst als nur Fleisch, was für »Halāl« ebenso gilt, aber beide beziehen sich auch auf geschlachtetes Fleisch.) Dieses Verbot gilt bei den Eidgenossen (außer bei Geflügel, das ohne Betäubung geschächtet werden kann) auch heute noch. Die jüdische Praxis (»Schechita«) wurde von den Nazis durch das »Gesetz über das Schlachten von Tieren« vom 21. April 1933 verboten. Sie wurde nach 1945 sporadisch in Ausnahmefällen erlaubt, aber erst 1997 wurden diese Ausnahmen in die allgemeine Rechtsordnung aufgenommen. Da die Nazis daran interessiert waren, Herzen und Köpfe zu gewinnen, zumindest die des Mufti von Jerusalem, Mohammed Amin al-Husseini, und seiner muslimischen SS-Legion, wurden islamische Praktiken nie direkt angegriffen. Die vermeintliche Flexibilität der islamischen Ritualpraxis unterschied sich von der Unnachgiebigkeit der Juden, argumentierten die Nazi-Behörden. Nach dem Krieg war die islamische Praxis in Deutschland bis 1979 verboten; auch heute noch wird sie nur toleriert, ist aber nicht offiziell erlaubt.[9] Wenn man die abendländischen Reaktionen auf das rituelle Schlachten betrachtet, fällt auf, dass sich die Einschränkungen auf Juden und Muslime auf verblüffend ähnliche Weise auswirken. Ganz anders verläuft die Debatte darüber, wie das Fleisch verwendet werden sollte: ob in ›traditionellen‹ Gerichten oder in einem »Big Mac«.[10] Im Mittelpunkt der Debatte über das rituelle Schlachten stand nicht die Frage, was gegessen wurde, sondern wie das Tier geschlachtet wurde. Das meistgelesene deutschsprachige Werk des Fin de

---

9 Rupert Jentzsch, »Das rituelle Schlachten von Haustieren in Deutschland ab 1933«, Diss. Hannover, Tierärztliche Hochschule 1998. Vgl. auch Robin Judd, Contested Rituals: Circumcision, Kosher Butchering, and Jewish Political Life in Germany, 1843-1933, Ithaca 2007, sowie Zeiad Amjad Aghwan, Joe Mac Reggenstein, »Slaughter Practices of Different Faiths in Different Countries«, in: Journal of Animal Science and Technology 61 (2019), S. 111-121.

10 Zur Vertiefung der Hintergründe vgl. Jonathan M. Hess, Germans, Jews, and the Claims of Modernity, New Haven 2002.

Rituelles Schlachten

Siècle zur Volksgesundheit stammte von Ferdinand Hueppe, der ab 1889 den Lehrstuhl für Hygiene in Prag innehatte. Seine Erörterung der Tierschlachtung beginnt mit einer Tirade gegen das rituelle Schlachten.[11] Für ihn sollte »[d]as Töten der Tiere [...] stets in einer Weise geschehen, die unser sittliches Empfinden nicht unnötig verletzt«. Die Tiere sollten vor dem Schlachten narkotisiert oder zumindest betäubt werden.

Vom ethischen Standpunkte aus ist die Methode des Schächtens abzuschaffen, weil sie die roheste und ekelhafteste ist. [...] [D]ie Entblutungskrämpfe sind beim Schächten ganz furchtbar, so dass jeder fühlende Mensch, der es einmal gesehen hat, sich mit Entrüstung von einer solchen rückständigen und widerwärtigen Methode abwenden muss.

Hueppe argumentiert, dass der behauptete hygienische Vorteil, durch das Ausbluten werde das Fleisch gesünder, falsch sei »und das Fleisch sogar entwertet«. »Bei unseren klimatischen und Kultur-Verhältnissen« hält er das Schächten für unerträglich. Nur die Juden, die »von Natur aus« zu einer fremden Zivilisation gehörten und eine andere Kultur hätten, würden ein solches Verfahren befürworten. Auf diese Weise wurde den Juden aufgrund ihrer rituellen Schechita-Praxis Grausamkeit, Brutalität und Gleichgültigkeit gegenüber Leiden vorgeworfen.

Die Reaktion der Gesellschaft auf das rituelle Schlachten von Tieren durch die Juden war ihrerseits in ihrer Radikalität nicht weniger brutal.[12] Die europäischen und amerikanischen Gegner der Tierquälerei schlossen

---

11 Ferdinand Hueppe, Handbuch der Hygiene, Berlin 1899, S. 275-277.
12 Zur Frage des Zusammenhangs zwischen Antisemitismus und ritueller Schlachtung vgl. Michael F. Metcalf, »Regulating Slaughter: Animal Protection and Antisemitism in Scandinavia, 1880-1941«, in: Patterns of Prejudice 23 (1989), S. 32-48; Brian Klug, »Overkill: The Polemic against Ritual Slaughter«, in: The Jewish Quarterly 34 (1989), S. 38-42; Antony Kushner, »Stunning Intolerance: A Century of Opposition to Religious Slaughter«, in: The Jewish Quarterly 36 (1989), S. 16-20; Brian Klug, »Ritual Murmur: The Undercurrent of Protest against Religious Slaughter of Animals in Britain in the 1980s«, in: Patterns of Prejudice 23 (1989), S. 16-28; Temple Grandin, »Humanitarian Aspects of Shehitah in the United States«, in: Judaism 39 (1990), S. 436-446; Mordechai Breuer, Modernity within Tradition: The Social History of Orthodox Jewry in Imperial Germany, übers. v. Elizabeth Petuchowski, New York 1992; Carla Zoethout, »Ritual Slaughter and the Freedom of Religion: Some Reflections on a Stunning Matter«, in: Human Rights Quarterly 35 (2013), S. 651-672. Zur allgemeinen Besorgnis im Umgang mit Gesundheit, Blut und Schlachtung vgl. Noélie Vialles, Le sang et la chair: Les abattoirs du pays de l'Adour, Paris 1987.

Abb. 3: George Brayton, Shohet und weitere Angestellte einer Fleischfabrik beim Schlachten eines Lammes, 1913.

sich eng mit den Antisemiten zusammen, die ohnehin alles Jüdische mit Abscheu betrachteten, um diese Form des Schlachtens als grausam und barbarisch zu qualifizieren (Abb. 3). In Deutschland wurde bereits auf dem ersten Tierschutzkongress von 1860 das rituelle Schlachten scharf angegriffen. Dies basierte auf damaligen Ansichten wie der Arthur Schopenhauers, der in der Weigerung der Juden, ›humane‹ Schlachtmethoden wie Betäubung durch Chloroform zu verwenden, ein Zeichen ihrer »unnatürlichen Trennung« von der Tierwelt sah, die er dem Geist des Judentums zuschrieb.[13] Solche Attacken wurden stets von Kommentaren begleitet, die das Schlachten von Tieren mit anderen Formen jüdischer »Brutalität« in Verbindung brachten. Im Jahre 1885 veranlasste die heftige Kritik an den rituellen Schlachtungen in Großbritannien den Oberbürgermeister von London zu der Bemerkung, dass die Fixierung auf diese jüdische Praxis an die Ritualmordvorwürfe gegen die Juden aus der Zeit von Chaucer erinnere.[14]

13 »Offenbar ist es an der Zeit, daß der jüdischen Naturauffassung in Europa, wenigstens hinsichtlich der Thiere, ein Ende werde; und das ewige Wesen, welches, wie in uns, auch in allen Thieren lebt, als solches erkannt, geschont und geachtet werde.« Arthur Schopenhauer, Parerga und Paralipomena, 2. Bd., Kapitel 15: Ueber Religion, § 178: Ueber das Christenthum, hier nach der Online-Ausgabe bei https://cedires.com (aufgerufen am 20. 2. 2022), S. 604.

14 Zu Antisemitismus und Schechita vgl. Friedrich Külling, Bei uns wie überall? Antisemitismus, Zürich 1977, S. 249-385, von wo diese Beispiele stammen.

Es ist nicht weiter verwunderlich, dass es beim Wiederaufleben des sogenannten Ritualmordvorwurfs nach der ersten Anklage von 1840 in Damaskus um die Darstellung der Schechita als Ritual auch für die Schlachtung von jungen Frauen ging. Der angebliche Mord in Arnold Zweigs Theaterstück *Ritualmord in Ungarn* von 1914 wird von dem örtlichen koscheren Metzger ausgeführt, wie der unter Druck gesetzte Zeuge berichtet: »Dann schneidet der Schächter ihr mit dem großen Kälbermesser den Hals durch und die Andern fangen das Blut in großen silbernen Schalen auf.«[15] Dieser Beleg zeigt die intensive Debatte um die Wende vom 19. zum 20. Jahrhundert über das Schächten bzw. die Schechita, das mit Ritualmord und Krankheitsgefahr assoziiert wurde. Die Verbindungslinie zwischen dem angeblichen Ritualmord an Little St. Hugh of Lincoln, von dem Chaucer erzählte, bis hin zur ungarischen Affäre in Tiszaeszlár von 1882/83, über die Zweig schrieb, schien im 19. Jahrhundert offensichtlich.

Auf dem Tierschutzkongress 1883 in Wien wurde behauptet, der Schutz des rituellen Schlachtens oder zumindest dessen fehlende Verdammung zeige den Einfluss der Juden auf die europäische Politik. Die damalige ›jüdische Lobby‹ verhinderte angeblich durch ihre wirtschaftliche Macht jede Verurteilung des Schächtens. Nichtsdestotrotz wurde 1892 in Sachsen ein Gesetz gegen das rituelle Schlachten erlassen. Ab dem Jahr 1897 gab es eine klare Verbindung zwischen solchen Angriffen und der Bewegung gegen die Vivisektion, denn die grausamsten Ärzte waren angeblich Juden.[16] Immer wieder wurde behauptet, dass die jüdische Grausamkeit, insbesondere gegenüber den wehrlosesten Lebewesen, ein Zeichen des ›natürlichen‹ Charakters der Juden sei sowie ihre Distanz zu den Normen einer abendländischen und neuzeitlichen Moral beweise.

Der große deutsche Sozialistenführer Karl Liebknecht prangerte die Angriffe der Rechten auf das Schächten auf der Reichstagssitzung am

15 Arnold Zweig, Ritualmord in Ungarn. Jüdische Tragödie in fünf Aufzügen, Berlin 1914, S. 76 f.

16 Zu den Hintergründen dieser Thematik in England vgl. die Darstellung in Harriet Ritvo, The Animal Estate: The English and Other Creatures in the Victorian Age, Cambridge, Mass., 1987. Zwei Fragen, die sich in der antisemitischen Rhetorik gegen das rituelle Schlachten widerspiegeln und auch in der Debatte um die Vivisektion eine Rolle spielen, sind der Wahn des Vivisektionsgegners und das Konzept der »Opferung«. Vgl. Craig Buettinger, »Antivivisection and the Charge of Zoophil Psychosis in the Early Twentieth Century«, in: The Historian 55 (1993), S. 277-288, und Michael E. Lynch, »Sacrifice and the Transformation of the Animal Body into a Scientific Object: Laboratory Culture and Ritual Practice in the Neurosciences«, in: Social Studies of Science 18 (1988), S. 265-289.

24. April 1899 als einen weiteren Versuch an, »den Juden einen Schlag zu versetzen«. Ein Kollege von ihm nannte diese Attacken in derselben Debatte ganz einfach »antisemitische Gelüste«. Liberale Zeitungen wie das *Berliner Tageblatt* bezeichneten 1893 diejenigen, die sich gegen das rituelle Schlachten einsetzten, als »reine Antisemiten«. *Die Nation* kommentierte 1894: »Die Hetze gegen das sogenannte Schächten gehört zum Lieblingssport der modernen Judenverfolger!«[17] Es ist kein Zufall, dass der abstoßendste antisemitische Film des »Dritten Reichs«, Fritz Hipplers *Der ewige Jude* von 1940, mit einer Schächtszene endet, als abschließender Beweis für die Unmenschlichkeit des Juden.[18]

Ein typisches Werk aus dieser Tradition ist das aus dem Jahr 1905 stammende Traktat von Ernst von Schwartz gegen das rituelle Schlachten von Tieren.[19] Schwartz beginnt damit, sich gegen den Vorwurf zu verteidigen, er sei einfach ein Antisemit. Als Beleg seiner Neutralität verweist er auf seinen jüdischen Vermieter und seinen jüdischen Arzt. Er behauptet, die Gegner der Tierquälerei seien keine Antisemiten. Wie so viele Intellektuelle seiner Zeit hebt er dennoch jüdische Praktiken wie das Schächten hervor, um sie als Barriere zwischen den Juden und ihren christlichen Nachbarn zu interpretieren:

> Nichts ist so geeignet, die Kluft zwischen Christ und Jude zu erweitern und das Judentum als fremdes Element empfinden zu lassen, als das Verlangen, etwas tun zu dürfen, was den Christen selbst moralisch und gesetzlich verboten wird [...].[20]

Aber die Juden, so Schwartz weiter, beharrten in ihrem Egoismus auf ihrem angemaßten Recht, anders und trotzdem Teil des Gemeinwesens zu sein.

Was wie eine Reaktion auf damals aktuelle Fragen erscheint, hat seinen Ursprung in den Debatten des 19. Jahrhunderts über die Bedeutung des Essens und der Zubereitung in religiösen und weltlichen Zusammenhängen. Denn gleichzeitig zur Kampagne gegen das rituelle Schlachten

---

17 Zitiert nach Ernst von Schwartz, Das betäubungslose Schächten der Israeliten, Konstanz 1905, S. 21.
18 Vgl. David Welch, Propaganda and the German Cinema 1933-45, Oxford 1983, und Yizhak Ahren, Stig Hornshoj-Moller und Christoph B. Melchers, »Der ewige Jude«. Wie Goebbels hetzte – Untersuchungen zum nationalsozialistischen Propagandafilm, Aachen 1990.
19 Das betäubungslose Schächten der Israeliten (Anm. 17).
20 Ebd., S. 21.

fand sowohl eine religiöse Umstrukturierung der biblischen Vorgaben zu Lebensmitteltabus als auch eine stärkere Gewichtung der Lebensmittelhygiene statt, mit negativen Folgen in der Arbeit von Wissenschaftlern wie Ferdinand Hueppe. Ellen White (1827-1915), die Gründerin der Kirche der Siebenten-Tags-Adventisten, vertrat eine besondere Ernährungsphilosophie als Teil ihrer Rekonstruktion eines Speiseplans für den Schabbat. Ihr Ziel war es, die Seelen der Christen zu schulen und sie auf die Wiederkunft Christi vorzubereiten.

Ich habe die Kunde erhalten, dass die Erdenbewohner degeneriert sind und ihre Kraft und Ansehnlichkeit verloren haben. Satan hat die Macht, Krankheit und Tod zu bringen, und in jeder Epoche wurden die Auswirkungen des Fluchs klarer erkennbar und die Macht Satans deutlicher sichtbar.[21]

Im Jahr 1864 erkrankte ihr Ehemann, Reverend James White, und sie pflegte ihn wieder gesund, indem sie vegetarische Richtlinien umsetzte, mit denen sie rituelle Verpflichtungen der Bibel zu erfüllen glaubte. 1866 gründeten sie in Battle Creek, Michigan, das Western Health Reform Institute, das zum Zentrum der Ernährungsreform des späten 19. Jahrhunderts in den Vereinigten Staaten wurde. White bog sich die biblischen Angaben zur Ursünde und zum Verzehr der verbotenen Frucht im Garten Eden einfach nach ihren Vorstellungen zurecht:

Gott gab unseren ersten Eltern die Nahrung, die Er für das Menschengeschlecht bestimmt hatte. Es widersprach Seiner Vorsehung, für diese Nahrung ein Lebewesen zu töten. In Eden sollte es keinen Tod geben. Die Früchte der Bäume in diesem Garten waren genau die Nahrung, die der Mensch benötigte,

schrieb sie 1864.[22] 1902 warnte sie erneut vor der krankmachenden Qualität moderner Lebensmittel: »Fleisch war noch nie die beste Nahrung; aber seine Verwendung ist jetzt doppelt verwerflich, da Krankheiten bei Tieren

---

21 Dieses und die folgenden Zitate stammen aus Ellen White, Counsels on Food and Diet, Washington 1946, hier S. 184. Vgl. auch Charles Rosenberg (Hrsg.), Right Living: An Anglo-American Tradition of Self-Help Medicine and Hygiene, Baltimore 2003.

22 Counsels on Food and Diet (Anm. 21), S. 111.

so rasch zunehmen.«[23] Whites Lehren waren charakteristisch für die amerikanische Gesundheitsreformbewegung, die vor allem Mäßigung und Enthaltsamkeit forderte.

Solche gesundheitsorientierten Ansichten über den Fleischkonsum, die mit den Debatten über das rituelle Schlachten zusammenhingen, bezogen sich häufig auf die Bibel. Auch der deutsche Gesundheitsfanatiker Moriz Schnitzer war bemüht, sein auf vegetarischer Ernährung beruhendes Hygienekonzept mit der Bibel zu rechtfertigen: »Moses hat die Juden durch die Wüste geführt, damit sie in diesen vierzig Jahren Vegetarier werden konnten.«[24] Es war klar, dass eine solche Position die Verurteilung des rituellen Schlachtens vermied, indem sie an die Stelle jeglichen Fleischkonsums den Vegetarismus setzte, sodass das Schlachtverfahren keine Rolle mehr spielte. Da der Vegetarismus in seinen kontinentalen und britischen Ausprägungen zu jenem Zeitpunkt hauptsächlich tierschutzorientiert war, gelang es mit dieser Revision der Auslegung biblischer Verbote bestimmter Formen von Ernährung, einem Streit aus dem Weg zu gehen, indem man auf die gesundheitsfördernde Wirkung einer ›biblischen‹ Diät verwies. Dergestalt waren also die Reaktionen in der Diskussion über das koschere Schlachten (eine Argumentation, die noch manche Veganer des 21. Jahrhunderts verwenden).

Der vielleicht außergewöhnlichste Meinungsaustausch bezüglich der Behauptung, die biblischen (sprich: jüdischen) Nahrungstabus seien ›gesund‹, fand 1874 in der angesehenen Zeitschrift *Medical and Surgical Reporter* aus Philadelphia statt, in der Madison Marsh, ein Arzt aus Port Hudson, Louisiana, argumentierte, dass Juden eine viel größere Krankheitsresistenz hätten als die allgemeine Bevölkerung. Der Jude, so schrieb er, »genießt eine wunderbare nationale Immunität«, weil

seine Konstitution durch jahrhundertelanges Unheil, das sein Volk zu erdulden hatte, durch die Ernährungslehren, Diäten und die *sanitas* seiner Religion abgehärtet und gegen Krankheiten gestärkt wurde, was über viele Jahre und Epochen hinweg der Fall war.[25]

Einen Monat nach der Veröffentlichung des Artikels wurde dieser von Ephraim M. Epstein aus Cincinnati, einem jüdischen Arzt, der zuvor in

23 Ebd., S. 19.
24 Zitiert nach Frederick Robert Karl, Franz Kafka, Representative Man, New York 1991, S. 270.
25 Madison Marsh, »Jews and Christians«, in: The Medical and Surgical Reporter 30 (1874), S. 343 f., hier S. 343.

Wien und in Russland praktiziert hatte, ausführlich kommentiert. Er widerlegte die Argumentation von Marsh Punkt für Punkt. Erstens seien Juden nicht immun gegen Krankheiten, auch nicht im Zusammenhang mit jüdischen religiösen Praktiken: »Ich bin mir sicher, dass ich keine jüdische Immunität gegen irgendwelche Krankheiten beobachtet habe, Geschlechtskrankheiten nicht ausgenommen.«[26] Zweitens weisen Juden keine »größere Langlebigkeit« auf; weder ihre Ernährungsweise noch ihre Beschneidung verschaffen ihnen hierbei einen Vorteil. Allerdings verfügen Juden über eine Eigenschaft, die ihren christlichen Nachbarn fehlt: Was die Juden einem geringeren Gesundheitsrisiko aussetze, sei ihr Unterstützungsnetzwerk, ihre »enge Brüderlichkeit«; »ein Jude lässt niemals das materielle Wohlergehen seines jüdischen Bruders außer Acht, und er kennt diese Pflicht ganz instinktiv«.[27] Es ist einfach die »gemeinsame mentale Beschaffenheit« der Juden, die ihre Gesundheit bewahrt. Letztere verdanken sie »der konstitutionellen Widerstandsfähigkeit, die dieses Volk von seinem Stammvater Abraham geerbt hat, und weil es dieses Erbe unversehrt erhalten hat, indem es sich nicht mit anderen Rassen vermischt hat [...]«.[28]

Die Heirats-Praktiken der Juden waren als eugenische Maßnahme verstanden und waren dadurch der Schlüssel zu der sagenhaften jüdischen Gesundheit, nicht rituelle Praktiken wie die Schechita.

Die jüdischen Religionsführer in Amerika machten sich sehr viel stärker die hygienische als die soziale Argumentation zu eigen. Rabbi Joseph Krauskopf wandte sich mit den folgenden Worten an seine reformierte Gemeinde in Philadelphia:

Bedeutende Ärzte und Statistiker haben diese Wahrheit mehrfach bestätigt: dass das wunderbare Überleben der Israeliten trotz aller Bemühungen, sie vom Angesicht der Erde zu tilgen, und ihre relative Freiheit von einer Reihe von Krankheiten, die unter den nichtjüdischen Völkern schreckliche Schäden verursachen, größtenteils darauf zurückzuführen sind, dass sie ihre ausgezeichneten Hygienegesetze genau befolgt haben. Die Gesundheit war ihr Kettenhemd, ihr magischer Schild, der jeden Stoß abfing und abwehrte, der auf ihr Herz gerichtet war. Die Vitalität wurde ihnen in die Wiege gelegt [...]. Ihre Immunität, die ihre

---

26 Ephraim M. Epstein, »Have the Jews any Immunity from Certain Diseases?«, in: The Medical and Surgical Reporter 30 (1874), S. 440-442, hier S. 440.
27 Ebd., S. 441.
28 Ebd.

Feinde der Zauberkunst oder einem Bündnis mit bösen Geistern zuschrieben, war einzig und allein darauf zurückzuführen, dass sie sich sorgfältig an die Hygienevorschriften ihrer Religion hielten.[29]

Diese Sichtweise wurde zur gängigen Rechtfertigung für die Beibehaltung religiöser Praktiken, darunter auch das rituelle Schlachten.

Hier zeigt sich das Ringen um das Verständnis der (hier im positiven Sinne) besonderen Natur der jüdischen Andersartigkeit: Liegt es an der Lebensweise (die jeder nachahmen kann, sogar die Siebenten-Tags-Adventisten) oder am biologischen Erbe (das niemand außer den Juden besitzt)? Maurice Fishberg stellt in seinem Buch *The Jews: A Study of Race and Environment* seine eigene Lesart vor, wonach es die traditionellen Hygienetugenden des jüdischen Gesetzes und Familienlebens den Juden ermöglichen, nur durch die Vererbung erworbener Eigenschaften seltener krank zu werden.[30]

Dass es sich dabei nicht um ein rassisches Merkmal handelt, zeigt die Tatsache, dass in den Vereinigten Staaten die Zahl der jüdischen Schwindsüchtigen in alarmierendem Maße zunimmt. Die Rassenimmunität geht nicht durch einen mehrjährigen Aufenthalt in einem neuen Land oder durch den Wechsel des Milieus während der Dauer einer Generation verloren. [...] Man kann dies auch nicht auf die von den Juden praktizierte rituelle Fleischbeschau zurückführen, denn in den westlichen Ländern, wo sie nicht abgeneigt sind, Fleisch zu verzehren, das nicht nach ihren Diätgesetzen zubereitet wurde, ist ihre Tuberkulose-Sterblichkeit geringer als im Osten, wo sie in dieser Hinsicht sehr streng sind. Durch den langen Aufenthalt im Ghetto sind sie besser an das Leben in der Stadt und die dortige Überbevölkerung angepasst, und durch einen Prozess der natürlichen Auslese wurden die meisten Tuberkuloseanfälligen eliminiert, was ihnen einen Vorteil verschafft.[31]

Noch in den 1940er Jahren veröffentlichte Emil Bogen einen zusammenfassenden Bericht über die »auffallend niedrigere Todesrate« bei an

---

29 Joseph Krauskopf, Sanitary Science: A Sunday Lecture, Philadelphia 1889, S. 7.
30 Maurice Fishberg, The Jews: A Study of Race and Environment, New York 1911; eine deutsche Übersetzung erschien 1913 unter dem Titel *Die Rassenmerkmale der Juden* (München).
31 Ebd., S. 529.

Tuberkulose erkrankten Juden.[32] Als amerikanisch-jüdischer Arzt, der in der einzigen – und nur kurzlebigen – amerikanisch-jüdischen Zeitschrift für Medizin schrieb, sah er sich gezwungen, gegen die Existenz eines »mysteriösen genetischen oder erworbenen, konstitutionellen, zellulären oder humoralen Immunitätsmechanismus« zu argumentieren; er zog es vor, stattdessen einen Blick auf die durch das jüdische Ritual bestimmte Lebensweise zu werfen. Er wies hin auf die »jüdische Ernährung [...] reich an Proteinen und Kalorien«, die bei Tuberkulose den »anfänglichen Zusammenbruch und das Fortschreiten« der Krankheit verhindere. Liegt es an der Ernährung der Juden oder an ihrer besonderen Natur, oder gibt es keinen wirklichen Unterschied zwischen Juden und anderen Menschen in Bezug auf die Auswirkungen des Essens?

Von zentraler Bedeutung für das Ritual des Schächtens ist die Reinigung des Tierkadavers durch die Beseitigung des Blutes beim Akt des Schlachtens.[33] Das religiöse Argument hierfür ist, dass es den Juden wegen der biblischen Mahnung in Genesis 9,4 verboten war, Blut zu essen. Im Laufe des späten 19. Jahrhunderts wurde dieses rituelle Argument mit einem hygienischen Inhalt versehen. Die Weigerung der Juden, Blut zu konsumieren, ist ein Zeichen für die ›hygienische‹ Bedeutung des rituellen Schlachtens für die Bewahrung der menschlichen Gesundheit, insbesondere für den Schutz vor der Ansteckung mit Tuberkulose.[34]

In einer grundsätzlichen Stellungnahme von Henry Behrend, die 1889 in der britischen Zeitschrift *The Nineteenth Century* veröffentlicht wurde, wird das Hygiene-Argument zusammengefasst.[35] Behrend schrieb im

32 Emil Bogen, »Tuberculosis among the Jews«, in: Medical Leaves 3 (1940), S. 123 f.
33 Zur Geschichte der Medikalisierung der Ernährung im Judentum vgl. Luis García Ballester, »Dietetic and Pharmacological Therapy: A Dilemma Among 14th Century Jewish Practitioners in the Montpellier Area«, in: Clio Medica 22 (1991), S. 23-37, und M. Sackmann, »Fleischhygienische Verordnungen im Alten Testament«, in: Deutsche Tierärztliche Wochenschrift 95 (1988), S. 451-453.
34 Zur Verbindung zwischen Tuberkulose und Schlachten vgl. E. H. Lochmann, »Folgenschwere Irrtümer bei der Beurteilung tuberkulöser Schlachtrinder«, in: Archiv für Lebensmittelhygiene 20 (1969), S. 155-158; T. Schliesser, »Die Bekämpfung der Rindertuberkulose – ›Tierversuch‹ der Vergangenheit«, in: Praxis der Pneumologie 28 (1974), Supplement, S. 870-874; E. H. Lochmann, »Zur lebensmittelrechtlichen Beurteilung tuberkulöser Schlachtrinder im ausgehenden 18. Jahrhundert – Zugleich eine Studie zur Stellung des Tierarztes im öffentlichen Dienst jener Zeit«, in: Deutsche Tierärztliche Wochenschrift 99 (1992), S. 345 f.
35 Henry Behrend, »Diseases Caught from Butcher's Meat«, in: The Nineteenth Century 26 (1889), S. 409-422. Die Bedeutung dieses Aufsatzes darf nicht unterschätzt werden. Er wird als Inschrift des folgenden Pamphlets zu Gunsten des

Gefolge der Entdeckung des Tuberkelbazillus durch Robert Koch im Jahr 1882, die eine außerordentliche Breitenwirkung in der Bevölkerung hatte. Er vertrat die Ansicht, dass nach dem damaligen Stand der Wissenschaft krankes Fleisch vom menschlichen Verzehr ausgeschlossen werden sollte. Dies entsprach allgemeinen Bestrebungen im Gesundheitswesen, das sich in den 1880er Jahren von der Behandlung hin zur Prävention entwickelte.[36] Im Jahre 1889 kannte man die Ursachen der Tuberkulose und anderer ansteckender Krankheiten (wie Milzbrand) und fühlte sich deshalb in der Lage, den Übertragungsweg auf den Menschen zweifelsfrei zu bestimmen. Deshalb warnte man vor krankem Fleisch, denn dieses »hat nicht nur den größten Teil seines Nährwerts verloren, sondern kann auch seine spezifische Krankheit an den Menschen weitergeben, wenn es als Nahrung aufgenommen wird«.[37] Die Auswirkungen der Krankheit sind am geschlachteten Tier zu erkennen, wie der Sheriff Principal von Glasgow, der ein Richteramt bekleidete, anmerkt:

Das Vorhandensein des Krankheitserregers muss den sichtbaren Ergebnissen seiner Wirkung vorausgehen; der vorliegende Fall veranschaulicht die Gefahr, aus dem Fehlen von mit bloßem Auge sichtbaren Symptomen zu schließen, dass die Krankheit örtlich beschränkt ist.[38]

Im Juli 1888 wies der Internationale Tuberkulosekongress in Paris auf die Gefahren hin, infiziertes Fleisch zu essen. Damals ging man davon aus, dass ein zwingender Zusammenhang zwischen dem Verzehr von verdorbenem Fleisch und der Ansteckung mit Tuberkulose besteht, die dann »auf die ungeborenen Kinder übertragen wird«.[39] Der Konsum von infiziertem Fleisch betraf also nicht nur die gerade zeugungsfähige Generation, sondern ebenso alle nachfolgenden Generationen.

Behrend stützt seine Argumentation auf zwei wissenschaftliche Prämissen: 1.) Es besteht eine völlige »Identität der Tuberkulose bei Menschen und Rindern«, und 2.) Tuberkulose ist auf den Menschen übertragbar

Schächtens zitiert: Herr Otto Hartmann in Cöln und sein Kampf gegen die Schlachtweise der Israeliten: den verehrlichen Mitgliedern der Tierschutzvereine gewidmet von einem Collegen, Frankfurt a. M. 1889.

36 Vgl. Roger Henri Guerrand, »Guerre à la Tuberculose!«, in: Histoire 74 (1984), S. 78-81.

37 Behrend (Anm. 35), S. 410.

38 Ebd., S. 411.

39 Ebd., S. 412.

»durch das Fleisch von erkrankten Rindern«.[40] Diese Krankheit, so Behrend, der einen Dr. Klein von der Brown Institution zitiert, »ist durch Verzehr übertragbar«.[41] Die »relative Immunität der Juden gegen die tuberkulöse Diathese« lässt sich also durch ihre Ernährungsvorschriften erklären.[42] Behrends Autorität als »moderner« Naturwissenschaftler unterstützte ihn in dieser Frage. Noël Guéneau de Mussy hatte 1885 vor der Medizinischen Akademie in Paris von der »Vitalität der jüdischen Rasse« gesprochen, die »der Sorgfalt bei der Auswahl ihrer Nahrung« zu verdanken sei.[43] Dies zeige sich insbesondere in der relativ niedrigen Kindersterblichkeit der Juden vor allem in Deutschland.[44]

Der Glaube an die Kontinuität vom Judentum zum Christentum stützt viele Teile dieser Argumentation. Für Behrend wird Moses zum ersten Bakteriologen, eine Art Vorläufer von Koch und Pasteur:

Der Gedanke an parasitäre und infektiöse Krankheiten, der in der modernen Pathologie einen so großen Stellenwert einnimmt, scheint Moses sehr beschäftigt zu haben und alle seine Hygieneregeln geprägt zu haben. Er schließt Tiere, die besonders anfällig für Parasiten sind, von der hebräischen Ernährung aus; und da die Erreger oder Sporen von Infektionskrankheiten im Blut zirkulieren, ordnet er an, dass ihnen das Blut abgelassen werden muss, bevor sie als Nahrung dienen. [...] Was für eine außergewöhnliche Voraussicht! Die Ansteckung mit Tuberkulose ist erst in den letzten Jahren bewiesen worden; ihre Übertragbarkeit durch Nahrungsmittel ist noch nicht allgemein anerkannt, obwohl die Experimente von M. Chauveau sie fast sicher machen; und trotz alledem hat das Gesetz Israels, das der modernen Wissenschaft Tausende von Jahren voraus war, diese Gebote zur Vorbeugung der Krankheit bereits in seine Vorschriften aufgenommen.[45]

Sowohl jüdische als auch christliche Befürworter des rituellen Schlachtens bedienen sich dieses Arguments. Auf dem Hygienekongress, der 1881 in Brighton stattfand, sagte ein gewisser Dr. Carpenter:

40 Ebd., S. 413.
41 Ebd., S. 416.
42 Ebd., S. 418.
43 Ebd.
44 Ebd., S. 419 f.
45 Ebd., S. 417.

Die Einhaltung der von Moses festgelegten Hygienegesetze ist eine notwendige Bedingung für vollkommene Gesundheit und für einen Zustand, der uns die Kraft gibt, zymotische Krankheiten auszurotten. Würden diese Gesetze von allen Klassen der Gesellschaft beachtet, wäre die Anzahl der zymotischen Todesfälle keine nennenswerte Größe in unserer Sterblichkeitsstatistik.[46]

Der britisch-jüdische Anthropologe Lucien Wolf bemerkte 1884, dass die Juden durch den Gesetzgeber Moses »sich der wahrscheinlichen Ungesundheit [der Tiere] sehr wohl bewusst waren«, die von den Juden als nicht zum Verzehr geeignet erklärt wurden, und vor allem, dass »der Gebrauch von Blut [von ihm] ausdrücklich und wiederholt verboten wird«.[47] Sowohl von Ärzten als auch von Laien wurde behauptet, dass die Juden mit ihren religiösen Praktiken ein grundlegendes Hygienemodell verfolgten, nach dem Motto: »Wir können uns bei Moses über einige der besten Hygienemaßnahmen informieren«, so William Osler im Jahr 1914.[48] Sogar die Gegner des rituellen Schlachtens, wie Ernst von Schwartz (1905), mussten zugeben, dass »Moses der große, weise Reformer und Hygieniker« war.[49] Sie akzeptierten jedoch nicht, dass das rituelle Schlachten mosaisch und deshalb göttlich inspiriert sei; stattdessen hielten sie es für rabbinisch.[50]

Das Bild von Moses als »überragendes, besonders fortschrittliches und göttlich geleitetes Genie« ist auch Gegenstand von Alexander Rattrays Studie über »göttliche Hygiene« aus dem Jahr 1903.[51] Seiner Überzeugung nach ist die Bibel eine »Goldgrube überaus wichtiger medizinisch-hygienischer Informationen«, und er versucht »zu beweisen, dass diese direkt oder indirekt göttlichen Ursprungs sind«. Bei aller Aufmerksamkeit, die Rattray den biblischen Ermahnungen zur Ernährung widmet, betont er bei der Erörterung des rituellen Schlachtens, dass die Entfernung des Blutes das

46 Zitiert nach Lucien Wolf, »What is Judaism? A Question of Today«, in: The Fortnightly Review NS 36 (1884), S. 237-256, hier S. 250.
47 Ebd., S. 246 f.
48 William Osler, »Israel and Medicine« (1914), in: ders., Men and Books, Earl F. Nation (Hrsg.), Pasadena, CA, 1959, S. 56.
49 Schwartz (Anm. 17), S. 37.
50 Und diese Frage ist in der rituellen Praxis weiterhin umstritten: Michelle Hodkin, »When Ritual Slaughter Isn't Kosher: An Examination of Shechita and the Humane Methods of Slaughter Act«, in: Journal of Animal Law 1 (2005), S. 129-150.
51 Alexander Rattray, Divine Hygiene: Sanitary Science and Sanitariness of the Sacred Scriptures and Mosaic Code, London 1903, 2 Bde., zum Thema »Essen« Bd. 1, S. 200-253; speziell zur Auswahl von nicht infiziertem Fleisch S. 227.

Fleisch konserviere. Diese Herangehensweise reduzierte die Diskussion über die göttliche Inspiration des Schächtens und stellte stattdessen die potenziellen Gesundheitsvorteile des rituell geschlachteten Fleisches in den Vordergrund. Die Juden verwenden dieses Argument, um das Schächten zu verteidigen; ihre Gegner bezeichnen es als eine Erfindung der Juden und nicht des göttlich inspirierten Moses.

Zu Beginn des 20. Jahrhunderts hatte die Frage der jüdischen Ritualpraxis eine Bedeutung erreicht, die auf merkwürdige und beunruhigende Weise die jüdische Identität definierte. Sigmund Freud stellte in *Totem und Tabu* (1913) Behauptungen über das Wesen der religiösen Praxis im Allgemeinen und speziell über den »Gesetzeskodex des Totemismus« auf, der seiner Überzeugung nach die religiöse Praxis bestimmte. Das »rituelle Opfer« mit seiner Fetischisierung des Totemtieres sah er im Mittelpunkt dieses Glaubenssystems.[52] Solche »individuellen Tabuverbote genau dieser Art« seien eine Form von »Tabukrankheit«, eine »Zwangskrankheit«. Sie seien insofern irrational, als sie »durch eine unüberwindliche Furcht zwangsweise aufrechterhalten« würden.[53] Aber erst viel später offenbarte Freud die ›jüdischen‹ Grundlagen seiner Hypothesen über die totemistische Natur der Opferung. In *Der Mann Moses und die monotheistische Religion* (1939) kommentierte er die obsessive Natur der rituellen Praxis in der Zeit nach Moses:

In den Jahrhunderten seither waren sie mit dem Volk verschmolzen oder mit der Priesterschaft, und es war die Hauptleistung der Priester geworden, das Ritual zu entwickeln und zu überwachen, überdies die heiligen Niederschriften zu behüten und nach ihren Absichten zu bearbeiten. Aber war nicht aller Opferdienst und alles Zeremoniell im Grunde nur Magie und Zauberwesen, wie es die alte Lehre Moses' bedingungslos verworfen hatte?[54]

Das moderne Judentum nach dem Vorbild Moses' tritt diesen Behauptungen jedoch entgegen, wie auch die »Propheten [...], die unermüdlich die alte mosaische Lehre verkündeten, die Gottheit verschmähe Opfer und

52 Sigmund Freud, Standard Edition of the Complete Psychological Works of Sigmund Freud, herausgegeben und übersetzt von J. Strachey, A. Freud, A. Strachey, und A. Tyson, London 1955-1974, 24 Bde., hier Bd. XII, S. 100.
53 Ebd., S. 25.
54 Sigmund Freud, Der Mann Moses und die monotheistische Religion, Amsterdam 1939, S. 90 f.

Zeremoniell, sie fordere nur Glauben und ein Leben in Wahrheit und Gerechtigkeit (›*Maat*‹)«.[55]

Dies ist das Reformmuster, das Freud als typisch für den jüdischen Charakter ansah: die Ablehnung der erstarrten, bedeutungslos gewordenen Fetischisierung des Rituals und die Fähigkeit (die Freud selbst zu besitzen glaubte), die Tradition zu hinterfragen. Es ist also die Überwindung des rituellen Schlachtens, die jüdisch ist, nicht das Ritual selbst.

Die Schechita wurde von Nicht-Juden sowohl als Reflex der jüdischen Seele als auch als Teil eines Musters jüdischer Krankheit interpretiert. In Thomas Manns Roman *Der Zauberberg* (1924) wird die Figur des Leo Naphta, dem der Protagonist Hans Castorp im Tuberkulose-Sanatorium von Davos begegnet, dem Leser durch seine »ätzende Häßlichkeit« sofort als Jude präsentiert:

Alles war scharf an ihm: die gebogene Nase, die sein Gesicht beherrschte, der schmal zusammengenommene Mund, die dick geschliffenen Gläser der im übrigen leicht gebauten Brille, die er vor seinen hellgrauen Augen trug, und selbst das Schweigen, das er bewahrte, und dem zu entnehmen war, daß seine Rede scharf und folgerecht sein werde.[56]

Naphtas Hintergrund zeigt die Verbindungen zwischen den Juden, dem Ritualmord und der Schechita. Thomas Mann war überzeugt davon, dass individuelle Pathologien auf vererbte Familieneigenschaften sowie auf Entartung zurückzuführen waren.[57] Für ihn standen die Juden hierfür exemplarisch, und der Schächter war für ihn die klarste Verkörperung des Judentums.

---

55 Ebd., S. 91.
56 Thomas Mann, Der Zauberberg, Stuttgart/Hamburg/München 1964, S. 474. Zur medizinischen Genauigkeit des Romans vgl. P. Humphreys, »The Magic Mountain – A Time Capsule of Tuberculosis Treatment in the Early Twentieth Century«, in: Bulletin of the Canadian History of Medicine 6 (1989), S. 147-163; L. E. Montiel Llorente, »La ciencia médica en La montaña mágica de Thomas Mann«, in: Asclepio 32 (1980), S. 271-285; H. Saueressig, »Literatur und Medizin. Zu Thomas Manns Roman Der Zauberberg«, in: Deutsche Medizinische Wochenschrift 99 (1974), S. 1780-1786. Zu Manns Haltung gegenüber den Juden vgl. Alfred Hoelzel, »Thomas Mann's Attitudes to Jews and Judaism: An Investigation of Biography and Œuvre«, in: Studies in Contemporary Jewry 6 (1990), S. 229-253, sowie Cathy Gelbin und Sander L. Gilman, Cosmopolitanisms and the Jews, Ann Arbor, MI, 2017, S. 145-159.
57 Eine sehr schlüssige psychoanalytische Erklärung, weshalb Mann von dieser Thematik so fasziniert war, bietet Fredrick A. Lubich in dem Aufsatz »Thomas Manns

Leo – oder Leib, wie er ursprünglich hieß – Naphta stammt aus dem Osten des österreichisch-ungarischen Kaiserreichs, von der galizisch-wolhynischen Grenze, wo sein Vater Elia ein Schochet war, ein ritueller Schlächter. Manns Beschreibung des Schlachtvorgangs spielt mit dem Stereotyp des Juden als »Grübler und Sinnierer«:[58]

Denn Leo [...] hatte zusehen dürfen, wie der Vater auf dem Hof [...] seines rituellen Amtes waltete, wie er gegen das gefesselte und geknebelte, aber nicht betäubte Tier das große Schachotmesser schwang und es zu tiefem Schnitt in die Gegend des Halswirbels traf, während der Knecht das hervorbrechende, dampfende Blut in rasch sich füllenden Schüsseln auffing, hatte er dies Schauspiel mit jenem Kinderblick aufgenommen, der durch das Sinnliche ins Wesentliche dringt und dem Sohn des sternäugigen Elia in besonderem Maße zu eigen gewesen sein mochte. Er wußte, daß die christlichen Fleischer gehalten waren, ihre Tiere mit dem Schlag einer Keule oder eines Beiles bewußtlos zu machen, bevor sie es töteten, und daß diese Vorschrift ihnen gegeben war, damit Tierquälerei und Grausamkeit vermieden werde; während sein Vater, obgleich so viel zarter und weiser, als jene Lümmel, dazu sternäugig, wie keiner von ihnen, nach dem Gesetz handelte, indem er der Kreatur bei unbetäubten Sinnen den Schlachtschnitt versetzte und sie so sich ausbluten ließ, bis sie hinsank. Der Knabe Leib empfand, daß die Methock' jener plumpen Gojim von einer läßlichen und profanen Gutmütigkeit bestimmt war, mit der dem Heiligen nicht die gleiche Ehre erwiesen wurde wie mit der feierlichen Mitleidslosigkeit im Brauche des Vaters, und die Vorstellung der Frömmigkeit verband sich ihm so mit der der Grausamkeit, wie sich in seiner Phantasie der Anblick und Geruch sprudelnden Blutes mit der Idee des Heiligen und Geistigen verband.[59]

Es handelt sich dabei um eine ziemlich konventionelle Darstellung des rituellen Schlachtens; weil aber Mann seine Texte gerne größtmöglich anreicherte, fügte er noch den mythischen Kontext hinzu, in dem der Schächter geistig zu verorten ist. Denn Elia Naphta haftete auch

---

Der Zauberberg: Spukschloß der Großen Mutter oder Die Männerdämmerung des Abendlandes«, in: Deutsche Vierteljahrsschrift für Literaturwissenschaft und Geistesgeschichte 67 (1993), S. 729-763.
58 Der Zauberberg (Anm. 56)., S. 557.
59 Ebd., S. 556 f.

etwas [an] von einem Gottesvertrauten, Baal-Schem oder Zaddik, das ist Wundermann, zumal er in der Tat einmal ein Weib von bösem Ausschlage, ein andermal einen Knaben von Krämpfen geheilt hatte und zwar mit Blut und Sprüchen.[60]

Das Wort »Blut« an dieser Stelle scheint sich auf das vom Schochet bei der rituellen Schlachtung aufgefangene Blut zu beziehen; indirekt verweist es auch auf die ›Rasse‹ der Juden, auf ihr Blut. Doch Mann setzt diese Assoziationskette noch weiter fort, denn bereits in den unmittelbar folgenden Sätzen beschreibt er Elia Naphtas letztendliches Schicksal:

Aber eben dieser Nimbus einer irgendwie gewagten Frömmigkeit, bei welchem der Blutgeruch seines Gewerbes eine Rolle spielte, war sein Verderben geworden. Denn bei Gelegenheit einer Volksbewegung und Wutpanik, hervorgerufen durch den unaufgeklärten Tod zweier Christenkinder, war Elia auf schreckliche Weise ums Leben gekommen: mit Nägeln gekreuzigt, hatte man ihn an der Tür seines brennenden Hauses hängend gefunden [...].[61]

Damit scheint der assoziative Zusammenhang vollständig hergestellt zu sein: das rituelle Schlachten, die Physiognomie und die Psyche des Juden, der durch das Blut heilende Jude und die Anklage wegen Ritualmordes, die mit dem Tod des wegen seines Judentums gekreuzigten Juden endet.

Es wurde argumentiert, dass sich in Deutschland (und im übrigen Europa) nach dem Holocaust die Diskussion um das Schächten von der Rhetorik des Antisemitismus auf die des Tierschutzes verlagert habe.[62] In Wirklichkeit waren und sind diese beiden Sichtweisen jedoch miteinander verbunden. Gemäß der Ideologie der Nazis zeigten diese rituellen Praktiken die den Juden angeborene Unmenschlichkeit. Im Unterschied dazu gehen die Verteidiger der Tierrechte (angesiedelt über denen der Menschen, auch wenn diese an religiöse Pflichten gebunden sind) davon aus, dass jeder (auch die Juden), der die essenziellen Rechte eines Tieres verletzt, unmenschlich ist. Talal Asad bemerkte, dass »das Gesetz lange Zeit nur darauf bedacht war, ›ungerechtfertigte‹ Schmerzen und Leiden von Tieren

---

60 Ebd., S. 557.
61 Ebd.
62 Vgl. Rupert Jentzsch, Das rituelle Schlachten von Haustieren in Deutschland ab 1933, Diss. Hannover 1998.

Rituelles Schlachten

zu bestrafen«. Heutzutage sieht er eine Verschiebung hin zur »Normalisierung« von »wünschenswertem Verhalten«, was lediglich eine andere Art sei, »Sittlichkeit« zu definieren.[63] Die Rechte der Tiere höher zu bewerten als die Rechte der Menschen, scheint mir eine Fortsetzung der alten Position zu sein, gekleidet in eine neue, politisch korrektere Rhetorik. Am 15. Januar 2002 wies das Bundesverfassungsgericht in Karlsruhe eine Klage ab, die ein Verbot des rituellen Schlachtens in Deutschland forderte. Am Freitag, dem 17. Mai 2002 stimmten die Abgeordneten des Deutschen Bundestages mit 543 zu 19 Stimmen für eine Änderung der Verfassung, um darin auch Rechte für Tiere aufzunehmen. Die Abstimmung wurde vom Bundesrat mit einer Zweidrittelmehrheit bestätigt. Durch diesen Gesetzentwurf wurde Artikel 20a des deutschen Grundgesetzes geändert. Dort geht es um den staatlichen Schutz der Menschenwürde, wobei nun auch die Natur und die Tiere erwähnt werden: »Der Staat übernimmt die Verantwortung für den Schutz der natürlichen Lebensgrundlagen und der Tiere im Interesse der künftigen Generationen.« Die Änderung folgte auf die Aufnahme von Tierrechten in die Verfassung von drei neuen Bundesländern und des Stadtstaates Berlin. Kurz darauf erschien in mehreren deutschen Zeitungen eine Anzeige, die vom lautstarken Bundesverband der Tierversuchsgegner »Menschen für Tierrechte« sowie von Mitgliedern des Bundesverfassungsgerichts unterzeichnet war und in der um Unterstützung für einen Antrag bei Gericht auf Verbot des Schächtens von Tieren geworben wurde, weil damit deren neu erworbene Rechte verletzt würden. Trotz der immer stärkeren Präsenz des Islams wurde dabei das rituelle Schlachten vor allem mit der jüdischen Gemeinschaft in Verbindung gebracht.

In Deutschland wagte man es bei Forderungen nach ›Menschenrechten‹ für Tiere, die geschächtet werden sollten, nie, sich der Rhetorik des Holocausts zu bedienen. Die amerikanische Tierschutzorganisation PETA (People for the Ethical Treatment of Animals) verstieg sich jedoch 2003 zu dem Slogan »Holocaust auf Ihrem Teller« und behauptet:

> Die Tötung von Juden, Zigeunern, Homosexuellen und anderen, die während des Holocausts als ›lebensunwertes Leben‹ bezeichnet wurden, ähnelt der Art und Weise, wie die moderne Gesellschaft Tiere missbraucht und deren Schlachtung rechtfertigt.[64]

---

63 Talal Asad, Formations of the Secular: Christianity, Islam, Modernity, Stanford 2003, S. 156 f.

64 http://www.peta.org/mc/NewsItem.asp?id=3021 (aufgerufen am 12. 10. 2007).

Die Rhetorik der »Menschenrechte« und des »Genozids« wird in einer Weise zur Bewertung der Handlungen der Juden benutzt, die mehr als nur ein wenig an die frühere Rhetorik erinnert, die die israelische Regierung als die »neuen Nazis« bezeichnete. Gegen das Verhalten der Juden kann kein schwerwiegenderer Vorwurf vorgebracht werden, als das Schächten als eine Verletzung der Menschenrechte zu bezeichnen. Die historische Ironie dabei ist, dass nach der Gründung der Vereinten Nationen im Jahr 1945 der Rabbi Isaac Lewin (als Vertreter der ultraorthodoxen Partei Agudat Jisra'el, gegründet 1912) argumentiert hatte, dass das jüdische Bestattungsrecht und die Schechita zu den »Menschenrechten« gehörten, die es zu verteidigen gelte.[65]

Gegen Ende des 20. Jahrhunderts schien eine Antwort auf die fortbestehende Verurteilung des rituellen Schlachtens darin zu bestehen, »koscher« in den Status von »biologisch« oder »gesund« zu erheben. Ironischerweise hat der Boom beim Verkauf von koscheren Lebensmitteln in den Vereinigten Staaten heute fast die gleichen ›hygienischen‹ Gründe, obwohl »koscher« nur bedeutet, dass die rituelle Konformität überwacht wird. Wie es in der Werbung eines Hotdog-Herstellers heißt, unterstehen koschere Lebensmittel ganz offiziell einer höheren Autorität, aber implizit versprechen sie auch besseres Essen.

Was die Koscher-Zertifizierung heute fördert, ist ihre »wirtschaftliche Schlagkraft«. Auf einem Markt von insgesamt 500 Milliarden Dollar verkaufen US-Lebensmittelhersteller jedes Jahr als koscher zertifizierte Produkte im Wert von mehr als 170 Milliarden Dollar. [...] Jedes Mal, wenn ein Unternehmen eine seiner Lebensmittellinien auf koscher umstellt, verzeichnet es einen sprunghaften Anstieg seines Marktanteils. Und für Nestlé oder Nabisco oder Best Foods oder General Mills kann selbst ein Bruchteil eines Prozentpunktes Millionen von Dollar bedeuten.[66]

Koscher ist gleichrangig geworden mit »bio« und gilt daher als gesund – eine Behauptung, die jeder, der mit traditioneller osteuropäischer Küche aufgewachsen ist, bereitwillig korrigieren wird. Das Schächten als angebliches Zeichen jüdischer Grausamkeit wird in diesem Zusammenhang nicht

65 Vgl. das auf Jiddisch verfasste Buch von Isaac Lewin, Tsu Der Geshikhte Fun Agudas Yisroel, New York 1964.
66 »A Kosher Knosh Explosion«, in: The Guardian, 8.1.2005, S. 25.

mehr als Problem wahrgenommen. Vielleicht wird dies die Einzigartigkeit des rituellen Schlachtens bei Muslimen und Juden in einem zukünftigen Europa weiter ermöglichen?

Die Debatte über den Sinn des rituellen Schlachtens findet nunmehr in einer Welt statt, die der Respektierung der »Tierrechte« mehr Aufmerksamkeit schenkt und die sich vermehrt Sorgen um die Gefahren des Islams macht. In der Welt nach den Anschlägen vom 11. September 2001 nehmen diese Debatten ausgerechnet zu jenem Zeitpunkt an Fahrt auf, zu dem »koscher« weitgehend als positiv akzeptiert wurde. In Australien, wo sich die Diskussionen über den Zusammenhang zwischen Einwanderung und Terrorismus ebenso wie in Europa und den Vereinigten Staaten auf die Muslime konzentriert haben, forderte man 2007 die Abschaffung der »rituellen Halāl-Schlachtung von Schafen für den Export, bei der den Schafen die Kehle durchgeschnitten wird und man sie bei völligem Bewusstsein ausbluten lässt«. Dies sei ein Fall »eklatanter und nicht hinnehmbarer Brutalität«.[67] Die Forderung löste eine Flut von Angriffen auf muslimische Praktiken aus, und die örtliche

muslimische Organisation, die die Halāl-Zertifizierung für Fleisch in Australien überwacht, erklärte, sie akzeptiere die Schlachtung von Tieren nach vorheriger elektrischer Betäubung, da Muslime die Gesetze des Landes befolgen müssten, in dem sie lebten.[68]

Aber natürlich konnten die orthodoxen Juden dieser Forderung nicht Folge leisten: »Kosher Australia verteidigte die jüdische Methode des Schlachtens ohne vorherige Betäubung als human und sagte, es sei inakzeptabel, Tiere vorher zu betäuben, da sie oftmals durch die Betäubung getötet würden.«

Es waren die Muslime, die sich an die Sitten der australischen Gesellschaft anpassten.

Der Leiter der Halāl-Dienste der Australian Federation of Islamic Councils, Mohamed Rahman, sagte, für die Muslime in Australien sei es kein Problem, wenn die Tiere beim Schlachten bewusstlos seien. Dabei kriti-

---

67 Leitartikel »Protecting Animals, A Measure of our Humanity«, in: The Age, 3.8.2007, S. 12.
68 Lorna Edwards, »Halal Meat Slaughter ›Obeys Law‹ – Muslims Question Kosher Methods«, in: The Age, 7.8.2007, S. 4, und Florence Bergeaud-Blackler, »New Challenges for Islamic Ritual Slaughter: A European Perspective«, in: Journal of Ethnic and Migration Studies 33 (2007), S. 965-980.

sierte er die jüdischen Schlachtmethoden für koschere Lebensmittel. »Nach dem Islam müssen wir die Gesetze des jeweiligen Landes respektieren«, sagte er. »Aber für koscher akzeptieren sie kein Tier, das betäubt ist.«

Die Antwort ließ nicht auf sich warten. »Rabbi Mordechai Gutnick, der rabbinische Geschäftsführer von Kosher Australia und Präsident des Rabbinerverbandes von Australasien, sagte, die jüdische Schlachtmethode sei nicht grausam.« Der Gedanke, dass koscher ›cool‹ sein könne, scheint in der australischen Debatte keine Rolle zu spielen, die sich aktuell um den jüdisch-muslimischen Streit dreht, welche religiöse Praxis besser mit westlichen Werten vereinbar ist.

In der Tat geht es nun darum, ob beim islamischen Ritual, anders als bei den Juden, die Tiere vor dem Schlachten betäubt werden dürfen. In bestimmten Diaspora-Kontexten hatten die Muslime bereits früher einem solchen Kompromiss zugestimmt (was in den 1930er Jahren das Wohlgefallen von britischen Faschisten wie Arnold Leese gefunden hatte),[69] aber das in Australien geschlachtete Fleisch war für den Export in islamische Länder im Nahen Osten bestimmt, die wiederum Fleisch von betäubten Tieren nicht als »halāl« akzeptieren würden. Im Vereinigten Königreich werden etwa 90 % des Halāl-Fleischs aus Tieren hergestellt, die vor dem Schlachten betäubt werden. Dies wird von den Gegnern des traditionellen Schlachtens als ein Zeichen für die

weit verbreitete Akzeptanz dieser Praxis innerhalb der muslimischen Gemeinschaft gewertet. Auch in der jüdischen Gemeinschaft lehnen viele Menschen das Schächten wegen der fehlenden Betäubung ab. Viele Muslime und Juden sind auch Vegetarier, was darauf hindeutet, dass der Verzehr von auf bestimmte Weise geschlachtetem Fleisch nicht im Mittelpunkt ihrer religiösen Überzeugungen steht. Ein Verbot des Schlachtens ohne Vorbetäubung würde die Menschen nicht davon abhalten, dem Glauben ihrer Wahl zu folgen.[70]

Der allgemeine Trend scheint in Richtung von Ellen Whites Empfehlung zu gehen, auf Fleisch weitgehend zu verzichten.

69 Vgl. den Reprint von Arnold Leese, The Legalised Cruelty of Shechita: The Jewish Method of Cattle Slaughter, Hollywood, CA, o. J.
70 http://www.viva.org.uk/campaigns/ritual_slaughter/index.htm (aufgerufen am 10.2.2021).

Könnte Halāl also das nächste »Bio« für die Europäer werden? Wie Olivier Roy feststellt, ist die Nachfrage nach ›westlichen‹ Lebensmitteln aus Halāl-Fleisch derzeit sicherlich größer als die Ablehnung von »McDonald's« zugunsten von traditionellem Essen (was auch immer Letzteres im Einzelnen bedeuten mag).[71] Diaspora-Gemeinschaften neigen in der Regel dazu, Zugang zur ›modernen‹ Fast-Food-Kultur zu wünschen. Das schuf ein ›natürliches‹ Bündnis zwischen deren alten Gegnern wie Muslimen und Hindus und den neuen Gegnern wie Juden und Muslimen. In Nationalstaaten, in denen solche Allianzen nicht erwünscht oder notwendig sind, wurde Fast Food generell als Ausdruck westlicher Kultur verurteilt. Wie ein neofundamentalistischer Anführer in Pakistan erklärte:

Das ist verboten. Das Kentucky Fried Chicken und der Hamburger von McDonald's sind für Muslime verboten. Es gibt Menschen hier, die Speisen zubereiten können, die besser sind als dieses Zeug von KFC und McDonald's. Warum sollten wir diese Dinge aus dem Ausland zulassen?[72]

Solche Haltungen scheinen in der Erfahrungswelt der Menschen im Westen bisher noch eine Randerscheinung zu sein. Wenn sie McDonald's ablehnen, dann eher aus gesundheitlichen Gründen oder weil sie gegen die Globalisierung sind. Vielleicht wird das eine Antwort auf die Einzigartigkeit des rituellen Schlachtens bei Muslimen und Juden in einem zukünftigen Europa darstellen?

Angesichts dieser Situation hat sich die britische Kommission für Fleisch und Viehzucht (Meat and Livestock Commission) 2002 dafür ausgesprochen, dass die Landwirte des Vereinigten Königreichs in den florierenden Halāl-Fleischsektor einsteigen. Muslimische Familien in Großbritannien konsumieren 20 Prozent des insgesamt verzehrten Lamm- und Hammelfleischs, obwohl sie nur etwa 5 Prozent der Bevölkerung ausmachen.[73] Außerdem ist der Markt für Halāl-Weihnachtstruthähne, vielleicht das aktuell beliebteste multikulturelle Tier, im Vereinigten Königreich in starker Expansion begriffen.[74] Die Truthähne werden nach indischer Art zubereitet, aber ohne den traditionellen Rosenkohl, da bin ich mir sicher. Können Rituale in einer Diaspora-Gemeinschaft eine neue Bedeutung

---

71 Olivier Roy, Globalised Islam: The Search for the New Ummah, London 2004, S. 48, Anm. 39.

72 Ebd., S. 272, Anm. 81.

73 http://news.bbc.co.uk/1/hi/uk/2163101.stm (aufgerufen am 10. 2. 2021).

74 http://news.bbc.co.uk/1/hi/uk/1724177.stm (aufgerufen am 10. 2. 2021).

erhalten, ohne auf ›Koscher-Stil‹ oder ›Halāl-Stil‹ reduziert zu werden, so wie die chassidische Mystik von der Sängerin Madonna auf ein Amulett am Armreif reduziert wurde? Fareena Alam fragt, ob der Islam in Großbritannien immer nur mit »Bärten, Kopftüchern und Halāl-Fleisch« assoziiert werden soll. Sie beklagt diese Reduzierung auf die »ethischen Spielarten von rituell geschlachtetem Fleisch«.[75] Für Muslime wurde als Alternative zur Tradition, an Eid ul-Adha (dem Opferfest) einen Widder zu schlachten, eine Website eingerichtet, auf der man virtuelle Widder opfern kann. Das ist eine direkte Reaktion auf den Vorwurf der »Unmenschlichkeit«, der gegen die religiösen Praktiken des Islams innerhalb und außerhalb der muslimischen Gemeinschaft erhoben wurde. Kann dies ein weiteres Zeichen für die Entwicklung alternativer Praktiken im Islam sein?

Betrifft der Anspruch der kulturellen Integration nicht zumindest teilweise auch die Tischsitten? Gehört dazu nicht die Vorstellung, dass der Verzehr bestimmter Speisen auf gewisse Weise die Menschen besser und moralischer macht? Sind die Kultur und die Ernährung nicht gleichermaßen Welten, in denen die Behauptung der Andersartigkeit nicht nur Minderwertigkeit, sondern auch Unmenschlichkeit impliziert? Essen und soziale Akzeptanz werden in der westlichen Kultur oft miteinander verbunden, nirgendwo mehr als in der Welt von Juden und Muslimen in der westlichen Diaspora.

75 Fareena Alam, »Are We Just What We Eat?«, in: The Guardian, 15. 6. 2003.

Rituelles Schlachten

Die Juden und der Alkoholismus

Gegen Ende des 19. Jahrhunderts zeichnen sich Auswirkungen der nicht eingetretenen Verheißungen der Aufklärung auf die Selbstwahrnehmung der Juden in der Gesellschaft ab. Nicht nur werden die Versprechen völliger Gleichberechtigung durch die Thesen der »Rassenforschung« des 19. Jahrhunderts infrage gestellt, sondern auch die Juden selbst beginnen den Verdacht zu hegen, dass in vielen Behauptungen über jüdische Andersartigkeit ein Quäntchen Wahrheit stecken könnte. Das betrifft vor allem die Unterstellung, Juden seien nicht in der Lage oder nicht willens, sich an die Regeln der abendländischen Gesellschaft und Kultur zu halten. Egal wie gut sie in die Gesellschaft integriert sein mögen, würden Juden die Welt angeblich immer anders betrachten und darstellen. Das Multikulturelle, als hybride oder autonome Struktur konkretisiert, beantwortet oder widerlegt das Versagen des Projekts der Aufklärung. Dies zeigt sich in der Konstruktion des Bildes vom »Juden« in ganz Europa, hat aber auch Auswirkungen auf Selbstdarstellungen des Juden im späten 19. und 20. Jahrhundert als Teil des »Multikulturellen« oder auch dessen Überwindung. Es prägt die jüdische Selbsteinschätzung auf vielschichtige Weise und wirkt sich direkt darauf aus, wie Juden ihre Rolle in der europäischen (und abendländischen) Kultur definieren. Nehmen wir eine einzige Behauptung, nämlich die der angeblichen Immunität der Juden gegen den Alkoholismus, und verfolgen wir ihre Geschichte von der Aufklärung bis ins späte 19. Jahrhundert (und darüber hinaus). Dabei können wir beobachten, wie diese Diskussion ständig Erwartungen weckt und dann wieder zerstört; wie sie unaufhörlich Kategorien findet und konstruiert, während sie diese gleichzeitig untergräbt und immer wieder neue hervorbringt; und wie sie als Brennpunkt für das jüdische Selbstverständnis wie auch für europaweite Entwürfe des Bildes vom Juden dient.

Heute wird allgemein angenommen, dass Juden nicht im Übermaß trinken. John Efron hat in seinem meisterhaften Werk *Medicine and the German Jews* als Hypothese eine genetische Erklärung vorgeschlagen: Juden neigten von ihren Erbanlagen her nicht zum Alkoholismus.[1] Efron beruft sich dabei

---

1   John Efron, Medicine and the German Jews: A History, New Haven 2001, S. 108-117.
    Diese zeitgenössische Art von genetischer Argumentation findet man in Aufsätzen
    wie dem von Shoshana H. Shea, Tamara L. Wall, Lucinda G. Carr und Ting-kai Li,

auf das medizinische Modell, das Alkoholismus bedingt als vererbbar ansieht und in den letzten 50 Jahren vorherrschend war. Es wurde nach dem Zweiten Weltkrieg mit der gezielten Absicht eingeführt, das Modell der moralischen Willensschwäche durch eines der kollektiven Veranlagung zu ersetzen.[2] Man nahm an, dass ein derartiges Modell die Individuen, die dem »Alkoholismus« verfallen waren, vom Stigma der persönlichen Verantwortung für ihre »Sucht« befreien würde. Deren Ursache wurde nunmehr in einem genetischen Fehler oder einer Mutation des Kollektivs (race) gesehen.

Die Vorstellung, dass »meine Erbanlagen daran schuld sind«, wurde zum Mantra für das Verständnis von Alkoholismus als einer Sucht. Ich war und bin (wie viele andere) nicht davon überzeugt, dass Alkoholismus die notwendigen Voraussetzungen erfüllt, um als Krankheit verstanden zu werden, oder dass Alkoholabhängigkeit eine singuläre Ursache hat, schon gar nicht nur eine genetische. Aber diese Auffassung nun umzudrehen und zu behaupten, dass es ein schützendes genetisches Element gebe, das eine Gruppe wie die »Juden« vom Alkoholismus verschone, ist eine ziemlich merkwürdige Ausweitung der medizinischen Argumentation zur Erklärung von Resistenz. Diese Haltung war in der Medizin des 19. Jahrhunderts gang und gäbe, zum Beispiel, als 1854 die Frage gestellt wurde: »Welcher Ursache oder welchen Ursachen verdanken es die Juden, dass sie offenbar keine Cholera bekommen?«[3] Solche Fragen erwiesen sich schon damals als unfundiert, da Juden tatsächlich genauso häufig an Cholera erkrankten wie alle anderen Menschen auch.[4] Während einerseits der Verdacht auf »ihre

---

»ADH2 and Alcohol-Related Phenotypes in Ashkenazic Jewish American College Students«, in: Behavior Genetics 10 (2001), S. 231-239.

2 Marianna Valverde, Disease of the Will: Alcohol and the Dilemmas of Freedom, Cambridge 1998. Vgl. vor allem ihr Kapitel über »The Jews vs. The Irish«, S. 115-119. Diese Debatte wird noch viel ausführlicher dargestellt in: Charles R. Snyder, Alcohol and the Jews: A Cultural Study of Drinking and Sobriety, Carbondale 1978. Vgl. auch Louis Lieberman, »Jewish Alcoholism and the Disease Concept«, in: Journal of Psychology and Judaism 11 (1987), S. 165-180; K. C. M. Loewenthal, Alcohol and Suicide Related Ideas and Behaviour among Jews and Protestants, London 2002; sowie K. M. Loewenthal, M. Lee, A. K. Macleod, S. Cook und V. Goldblatt, »Drowning Your Sorrows? Attitudes Towards Alcohol in U.K. Jews and Protestants: A Thematic Analysis«, in: International Journal of Social Psychiatry 49 (2003), S. 204-215.

3 J. H. Tucker, »To what Agent or Agents are the Jews indebted for their Reported Exemption from Cholera?«, in: The Lancet 64 (1854), S. 552.

4 Edward Greenhow, »Alleged Exemption of the Jews from Cholera«, in: The Lancet 65 (1865), S. 50; mit der Antwort von J. H. Tucker, »Alleged Exemption of the Jews from Cholera«, in: The Lancet 65 (1865), S. 110.

Verwandtenehen, die Reinhaltung ihrer Rasse« fiel, was »eine gewisse Relevanz für den Ausschluss von externen Quellen von Erbkrankheiten« haben sollte, wurden auch die gesellschaftlichen Rahmenbedingungen als relevant angesehen.[5] Britische Ärzte wussten schon lange, dass sich Juden, die nun als Mitglieder einer Institution, der Synagoge, definiert wurden, stets schnell zusammenschlossen, um ihre Glaubensgenossen medizinisch zu versorgen; ein Modell, das für alle Bevölkerungsgruppen in London empfehlenswert erschien.[6] Jedoch war nicht klar, ob die Illusion der Immunität durch den Zugang zur Behandlung bzw. zu Präventivmaßnahmen oder aber durch die nicht erfolgte Meldung von Krankheitsfällen zustande gekommen war.

Heutzutage stellt sich die Frage nach der genetischen Komponente von Verhaltensproblemen oder sozialen Missständen wieder mit Nachdruck. Die zeitgenössische Medizin hat aufgrund der Politik des medizinischen Multikulturalismus sogar das Konzept von race wieder eingeführt (das nie vollständig verschwunden war). Die ganze Problematik, ob »Asiaten«, »Juden«, »Iren« oder »Native Americans« geeignete Bezeichnungen für genetische Allele oder sogar einfach nur verständliche Beschreibungen für statistische Bevölkerungsanteile sind, wird erneut diskutiert, aber fast immer im Hinblick auf die besondere Betroffenheit einer race von einer Krankheit – selten, weil sie dagegen immun scheint.

Genetik bleibt heikles Terrain, wenn sie versucht, Sucht zu definieren, ohne klare Bezüge zum sozialen Umfeld herzustellen. So wirkt die Behauptung über den Zusammenhang zwischen einem bestimmten Gen, dem Alkoholdehydrogenase-(ADH2)-Gen, und der »Alkoholabhängigkeit, dem Alkoholkonsum und berichteten alkoholbezogenen Symptomen, selbst nach Kontrolle der Variation im Aldehyddehydrogenase-(ALDH2)-Gen« wie eine objektive wissenschaftliche Aussage.[7] Die Daten in derartigen Forschungspublikationen sind aber nicht hinreichend belastbar für diese apodiktische Behauptung, da der Bevölkerungsteil, der in dieser speziellen Studie untersucht wurde, aus amerikanischen College-Studenten aschkenasisch-jüdischer Identität bestand, die diese Zugehörigkeit selbst angaben. Die »Träger des ADH2*2-Gens meldeten signifikant weniger Trinktage

5 Anonym, »The Health of the Jews«, The Lancet 105 (1875), S. 484.
6 Thomas Lloyd, »Prompt Medical Attendance on the Poor. Plan amongst the Jews«, in: The Lancet 29 (1837), S. 456.
7 B. Spivak et al., »Effect of ADH1B genotype on alcohol consumption in young Israeli Jews«, in: Alcoholism, Clinical and Experimental Research 31 (2007), S. 1297-1301.

pro Monat«. Dabei schien jedoch kaum eine Korrelation mit anderen Faktoren zu bestehen, wie der Menge, der Häufigkeit oder der Regelmäßigkeit des Alkoholkonsums, zumindest wenn man den Selbstauskünften der Teilnehmer glaubt. Die Ergebnisse der Studie »legen nahe, dass aschkenasisch-jüdische Amerikaner mit ADH2*2-Allelen weniger häufig trinken, was teilweise zu den insgesamt niedrigeren Alkoholismusraten dieser Bevölkerungsgruppe beitragen könnte«. Oder, ›könnten‹ wir hinzufügen, vielleicht auch nicht. Das entscheidende Wort ist hier »könnte«. In einer anderen Studie wird behauptet, dass der Genotyp der Alkoholdehydrogenase 1B (ADH1B) ein schützendes genetisches Allel haben könnte, das das Risiko für Alkoholismus senken könnte.[8] Diese Vermutung ist heutzutage bei der Untersuchung der Genetik von Alkoholsucht unter (in der Regel selbst definierten) Juden weit verbreitet. In der letztgenannten Studie, bei der eine breitere Altersgruppe israelischer Juden berücksichtigt wurde, wurde jedoch deutlich, dass die Wirkung eines solchen Schutzes entweder nachlässt oder vielleicht in Wirklichkeit keine oder nur geringe Auswirkungen hat, da »der Alkoholkonsum unter jüngeren israelischen Juden zunimmt, was auf Umwelteinflüsse zurückzuführen ist«. Und je älter die Mitglieder der untersuchten Gruppe waren, umso mehr Personen gab es, für die übermäßiger Alkoholkonsum ein gesellschaftliches Tabu war, was den Anschein einer schützenden genetischen Barriere erweckte. Junge israelische Juden tranken vielleicht deshalb mehr, weil sie es weniger als Tabu wahrnahmen. Es besteht somit ein großer Unterschied zwischen einer Gruppe von College-Studenten in den Vereinigten Staaten und einer heterogeneren Gruppe von Israelis im Alter von 22 bis 65 Jahren, nicht nur hinsichtlich des Alters, sondern auch in Bezug auf die gesellschaftlichen Erwartungen. Dazu kommt aber auch, dass die israelische Gruppe in sozialer Hinsicht nie klar definiert war. Betrachtet man nämlich speziell die russischen Emigranten in Israel, so zeigt sich ein anderes Muster: Auch die jüngeren, in Israel geborenen Einwohner russischer Abstammung sowie deren ältere Familienmitglieder waren »in Behandlungsprogrammen [für Alkoholabhängige] weiterhin überrepräsentiert«. In der jüngeren Gruppe der in Israel geborenen russischen Juden fand sich ein schlimmerer Alkoholmissbrauch, der sich kaum oder gar nicht von dem der Eingewanderten unterschied, die früher oder vor kurzem im Alter zwischen 18 und 40 Jahren

---

8 S.H. Shea et al., »ADH2 and alcohol-related phenotypes in Ashkenazic Jewish American college students«, in: Behavior Genetics 31 (2001), S. 231-239.

nach Israel gekommen waren.[9] Einmal mehr scheint die soziale Verortung schwerer zu wiegen als die Genetik. Die damit einhergehende Frage, ob Verhalten tatsächlich immer genetisch bedingt ist, scheint ein zentraler Bestandteil dieser neuen Faszination für race zu sein. Doch wie die Ärzte des 19. Jahrhunderts sehr wohl wussten, kann das Konzept von race, sobald es in der Medizin verwendet wird, praktisch alles >erklären<.

Sogar in Studien, in denen eine nicht-genetische Begründung für die Beziehung der Juden zum Alkohol gesucht wird, hängt das Ergebnis vollständig davon ab, wie der Begriff »Juden« verwendet wird. So wurde in einer kürzlich im Vereinigten Königreich durchgeführten Studie über Juden, Alkohol und Depressionen die Zugehörigkeit zu den »Juden« anhand von Selbstauskünften bestimmt. Dabei wurde festgestellt, dass alle »Juden eine weniger positive Einstellung zum Alkohol haben und weniger trinken als Protestanten«.[10] Unter den Protestanten nahmen jedoch die Frauen gegenüber dem Alkoholkonsum eine weniger positive Haltung ein, was, wie bei den Juden, mit denen sie verglichen wurden, zu geringerem Alkoholkonsum führte, sogar wenn es um die Selbstmedikation bei Depressionen ging. Eine Studie in Israel kommt demgegenüber zu dem Ergebnis, dass »Araber im Vergleich zu Juden eher zu restriktiven Einstellungen bezüglich Alkoholkontrollmaßnahmen neigen«.[11] Wenn man statt auf den »Juden« auf den »Israeli« blickt (der aber immer noch als »jüdisch« definiert wird), so wird davon ausgegangen, dass

eine besorgniserregende Häufigkeit von nicht-rituellem Alkoholkonsum unter Israelis zu beobachten ist, was den Standpunkt untermauert, dass sich das Phänomen des Alkoholkonsums zu einem relevanten gesellschaftlichen und gesundheitspolitischen Problem im Staat Israel entwickeln dürfte.[12]

9   S. Weiss, »Alcohol use and treatment among Former Soviet Union immigrants in Israel: review of publications July 2009 – December 2011«, in: Journal of Addictive Diseases 31 (2012), S. 397-406.

10 Kate M. Loewenthal, Andrew K. MacLeod, Susan Cook, Michelle Lee und Vivienne Goldblatt, »Beliefs about Alcohol among UK Jews and Protestants: Do They fit the Alcohol-Depression Hypothesis?«, in: Social Psychiatry and Psychiatric Epidemiology 38 (2003), S. 122-127.

11 Shoshana Weiss, »Attitudes of Israeli Jewish and Arab High School Students toward Alcohol Control Measures«, in: Journal of Drug Education 29 (1999), S. 41-52.

12 H. Bar, P. Eldar und S. Weiss, »Alcohol Drinking Habits and Attitudes of the Adult Jewish Population in Israel 1987«, in: Journal of Drug Alcohol Dependency 23 (1989), S. 237-245.

Zur >Behandlung< dieses Problems glaubt man, bei individuellen Charakter-
eigenschaften und nicht bei irgendeiner Art von Gruppenreaktion ansetzen
zu müssen.[13] Dabei gibt es offensichtlich sehr unterschiedliche Auffassungen darüber, wer ein »Jude« ist. So wurde unlängst in einem Forschungs-
bericht zum Thema Juden und Alkoholismus die Behauptung einer (wie
auch immer definierten) jüdischen Immunität gegen Alkoholismus als
grundsätzlich unbegründete Annahme zurückgewiesen.[14]

Die Debatte über Juden und Alkohol scheint eine Debatte über die
Immunität der Juden gegen den Alkoholismus zu sein. In Wirklichkeit ist
diese Annahme (und die soziale Praxis, zu der sie hinleiten kann oder auch
nicht) Teil des Modernisierungsprozesses, der zur sozialen Integration der
Juden in die gesellschaftlichen Praktiken und Sitten des Abendlandes
führt.[15] Was mich interessiert, ist die Hypothese, dass ein Übermaß an
Alkohol zu einem Mangel an Anstand führt und dass die Juden in den
deutschsprachigen Ländern, um Teil der modernen Welt zu werden, in ihrer
religiösen Praxis die gleiche Art von öffentlichem Anstand etablieren mussten, der auch bei ihren protestantischen Nachbarn vorausgesetzt wurde.
Wenn man dies auf einen einzigen Ausgangspunkt zurückführen kann,
dann auf den offenen Brief, den Moses Mendelssohn 1769 an den Schweizer
Prediger Johann Caspar Lavater schrieb. Darin reagierte er auf Lavaters
Forderung, er solle entweder die Glaubenswahrheiten des Christentums
widerlegen oder aber konvertieren. Mendelssohns vorsichtige Antwort unterstreicht die Notwendigkeit eines gewissen Anstands in der öffentlichen
Diskussion, die unter solchen Voraussetzungen nicht geführt werden
könne. Seine Freunde unter den Aufklärern, wie Gotthold Ephraim Lessing,
schienen ihm zuzustimmen, denn Lessings Drama *Nathan der Weise*, das

13 Rachel Lev-Wiesel, »The Right Stuff: Key Personality Characteristics that indicate
    Success in Overcoming Addiction in Israel«, in: Richard Isralowitz, Mohammed
    Afifi und Richard Rawson (Hrsg.), Drug Problems: Cross-Cultural Policy and
    Program Development, Westport, CN, 2002, S. 233-242.

14 Steven L. Berg, Jewish Alcoholism and Drug Addiction: An Annotated Bibliogra-
    phy, Westport, CN, 1993.

15 Vgl. dazu allgemein David Sorkin, The Berlin Haskalah and German Religious
    Thought: Orphans of Knowledge, London 2000; Michael A. Meyer, Judaism
    within Modernity: Essays on Jewish History and Religion, Detroit 2001; Jonathan
    M. Hess, Germans, Jews and the Claims of Modernity, New Haven 2002; Arno
    Herzig, Judentum und Aufklärung: Jüdisches Selbstverständnis in der bürgerlichen
    Öffentlichkeit, Göttingen 2002; Jeremy Asher Dauber, Antonio's Devils: Writers of
    the Jewish Enlightenment and the Birth of Modern Hebrew and Yiddish Literature,
    Stanford 2004.

Lessings Bild von Mendelssohn Ausdruck verleiht, ist ein Musterbeispiel für öffentlichen Anstand. Mendelssohns Verteidigung des Judentums in seinem Traktat *Jerusalem* (1783) macht daraus keine ›rationale‹ Religion, wie von manchen später behauptet wurde, sondern eine anständige.

Wir können mit der grundsätzlichen Thematik beginnen, dass, gemessen an den Idealen der Aufklärung, eine Vielzahl von üblichen rituellen Praktiken der Juden, von der Beschneidung bis hin zur Bestattung, als barbarisch und unanständig galten. Alle diese Kritiken erscheinen auch heute noch verständlich angesichts unseres Kenntnisstands über den engen Zusammenhalt der protestantisch geprägten deutschen Gesellschaft und die Ritualpraktiken der heutigen Juden.

Abb. 4: Bemalte Metallfigur eines betrunkenen jüdischen Mannes, spätes 19. Jahrhundert.

Heutzutage verwundert uns aber, dass der gegen die Sitten verstoßende Konsum von Alkohol – *shiker iz a yid* – als Teil jener Aspekte der rituellen Praxis verurteilt wurde, die geändert oder aufgegeben werden mussten, da wir von der jüdischen Immunität gegenüber Alkohol ausgehen[16] (Abb. 4). Aber das ist nicht merkwürdiger oder anders als die sonstige Kritik an den religiösen Praktiken der Juden, die behauptet, das innere Wesen der Juden und die damit einhergehende Notwendigkeit der ›bürgerlichen Verbesserung‹ zu offenbaren. Wenn wir hierauf Norbert Elias' Thesen aus dem Werk *Über den Prozeß der Zivilisation* (1939) anwenden, wie wir es bereits in dem Kapitel über den »jüdischen« Humor getan haben, dann werden sich die Juden der »Peinlichkeitsschwelle« den Alkohol betreffend bewusst, wenn sie gezwungen sind, sich selbst an der »Schwelle des Abscheus« zu sehen. Der »soziale Druck zur Selbstkontrolle« wird in der

16 Anmerkung des Übersetzers: Mit »shiker iz a yid« spielt Gilman auf das jiddische Volkslied »Geyt a Goy in Shenkl Arayn« an, in dem die Trunkenheit des Goi (Nichtjuden) mit der Nüchternheit des Juden kontrastiert wird: »shiker iz a goy« – »nikhter iz a yid«. (Vollständiger Liedtext bei Zemerl, The Interactive Database of Jewish Song, http://zemerl.org/song/324 [aufgerufen am 20.2.2022].)

deutschen Kultur ein Teil der Vorstellung von Bildung.[17] Im Zeitalter der Aufklärung wird das jüdische Ritual zur Antithese des Rationalen, wie die Comaroffs feststellten:

> Das Ritual ist in der abendländischen Gesellschaftstheorie bereits seit langem ein Zeichen für all das, was die rationale Moderne von traditionellen Kulturen trennt. Egal ob als Magie oder Mysterium, als Pseudowissenschaft oder soziales Sakrament, evoziert das Ritual das genaue Gegenteil der praktischen Vernunft.[18]

Eine perfekte Definition der praktischen Vernunft stellen das Denken und die Praxis des Protestantismus in der deutschen Aufklärung dar.

Im April 1790 befasste sich Paul Jakob Bruns (1743-1814) in einem Aufsatz in der *Berlinischen Monatsschrift* mit der Frage, ob die Juden auf das Purimfest verzichten sollten, mit dem die Rettung der persischen Juden durch Ester vor der Verfolgung Hamans gefeiert wird.[19] Bruns war einer der bedeutendsten Bibelgelehrten seiner Zeit; als er diesen Beitrag schrieb, war er Historiker, Theologe, Professor für Orientalische Literatur und Bibliothekar der Universität Helmstedt. Nach der Schließung jener Universität im Jahr 1810 lehrte er über drei Jahrzehnte in Halle. In seinem Aufsatz von 1790 verurteilt Bruns die Tat, durch welche die Juden in Persien gerettet wurden: Die Freude der Juden über die Niederwerfung und Vernichtung ihrer Feinde sei ungebührlich, denn »[n]icht das Andenken großer Heldenthaten, oder Personen, welche Muth und Kraft zum Besten ihres Vaterlandes bewiesen haben, wird gefeiert«.[20] Vielmehr seien die Juden schwach und weinerlich gewesen und hätten ihr eigenes Schicksal beklagt, indem sie Trauer getragen hätten, bevor sich die Rettung ereignete. Aus Rache hätten sie dann noch Unschuldige getötet. So sei die eigentliche Tat von Ester kein

---

17 Vgl. die englische Ausgabe von Elias' *Über den Prozeß der Zivilisation*: The Civilizing Process, translated by Edmund Jephcott with some notes and revisions by the author, Oxford 1982.

18 Jean und John Comaroff, Hrsg., Modernity and Its Malcontents: Ritual and Power in Postcolonial Africa, Chicago 1993, S. XV.

19 P. J. Bruns, »Vorschlag an die Juden, das Purimfest abzuschaffen«, in: Berlinische Monatsschrift (1790), Bd. 1, S. 377-380. Paul Jakob Bruns war ein Universalgelehrter, aber zu seiner Zeit am bekanntesten als Verfasser der *Neuen systematischen Erdbeschreibung von Afrika*, Nürnberg 1799, und der *Beiträge zur kritischen Bearbeitung unbenutzter alter Handschriften und Urkunden*, 3 Bde., Braunschweig 1802-1803. Er gab auch *Ungedruckte Predigten Dr. Martin Luther* heraus, Helmstedt 1796.

20 »Vorschlag an die Juden, das Purimfest abzuschaffen« (Anm. 19), S. 378 f.

Akt der »Seelengröße«, sondern werde eher widerwillig vollzogen und zeige den von Natur aus weichlichen Charakter der Juden. Im Mittelpunkt dieser Geschichte, schreibt Bruns, stehe der Wunsch der Juden, es ihren Unterdrückern heimzuzahlen.[21] Die Geschichte zeige, betont Bruns, wie entfremdet die Juden den Persern gewesen seien, unter denen sie lebten, und wie sehr die Juden die Vernichtung ihrer persischen Feinde herbeigesehnt hätten. Damit seine Leser den aktuellen Bezug nicht übersehen, fügt er hinzu, die zeitgenössischen Juden stellten sich vor, ihre Behandlung durch die Christen auf ähnliche Weise zu rächen, und sei es auch nur durch das Gedenken an ihren Sieg über die Perser.

Bruns' Argumentation konzentriert sich auf den Charakter der Juden, wie er sich im historischen Ursprung des Purimfestes widerspiegelt, und auf die Anwendung dieser Geschichte auf die Welt des Judentums im 18. Jahrhunderts. Er räumt ein, dass sich die Juden in einem Reformprozess befinden; jedoch sollten sie den Ausdruck der Purimfeier genau unter die Lupe nehmen, da dieser die grundsätzliche Unvereinbarkeit des jüdischen Rituals mit dem deutschen Empfinden offenbare. Bruns bezieht sich dabei auf das Vorbild von Christian Wilhelm von Dohms Plan *Über die bürgerliche Verbesserung der Juden*, veröffentlicht 1781-1783 als Antwort auf das Ersuchen der jüdischen Gemeinde von Straßburg an Mendelssohn, die Juden angesichts der gegen sie gerichteten französischen Angriffe zu verteidigen. Die Juden müssen sich verändern, um ordentliche Staatsbürger zu werden. Sie müssen alle Praktiken ablegen oder reformieren, die mit diesem Ziel als unvereinbar gelten. Die Forderung unterscheidet sich deutlich von den Ansichten anderer Zeitgenossen, darunter der des liberalen Bildungsreformers Wilhelm von Humboldt, der in Anlehnung an John Locke ein naturgegebenes Recht auf Staatsbürgerschaft unabhängig von der Religionsausübung vertrat. Mendelssohn und die meisten jüdischen Anhänger der Aufklärung stimmten hingegen mit Dohms Position überein.

Bruns kommentiert die Unordnung unter den Kindern in der Synagoge – »[w]enn die Schulknaben mit den Hämmern auf Bretterchen, worauf der Name Haman geschrieben ist, schlagen« – als Zeichen für das Fehlen angemessenen Benehmens. Im Mittelpunkt seiner Argumentation

---

21 Bruns erwähnt jedoch nicht die ältere Deutung der Hinrichtung Hamans durch Erhängen als Parodie der Kreuzigung Jesu. Dieses Bild könnte durchaus in der mittelalterlichen Rhetorik im Zusammenhang mit der Ritualmordlegende eine Rolle gespielt haben. Vgl. dazu Cecil Roth, »The Feast of Purim and the Origins of the Blood Accusation«, in: Speculum 4 (1933), S. 520-526, und Gerd Mentgen, »Über den Ursprung der Ritualmordfabel«, in: Aschkenas 4 (1994), S. 405-416.

über den Mangel an Anstand stehen die »Ausschweifungen« beim »Fressen« und »Saufen«, die den Feiertag begleiten.[22] Diese Ausdrücke und ihre Verbindung zu den Purim->Komödien<, die im Rahmen der Feierlichkeiten aufgeführt werden, weisen auf die Vorstellung hin, die Juden seien ein Volk, dem es an öffentlichem Anstand fehle. In der Tat habe dieses Benehmen den Christen »Verachtung und Ekel gegen die ganze Nation [der Juden] eingeflößt«, aber auch »den Philosophen unter den Juden« habe dies »schon manchen stillen Seufzer ausgepreßt«.[23]

Sofern Bruns über Quellen verfügte, die über das mündlich überlieferte >Allgemeinwissen< seiner Zeit hinausgingen, könnte es sich dabei um Werke wie Johann Jakob Schudts vom Anfang des 18. Jahrhunderts stammende Darstellung der jüdischen Feiertage und Glaubensinhalte gehandelt haben.[24] Schudt beginnt seinen Bericht über Purim darin mit einer Verurteilung der »Üppigkeit und Insolenz« der Juden an diesem Tag. Sie verbrächten ihre Zeit mit »spielen, fressen, sauffen«.[25] Das gelte beispielsweise für die Frankfurter Juden, die »an ihrem Purim und Hamans-Fest sich wacker herumb tummelen, essen und trincken, frölich sind und allerhand Lustbarkeit treiben«; die dabei aufgeführten Purimstücke seien in der Regel nicht besser als »Mist«.[26] Es handelt sich um eine pauschale Verurteilung der Feierlichkeiten, die als eine Form von Extravaganz angesehen werden, die gegen die bestehende Ordnung verstößt.

Hier können wir erkennen, dass das jüdische Ritual, insbesondere die Erlaubnis dessen, was Michail Bachtin (1895-1975) als »Karneval« bezeichnet – nämlich die Umkehrung aller Rollen –, im Zentrum der Ängste der Protestanten steht. In den Juden sehen sie eine Version der Welt, auf die der sich ausbreitende Protestantismus reagiert. Martin Luther bemerkte in seiner berüchtigten Schrift *Von den Juden und ihren Lügen* (1543), dass

die Juden allein ihren Bauch füllen / und sich in der Welt Wollust weiden. Denn solch Wesen verheißt Mahometh seinen Sarazenen / und ist in dem ein rechter Jude / und die Juden rechte Sarazenen / nach dieser Deutung.[27]

---

22 »Vorschlag an die Juden, das Purimfest abzuschaffen« (Anm. 19), S. 380.
23 Ebd.
24 Johann Jakob Schudt, Jüdische Merckwürdigkeiten, Frankfurt a. M./Leipzig 1714, Bd. 2, VI. Buch, 35. Cap., S. 308-316.
25 Ebd., S. 308.
26 Ebd., S. 314 f.
27 Zitiert nach der Originalausgabe: Von den Jüden und iren Lügen [sic], Gedruckt zu Wittemberg / Durch Hans Lufft. M. D. XLIII. (Digitalisiertes Exemplar der Baye-

Diese Verse stellen vielleicht die erste >moderne<, wenngleich etwas vorschnelle, Parallelisierung von Juden und Muslimen hinsichtlich ihrer Beziehung zur materiellen Welt dar. Luther, der kein Feind leiblicher Genüsse war, sieht einen Unterschied zwischen der Hohlheit der Ungläubigen und der gesunden Körperlichkeit der wahren Gläubigen. In diesem Zusammenhang sind der Jude und der Muslim untereinander austauschbar. Im protestantischen Denken wurden solche Vorstellungen von mangelndem Anstand traditionell mit den katholischen Karnevalsfeiern zur Zeit der Reformation und darüber hinaus in Verbindung gebracht. Die Katholiken erschienen in dieser Hinsicht nicht besser als die Juden oder die Muslime.

Der Karneval war eine gebilligte Rebellion innerhalb des Rituals, nicht nur gegen die Strukturen der religiösen Ordnung und Praxis, sondern aus protestantischer Sicht des 18. Jahrhunderts auch gegen die staatliche Ordnung, die der Staat ernst nehmen musste. In der zweiten Auflage seines Werks *Problemy poetiki Dostoevskogo* (*Probleme der Poetik Dostoevskijs*), die 1963 erschien, beschrieb Bachtin die Essenz des Karnevals:

Man könnte sagen (natürlich mit gewissen Einschränkungen), dass der Mensch des Mittelalters sozusagen zwei Leben lebte: das eine war das offizielle Leben, monolithisch ernst und düster, einer strengen hierarchischen Ordnung unterworfen, voller Schrecken, Dogmatismus, Ehrfurcht und Frömmigkeit; das andere war das Leben des Karnevalsplatzes, frei und uneingeschränkt, voller ambivalentem Lachen, Blasphemie, der Entweihung alles Heiligen, voller Herabsetzungen und Obszönitäten sowie einer Familiarisierung aller Personen und Sachverhalte. Beide Leben waren gleichermaßen legitim, aber voneinander durch strenge zeitliche Grenzen getrennt.[28]

Für Bruns war die Zeitlichkeit des jüdischen Karnevals das Purimfest; und die Kraft, die es antrieb, war der Alkohol. Während Bachtins Vorstellung vom mittelalterlichen Bauern seiner eigenen Fantasie entsprang, kann man durchaus behaupten, dass seine Karnevalstheorie der gelebten Erfahrung der Juden im Ghetto entsprach, für die Purim ein zentraler Teil jener zweiten Lebensordnung war, die es ihnen ermöglichte, innerhalb der

rischen Staatsbibliothek München, ohne Seitenangaben; Orthographie des Zitats behutsam modernisiert.)

28 Michail Bachtin, Problems of Dostoevsky's Poetics, aus dem Russischen ins Englische übersetzt von R. W. Rotsel, Minneapolis 1984, S. 129 f.

Beschränkungen der jüdischen Gemeinschaft und der Grenzen des Ghettos weiter durchzuhalten. Die Vorgänge an Purim in der Synagoge stellten alles infrage: Die kollektive Verspottung der Obrigkeit, die Umkehrung der Hierarchie innerhalb der Gemeinschaft, die Verletzung des Anstands und der Angemessenheit sowie die Zelebrierung körperlicher Ausschweifungen waren Teil einer Struktur, die die Ordnung gerade dadurch aufrechterhielt, dass sie es erlaubte, diese an einem Tag im Jahr an den Pranger zu stellen. Sogar der Kirchenraum wurde nicht verschont, denn die Narrenpredigt wurde von der Kanzel aus gehalten. An Purim war es möglich, gegen alle Konventionen des jüdischen Gesetzes zu verstoßen, sei es durch übermäßigen Alkoholgenuss, sei es durch Transvestitismus. Die Rabbiner vertraten sogar die Ansicht, dass man, sollte man an Purim im Rausch das Eigentum eines anderen beschädigen, nicht zur Wiedergutmachung verpflichtet war.

Bruns' Vorschlag lautet ganz einfach, diesen Feiertag nicht mehr zu begehen. Es handle sich um ein weltliches Fest, das nicht durch das Mosaische Gesetz vorgeschrieben sei. Er betont diesen Punkt, denn Moses' Gesetz war die Rechtfertigung für die Beibehaltung vieler jüdischer Rituale (einschließlich der Beschneidung) unter den Juden der Aufklärung. Bruns endet mit einer unverhüllten Drohung: Wenn die Juden derartige Feiern nicht selbst unterbänden, würden es die staatlichen Behörden tun. Es müsse wieder Ordnung einkehren. Exzesse im Rahmen des Rituals dürften nicht toleriert werden, da sie die Autorität des Staates untergrüben, indem sie ihn verspotteten, die Juden genauso wenig unter Kontrolle zu haben wie die Perser damals.

David Friedländer (1750-1834), der vielleicht radikalste Denker unter den jüdischen Aufklärern seiner Zeit, widersprach Bruns' Vorschlag beinahe sofort.[29] In seiner kraftvollen Polemik geht er Punkt für Punkt auf Bruns' Argumente ein und kommt dabei immer wieder auf den Anstand zurück. Er beginnt mit der Frage, wie man das Staubkorn im Auge des Nächsten erkennen könne, während man den Balken im eigenen Auge ignoriere. Die früher noch >hilfsbereite< Kritik an den Juden und ihren Ritualen, wie sie in Dohms Haltung zu erkennen gewesen sei, scheine nun einen negativen, destruktiven Ton anzuschlagen, bei dem die »Erzählung religiöser Vorurtheile fremder Glaubensverwandte[r]« ein Vergnügen am

---

29 [David Friedländer] »Freimüthige Gedanken eines Juden über den Vorschlag an die Juden, das Purimfest abzuschaffen«, in: Berlinische Monatsschrift (1790), Bd. 1, S. 563-577. Vgl. auch Steven M. Lowenstein, The Jewishness of David Friedländer and the Crisis of Berlin Jewry (Braun Lectures in the History of the Jews in Prussia, 3), Ramat Gan 1994.

Die Juden und der Alkoholismus

»Lächerlichen« widerspiegele.[30] Wenigstens sind wir Christen nicht so dumm, solche Dinge zu tun, scheint Bruns damit laut Friedländer sagen zu wollen. Friedländer betont anfänglich in seinem Beitrag den unterschiedlichen Bildungsstand (im Sinne von Akkulturation) der Juden in Preußen, Österreich, Frankreich und Polen und stellt fest, dass die meisten der »Juden«, an die sich Bruns wendet, dessen Aufsatz nicht einmal lesen könnten.[31] Diejenigen aber, die ihn lesen könnten, hätten bereits die von ihm formulierten moralischen Anforderungen erfüllt. Die preußischen Juden, zu denen Friedländer sich selbst zählt, seien für solche Überlegungen am empfänglichsten und hätten ihre rituelle Praxis bereits geändert, »obschon noch manche Judenkinder im Preussischen vorhanden sein mögen, welche die Hamansklapper am Purim führen, und mancher Erwachsene sich an diesem Tage berauschet«.[32] Angesichts Friedländers Bestreben, die jüdische Praxis von den meisten Ritualen zu befreien, das sich ein Jahrzehnt später an seinen Vorschlägen für eine radikale Reform der jüdischen Gemeinde von Kassel zeigte, bestand bei der damaligen Lage für ihn noch Handlungsbedarf.

Friedländer hebt in Übereinstimmung mit Bruns hervor, dass der wahre Lohn für solche Änderungen der religiösen Praxis eine Verbesserung des gesamten Gemeinschaftslebens sei und nicht nur eine Besserung des Einzelnen. Dennoch gibt er zu bedenken, dass Anschuldigungen wie die von Bruns nicht notwendigerweise zum Erwerb von mehr Bildung unter den Juden führten, sondern vielmehr die hartnäckigen Klischees aus der Zeit vor der Aufklärung über die angebliche Natur des jüdischen Charakters widerspiegelten. Dabei waren den Juden zahlreiche Fehler und Laster zugeschrieben worden, »besonders die Eidbrüchigkeit, oder die allgemeine Anhänglichkeit an Palästina, oder die Pygmäengröße der Juden, oder ihr Vorurtheil am Sabbath nicht zu fechten«.[33] Solche Vorwürfe seien einfach nur die Verstärkung von Stereotypen, die es nicht zu wiederholen, sondern zu widerlegen gelte.

Friedländer ordnet Bruns' Ansichten über Purim in die Kategorie dieser Klischees ein. Er betont, dass Bruns' Deutung der moralischen Implikationen der Geschichte von Ester schlichtweg falsch sei. Die angebliche Blutrünstigkeit der Juden, ihr angeblich bösartiger, weinerlicher und kriecherischer

---

30 »Freimüthige Gedanken eines Juden« (Anm. 29), S. 563 f.
31 Ebd., S. 565.
32 Ebd., S. 566.
33 Ebd., S. 568.

Charakter sind laut Friedländer im Buch Ester (dem Megilla-Traktat) einfach nicht zu finden. Um das zu belegen, zitiert Friedländer aus Luthers Übersetzung des Buches Ester sowie aus zeitgenössischen protestantischen Interpretationen desselben durch Theologen wie Johann Gottfried Eichhorn, dem Begründer der sogenannten Einleitungswissenschaft des ›Alten‹ Testaments.[34] Er entgegnet Bruns, dass das Purimfest ein notwendiger Bestandteil der rituellen Praktiken der Juden sei, da es für den »gemeinen Mann« nicht »in seinem Erwerb hinderlich« sei.[35] Letzterer könne am Feiertag arbeiten und müsse nur eine zusätzliche Stunde am Abend dafür aufwenden, sich den Text des Buches Ester in der Synagoge anzuhören. Bruns' zentrale Behauptung, dass dieser Text nicht als historischer Bericht über die Rettung der Juden in Persien aufgefasst werde, sondern als Verheißung der Machtübernahme in den christlichen Staaten, in denen die Juden nun lebten, wird von Friedländer auf höchst bemerkenswerte Weise zurückgewiesen.

Friedländer argumentiert, er sei keineswegs für die Beibehaltung des Missbrauchs des Purimfestes, insbesondere nicht für die Exzesse beim Essen und Trinken (die er »das Schwelgen« nennt).[36] Denn woran ein Jude in der Synagoge dächte, wenn ihm das Buch Ester vorgelesen werde, sei nicht die Überwältigung Hamans und auch nicht die mögliche Nachahmung eines solchen Umsturzes in den zeitgenössischen Staaten,

> sondern er denkt an den Schmauß, der seiner erwartet, und der ihn für den vorhergegangenen Fasttag schadlos halten soll; er stampft wohl auch mit den Füßen bei dem Namen Haman, weil es sein Vater auch gethan hat [...].[37]

Jedoch »unter dem milden Zepter der Preussischen Regenten [...] verlieren sich gewisse Unsittlichkeiten allmählig, schleifen sich allmählig gewisse raue Ekken [bei den Juden] ab«.[38]

> Wenn sich auch bei uns in Berlin die Hamanklapper nicht ganz verloren haben sollte; so haben die Hamanskomödien, die Saufgelage, und andre Ausbrüche einer ausgelassenen Freude [...] entweder nie existirt, oder

34 Ebd., S. 569-571.
35 Ebd., S. 573.
36 Ebd., S. 575.
37 Ebd.
38 Ebd.

Die Juden und der Alkoholismus

haben doch seit langer Zeit aufgehört. Wenigstens habe ich [...] nie etwas dem ähnliches gesehen, oder davon gehört.[39]

In der Tat hielten spätere Reformer wie Leopold Zunz die Tradition des fehlenden Anstands und der Unterbrechung des ernsten Gebetsrituals durch Purim für ein Kennzeichen der rituellen Praktiken der deutsch-jüdischen Welt des Mittelalters.[40]

Friedländer appelliert an seine Leser, die Pauschalurteile über die Juden, deren angeblichen Mangel an Anstand und die Bedrohung, die er für die Gesellschaft bedeute, aufzugeben. Es sei »die Pflicht des Stärkern, [...] die Arme auszustrekken, und [...] zu rufen: laß uns Freunde sein.«[41] Dies werde durch Bruns' übertriebenes Genörgel und dessen Forderung, die Juden müssten ihre religiösen Praktiken ändern, nicht erreicht.[42] In Wirklichkeit werde der Hass gegen die Juden nur weiter geschürt, indem die angebliche Verderbtheit der jüdischen Rituale und Lebensweise betont werde.

Eine solche Haltung entspricht in Fragen der Schicklichkeit ganz dem allgemeinen Tenor der damaligen Zeit. Zwei Jahre zuvor, 1788, veröffentlichte Adolph Freiherr Knigge seinen Leitfaden für den gesellschaftlichen Umgang, die eindeutig wichtigste Darstellung der aufklärerischen Vorstellung von Anstand.[43] Bezüglich des Alkohols warnt er: »Allein kein Anblick ist so widrig für den verständigen Mann als der eines Menschen, welcher sich durch starke Getränke um Sinne und Vernunft gebracht hat.«[44] Der nüchterne Mann der Aufklärung hat die Pflicht, den Ausschweifungen der Trunkenbolde,

---

39 Ebd., S. 575 f.
40 Vgl. Leopold Zunz, Die Ritus des synagogalen Gottesdienstes, geschichtlich entwickelt, 2 Bde., hier Bd. 2, Berlin 1855-1859, S. 69.
41 »Freimüthige Gedanken eines Juden« (Anm. 29)., S. 576.
42 Die Rhetorik von Bruns scheint eine Vorgeschichte unter den neuzeitlichen Theologen zu haben, insbesondere das Werk des Amsterdamer Theologen Philipp van Limborch, De veritate religionis Christianae, amica collatio cum erudito Judaeo, Gouda 1687, eine Tirade gegen alle Formen der jüdischen Ritualpraktik, wie sie von Uriel Acosta verteidigt worden war. John Locke hatte an Limborch zwei Jahre zuvor (1685) seinen berühmten Letter on Toleration geschickt; mit dem gerade erwähnten Traktat antwortete dieser darauf.
43 Adolph Freyherr Knigge, Über den Umgang mit Menschen, Erstdruck Hannover 1788, hier nach der 3., erweiterten Auflage von 1790, zitiert nach www.zeno.org.
44 Ebd., aus dem 12. Kapitel des 2. Teils, S. 275.

möchten sie solche auch in das gefälligste Gewand hüllen, nicht durch die Finger zu sehn, sondern vielmehr, wo es mit Klugheit geschehn kann, einen unüberwindlichen Abscheu dagegen zu zeigen, sich auch wohl zu enthalten, an unzüchtigen schmutzigen Gesprächen beifälligen Anteil zu nehmen.[45]

Die Beschreibung würde zu den Darstellungen des Purimfests durch Bruns und andere frühere Autoren passen, samt dem Übermaß an Alkohol und den unzüchtigen Purimspielen. Aber Knigges Erörterung des gesellschaftlichen Umgangs mit den Juden war zwanghaft fixiert auf deren Verbindung zu Geld, Handel und Feilschen.[46]

Das ist typisch für die Aufklärung, denn, wie wir schon erwähnten, sowohl Montesquieu in *De l'esprit des lois* (1748) als auch David Hume in seinem Essay *Of National Characters* (1748) hatten bereits zuvor ein identisches Urteil über die Rolle der Juden in der Gesellschaft gefällt.[47] Jeder der beiden hat dafür jedoch seine eigene Erklärung. Montesquieu glaubt, es liege an der »Natur« des Juden; Hume sieht die Ursache im politischen Kontext. Knigges Bild des Juden ist ein aufklärerisches, das in abgewandelter rhetorischer Form die Vorstellung von einer wesensmäßig jüdischen Gesinnung aufrechterhält. In der dritten Auflage seines Werks erkennt er an, dass es Juden gebe, »die durchaus in allen ihren Sitten mit den Christen übereinstimmen, auch sogar mit christlichen Familien durch wechselseitige Heiraten sich verbinden«; nicht nach ihrer Fähigkeit zur Anpassung an die Deutschen wolle er aber die Juden betrachten, »sondern so, wie wir jetzt ihren Volkscharakter nach der größern Anzahl beurteilen müssen«.[48] Knigge beklagt, dass bei den Juden, die deutsche Sitten angenommen hätten, christliche Sünden und Torheiten an die Stelle der Schlichtheit und moralischen Strenge des eigenen Glaubens getreten seien. Er vermittelt den Eindruck, dass diese Juden der Trunksucht und den Ausschweifungen des deutschen Bürgertums zum Opfer fallen, dem liederlichen Lebenswandel der christlichen Gecken.

Doch in Friedländers Argumentation steckt die zweiteilige Aussage, dass Rituale wie Trunkenheit, die womöglich auf einer falschen Auslegung des

45 Ebd., aus dem 3. Kapitel des 1. Teils, S. 122.
46 Ebd., 3. Teil, 6. Kapitel, vor allem S. 377. Vgl. auch Ruth Klüger, Knigges »Umgang mit Menschen«, Göttingen 1996, S. 15 f.
47 Vgl. Nathan Rotenstreich, The Recurring Pattern. Studies in Anti-Judaism in Modern Thought, London 1963; speziell zu Kant: S. 23-47.
48 Über den Umgang mit Menschen (Anm. 43), 3. Teil, 6. Kapitel, S. 375 f.

Buches Ester beruhten, früher existiert hatten und mittlerweile zumindest bei den aufgeklärtesten Juden, nämlich den deutschen, abgeschafft waren. Die mangelnde Abstinenz der Ostjuden bedurfte noch immer einer energischen Reform, wie Friedländer 1816 feststellte, als er von Franciszek Malczewski, dem Bischof von Kujawien, konsultiert wurde und die preußische Regierung beschloss, die Situation der polnischen Juden zu verbessern. (Er veröffentlichte seinen Bericht 1819 unter einem Titel, der an den von Dohms früherem Traktat über die deutschen Juden erinnerte: *Über die Verbesserung der Israeliten im Königreich Polen*.) Die Juden in Deutschland seien sittsam geworden und hätten die groben Praktiken aufgegeben, die nur die wahre religiöse Bedeutung des Festes verschleierten. Die deutschen Juden wären keine Trunkenbolde mehr, zumindest nicht bei den religiösen Ritualen, mit denen sich das Judentum in der Öffentlichkeit präsentierte.

Friedländer hatte natürlich recht, dass aufgeklärte Juden, soweit für ihn und die Öffentlichkeit erkennbar, nicht mehr im Übermaß tranken. Das stellte auch kein Geringerer als der Königsberger Philosoph Immanuel Kant (1724-1804) fest, eine Autorität in Fragen öffentlichen Wohlverhaltens. Als dieser sich 1798 im Alter von 74 Jahren hinsetzte, um seine Vorlesungen zur Anthropologie zu überarbeiten, die ursprünglich aus dem Wintersemester 1772/73 stammten, aber von ihm noch bis 1790/91 vorgetragen worden waren, fügte er hinzu, wie wir schon bemerkten:

> Juden betrinken gewöhnlich sich nicht, wenigstens vermeiden sie sorgfältig allen Schein davon, weil sie bürgerlich schwach sind und Zurückhaltung nöthig haben (wozu durchaus Nüchternheit erfordert wird). Denn ihr äußerer Werth beruht blos auf dem Glauben Anderer an ihre [...] Frömmigkeit und separatistische Gesetzlichkeit. Denn was das letztere betrifft, so sind alle Separatisten, [...] der Aufmerksamkeit des Gemeinwesens und der Schärfe der Kritik vorzüglich ausgesetzt; können also auch in der Aufmerksamkeit auf sich selbst nicht nachlassen, weil der Rausch, der diese Behutsamkeit wegnimmt, für sie ein Skandal ist.[49]

In diesem Addendum von 1798 zu seinem bereits früher veröffentlichten Text fasste Kant die Annahmen zusammen, die Friedländers Auseinander-

---

49 Immanuel Kant, Anthropologie in pragmatischer Hinsicht (1798), in: Bonner Kant-Korpus, Elektronische Edition der Akademie-Ausgabe von Kants Schriften, https://korpora.zim.uni-duisburg-essen.de/kant/ (aufgerufen am 18.2.2021), hier Bd. 7, S. 171. Vgl. auch E. M. Jellinek, »Immanuel Kant on Drinking«, in: Quarterly Journal of Studies of Alcohol 1 (1941), S. 777-780.

setzung mit Bruns und seiner Verteidigung des Anstands der deutschen Juden zugrunde lagen. Interessant dabei ist, dass er bei der weiteren Charakterisierung der Juden in seiner Anthropologie, genauso wie Knigge und alle früheren Aufklärer, deren Wesen als Händler und Schacherer betont, mit besonderer Aufmerksamkeit für die »Juden in Polen«.

Erst als er auf die Juden in den westlichen Ländern zu sprechen kommt, beschäftigt sich Kant erneut explizit mit der Frage des Anstands. Wie Hannah Arendt feststellte, hatte Kant bereits zuvor betont, dass dem Konzept der Geschichte der Gedanke des Fortschritts innewohne und dass Freiheit und Kultur in der Regel die Endprodukte dieses Fortschritts seien. Aber »nur einmal, fast beiläufig, in einer Randbemerkung, sagt Kant, dass es darum gehe, ›die höchste Vervollkommnung des Menschen [herbeizuführen], nämlich die Geselligkeit‹«.[50] Wenn die Geschichte auf Kultur, Freiheit und Geselligkeit abzielt, müssen sich auch die Juden dieses Ziel zu eigen machen, indem sie wieder zu einem Volk ›innerhalb‹ der Geschichte werden. Deshalb können es sich die Juden nicht leisten, in der Öffentlichkeit als solche erkennbar zu sein, worauf schon Moses Mendelssohn hinwies, als er betonte, die Juden müssten lernen, sich in der Sprache des Landes zu verständigen, in dem sie wohnten. Aber die Unterscheidung zwischen öffentlichem Raum und Privatsphäre, wobei Ritus und Praxis der Religion als Privatsache gelten (wie von Mendelssohn vertreten), erweist sich schnell als nicht haltbar. In der Öffentlichkeit haben die Juden aufgehört, sich »wie Wilde« zu verhalten, die keine Kontrolle über ihren Alkoholkonsum haben, wie Kant in seinen Vorlesungen über den Wahnsinn äußerte: »Die wildesten Völker, sobald sie nur das starke Getränke kennen, bekommen eine Neigung dazu. Menschen, die gleichgültig gegen starke Getränke sind, haben sehr frühzeitig diesen hang bekämpft.«[51] In den Diskussionen des 18. Jahrhunderts ist die jüdische »Trunkenheit« ein Aspekt der religiösen Praxis, der sich in den meisten Fällen nicht direkt auf die öffentliche Sphäre auswirkt. Sie wird aber als Ausdruck tiefgreifender Unterschiede in der Religionsausübung gesehen, die einer Reform bedürfen, wenn Juden als akzeptable Bürger für die Gesellschaft angesehen werden sollen. Denn das Bild der Juden war geprägt von ihren sinnlos scheinenden Ritualen.

---

50 Hannah Arendt, Lectures on Kant's Political Philosophy, hrsg. von Reinhold Beiner, Chicago 1982, S. 8.

51 Immanuel Kant's Menschenkunde oder philosophische Anthropologie. Nach handschriftlichen Vorlesungen hrsg. von Fr. Ch. Starke, Leipzig 1831, S. 299. (Hier zitiert nach dem digitalisierten Exemplar der Originalausgabe im Besitz der Harvard University.)

Die Juden und der Alkoholismus

Kants Zeitgenossen verbanden jedoch mit den deutschen Juden bereits nicht mehr die früheren Alkoholexzesse, sondern eine nunmehr als typisch jüdisch geltende Nüchternheit. Der Verzicht der jüdischen Männer auf Alkohol war heuchlerisch, denn er entsprang, wie zuvor bei den Frauen und Geistlichen, nicht ihrer inneren Überzeugung, sondern war eine Reaktion auf äußere Zwänge. Diesen Wandel hat man sich als einen allmählichen Prozess vorzustellen, der sich im späten 18. Jahrhundert vollzog und der – zumindest aus der Sicht von jüdischen Intellektuellen wie Friedländer – bei den osteuropäischen Juden noch keineswegs abgeschlossen war.[52]

Nebenbei bemerkt wird die Ansicht, dass Ostjuden zu einer höheren Rate an Alkoholismus neigen, im Laufe des späten 19. Jahrhunderts Standard: Damals wandten sich Eugeniker in den Vereinigten Staaten wie Emma Transeau gegen die Anwesenheit osteuropäischer Juden in Amerika, weil sie zur »Alkoholisierung der Einwanderer« beitrügen, was zum Niedergang der Nation führe.[53] Die meistverbreitete Haltung der Mediziner um die Jahrhundertwende orientierte sich an Kant. Der britische Arzt James Samuelson stellte 1880 fest, dass »sie [die Juden] eine kleine Gemeinschaft sind; und ihre teilweise Abschottung von anderen religiösen Konfessionen trägt dazu bei, sie bei ihrem Verhalten mehr auf die Moral achten zu lassen«.[54] Kants Standpunkt wurde durch die Ansicht fortgeführt, dass jüdische Frauen noch weniger zu Alkoholmissbrauch neigten als ihre männlichen Glaubensgenossen:

Keiner von Ihnen hat je eine betrunkene Jüdin gesehen, und wahrscheinlich hat auch keiner von Ihnen je einen betrunkenen Juden gesehen,

---

52 Die Auffassung, dass jüdische »Nüchternheit« das Ergebnis eines historischen Prozesses sei, wurde von Mark Keller in dem Aufsatz »The Great Jewish Drink Mystery«, in: British Journal of Addiction 64 (1970), S. 287-296, vertreten, wobei er dies auf die Wiedererrichtung des Zweiten Tempels datiert. Keller geht von einer Einheitlichkeit der jüdischen Lebenserfahrung in der Neuzeit aus, mit einem entsprechend einheitlichen Stereotyp vom nüchternen Juden; er sieht dies als Teil eines Vorgangs gesellschaftlicher Veränderungen und Anpassungen. Vgl. auch L. D. Hankoff, »The Roots of Jewish Sobriety: Alcoholism in the first Century C.E.«, in: Koroth 9 (1988), S. 62-72. Zu dieser Eigenschaft als Stereotyp vgl. Glenn Dynner, »›A Jewish Drunk is Hard to Find‹: Drinking Practices and the Sobriety Stereotype in Eastern Europe«, in: The Jewish Quarterly Review 104 (2014), S. 9-23.
53 Andrew Barr, Drink: A Social History of America, New York 1999, S. 162.
54 James Samuelson, A History of Drink: A Review, Social, Scientific, and Political, London 1878, S. 70 f.

weshalb diese Rasse trotz vieler Jahrhunderte der Unterdrückung bis heute überlebt hat.[55]

Maurice Fishberg, der führende amerikanische Vertreter des jüdischen Gesundheitswesens um die Jahrhundertwende, argumentierte ebenfalls in Anlehnung an Kant, dass der Prozentsatz an Alkoholikern unter den Juden deshalb viel geringer sei, weil sie sozialem Druck von außen ausgesetzt seien. Das passte gut zu seiner Auffassung, dass

> die Juden in ihrer alten Heimat Russland alle Trunkenbolde verabscheuen; sie erwähnen sie in einem Zug mit Konvertiten und Geächteten. Einen Säufer in der Familie zu haben, macht es schwieriger, geeignete Ehepartner für die eigenen Kinder zu finden. Die Juden wissen, dass es sich nicht lohnt, betrunken zu sein. Nachdem sie jahrhundertelang unter der unaufhörlichen Last von Schmähung und Verfolgung in den europäischen Ghettos gelebt hatten, haben sie nunmehr erkannt, dass es für ihr Wohlergehen von Vorteil ist, immer nüchtern zu sein.[56]

Norman Kerr jedoch trat etwa zur gleichen Zeit für eine genetische Erklärung ein:

> Dieses außergewöhnliche Volk hat inmitten wundersamer Wechselfälle eine Vielzahl von besonderen Merkmalen bewahrt; und ich kann nicht umhin zu glauben, dass irgendein von der Rasse ererbtes Vermögen der Selbstkontrolle sowie eine ebenso ererbte Unempfänglichkeit für Betäubungsmittel, verstärkt und gefestigt durch die Beachtung einer Reihe von Hygieneregeln, der Hauptgrund für seine überdurchschnittliche Abstinenz ist.[57]

55 C. W. Saleeby, »Guard Your Race«: Address on Eugenics and Prohibition, Westerville, OH, 1922, S. 12.

56 Maurice Fishberg, Health and Sanitation of the Immigrant Jewish Population of New York, New York 1902, S. 16. Vgl. auch von Maurice Fishberg die Überblicksdarstellung *The Jews: A Study of Race and Environment*, 2 Bde., New York 1949.

57 Norman Kerr, Inebriety: Its Etiology, Pathology, Treatment and Jurisprudence, London 1889, S. 142 und 145 f., hier S. 146. S. a. Robert Jütte, »Gesundheit im Judentum: Ein interkultureller Diskurs über Unverständnis und Missverständnis in Vergangenheit und Gegenwart«, in: Philip van der Eijk, Detlev Ganten und Roman Marek (Hrsg.), Was ist Gesundheit? Interdisziplinäre Perspektiven aus Medizin, Geschichte und Kultur, Berlin/Boston 2021, S. 97-108.

Die Juden und der Alkoholismus

Die damalige britische Medizin stimmte Kerrs eugenischer Erklärung voll und ganz zu. C. Archdall Reid verwies auf die rituelle Praxis und das Purimfest als Belege für eine jüdische Freiheit vom Alkoholismus:

Ein betrunkener Jude ist heutzutage ein äußerst seltenes Phänomen. Zweifellos kann man gelegentlich von einem Juden hören, der sich betrinkt. Aber ein einmal betrunkener Jude ist nicht unbedingt ein Säufer, d. h. ein gewohnheitsmäßig exzessiver Trinker. Nur sehr wenige Juden sind völlige Abstinenzler, es sei denn aus medizinischen Gründen; und sie haben ein Purim genanntes Fest, das im April stattfindet, bei dem die Trunkenheit nicht nur erlaubt, sondern geradezu erwünscht ist. Nun leben die Juden in allen Klimazonen, sie trinken Alkohol in ganz verschiedenen Stärken, sie sind allen möglichen erzieherischen Einflüssen ausgesetzt, manche von ihnen sind extrem reich und manche schrecklich arm, manche, wie in Russland und Marokko, sind halbe Wilde, andere, wie in Frankreich und England, sind äußerst zivilisiert. Aber unter allen Lebensumständen sind sie nüchtern, und zwar ganz offensichtlich nicht, weil sie der Versuchung widerstehen, denn als Rasse neigen sie nicht sonderlich zur Enthaltsamkeit. Stattdessen folgen sie hierbei ihrer Neigung; denn hemmungslos dem Genuss zu frönen, bereitet ihnen kein Vergnügen, sondern ist ihnen unangenehm.[58]

Oder es ist vielleicht so – wenn man dem Modell Knigges folgen will –, dass »der zunehmende Verkehr mit Nicht-Juden durch die Beseitigung sozialer Schranken« zu einem »Ansteigen des Alkoholismus unter den Juden« führt.[59] Noch spezifischer formulierte es Fishberg um die Jahrhundertwende in New York: »[...] der Alkoholismus nimmt unter den Juden in New York entschieden zu, besonders bei der jüngeren Generation, die sich die Gewohnheiten und die Lebensweise ihrer nichtjüdischen Nachbarn zu eigen macht.«[60]

In dem Maße, in dem die Juden mehr und mehr in die Sphäre der Öffentlichkeit eintraten, wurde die Frage, wie der Betrunkene zu bewerten war,

58 C. Archdall Reid, Alcoholism: A Study in Heredity, London 1902, S. 118.
59 J. Snowman, »Jewish Eugenics«, in: The Jewish Review (1913), S. 159-174, hier S. 166. Vgl. auch L. Chienisse, »Rassenpathologie und Alkoholismus bei den Juden«, in: Zeitschrift für die Demographie und Statistik der Juden 6 (1910), S. 1-8 (Beispiele aus Frankreich).
60 Fishberg, Health and Sanitation (Anm. 56), S. 18.

zunehmend umstritten. In Izak Gollers Purimstück von 1931 stellt sich der König der Perser, Ahasveros, mit dem folgenden Monolog vor:

[...] man sieht,
dass ich ein mächtiger König bin,
betrunken wie ein wahrer Herr
von morgens bis abends!
Der Prinzen hundert
und siebenundzwanzig
besiegt habe ich
und in den Himmel geschickt!
Gallonen von Bier
sind für mich nichts;
Whiskey schütte ich in mich hinein
in halben und ganzen Litern [...][61]

Auch die Medizin holte auf. 1944 präsentierte Robert Bales in seiner an der Harvard University angefertigten Dissertation und der anschließenden Veröffentlichung die Ostjuden als vorbildliche Einwanderergemeinschaft, was den Alkoholkonsum betraf.[62] Sie seien zum Inbegriff des »moderaten und integrierten Alkoholkonsums im Kreis der Familie« geworden, im Gegensatz zu den Protestanten, die, wenn sie tränken, viel eher zu Alkoholikern würden als die Juden. Während Kants Argumentation bezüglich des jüdischen Maßhaltens auf der bewussten Furcht vor jüdischer Sichtbarkeit beruht, so kehrt Bales diese um, indem er den Alkoholismus als Ergebnis von »Furcht und Verdrängung« betrachtet, die er (ausgerechnet im Jahr 1944!) bei den Juden weit weniger ausgeprägt findet. Man kann hinzufügen, dass Maurice Samuel im Jahr 1943 unter den osteuropäischen Juden die Russen als »vielleicht etwas dumm und derb, dem Alkohol verfallen und bisweilen auch ihre Frauen schlagend, aber im Wesentlichen gutmütig« charakterisierte.[63] Jeder erfindet seine eigene Art von Säufern.

Die Übernahme dieser Vorstellung von Trunkenheit wird Teil der Art und Weise, wie jüdisch-multikulturelle Schriftsteller die jüdische Vergangen-

61 Izak Goller, A Purim-Night's Dream, London 1931, S. 21.
62 Robert Bales, The »Fixation factor« in: Alcohol Addiction: A Hypothesis Derived from a Comparative Study of Irish and Jewish Social Norms, Diss. Harvard 1944, und sein Aufsatz »Cultural Differences in Rates of Alcoholism«, in: Quarterly Journal of Studies of Alcohol 6 (1946), S. 480-499.
63 Maurice Samuel, The World of Sholom Aleichem, New York 1943, S. 131.

Die Juden und der Alkoholismus

heit darstellen. Der amerikanische Dichter Jerome Rothenberg (geb. 1931) präsentierte in einem 1974 veröffentlichten Gedicht eine fiktive Schilderung eines polnischen Pogroms in den 1930er Jahren:

> stockbesoffen schlitzte er mit zittriger Hand
> seinem jüdischen Barbier die Kehle auf
> oder rief während er sich vor den Kosaken versteckte
> zu dem Mann der ihn verbarg
> »nimm die Mütze ab, du jüdische Fotze«
> ein Radziwiłł kann das Gesicht eines Jungen
> in einen Eimer mit Wasser drücken ihn dazu bringen
> zu trinken und zu kotzen und dann über ihre Frauen lachen
> die gezwungen wurden auf Bäumen zu sitzen und zu krähen wie Hähne
> er würde sie mit Kugeln durchsieben
> sie herunterfallen und wegrennen sehen aber ihnen immer
> Münzen zuwerfen oder einen anderen
> Radziwiłł küssen und dabei murmeln
> »geliebter Bruder, fahr zur Hölle!«[64]

Rothenbergs Gedicht verortet die Trunkenheit eindeutig im Charakter des Polen – hier aber nicht des polnischen Bauern, sondern des polnischen Adels. Für diesen jüdischen Dichter ist das Pogrom selbst eine Folge des mangelnden Anstands.

Die Ansicht, dass die religiöse Praxis an Purim alle Exzesse auszuschließen scheint, hat sich zu Beginn des 19. Jahrhunderts zumindest in Deutschland durchgesetzt. 1857 wurde ein anonymer Monolog zu diesem Thema in der jüdischen Zeitschrift *Jeschurun* veröffentlicht. Diese wurde herausgegeben von dem führenden orthodoxen Denker des 19. Jahrhunderts, dem Frankfurter Rabbiner Samson Raphael Hirsch (1808-1888), und stellte eine neue Stimme dar, die eine Kritik an dieser Reform formulierte. *Jeschurun* richtete sich an eine ›familiäre‹ Leserschaft und versuchte, die Juden vom Wert traditioneller Glaubensvorstellungen und Rituale zu überzeugen. Unter dem Titel »Ansprache eines nüchternen Trunkenen in einer Versammlung trunkener Nüchterner, gehalten auf dem großen Marktplatze zwischen dem

---

64 Jerome Rothenberg, »The Noble«, aus seinem Werk *A Book of Writings*, New York 1974, S. 45. Ein Teil des literarischen Bildes des Ostjuden zumindest in der polnischen Literatur ist seine Rolle als Kneipenwirt, der die Bauern anstiftet, sich zu betrinken, um sie auszubeuten. Vgl. Magdalena M. Opalski, The Jewish Tavern-Keeper and His Tavern in Nineteenth Century Polish Literature, Jerusalem 1986.

Rheine und der Oder am Purim 5617« beschwört der Autor (vielleicht Hirsch selbst) nostalgisch die verlorene Welt von Purim herauf.[65] Er beklagt die Tatsache, dass die Juden es aufgegeben haben, einen Feiertag zu begehen, der ihnen zu Zeiten ihrer Großväter so viel bedeutet hatte, als sie durch die offiziellen Verordnungen vom Rest der Welt abgeschnitten waren. An Purim schallte »[a]us allen Häusern [...] der Jubel« und »der bunte Maskenschwarm füllte die Straße«.[66] Als die Nicht-Juden neidisch fragten, was los sei, wurde ihnen gesagt: »Die Juden haben Fasching«.[67] All diese Sehnsucht nach einer verschwundenen, freieren Vergangenheit wird in Form eines Monologs von einem nüchternen Betrunkenen ausgedrückt, der in die »trunken-nüchternen Augen« seines Publikums blickt.[68] Purim wird aus dieser Perspektive zum verlorenen Ort jüdischer Fröhlichkeit – nicht des Exzesses.

Der Autor fährt fort mit dem Sprichwort »Fieber ist keine Krankheit, Purim ist kein Festtag.«[69] Das wird normalerweise so aufgefasst, dass Purim nicht als Tag der Feier, sondern als Aufforderung für einen Akt des Erinnerns und der Einsicht verstanden werden soll. Der Autor weicht hier von der üblichen Bedeutung ab, indem er im »Fieber« genau diese Tiefe sieht. Er beginnt seine Argumentation im Stil einer klassischen Sprichwortpredigt der Protestanten (mit einem Sprichwort anstelle eines Bibelzitats als Ausgangstext) und distanziert sich von der wörtlichen Interpretation des Sprichworts: »Beim Fieber stellt sich ein starker Durst nach kühlendem Wasser ein, am Purim ein starkes Verlangen nach kühlem Wein, könnte ich Euch sagen, wollt' ich Euch nur einfach abweisen.«[70] Diese Anspielung auf den Rausch wird sofort als oberflächlich abgetan, denn seine Absicht ist es, zu zeigen, dass, genauso wie das Fieber »in das goldene Land der Phantasien« führt, Purim der Weg »in das schöne Reich der heitern Sorglosigkeit« ist.[71] So sieht er die Welt von Purim. Das »Fieber« befreit also von den Sorgen des Alltags und bietet den Menschen eine Traumerfahrung

65   Anonym, »Ansprache eines nüchternen Trunkenen in einer Versammlung trunkener Nüchterner, gehalten auf dem großen Marktplatze zwischen dem Rheine und der Oder am Purim 5617«, in: Jeschurun, 3 (1857) Heft 7, S. 377-382. Vgl. dazu Robert Liberles, Religious Conflict in Social Context: The Resurgence of Orthodox Judaism in Frankfurt am Main, 1838-1877, Westport, CN, 1985.
66   »Ansprache eines nüchternen Trunkenen« (Anm. 65), S. 377.
67   Ebd.
68   Ebd.
69   Ebd., S. 378.
70   Ebd.
71   Ebd.

durch die Halluzinationen bei erhöhter Temperatur. Purim ist der blaue Himmel, der am Horizont erscheint, wenn das Gewitter auf hoher See vorüber ist: »ein solcher milder West nach dem Sturme ist der Purim«.[72] Um die Notwendigkeit des Purimfestes zu verdeutlichen, setzt der Autor die ganze Kraft von Metaphern ein, die für das Überleben und eine Ruhepause stehen. Denn er ist überzeugt davon, dass für seine Zuhörerschaft von Juden aus der Mitte des 19. Jahrhunderts solche Gefahren, wie sie in der Geschichte von Esther dargestellt werden, vorüber zu sein scheinen. Das Fieber ist verflogen, und »dann vergeßt Ihr des Arztes, der Euch den heilenden Chinatrank gereicht«.[73] Nicht der Alkohol, sondern der Tee hat das »Fieber« geheilt, das die Gefahren symbolisierte, denen die Juden ausgesetzt waren. Um 1850 war der Tee zu einem bürgerlichen Getränk geworden, das als gesund und entspannend galt. Die Juden haben die Bedrohungen der Vergangenheit vergessen und sind jetzt »bethörte Trunkene, trunken von einigen Augenblicken der lang ersehnten Ruhe«.[74] Jedoch, warnt der Prediger, »trübe gestaltet sich des Juden Horizont. Das deutsche Klima konnte selbst mit der lauen Temperatur eines schönen Frühlingstages sich nicht vereinigen und schon hängen gewitterschwangere Wolken am Himmel.«[75]

Die gescheiterte Revolution von 1848 und das Streben nach einer »großdeutschen Lösung« markierten den Beginn einer für die Juden möglicherweise gefährlichen Epoche, vergleichbar mit der Absicht Persiens, »alle Juden und alles Jüdische zu vernichten«.[76] Denjenigen, die sich jetzt an dem Gefühl der verschwundenen Bedrohung berauschen, empfiehlt der Autor, sie sollten sich an das Vorbild von Mordechai erinnern, der sich nie davor scheute, Jude zu sein und den Feinden der Juden entgegenzutreten. Das ist die neue Lektion von Purim.

Im Jahre 1857 wurde Purim, zumindest in der Wahrnehmung der Deutschen, nicht mehr mit Trunkenheit assoziiert, nicht einmal mehr in neoorthodoxen Kreisen. Die negative Bewertung des Rausches blieb jedoch unabhängig davon bestehen und diente dazu, auf metaphorische Weise ausgerechnet diejenigen zu kritisieren, die den Vorstellungen von Aufklärern wie David Friedländer gefolgt waren. Als neue Betrunkene galten nun die von ihrem Freiheitsgefühl Berauschten, einer Freiheit, die vom

72 Ebd., S. 379.
73 Ebd., S. 380.
74 Ebd., S. 381.
75 Ebd.
76 Ebd.

aufklärerischen Ideal der Gleichheit aller Menschen bei einheitlichem Verhalten in der Öffentlichkeit versprochen worden war. Im Jahre 1887 präsentierte *Jeschurun* eine weitere Lesart von Purim, in der wiederum die politischen Implikationen für die Gegenwart deutlich ausgesprochen wurden.[77] Dass Juden, die in einem Staat glücklich und gut integriert sind, in Gefahr für Leib und Leben geraten können, wenn sie den Mächtigen missfallen, wird als Warnung vor der aktuellen Lage der Juden in Deutschland verstanden. Wenn jedoch 1887 von der Welt des Purimfestes die Rede ist, werden die Trunkenheit oder der Rausch gar nicht mehr erwähnt, egal ob als Metapher oder als angebliche Tatsache. Purim wird nicht mehr damit assoziiert.

Tatsächlich scheint Purim gegen Ende des 19. Jahrhunderts zwei völlig akzeptable Funktionen im kulturellen Gedächtnis der Juden erworben zu haben. Zum einen wird es als Fest gesehen, das einen Wendepunkt in der jüdischen Geschichte markiert. So verfassen sowohl Heinrich Graetz als auch Moritz Steinschneider historische Berichte über Purim, in denen der Exzess nur im Hinblick auf seine Rolle im früheren jüdischen Ritual erwähnt wird.[78] In der *Jewish Encyclopedia*, die die Glaubensvorstellungen der Jahrhundertwende dokumentiert, wird Steinschneider wie folgt zitiert:

[W]ährend die Juden schon immer für ihre Enthaltsamkeit beim Gebrauch von Rauschmitteln bekannt waren, wurde das Trinken an Purim sozusagen erlaubt, um dem Gebot nachzukommen, das in dem auf Purim angewandten biblischen Begriff »mischteh« (trinken) zu liegen schien [...]. Es ist nicht verwunderlich, dass an Purim alle Arten von Frohsinn, die oft an Frivolität grenzten, gepflegt wurden, so dass es unter

---

77 Anonym, »Die Bedeutung des Purimfestes«, in: Jeschurun 20 (1887), S. 145-147. Dies ist nur einer von vielen derartigen Beiträgen. Vgl. auch den anonym veröffentlichten Artikel »Zum Purimfeste«, in: Jeschurun 19 (1886), S. 161-163, und das Gedicht in modernem Hebräisch von Elias Plessner, »Le-purim!«, in: Jeschurun 20 (1887), S. 153.

78 Heinrich Graetz, »Der historische Hintergrund und die Abfassungszeit des Buches Esther und der Ursprung des Purim-Festes«, in: Monatsschrift für Geschichte und Wissenschaft des Judentums 35 (1886), S. 425-442, 473-503, 521-542, sowie Moritz Steinschneider, »Purim und Parodie«, in: Monatsschrift für Geschichte und Wissenschaft des Judentums 46 (1902), S. 275-280, 372-376, 473-478, 567-582; 47 (1903), S. 84-89, 169-180, 279-286, 360-370, 468-474; 48 (1904), S. 242-247, 504-509. Vgl. auch Max Steif, »Die Purimfeier in historischer Beleuchtung«, in: Ost und West 5 (1905), S. 171-180, und die Illustrationen zu »Purim-Maskenball bei den portugiesischen Juden in Holland im siebzehnten Jahrhundert«, in: Ost und West 5 (1905), S. 171 f.

der Bevölkerung zu einer allgemeinen Regel wurde, dass »an Purim alles erlaubt ist«.[79]

Alkoholkonsum wurde nunmehr zu einem Phänomen der Vergangenheit, sogar in den ins Deutsche übersetzten Purim-Schilderungen klassischer jiddischer Schriftsteller wie Perez. Seine Erzählung mit dem Titel »Das ganze Jahr betrunken und am Purim nüchtern« spielt in einer fernen jüdischen Vergangenheit, wie sie sich ›moderne‹ Juden vorstellen.[80]

Zum anderen wird das neu begründete Purimfest zu einem zentralen Anlass für frühe zionistische Berichte über antisemitische Aktivitäten und, was ebenso wichtig ist, für zionistische Versammlungen zur Bekämpfung solcher Umtriebe. Die zionistische Zeitung *Die Welt* besitzt ab ihrer Gründung im Jahr 1898 eine regelmäßige Kolumne, in der solche ›Purim-Aktivitäten‹ verzeichnet sind. Zu den Rednern, die (im Jahr 1900) auf einem Treffen in Dresden sprachen, gehörte Martin Buber, dessen spätere Erzählungen über die Welt des chassidischen Judentums sowohl auf Magie als auch auf Exzesse verzichten sollten.[81] Für *Die Welt* verfasste er 1901 das Gedicht »Ein Purim-Prolog«. Darin nennt er Purim »ein froh bescheid'nes Fest«, »ein Fest des Frohsinns und der Farben«, ein »Fest der herzlich warmen Händedrücke«.[82] (Das ist nur eine Auswahl weniger Worte aus den vielen und etwas mechanisch gereimten Versen dieses Gedichts.) Purim ist für ihn ein Fest der »Volksfreude«, der »Freude des Befreiten«, das auf die Feier des Pessachfestes und den Auszug der Juden aus Ägypten verweist. Purim ist das Vorbild für den zionistischen Traum von der Befreiung von der Verfolgung. Buber spottet über die jüngste deutschnationale Vereinnahmung von Purim als Erfüllung des aufklärerischen Akkulturationsversprechens, denn er verfasste seinen Prolog als Antwort auf die im Jahre 1901 erfolgte ›Kolonialisierung‹ von Purim als deutschem Feiertag, genannt »Deutscher Judentag«. Ins Leben gerufen auf Anregung des Historikers Martin Philippson, des Vorsitzenden des Deutsch-Israelitischen Gemeindebundes sowie des im Folgejahr 1902 maßgeblich durch seine Bemühungen gegründeten Vereins zur Förderung der Wissenschaft des Judenthums sowie des Verbandes der Deutschen Juden, sollte der Deutsche

79 Kaufmann Kohler und Henry Malter, »Purim«, in: The Jewish Encyclopedia, 12 Bde., hier Bd. 7, New York 1901-1906, S. 274-279, hier S. 277.

80 Jizchok Leib Perez, »Das ganze Jahr betrunken und am Purim nüchtern«, übersetzt von Alexander Eliasberg, in: Neue jüdische Monatshefte 1 (1917), S. 317-322.

81 Die Welt 4 (1900), S. 13.

82 Martin Buber, »Ein Purim-Prolog«, in: Die Welt, 5 (1901), Heft 10, S. 10.

Judentag Purim von jeglicher Assoziation mit undeutschen Vorstellungen von Ausschweifungen befreien.[83] Solche Purimfeiern, ohne Exzesse und mit eingeschränktem Alkoholkonsum, wurden von dem Zionisten Max Jungmann als eine Art von jämmerlichem ›Purimspiel‹ verspottet. In seinem Text behauptet die Figur des »Präsidenten der deutschen Judenheit«, dass solche Feiern das deutsche Wesen der Juden zeigen sollen. Der Sprecher in Jungmanns komischem Monolog unterstreicht das: Er zeigt sich besonders gekränkt, als jemand auf diese Behauptungen über die Sittsamkeit des deutschen Judentums ausgerechnet auf Jiddisch antwortet.[84] Auf jeden Fall fügte sich der Feiertagscharakter des Purimfestes nunmehr in den Rahmen der damals gültigen Anstandsregeln ein.

Trotz aller jüdischen Abneigung gegen Trunkenheit und mangelndes Benehmen geistert das Bild des betrunkenen Juden zu diesem Zeitpunkt immer noch in den Köpfen christlicher Antisemiten herum. Oskar Panizzas (1853-1921) oft zitierte Erzählung »Der operirte Jud'« aus dem Jahr 1893 präsentiert die Geschichte eines Juden, Itzig Faitel Stern, der sowohl seinen Körper durch kosmetische Chirurgie als auch seine Manieren und seine Sprache durch Erziehung verändern lässt. Bei seiner Hochzeit mit einer Nicht-Jüdin wird er völlig betrunken und all sein gutes Benehmen verschwindet, während sein Körper seine ›essenziell‹ jüdische Natur wiederherstellt und den missgestalteten Juden in sich offenbart. Der Alkoholkonsum ist der Auslöser für sein Verderben. Das bedeutet – in einer schmerzlichen Anlehnung an Kant –, dass der Jude den Alkohol meiden muss, weil dieser seiner ahnungslosen nichtjüdischen Umgebung seine wahre Natur offenbaren würde. Dahinter steht die Rhetorik eines Antisemiten, dessen Werk die schlimmsten Auswüchse des beginnenden politischen Antisemitismus in Deutschland erahnen lässt. Ernst genommen wurde es damals jedoch nicht, sondern nur als eine Manifestation antisemitischer Übertreibung betrachtet, wie der deutsche Philosoph Salomo Friedländer 1922 in seiner unter dem Pseudonym Mynona veröffentlichten Parodie *Der operierte Goj* feststellte.[85]

---

83 Vgl. Purim-Feier: Mittwoch, den 13. We-Adar 5660 [14. März 1900], veranstaltet von den national-jüdischen Vereinen Berlins, Berlin 1900; Arthur Kahn, Der Judentag, Bonn 1900, und Max I. Bodenheimer, Der Zionismus in Deutschland und der Judentag, Köln o.J. [1901].

84 Max Jungmann, »Der deutsche Judentag«, in: Die Welt, 5 (1901), Heft 10, S. 10 f.

85 Vgl. Jack Zipes (Hrsg. und Übersetzer), The Operated Jew: Two Tales of Anti-Semitism, New York 1991.

Doch zu diesem Zeitpunkt kommt es für die seriöse medizinische Forschung nicht mehr infrage, in der westlichen Welt akkulturierte Juden mit Rauschzuständen in Verbindung zu bringen. In seinem Standardwerk über die Krankheiten der Juden unter besonderer Berücksichtigung des Alkoholismus äußert Hugo Hoppe eine damals als Gemeinplatz geltende Auffassung:

> Diese Mäßigkeit findet ja ihren deutlichsten Ausdruck in der statistischen Tatsache, daß der Alkoholismus bei den Juden so gut wie unbekannt ist. In dem großen Heere der Trinker, welches unsere Krankenhäuser, unsere Trinkerasyle, unsere Irrenanstalten, unsere Armenhäuser, unsere Korrektions- und Strafanstalten bevölkert, trifft man nur selten auf einen Juden. Ein Delirium tremens, eine akute Alkoholvergiftung, ein Selbstmord infolge von Trunk ist bei den Juden unerhört.[86]

Da allgemein geglaubt würde, dass Juden einen viel höheren Prozentsatz an Geisteskrankheiten aufwiesen, von denen man annahm, dass sie zum Trinken prädisponierten, war es zumindest für Hoppe klar, dass die jüdische Immunität gegen Alkoholismus eher erblich als kulturell bedingt sein musste. Die Beobachtung dieser ›Tatsache‹ erfolgte in dem Moment, in dem in Deutschland der Alkohol aus der öffentlichen Diskussion über Purim verschwand. Vom Vorwurf des mangelnden Anstands befreit, waren die Juden gleichzeitig mit der körperlichen und geistigen Gesundheit gesegnet, gerade weil sie nicht Alkoholiker waren. Ihre Gesundheit verlieh ihnen die Mäßigung. In einer Zeit, in der Alkoholismus als eine der Hauptursachen für soziale Konflikte und körperlichen Verfall galt, war dies kein geringes Privileg. Aber dieser Vorteil war gesellschaftlich bedingt und beruhte nicht auf einer biologischen Definition der »Juden«, die heute noch Gültigkeit haben könnte.

Man kann hinzufügen, dass unter orthodoxen Juden die Frage nach Purim und Alkohol wieder von neuem gestellt wird, als Teil einer amerikanischen Besorgnis über Drogen und den Mangel an sozialem Anstand unter den Jugendlichen. Moshe Werzberger, ein praktizierender Internist in Brooklyn, NY, und ehemaliger Vorsitzender der Notfallmedizin am Brookdale University Hospital, bemerkte hierzu erst kürzlich:

---

86 Hugo Hoppe, Krankheiten und Sterblichkeit bei Juden und Nichtjuden mit besonderer Berücksichtigung der Alkoholfrage, Berlin 1903, S. 43 f.

Als ich am Schabbos[87] mit dem Auto unterwegs war und einen betrunkenen, nicht ansprechbaren Teenager, der Blut erbrach, in die Notaufnahme brachte, wurde mir die Absurdität der Situation schmerzlich bewusst. Hier war ein junger Schüler, der sich zusammen mit einigen Freunden bei einem Oneg Schabbos[88] leichtfertig so sehr betrunken hatte, dass er dadurch sein Leben in Gefahr gebracht hatte. Trotzdem erlauben wir unseren Kindern an Purim uneingeschränkten Zugang zu Alkohol und riskieren damit ihren Tod.

Ein nicht mehr reagierender, alkoholisierter Patient benötigt etwa neun Stunden, um wieder nüchtern zu werden. Während dieser Zeit der Benommenheit, Lethargie und verminderten Reflexe ist der Patient in Gefahr. Er kann die Kontrolle über seine Atemwege verlieren, sich erbrechen, ersticken und – Gott bewahre – sogar sterben. Er kann einen Schlaganfall bekommen oder unter unregelmäßigem Herzschlag leiden. Wenn jemand daran gewöhnt ist, regelmäßig Alkohol zu trinken, kann er einen sehr viel höheren Alkoholspiegel erreichen, was dazu führen kann, dass er ins Koma fällt oder sogar an einer unmittelbaren Alkoholvergiftung stirbt.

Es ist an der Zeit, den Alkoholkonsum in unserer Gemeinschaft neu zu bewerten. Es ist unübersehbar, dass wir viel mehr trinken als die Generation unserer Eltern, und unsere Kinder trinken mehr als wir. Wir befinden uns im Zeitalter der »Risikokinder«. Erkennt denn niemand den offensichtlichen Zusammenhang zwischen dem übermäßigen Alkoholkonsum unserer Jugendlichen und der noch nie dagewesenen Zahl von Kindern, die illegale und gefährliche Drogen nehmen?

Als Juden wurde uns das Geschenk einer Lebensweise nach der Tora gemacht. Noachs Sohn Sem wurde gesegnet, weil er sich würdevoll verhielt, als sein Vater betrunken war. Ham hingegen wurde wegen seiner unangemessenen Reaktion auf diese Situation verflucht. Bisher wurden die Juden immer für ihre Nüchternheit bewundert. Die Tora lehrt uns, wie wir den Gebrauch von Alkohol durch die Beachtung der Gebote anständig gestalten können, z.B. Kiddusch am Schabbos, die vier Becher beim Seder, Hochzeitszeremonien und Beschneidungen. Diese Anlässe bieten den richtigen Rahmen für den Konsum von Alkohol.

---

87 »Schabbos« ist die aschkenasisch-hebräische Aussprache von »Schabbat«, eingedeutscht »Sabbat« (Anmerkung des Übersetzers).
88 Ein geselliges Beisammensein während des Schabbats (Anmerkung des Übersetzers).

Eines der Gebote an Purim ist das Trinken. Aber wie viel muss man trinken, um seine Pflicht zu erfüllen, gibt es eine Grenze? Wie kann es sein, dass Gott von uns verlangt, unser Leben und das Leben anderer zu gefährden, um unsere Pflicht an Purim zu erfüllen? Nach der Halacha ist die richtige Art und Weise, Purim zu feiern, die folgende. Das Gebot des Trinkens wird nur mit Wein erfüllt. Daher sollte an Purim überhaupt kein Bier oder Schnaps getrunken werden. Außerdem gilt dieses Gebot nur für die Purim-Mahlzeit am Tag. Solche Mengen an Wein, die zu einem Rauschzustand und unangemessenem Verhalten führen, sollten an Purim nicht getrunken werden.«[89]

Im modernen Gewand der Rhetorik des US-amerikanischen »Kriegs gegen Drogen« setzt der Autor Alkohol- und Kokainkonsum gleich. Doch diese Sichtweise ist in Wirklichkeit nicht weit entfernt von jener der aufklärerischen Kritiker des Purimfestes und der jüdischen Exzesse.

Der Islam, der dem Alkohol und den Drogen völlig abschwört, scheint jenseits der Probleme der jüdischen Abstinenz zu liegen. In der Diskussion über den Multikulturalismus stellt sich jedoch die umfassendere Frage des gesitteten Verhaltens immer wieder, wie wir noch sehen werden. Sowohl das Verständnis von Komik als auch der Alkoholkonsum sind Gradmesser für die Integration des als stereotypes Abstraktum wahrgenommenen »Juden« in die westliche Gesellschaft. Die Frage des Anstands ist präsent ganz zu Beginn der Entstehung des Konzepts der ›ethnischen‹ Kultur rund um die Figur des Juden in den theoretischen Diskussionen des späten 19. und frühen 20. Jahrhunderts. Darüber hinaus liegt sie der Bedeutung zugrunde, die dem Konstrukt des Juden zugeschrieben wird, wie in der Debatte über Ethnizität und Multikulturalismus zu Beginn des 20. Jahrhunderts sichtbar wird. Diese Problematik beeinflusst auch unsere heutigen Fantasien von jüdischer Differenz.

89 http://www.orthodoxcaucus.org/projects/rove/werzberger.htm (aufgerufen am 21. 2. 2022).

Hebräerphobie und »Judenfrage«

Im Februar 1848 war es kalt und nass; es war einer der feuchtesten Februare in England und Wales, an die man sich erinnern konnte. Das Parlament tagte am Abend des 7. Februar 1848, und keines seiner Mitglieder konnte sich der Feuchtigkeit, der Kälte und dem üblen »Großen Gestank« der Themse entziehen. Denn der Fluss war zur

öffentlichen Kloake Londons [geworden] – zum Empfänger aller Exkremente von Menschen und Tieren; von toten Katzen, Hunden, Ratten und einer Menge anderen Ungeziefers; des Schmutzes und der Abfälle vieler hundert Manufakturen; der weggeworfenen und bereits verfaulenden tierischen und pflanzlichen Substanzen von den Marktplätzen; sowie außerdem der fauligen und blutigen Flüssigkeit, die von Schlachthäusern, Tierenthäutern und Zubereitern von Kutteln stammte.[1]

Der von Charles Barry entworfene und damals erst halbfertige neue Palace of Westminster (der Sitz des britischen Parlaments) stand traurig daneben. In dem Bauwerk waren die Witterung und der Gestank oftmals bemerkbar, und die Abgeordneten litten darunter bei jeder Sitzung.

Zwei Themen standen zur Debatte, die scheinbar nichts miteinander zu tun hatten. Das erste war die fortwährende Katastrophe der irischen Hungersnot, die 1845 begonnen hatte und von Tag zu Tag dramatischer wurde. Ihr Auslöser war die ganz Europa heimsuchende Kartoffelfäule in den frühen 1840er Jahren gewesen, die sich jedoch in Irland durch eine Vielzahl von Faktoren verschlimmerte, angefangen bei der übermäßigen Abhängigkeit der Iren von dieser Feldfrucht bis hin zur britischen Agrarpolitik und den berüchtigten Corn Laws, die die Einfuhr von Getreide zur Linderung der Hungersnot einschränkten. Das zweite Thema war durch den Sieg des Bankiers Lionel de Rothschild im Jahr 1847 im Wahlbezirk City of London auf die Tagesordnung gekommen. Rothschild, ein praktizierender Jude, weigerte sich, den Eid abzulegen, bei dem er hätte erklären müssen: »Ich schwöre dies bei meinem wahren christlichen Glauben.« Der Chef der liberalen Whigs, Lord John Russell, brachte nach der Wahl das

---

1 Augustus Bozzi Granville, The Great London Question of the Day; or Can Thames Sewage be Converted into Gold?, London 1865, S. 76.

»Jews Relief Act« (auch »Jewish Disabilities Bill« genannt) ein, ein Gesetz, das Ausnahmen für Juden vorsah, um Rothschild die Ablegung des Eids ohne diesen Passus zu ermöglichen.

Die Debatte über die irische Hungersnot konzentrierte sich auf die vermeintliche Untätigkeit der Regierung, das Leid zu lindern, das so extrem geworden war, dass es zum bestimmenden Faktor für irische Politiker wurde. John O'Connell, der Abgeordnete für Limmerick, der nicht im Plenum anwesend war, bat die Regierung über einen Kollegen um eine Antwort auf folgende Frage:

> Ob die Regierung in Anbetracht des enormen und täglich wachsenden Elends in vielen Teilen Irlands, des fast völligen Fehlens von Geld bei den Kleinbauern und Landarbeitern, um Lebensmittel zu kaufen und ihre Familien zu ernähren, und der Unzulänglichkeit des Armengesetzes, etwas gegen die ungeheure Verarmung des Landes zu bewirken, nicht irgendeine Maßnahme parat hat, um mit Hilfe von Lebensmitteln oder Arbeitsplätzen Abhilfe zu schaffen und auf diese Weise die massenhafte Auszehrung und Vernichtung von Menschenleben in den ärmeren Schichten Irlands zu verhindern.[2]

Bevor er die Frage als unbeantwortbar abtat, erklärte der Innenminister Sir George Gray, dass

> die Regierung nicht bereit sei, dem Parlament einen Vorschlag für die Wiederaufnahme der öffentlichen Arbeitsbeschaffungsmaßnahmen oder des Systems, das die öffentlichen Arbeitsbeschaffungsmaßnahmen ersetzte, zu unterbreiten, d. h. des Systems der Versorgung aller mittellosen Armen Irlands mit Hilfe von Vorschüssen aus öffentlichen Mitteln.

Er behauptete, private Wohltätigkeitsorganisationen unter der Schirmherrschaft der Armengesetze würden diese Aufgabe mehr als ausreichend erfüllen, indem sie sowohl Kinder in Schulen versorgten als auch den Bedürftigen Hilfe leisteten. Ihre Arbeit zeuge »von der deutlichen und täglichen Verbesserung des Zustands der armen, unglücklichen Kinder und von der ermutigenden und wohltuenden Wirkung, die diese Maßnahme auf die Eltern gehabt hat«. Eine der Personen, die maßgeblich zu diesen letzten Endes vergeblichen privaten Bemühungen beitrugen, war Lionel de Roth-

2   96 Parl. Deb., H. C. (1848), Sp. 219 f.

schild, der 1847 an der Gründung der British Relief Association beteiligt gewesen war. Die Realität sah natürlich ganz anders aus als von Sir George Gray beschrieben, denn die bereits im Gange befindliche Hungerkatastrophe würde am Ende eine Million Einwohner Irlands das Leben kosten und etwa ebenso viele ins Ausland treiben.[3] Doch das britische Parlament zeigte zu jenem Zeitpunkt wenig Interesse an dieser Frage, und so geht die moderne irische Nationalidentität auf komplexe Weise auf diese Hungersnot und die zögerliche britische Reaktion darauf zurück, unabhängig davon, dass man üblicherweise auf Oliver Cromwell und die Landnahme in der Mitte des 17. Jahrhunderts als Ursprung der politischen Identität Irlands verweist. Durch die Hungerkrise bildete sich eine irisch-katholische Identität und damit auch eine irische Nationalpolitik heraus, wobei sich Letztere zumindest gegen das anglikanische Großbritannien richtete, wie später im Rückblick erkannt wurde. Anne Kane bemerkte hierzu, dass

die Herausbildung des katholischen Nationalbewusstseins der Iren durch die von 1845 bis 1849 während Hungerkatastrophe gefördert wurde. [...] Die religiöse Zugehörigkeit wurde immer mehr zu einem Ersatz für die nationale Identität als wirksamer Antrieb für die Solidarität innerhalb der Gemeinschaft.[4]

Im Parlament schien es an jenem Abend jedoch kaum um derartiges Sektierertum zu gehen.

Die irischen Abgeordneten, sowohl die Mitglieder der anglikanischen Church of Ireland als auch die Katholiken, hatten ihre Plätze einnehmen können, weil der 1829 verabschiedete Catholic Relief Act es den Katholiken erlaubt hatte, den Amtseid im Parlament abzulegen und dort neben ihren protestantischen Kollegen Einzug zu halten. Den Quäkern und anderen Nonkonformisten war es schon früher gestattet worden, ihren Eid zu »beteuern«, anstatt ihn zu »schwören«. Das Parlament hatte sich von einer anglikanischen erst zu einer protestantischen und dann zu einer christlichen Institution entwickelt. Die Juden mussten jedoch weiterhin einen christlichen Eid ablegen. Der spätere konservative Premierminister Benjamin

---

3 Cormac Ó Gráda, Black '47 and Beyond: The Great Irish Famine in History, Economy, and Memory, Princeton 2000.

4 Claire Mitchell, Religion, Identity and Politics in Northern Ireland: Boundaries of Belonging and Belief, Burlington, VT, 2006, S. 74. Vgl. auch Anne Kane, Constructing Irish National Identity: Discourse and Ritual during the Land War, 1879-1882, New York 2012.

Disraeli war zwar von Geburt an Jude, wurde aber mit 12 Jahren Anglikaner, als sein Vater mit der jüdischen Gemeinde von London brach und konvertierte. Als Disraeli 1837 in das Parlament einzog, konnte er den üblichen Eid daher ohne religiöse Bedenken ablegen. Lionel de Rothschild, ein Bankier aus der Londoner City, war im Gegensatz zu Disraeli praktizierender Jude und weigerte sich, den geforderten Eid so zu leisten, wie er ihm vorgegeben wurde.[5] Rothschild, der mit seinem Reichtum viele Unternehmungen des britischen Empires unter der Herrschaft Victorias finanzierte, wurde zusammen mit dem liberalen Whig-Premierminister Lord John Russell aus dem City-Distrikt in das Parlament gewählt. Um seinem jüdischen Mitbürger die Möglichkeit zu geben, seinen Sitz einzunehmen und das Problem des Eides zu beseitigen, führte Russell den Jewish Disabilities Act ein. Russell war laut einem Historiker »mehr an der Beseitigung von Hindernissen für die bürgerliche Freiheit interessiert als an der Schaffung einer vernünftigeren und zivilisierteren Gesellschaft«, und die erwähnte Maßnahme lag genau auf dieser Linie.[6] Der Rest des Abends des 7. Februar 1848 wurde mit der Debatte über dieses Gesetz verbracht, in dem es nicht, wie zu Beginn der Aussprache behauptet, um die Religionsfreiheit in Großbritannien ging, sondern um die spezifische Forderung, die Mitglieder des Parlaments müssten sich zu bestimmten christlichen Überzeugungen bekennen.

Nach Mitternacht erhob sich der neunte Redner, um über die Maßnahme zu diskutieren. Es war Richard Lalor Sheil, ein Abgeordneter der Whigs für Tipperary (bis 1841) und dann für Dungarvan, der seit 1831 im Unterhaus saß.[7] Seine Jungfernrede hatte er anlässlich der zweiten Lesung des Ersten Reformgesetzes von 1832 gehalten, mit dem das Wahlrecht und die Zusammensetzung des Unterhauses grundlegend erneuert wurden. Sheil stammte aus einer sehr wohlhabenden katholischen Familie mit Verbindungen zum Kontinent und heiratete später eine reiche Witwe, sodass er

5   David Francis Kessler, »The Rothschilds and Disraeli in Buckinghamshire«, in: Jewish Historical Studies 29 (1988), S. 231-252.

6   E. Llewellyn Woodward, The Age of Reform, 1815-1870, Oxford History of England, Oxford 1962, S. 95.

7   James Walsh, »Richard Lalor Sheil«, in: Decies 62 (2006), S. 95-117. Zum allgemeinen Hintergrund vgl. George Bornstein, The Colors of Zion: Blacks, Jews, and Irish from 1845 to 1945, Cambridge, MA, 2011; Matthew Frye Jacobsen, Special Sorrows: The Diasporic Imagination of Irish, Polish and Jewish Immigrants in the United States, Berkeley 2002; Rory Miller, Ireland and the Palestine Question, Dublin 2005; Cormac Ó Grada, Jewish Ireland in the Age of Joyce: A Socioeconomic History, Princeton 2006.

Hebräerphobie und »Judenfrage«

sowohl weltoffen als auch finanziell unabhängig war. Er hatte am Trinity College in Dublin studiert und war einer der irischen Anhänger, die Daniel O'Connell (»The Emancipator«) nach London begleitet hatten, um dort gegen die Unterdrückung der Catholic Association zu protestieren, zu deren Gründungsmitgliedern er gehörte; er unterstützte O'Connell, bis die katholische Emanzipation im Jahr 1829 gewährt wurde.[8] Er war auch einer der führenden anglo-irischen Dramatiker seiner Zeit, was im bestimmten Maße die rhetorische Gewandtheit seiner öffentlichen Äußerungen erklärt.[9] Auf seine Zeitgenossen wirkte er allerdings unscheinbar, da er nur knapp über eineinhalb Meter groß war. Die *Illustrated London News* beschrieb ihn als »little Lalor Sheil« (Abb. 5),

einer der bemerkenswertesten Männer seiner Zeit – scharfsinnig, klug, umtriebig, ehrgeizig, eloquent, gescheit und ebenso lebhaft interessiert an seinen eigenen Belangen wie an denen seines Landes und seiner Verwandten, seiner Familie und seiner Freunde.[10]

Er galt als einer der größten irischen Redner seiner Zeit, obwohl er, wie ein zeitgenössisches Mitglied des Parlaments bemerkte, einen »›abscheulichen‹ irischen Akzent hatte, was bedeutete, dass ›es nicht angenehm war, ihm zuzuhören‹.«[11] William Gladstone formulierte sein Urteil über Sheil etwas eleganter und verglich dessen Stimme mit

---

8 A Collection of Speeches spoken by Daniel O'Connell, Esq. and Richard Sheil, Esq. on subjects connected with the Catholic question, Dublin 1828.

9 Claire Connolly, »Irish Romanticism, 1800-1839«, in: Cambridge History of Irish Literature, Bd. 1, hrsg. von Margaret Kelleher und Philip O'Leary, Cambridge 2006, S. 407-448: »Der bedeutendste irische Beitrag zum Legitimistendrama stammt von Richard Lalor Sheil (1791-1851). Man kann Sheil einordnen in den größeren europäischen Rahmen von Bestrebungen, die Mittel des tragischen Schauspiels anzupassen an eine Reihe von Nationalkulturen: Schriftsteller aus Deutschland, Italien, Frankreich, Polen und natürlich auch England versuchten alle, wie Jeffrey N. Cox es formulierte, ›das Tragische neu zu definieren und die Bühne zu erneuern‹.« Vgl. auch Claire Connolly, »Theater and Nation in Irish Romanticism: The Tragic Dramas of Charles Robert Maturin and Richard Lalor Sheil«, in: Éire-Ireland: An Interdisciplinary Journal of Irish Studies, 41 (2006), S. 185-214.

10 »Popular Portraits – No. XVIII«, in: Illustrated London News, 22. 10. 1842, S. 381.

11 Maurice Frederick Fitzhardinge Berkeley an Charles Hyett, 25. Juni 1831, Glos. RO, Hyett mss D6/F32/13, zitiert nach »SHEIL, Richard Lelor«, The History of Parliament, http://www.historyofparliamentonline.org/volume/1820-1832/member/sheil-richard-1791-1851#footnote1_pm8fp06 (aufgerufen am 20. 2. 2021).

RICHARD LALOR SHEIL, M.P.

Abb. 5: Richard Lalor Sheil:
Popular Portraits – No. XVIII,
1842.

einem Blechkessel, der hin und her geschleudert wird und erst gegen die
eine und dann gegen die andere Seite stößt. Sein Aussehen und sein
Auftreten besaßen einen eigentümlichen Charakter, eine Art Halbwild-
heit; seine ganze Gestalt, seine Art zu sprechen, seine Stimme und seine
Inhalte waren so perfekt aufeinander abgestimmt, dass sie im Parlament
ein großartiges Gesamtbild ergaben.[12]

Außerdem äußerte Gladstone, Sheil sei »ein großer Redner gewesen, ein
Redner mit sehr guter Vorbereitung, die er in seine Worte übertrug, mit
einer sehr lebhaften Vorstellungskraft, einer enormen Sprachgewalt und
starken Gefühlen«. George W. E. Russell vermerkte in seinen Memoiren:

Sheil war sehr klein und von mäßiger Ausstrahlung, mit einem seltsam
zappeligen Gehabe, einer schrillen Stimme und einem unverständlich
schnellen Vortrag. Aber an schierer Schönheit der ausgefeilten Diktion
konnte ihn weder O'Connell noch sonst jemand übertreffen.[13]

12   Justin McCarthy, A History of our Own Times, Bd. 1, New York/London 1901,
     S. 34 f.
13   G. W. E. Russell, Collections & Recollections, überarbeitete Ausgabe, London 1899,
     S. 133. Vgl. auch W. T. McCullagh, Memoirs of the Rt. Hon. R. L. Sheil, 2 Bde.,
     London 1855.

Hebräerphobie und »Judenfrage«

Auffallend an all diesen Kommentaren sind die Umschreibungen (»Halb-wildheit«, »schrill«), die Sheil als dem Wesen nach irisch brandmarkten, zumindest in den Ohren seiner englischen Zuhörer. Und »irisch« be-deutete in Sheils Fall vor allem »katholisch«, zu einem Zeitpunkt in der irischen Geschichte, als sich diese beiden Identitäten miteinander zu über-schneiden begannen.

Sheils Rede an jenem Abend entsprach nicht im Geringsten den Rat-schlägen, die er Disraeli nach dessen katastrophaler Antrittsrede im Dezem-ber 1837 gegeben hatte, als dieser sich in der Frage der Besetzung der irischen Abgeordnetenplätze gegen O'Connell wandte und dafür vom Plenum ausgelacht wurde:

Sie haben dem Parlament bereits bewiesen, dass Sie eine gute Stimme besitzen, dass Sie über Sprachbeherrschung, Mut, Temperament und Schlagfertigkeit verfügen. Jetzt sollten Sie Ihr Ingenium für die Dauer einer Sitzung beiseitelassen. [...] Seien Sie sehr ruhig. Versuchen Sie, langweilig zu sein, argumentieren und folgern Sie nur unvollkommen, denn wenn Sie mit Präzision sprechen, werden alle denken, dass Sie ver-suchen, geistreich zu sein.[14]

Disraeli hörte auf ihn und konnte dadurch diese nicht nur persönliche, sondern auch politische Katastrophe entschärfen. Disraelis Problem war aber nicht allein durch den Ton seiner Rede verursacht worden, sondern auch durch die Tatsache, dass er mit sehr langem, gelocktem Haar und im hellgrünen Gehrock eines Dandys vor dem Parlament erschienen war. Sheil wusste, wie wichtig die äußere Erscheinung war; ihm war klar, dass Disraeli seinen Akzent, der ihn unvermeidlich als Iren preisgab, nicht ablegen konnte, aber er war der Auffassung, dass dieser seine Kleidung und seine Redeweise ändern konnte, so wie er (oder zumindest sein Vater für ihn) zuvor seine Religion gewechselt hatte.

Das Zusammenwirken dieser beiden Männer erreichte in jener Februar-nacht seinen Höhepunkt. Disraeli unterstützte den Gesetzentwurf zur Judenemanzipation, obwohl seine Partei, die in der Opposition sitzenden Tories, sich eindeutig dagegen positioniert hatte. Die Rede, die Sheil am Abend des 7. Februar 1848 hielt, war außergewöhnlich präzise und geist-reich, und sie war sowohl wegen als auch trotz seines irischen Akzents

14 Anonym, »Disraeli's Maiden Speech«, in: The Jewish Messenger, 30. 8. 1901, S. 7.

äußerst wirkungsvoll. Sein Beitrag zur Debatte wurde zu einem Meilenstein der parlamentarischen Redekunst.[15]

Sheil begann damit, religiöse Zugehörigkeit und nationale Identität auszudifferenzieren, was ein zentrales Axiom der aufklärerischen Diskussion über den Charakter der Juden gewesen war. Und, das sei noch einmal unterstrichen, aufgrund der Hungersnot auch ein Teil der zu diesem Zeitpunkt im Gange befindlichen Veränderungen in der Definition des »Irischen«, wie von Oliver Rafferty angemerkt wurde:

> [...] es gab damals die Tendenz, die Hungersnot sowohl aus religiöser wie auch aus politischer und wirtschaftlicher Sicht zu betrachten. In gewissem Sinne ist die Herausbildung einer irisch-katholischen Identität in der Neuzeit vielleicht einzig und allein ein Ergebnis der historischen Erfahrung Irlands im 19. Jahrhundert.[16]

Sheils Rede war einer der letzten Versuche einer Generation irischer Intellektueller, nationale und religiöse Identität, in diesem Fall des britischen Judentums, voneinander zu trennen.

Die Juden, so Sheil, seien keine einzigartige »Nation unter den Nationen« (wie der postkantische idealistische Philosoph J. G. Fichte zu Beginn des Jahrhunderts über sie behauptet hatte), sondern lediglich die Anhänger einer Religion, der einige britische Bürger angehörten. (Sheil verwendet den zeitgenössischen Begriff »englisch«, um auf eine kollektive britische Identität zu verweisen, obwohl die Acts of Union bereits seit 1707 in Kraft waren. »Engländer« war zur Sammelbezeichnung für die Bürger Großbritanniens geworden, die seit 1712 symbolisiert wurden durch John Arbuthnots Figur des »John Bull«.) Für Sheil

> kann ein in England geborener Jude seinem Herrscher und seinem Land nicht seine Loyalität entziehen; würde er in den Dienst einer fremden

---

15 Ab dem Ende des 19. Jahrhunderts wurde seine Rede in vielen Anthologien veröffentlicht, so in: Chauncey Mitchell Depew (Hrsg.), The Library of Oratory, Ancient and Modern: With Critical Studies of the World's Great Orators by Eminent Essayists, Bd. 5, London 1902, S. 439-445, und William Jennings Bryan (Hrsg.), Masterpieces of Eloquence: Famous Orations of Great World Leaders from Early Greece to the Present Time, Bd. 12, New York 1905, S. 4949-4955. Ironischerweise wurde sie nicht aufgenommen in: The Speeches of the Right Honorable Richard Lalor Sheil, M.P with a Memoir, &c., hrsg. von Thomas MacNevin, London 1847.

16 »Introduction«, Irish Catholic Identities, hrsg. von Oliver P. Rafferty, Manchester 2013, S. 11.

Hebräerphobie und »Judenfrage«

Macht treten, die Krieg mit England führt, und würde er dann bewaffnet ergriffen, so würde er als Verräter gelten. Ist ein Jude aber nur deswegen ein Engländer, um verurteilt werden zu können?

Britische Juden seien einfach Briten, denn

> ich kenne keine einzige Verpflichtung, die für andere Engländer gilt und von der ein Jude befreit ist; und wenn seine Religion ihm keine Art von Immunität verleiht, sollte er dadurch auf keine Weise disqualifiziert werden.[17]

Sheil erklärt, dass er genau dieses Argument bereits in den 1820er Jahren beim Kampf um die Emanzipation der *Katholiken* vorgebracht hatte. Es war eine der zentralen Auseinandersetzungen, die das ›katholische Irischsein‹ während und nach der Hungersnot definieren sollten. Für Sheil war die Religion die entscheidende Trennlinie, denn sie war es, nicht der Nationalismus oder die ethnische Zugehörigkeit, die zur Aberkennung der Bürgerrechte für die Iren geführt hatte. Das politische Vorgehen gegen die Katholiken, von der Zeit Königin Elisabeths I. bis Anne Stuarts, war bestimmend für ihre Marginalisierung. (Was das für Sheil in der Praxis bedeutete, ist aber kompliziert, denn er hatte sich 1821 in lautstarker Opposition zu O'Connell dafür eingesetzt, dass das Parlament gegen die Ernennung katholischer Bischöfe ein Veto einlegen durfte, wie es bereits bei anglikanischen Bischöfen der Fall war; für Sheil war das eine Form politischer Loyalität der Katholiken.) An jenem Freitagabend erkannte Sheil in Daniel O'Connell eine frühere Verkörperung von Lionel de Rothschild; der Kampf für die irisch-katholische Emanzipation schien ihm gleichbedeutend zu sein mit den jetzigen Forderungen zugunsten der Juden:

> [...] Wie unzufrieden habe ich ihn [d. h. O'Connell] gesehen über seinen Ausschluss vom Schauplatz der hochrangigen intellektuellen Begegnung in jenen Kategorien, in denen so viele seiner Konkurrenten um den Ruhm bereits aktiv waren, und in die er erst später, mit einer für ihn verletzenden Verzögerung, aufgenommen wurde! [...] Der Jude kommt hierher mit keinen anderen Argumenten als denen, die ihm die Vernunft und die Wahrheit zur Verfügung stellen; aber beide stehen ihm als

---

17 Alle Zitate aus dieser Rede stammen aus 96 Parl. Deb., H.C. (1848), Sp. 220-283, hier 272-278.

Anwälte bei. In dieser Versammlung, in der, wie ich glaube, nicht nur die hohe Intelligenz, sondern auch die hohe moralische Gesinnung Englands vertreten ist, wird sich niemand lange der Vernunft in den Weg stellen wollen, und die Wahrheit wird, wie das Sprichwort sagt, am Ende den Sieg davontragen.

Doch welche Gründe führen die Gegner der Judenemanzipation ins Feld? Vielleicht, dass es etwas völlig anderes ist, ein Jude zu sein als ein Katholik, weil Letzterer ja immerhin Christ ist? Nein, Sheil verweist darauf, dass einige seiner Zuhörer an die Unveränderlichkeit des Juden glauben, an eine spezifisch jüdische Natur. Er jedoch argumentiert, dass der Jude, ebenso wie der irische Katholik, sich nicht seinem Wesen nach von den anderen Menschen unterscheidet und deshalb zu einem Briten werden kann und tatsächlich geworden ist. Anders als Fichte geht Sheil davon aus, dass die nationale Identität immer Vorrang vor der religiösen Identität hat.

Ich weiß, dass es Menschen gibt, die meinen, es gäbe weder einen englischen noch einen französischen noch einen spanischen Juden; ein Jude sei nichts anderes als ein Jude; seine Nationalität, so heißt es, sei durch die Fixierung auf das verheißene Land aufgehoben, und das Hause Jakobs müsse für immer in einem Zustand der Isolation inmitten des fremden Volks verbleiben, von dem es umgeben ist.

Sheils Antwort spiegelt sein Verständnis von der Widerstandsfähigkeit der irischen Identität unter englischer Unterjochung und Verfolgung.

Als Entgegnung auf diese Spitzfindigkeiten berufe ich mich auf die menschliche Natur. Es ist nicht weiter verwunderlich, dass der Jude, als er unterdrückt, ausgeplündert und gebrandmarkt wurde – in einer Gefangenschaft, die schlimmer war als die babylonische –, sich an den Ufern der Themse, der Seine oder der Donau genauso fühlte, wie sich seine Vorfahren an den Wassern des Euphrat gefühlt hatten, und dass der alte Psalm des Exils einen Widerhall in seinem Herzen fand. [...] Das Gefühl, ein Brite zu sein, hat im Herzen des Juden bereits Wurzeln geschlagen, und für die vollständige Entfaltung dieses Gefühls ist nichts erforderlich als vollkommene Gerechtigkeit. Schenken Sie den Trugschlüssen des Fanatismus keine Beachtung. Emanzipieren Sie den Juden – durch immerwährende Tilgung aus den Statuten Englands des letzten Rests von Intoleranz –, schaffen Sie alle Unterscheidungen zwi-

Hebräerphobie und »Judenfrage«

schen Christen und Juden hinsichtlich der Bürgerrechte ab und füllen Sie das ganze Herz des Juden mit Nationalbewusstsein. Wenn Sie dies tun, dann schwören wir Ihnen, dass er genauso denken, fühlen, fürchten und hoffen wird, wie Sie es tun; seine Trauer und sein Jubel werden die gleichen sein; bei der frohen Kunde von englischem Ruhm wird sein Herz genauso aufgeregt schlagen; und wenn es jemals nötig sein wird, wird sein teuerstes Blut auf Ihr Geheiß hin mit der gleichen heroischen Freigebigkeit vergossen werden wie Ihr eigenes.

An dieser Stelle kann man sich ausmalen, wie Sheils hohe Stimme sich zu einem Crescendo erhebt und sein von irischem Akzent geprägtes Englisch erkennen lässt, dass auch sein eigenes Herz »bei der frohen Kunde von englischem Ruhm [...] genauso aufgeregt« schlägt.

Und dann setzt Sheil an zu einer außergewöhnlichen Erörterung der Ursachen für die Angst vor der jüdischen Andersartigkeit:

Wenn ein Jude wählen kann, warum sollte er dann nicht gewählt werden? Wenn ein Jude seine Stimme für einen Christen abgeben kann, warum sollte ein Christ dann nicht seine Stimme für einen Juden abgeben? [...] Wovor fürchten Sie sich? Was ist der Grund für diese Hebräerphobie? Zittern Sie um die [anglikanische] Kirche? Die Kirche hat vielleicht etwas zu befürchten von acht Millionen Katholiken, und von drei Millionen Methodisten, und von mehr als einer Million schottischer Abtrünniger. Die Kirche mag etwas zu befürchten haben von dem Angriff der Sektierer von außen, und noch mehr von den Pseudopapisten und den Machenschaften meuternder Bischöfe von innen; aber von der Synagoge – der neutralen, unparteiischen, teilnahmslosen und sich nicht um die Bekehrung Andersgläubiger bemühenden Synagoge – hat die Kirche nichts zu befürchten. Und doch wird gesagt, dieses Haus würde seinen christlichen Charakter verlieren. Das Christentum des Parlaments hängt aber vom Christentum des Landes ab; und das Christentum des Landes ist tief im Glauben verankert und untrennbar verwoben mit der Gesinnung des Volkes.

Sheil fragt nach der Art der Furcht, nach dem Ursprung dieser Phobie vor Hebräern. Es kann nicht an der Andersartigkeit des Juden liegen, weil er zu einem Briten geworden ist; es kann nicht am Glauben des Juden liegen, weil er im Unterschied zum Katholiken oder zum nonkonformistischen Christen nicht versucht, Andersgläubige zu missionieren. Ebenso unterscheiden die Juden sich, fährt Sheil fort, von den Protestanten aus den schottischen Highlands, die an der Seite ihrer katholischen Landsleute gegen die englische Krone kämpften, im Gefolge des katholischen Thronprätendenten »Bonnie Prince Charlie«. Die »Hebräerphobie« ist in der Tat das eigentliche Problem. Es ist die unbegründete Furcht vor einer »Nation« (den vorgestellten »Hebräern« wie in 2. Korinther 11: 22), ohne Grundlage in der Realität eines loyalen britischen Judentums.

Impliziert Sheil mit dem Begriff »Phobie« auch, dass die Gegnerschaft eine Form von Geisteskrankheit ist, ein Massenwahn? Ist es eine »Phobie« im medizinischen Sinne, die wie andere Obsessionen durch ärztliche Intervention zu behandeln ist? Und wenn ja, was ist ihre Ursache? Ist es eine Erkrankung des Christen? Ist der Hass auf den Juden ein Problem, das der Christ mit sich herumträgt? Denn

der Jude wurde als Gegenstand besonderer und eigentümlicher Quälerei ausgewählt. Die Geschichte dieses höchst unglücklichen Volkes ist Jahrhundert um Jahrhundert eine Aufeinanderfolge von Ketten und eine Spur von Blut.

Dennoch gab es katholische »Menschen voll Barmherzigkeit, [die] gelegentlich auftraten, um sich für die Juden einzusetzen«, darunter der heilige Bernhard. Sheil stellt fest, dass »die Reformation nichts für den Juden tat. Die Unfehlbarkeit von Genf war unerbittlicher als die Unfehlbarkeit von Rom.« Die gesamte Christenheit trägt die Bürde des Judenhasses, »wir alle – Katholiken, Protestanten, Calvinisten – wir alle, die wir das nahtlose Gewand in Stücke gerissen haben – haben in dieser schrecklichen Hinsicht furchtbar gesündigt.« Aber die aufklärerischen Reformen des Christentums scheinen

den Katholiken einen gewissen Trost zu spenden, durch die Gewissheit, dass in den katholischen Ländern die Sühne für diese Schuld begonnen hat. In Frankreich und in Belgien wird hinsichtlich der Bürgerrechte nun nicht mehr zwischen Christen und Juden unterschieden.

Die Katholiken haben den Judenhass aufgegeben, aber – so fragt Sheil – was ist mit dem [judenfeindlichen] Erbe der Reformationszeit? »Dieses protestantische Land wird ein derart wichtiges Vorbild nicht unbeachtet lassen.« Großbritannien könne sich durch die vorgeschlagene Maßnahme an jenem Abend in die Liga all jener Menschen einreihen, die Toleranz statt Vorurteile zum Ausdruck brächten.

Für Sheil ist die christliche »Hebräerphobie« einfach eine Form von irrationalem »Vorurteil«, das durch die Kraft aufklärerischen Denkens überwunden werden könne, was, wie er sagt, in katholischen Ländern bereits erfolgt sei. Auch in Großbritannien habe diese Abkehr von unaufgeklärten Vorurteilen bereits zugunsten einer anderen Bevölkerungsgruppe stattgefunden, nämlich – deutet er an – durch die Öffnung des Parlaments für Katholiken und damit für die Iren.

Es gab früher in England eine große Anzahl von Vorurteilen in dieser Hinsicht, die jedoch derzeit rasch zerstreut werden. London als zentraler Ort des Empires hat eine noble Willenserklärung abgegeben. London hat mit Bedacht, Vorsatz und guter Absicht das prominenteste Mitglied der jüdischen Gemeinde als seinen Abgeordneten ausgewählt, genauso wie es dies mit der Person des königlichen Premierministers getan hat. Will denn das Parlament den Juden wieder zurückstoßen ins Volk und damit eine aggressive Reaktion des Volkes gegen das Parlament provozieren?

Die Londoner City hat sowohl Lionel de Rothschild als auch den Premierminister zu ihren Parlamentsvertretern erkoren, und Sheil lässt erkennen, dass er den City-Distrikt für die Speerspitze der Reform hält. Die Gegner der jüdischen Emanzipation leiden seines Erachtens nicht an geistiger Verirrung, sondern an einem unbegründeten Vorurteil, einem Verstoß gegen die Regeln des politischen Konzepts aus der Aufklärung, dass alle Menschen gleich seien (wovon es damals einige unübersehbare Ausnahmen gab, nämlich die Frauen und, wie in jener Debatte thematisiert, die Juden). »Hebräerphobie« war lediglich ein neuer Ausdruck für eine alte Furcht, sowohl im Fall des 7. Februar als auch bei den Diskussionen über Vorurteile in der Aufklärung. Im Parlament wurde weiter debattiert, und am Ende unterstützte das Unterhaus die Gesetzesvorlage zur Änderung der Eidesleistung. So positiv das klingen mag, muss doch erwähnt werden, dass die Gesetzesvorlage zwar vom House of Commons verabschiedet wurde, aber im House of Lords zweimal abgelehnt wurde; dies wiederholte sich mit einer neuen Gesetzesvorlage im Jahr 1851. Erst 1858, nachdem Rothschild zweimal wiedergewählt worden war, wurde ein dritter Gesetzesentwurf gebilligt, der es dem Unterhaus erlaubte, eigene Regeln für die Mitgliedschaft zu entwerfen.[18]

18 Darüber gibt es viele Berichte. Einer der interessantesten bezüglich der visuellen Natur des kulturellen Antisemitismus in Großbritannien zu jener Zeit stammt von

Dabei war Sheil durchaus bewusst, dass »Vorurteil« kein neutraler Begriff ist. Alle derartigen Konzepte haben eine lange und komplizierte Geschichte. In der Epoche der Aufklärung lehnte der französische Philosoph Baron d'Holbach Vorurteile als schädlich und unvereinbar mit der Tugend ab. Auch Immanuel Kant sah im Vorurteil einen Verstoß gegen das Gebot des unreflektierten Urteilens und schloss es einfach aus, da es sich eher gegen wahre Prinzipien als gegen wahre Aussagen richte. Das Konzept wurde jedoch in Deutschland von Georg Friedrich Meier teilweise wieder aufgegriffen, der argumentierte, dass das Vorurteil zwar immer ein Irrtum sei, es aber gleichzeitig formal fehlerhaft und inhaltlich wahr sein könne. Damals dachte niemand an seine psychologische Komponente, aber bereits im 18. Jahrhundert wurde darüber diskutiert, welche soziale Funktion es besaß.[19] Sheil folgt dem älteren kantischen Verständnis des Vorurteils und führt den Begriff »Hebräerphobie« ein, um es auf den Punkt zu bringen.

Warum jedoch spricht Sheil in seinen Ausführungen von Phobie, wenn er nicht der Auffassung ist, dass vorurteilsbehaftete Menschen an einer Form von geistiger Verwirrung leiden? Zu Sheils Zeiten wurde der Begriff der »Phobie« keineswegs nur als medizinischer Fachterminus gebraucht. Die in der damaligen medizinischen Literatur am häufigsten erwähnte Phobie war die »Hydrophobie«, die Tollwut, die um die Mitte des 19. Jahrhunderts, noch vor den Entdeckungen von Louis Pasteur, nicht mehr assoziiert wurde mit den üblichen Geisteskrankheiten – von der Windphobie bis zur Lichtphobie –, die viel seltener genannt werden.[20] Unter einer Phobie verstand man damals im Alltag »die Furcht vor einem eingebildeten Übel oder eine übertriebene Furcht vor einem wirklichen Übel«.[21] Während der metaphorische Gebrauch von »Phobie« im frühen 19. Jahrhundert weit verbreitet war (Anne Seward bemerkte 1824, dass eine ihrer Bekannten »unter einer ständigen Staubphobie litt; und das war eine komische Krankheit«), wurde erst um die Mitte des 19. Jahrhunderts der französische Einfall, die Abneigung gegen bestimmte Nationalitäten als »Phobie« zu bezeichnen (wie etwa in »Anglophobie«), im Englischen

Sharrona Pearl und findet sich in ihrem Buch About Faces: Physiognomy in Nineteenth-Century Britain, Cambridge, MA, 2010, auf den Seiten 140-143.

19 Werner Schneiders, Aufklärung und Vorurteilskritik. Studien zur Geschichte der Vorurteilskritik, Stuttgart 1983, S. 263-323.

20 Vgl. zum Beispiel Richard D. Hoblyn und L. M. Griffiths, A Dictionary of Terms Used in Medicine and the Collateral Sciences, London 1849.

21 Columbian Magazine, or Monthly Miscellany 110/1, November 1786, zitiert im Oxford English Dictionary Online, unter dem Stichwort »phobia«.

gebräuchlich. In der Tat kann Sheils Verwendung dieses Ausdrucks zu den frühesten Belegen gezählt werden, da die *Times* das Wort »Anglophobe« erst einige Jahre später, 1851, erstmals verwendete.[22] Sheil gebraucht den Begriff nur dazu, um eine chronische Abneigung gegen die Juden zu bezeichnen, und seine Verteidigung der Juden gegen die »Hebräerphobie« war sicherlich von dem Bewusstsein geprägt, dass die »Irenphobie« in Großbritannien eine ebenso endemische Krankheit war.[23]

Die Juden werden also ironischerweise als Kollektiv betrachtet, obwohl Sheil argumentiert hatte – wie man es zuvor in den Debatten über die Emanzipation der Katholiken getan hatte –, dass sie als Angehörige einer Religionsgemeinschaft gleichzeitig auch loyale Bürger eines Nationalstaats sein konnten. Er behauptete also nicht, dass diejenigen, die die Juden (oder die Katholiken) angriffen, aufgrund ihrer Vorurteile verrückt waren, sondern dass sie ein eigentümliches und unzureichendes Verständnis sowohl von der Religionsfreiheit in einer parlamentarischen Monarchie als auch von der Stellung der Juden innerhalb des Christentums besaßen. Unwissenheit und nicht Wahnsinn stellte das Problem all jener dar, die gegen die Integration der Juden waren.[24]

Das war im Jahre 1848 und in Großbritannien. Sheils Hintergrund als Anwalt – er hatte sich erfolgreich für die Emanzipation der irischen Katholiken eingesetzt – (und, könnte man hinzufügen, als Verfasser von Theaterstücken, der vertraut war mit den Debatten auf dem Kontinent über Vorurteile) prägte seine Argumentation. Für ihn bestand die Fortsetzung der irisch-katholischen Gleichberechtigung in der endgültigen Gleichberechtigung der Juden. Seine Rhetorik war die seiner Epoche, aber stärker geprägt von den damaligen sprachlichen Moden als von der Berufung auf ein medizinisches Modell. Wenn wir knapp vier Jahrzehnte weiter voraus blicken, so können wir eine radikale Verschiebung bei der Interpretation der Vorurteile gegenüber den Juden feststellen, die sich nunmehr stärker an

---

22 The Times, 20.11.1855: »Baron Prokesch is [...] an ›Anglophobe‹; so that it may safely be predicted that he and the British Ambassador will soon be on the very worst possible terms.« Zitiert im Oxford English Dictionary Online, unter dem Stichwort »Anglophobe«, https://www-oed-com. (aufgerufen am 19.3.2022).

23 Ernest Cashmore, Dictionary of Race and Ethnic Relations, London 1996, S. 182.

24 Das folgende Mal taucht dieser Begriff 1890 auf, als der anonyme Korrespondent der *Times* in einem Bericht aus Russland von »den ersten schwachen Anzeichen von Hebräerphobie« spricht, die »sich in der russischen Presse gezeigt haben«, und zwar als Reaktion auf den öffentlichen Protest der von Leo Tolstoi angeführten Intellektuellen gegen die »Verfolgung der Juden«. In dem Artikel wird diese Reaktion als »Antisemitismus« bezeichnet. The Times, 18.11.1890, S. 5.

Abb. 6: Leon Pinsker,
Carte-de-Viste, 1898.

einem medizinischen Modell orientierte, wie es der damaligen Mode entsprach.

1882 veröffentlichte der protozionistische Arzt Leon Pinsker (1821-1891) das Traktat »*Auto-Emancipation!*« *Mahnruf an seine Stammesgenossen von einem russischen Juden.* Pinsker wurde im damals zum Russischen Kaiserreich gehörenden Königreich Polen geboren und studierte Medizin an der Universität von Odessa. Seine ärztliche Ausbildung war »modern«, was im 19. Jahrhundert bedeutete, dass sie an Deutschland und der Biologie orientiert war. (Abb. 6) Entsetzt über die Serie von Pogromen gegen Juden, die 1871 in Odessa begonnen hatten, plädierte Pinsker in deutscher Sprache für einen jüdischen Staat und begründete dies mit der Natur des Judenhasses in Europa. Als Mediziner verwendet er die Kategorie der Geisteskrankheit, um diesen Hass zu erklären, den er als Fixiertheit des europäischen Christen auf ein bestimmtes Judenbild bezeichnet:

> So ist der Jude für die Lebenden ein Todter, für die Eingeborenen ein Fremder, für die Einheimischen ein Landstreicher, für die Besitzenden ein Bettler, für die Armen ein Ausbeuter und Millionär, für den Patrioten ein Vaterlandsloser, für alle Classen ein verhasster Concurrent.[25]

Er unternimmt den ersten systematischen Versuch, die »Judophobie« als eine unheilbare Krankheit zu analysieren, unter der das Europa des späten 19. Jahrhunderts litt:

> Im Verein mit allen anderen unbewussten und abergläubischen Vorstellungen, Instinkten und Idiosynkrasien hat auch die Judophobie bei allen Völkern der Erde, mit denen die Juden verkehrten, das volle Bürgerrecht erworben. Die Judophobie ist eine Abart der Daemonopathie, nur mit

---

25 [Leon Pinsker], »Auto-Emancipation!« Mahnruf an seine Stammesgenossen von einem russischen Juden, Berlin 1882, S. 11.

Hebräerphobie und »Judenfrage«

dem besondern Unterschiede, dass das Judengespenst dem ganzen Menschengeschlechte und nicht blos einzelnen Völkerschaften zu eigen geworden ist, und dass es nicht wie andere Gespenster wesenlos ist, sondern aus Fleisch und Blut besteht und selber von den Wunden, welche ihm von der scheuen, sich bedroht wähnenden Menge beigebracht werden, die qualvollsten Schmerzen erduldet. Die Judophobie ist eine Psychose. Als Psychose ist sie hereditär, und als eine seit zweitausend Jahren vererbte Krankheit ist sie unheilbar.[26]

Für Pinsker basiert dieser Wahnsinn auf dem Rassismus als »einer vererbten Verirrung«.[27] Pinsker war der Erste, der als Antwort auf den damals weit verbreiteten Begriff »Antisemitismus«, der seit den 1880er Jahren zur üblichen Bezeichnung der politischen Angriffe auf die jüdische Emanzipation geworden war, eine klinische Definition sowie eine forensische Einordnung desselben vorlegte. Wengleich der Terminus »Antisemitismus« auf Pinskers Zeitgenossen ›wissenschaftlich‹ gewirkt haben mag, war unübersehbar, dass er vor allem eine politische Konnotation hatte. Tatsächlich scheint der Begriff erstmals 1860 aufzutauchen, als der österreichisch-jüdische Gelehrte Moritz Steinschneider die Formulierung »antisemitische Vorurteile« benutzte, um den vom französischen Philosophen Ernest Renan behaupteten Gegensatz zwischen der »semitischen« und der »arischen« Seele zu qualifizieren.[28] Weithin bekannt wurde die Bezeichnung jedoch erst in den 1880er Jahren durch den Journalisten Wilhelm Marr und dessen viel gelesene antijüdische Kampfschrift *Der Weg zum Siege des Germanenthums über das Judenthum* (1879), in der »Antisemitismus« erstmals mit der Bedeutung »Judenhass« verwendet wird.[29] Im selben Jahr gründete Marr die Antisemitenliga, um den jüdischen Einfluss in Europa zu bekämpfen. Der Begriff hatte von da an eine eindeutig politische Bedeutung, nicht als abwertende Bezeichnung für ein Vorurteil, sondern als Aufruf zur Mobilmachung. Pinsker trennte außerdem die Ätiologie der jüdischen Geistesverwirrung vom inhärenten Rassismus der »Judophoben«. Für ihn war die Forderung der Aufklärung, dass die in Nationalstaaten lebenden Juden »wie alle anderen« werden sollten – wie Deutsche, Franzosen oder

26 Ebd., S. 5.
27 Ebd., S. 7.
28 Alex Bein, The Jewish Question: Biography of a World Problem, übersetzt von Harry Zohn, Rutherford, NJ, 1990, S. 594.
29 Moshe Zimmermann, Wilhelm Marr: The Patriarch of Anti-Semitism, New York 1986, S. 38 ff.

Engländer, bei gleichzeitiger Verdrängung ihrer eigenen jüdischen Nationalidentität – die Ursache für deren Wahnsinn. Das beinhaltet natürlich genau
das Gegenteil von Sheils Argumentation, dass Juden in Großbritannien
»Engländer« werden können, sobald die Einschränkungen ihres recht-
lichen Status' beseitigt sind. Pinsker stimmte der damals verbreiteten Auffassung zu, dass die Juden zu Geisteskrankheiten neigten, sah aber die
Ursache in den endlosen Qualen des Akkulturationsdrucks und nicht in
der religiösen Verfolgung. Die Staatenlosigkeit des Juden im Zeitalter des
Nationalismus verdammt ihn dazu, ein Außenseiter zu sein:

> Das Brandmal, das diesem Volke anhaftet, das ihm die so wenig be-
> neidenswerthe Isolirung unter allen Nationen aufdrängt, wird durch
> keine officielle Gleichstellung weggewischt werden können, solange
> dieses Volk seiner Natur gemäss unstete Landstreicher schaffen wird; so
> lange es sich nicht darüber ausweisen kann, woher es kommt und wohin
> es geht; solange die Juden selbst in arischer Gesellschaft nicht gerne von
> ihrer semitischen Herkunft sprechen, nicht gerne an diese erinnert wer-
> den mögen; so lange man sie verfolgen, dulden, beschützen, emancipiren
> wird. […] Intelligent und reich an Erfahrungen, […] haben wir keine Zeit
> gefunden, […] uns zu fragen, ob denn dieses tolle Treiben, oder besser
> dieses tolle Getriebensein nie ein Ende nehmen soll.[30]

Für Pinsker ist die Selbstverleugnung durch Akkulturation und Assimilation, die er auf dieselbe Ebene stellt, die Ursache des jüdischen Wahnsinns.
   Pinskers Ideen scheinen einen radikalen Bruch mit der Auffassung der
biologischen Psychiatrie des 19. Jahrhunderts darzustellen, wonach der
Wahnsinn auf der Veranlagung rassischer Gruppen zur Geisteskrankheit
beruht. Seine Herleitung des jüdischen Irreseins aus dem Verlust der Nation
und damit der Unabhängigkeit und die daraus resultierende »Zersetzung
[…], die sich mit dem Wesen eines einheitlichen, lebendigen Organismus
nicht verträgt«, reagiert auf derartige Konstruktionen. Als Folge dieses
Niedergangs, so Pinsker, begannen die Juden anderen wie Gespenster zu
erscheinen, was der Ursprung der Judophobie sei, weil »die Gespenster-
furcht etwas Angeborenes ist«.[31] Es ist bemerkenswert, dass für Pinsker die
Metapher des Gespenstischen konkret genug ist, um sie wie die Bezeichnung für etwas Gegenständliches in eine medizinisch begründete Aussage

---

30 »Auto-Emancipation!« (Anm. 25), S. 10 und 24.
31 Ebd., S. 4.

einzubeziehen. Pinskers These, die Geisteskrankheit der Juden sei das Ergebnis einer fehlgeschlagenen Akkulturation, ist in der damaligen kritischen Literatur über das europäische Judentum gut bekannt. Die Intellektuellen des späten 19. Jahrhunderts waren sich einig, dass die Juden verrückt seien, aber einige meinten, ihr Wahnsinn sei ein Reflex des als Selbsthass verinnerlichten Antisemitismus. Friedrich Nietzsches poetische Interpretation Spinozas macht das deutlich. Die Forderung des Christentums nach universeller Liebe sei die Rache des Juden für seine Behandlung durch das Christentum gewesen:

Doch unter dieser Liebe fraß
unheimlich glimmernder Rachebrand:
– am Judengott fraß Judenhaß! –
– Einsiedler, hab ich dich erkannt?[32]

Letztlich stützt sich Pinskers Argumentation auf die Überzeugung, »dass das Missgeschick der Juden vor Allem in ihrem Mangel an Bedürfniss nach nationaler Selbstständigkeit begründet ist«.[33] Nationalismus könne den Selbsthass heilen, aber nichts könne den obsessiven Rassismus der Welt heilen, in welcher der Jude im Exil lebt. Aber ist denn nur der Christ rassistisch? Hat nur dieser allein den Judenhass aufrechterhalten oder ist auch der Jude selbst schuld, der jegliches Bewusstsein nationaler Identität verloren hat? Und sollte das der Fall sein, was ist dann mit anderen Formen des Rassenhasses, die nichts mit den Erfahrungen der Juden im Abendland zu tun haben? Sheils differenzierte Argumentation bezüglich der Komplexität der christlichen Reaktionen auf die Juden als Bürger eines Nationalstaates, der Ansprüche auf die Loyalität aller religiösen Gruppierungen erhebt, wird von Pinsker abgetan, weil er die Welt nicht vom Londoner Parlament aus, sondern von den blutigen Straßen Odessas aus sieht.

Pinskers Diskurs bedient sich bei der Bildlichkeit der Psychopathologie; er schreibt: »Beim Kranken ist das fehlende Bedürfniss nach Speise und Trank ein sehr bedenkliches Symptom« und »wir wollen es nicht verstehen, unser Siechthum an seiner Wurzel zu fassen, um es radical zu

---

32 Friedrich Nietzsche, »An Spinoza«, in: Nachgelassene Fragmente 1884-1885, Herbst 1884, 28 [49], Kritische Studienausgabe, Bd. 11, hrsg. von Giorgio Colli und Mazzino Montinari, München 1988, S. 319. Vgl. auch Andreas Sommer, »Nietzsche's Readings on Spinoza: A Contextualist Study, Particularly on the Reception of Kuno Fischer«, in: Journal of Nietzsche Studies 43 (2012), S. 156-184.
33 »Auto-Emancipation!« (Anm. 25), S. 3.

heilen«.[34] In seinem Traktat verwendet er die Terminologie der Pathologie
sowohl für die Juden als auch für die Antisemiten; während einerseits die
Unterdrücker Schuld auf sich geladen hätten, seien andererseits die Unterdrückten selbst dafür verantwortlich, Veränderungen herbeizuführen. Diesbezüglich erklärt er:

> Wenn aber der Standpunkt, von dem wir ausgingen, ein richtiger ist,
> wenn die Voreingenommenheit des Menschengeschlechtes gegen uns
> auf angeborenen und unausrottbaren, in anthropologischer und socialer
> Hinsicht tief begründeten Principien beruht, so müssen wir auch den
> langsamen Fortschritt der Menschheit auf sich beruhen lassen [...].[35]

Doch Pinsker bringt auch ein biologisches und damit rassisches Argument
vor, das Sheils aufklärerischen Vorstellungen über die Menschheit zuwider-
läuft. In den wissenschaftlichen Paradigmen seiner Zeit verhaftet, betont er
die Analogie – aber auch die Unterschiede – zwischen dem Kampf um die
geistige Gesundheit der Juden und dem anderen großen Kampf seiner
Epoche, der Emanzipation der afrikanischen Sklaven, die in den Vereinigten Staaten erst kurz zuvor ihre Freiheit erlangt hatten und die in Brasilien
noch sechs Jahre von ihrer Befreiung entfernt waren. Pinsker übernimmt
die Sichtweise der zeitgenössischen Rassenkunde von der Minderwertigkeit
der Schwarzen und fordert bezüglich der Juden:

> Sie müssen, wie die Neger, wie die Frauen, ungleich allen freien Völkern,
> *emanicipirt* werden. Um so schlimmer für sie, wenn sie, ungleich den
> Negern, einer edlen Race angehören und, ungleich den Frauen, nicht
> allein bedeutende Frauen, sondern auch Männer, ja sogar grosse Männer
> aufzuweisen haben.[36]

Er sieht einen eigenen Nationalstaat als Katalysator für die moralische,
geistige und körperliche Regeneration der überzähligen Juden (eine Ab-
wandlung der viktorianischen Vorstellung von den anständigen Armen),
deren Rettung er sich folgendermaßen vorstellt:

> Unsere grössten und besten Kräfte – Männer der Finanz, der Wissen-
> schaft und der Praxis, Staatsmänner und Publicisten – müssten ein-

34 Ebd., S. 3 und 24.
35 Ebd., S. 18.
36 Ebd., S. 8 f.

Hebräerphobie und »Judenfrage«

müthig sich die Hände reichen, um nach dem gemeinsamen Ziele zu steuern. Dieses würde hauptsächlich und zunächst darin bestehen, dem *Ueberschusse* der in den verschiedenen Ländern als Proletarier lebenden und den Eingeborenen zur Last fallenden Juden eine sichere und unantastbare Zufluchtsstätte zu schaffen.[37]

Diese Forderung ist in einer Wissenschaft verwurzelt, die die Ansprüche des europäischen Juden und des Schwarzen Sklaven mit unterschiedlichen Wertigkeiten versieht. Pinskers Ansichten über Rasse, Differenz und Krankheit wurden Teil der Ideologie und des Vokabulars des Zionismus und auch der Debatten über den Ursprung und die Natur von Vorurteilen im Allgemeinen.

Solche Auffassungen wurden auf andere Gruppen projiziert, die als geisteskrank eingestuft wurden. So griff beispielsweise Theodor Herzl im Oktober 1897 seine jüdischen Gegner als *Mauschel* an, als ungesunde Ghettojuden, die nicht die geistige Fähigkeit besäßen, die Notwendigkeit einer unabhängigen jüdischen Nationalidentität zu verstehen. Diese Einsicht wurde von ihm und seinen Anhängern, darunter Max Nordau, als Beweis für eine gesunde und nicht pathologische Psyche deklariert.[38] Herzl bezeichnet die Gegner des Zionismus als korrupt und sieht den Beweis dafür in ihrer Haltung zu dieser Bewegung:

Mauschel hat auch eiligst ein tückisches Schlagwort gegen die Zionisten ausgegeben: sie seien jüdische Antisemiten. Wir? Wir, die uns ohne Rücksicht auf unsere erworbene Stellung und unser Vorwärtskommen vor aller Welt als Semiten bekennen, die Pflege unseres alten Volkstums hochhalten, zu unseren armen Brüdern stehen. Aber er hatte blitzschnell heraus, was wir sind. Mauschelfeinde sind wir.[39]

Gegen die Assimilation zu sein, argumentiert Herzl, werde von den akkulturierten europäischen Juden als eine Form des Selbsthasses angesehen. Die frühen Zionisten brachten auch die gegenteilige Behauptung vor.

Der Neurologe Max Nordau, einer der frühesten Unterstützer Herzls, hatte in seinem berühmten präzionistischen Werk *Entartung* von 1892/93

---

37 Ebd., S. 27.
38 Jacques Kornberg, Theodor Herzl: From Assimilation to Zionism, Bloomington 1993, S. 164.
39 Theodor Herzls Zionistische Schriften, hrsg. von Prof. Dr. Leon Kellner, Berlin 1920, S. 175.

argumentiert, es gebe »eine Haupterscheinung [...], die allen ›Phobien‹ und ›Manien‹ zu Grunde liegt: die große Emotivität der Entarteten«.[40] Der »Entartete« ist für Nordau die Verkörperung der Moderne, der Geschwindigkeit des modernen Lebens, der von ihm so genannten »Ich-Sucht«. Seine Paradebeispiele sind Wagner, Nietzsche und Dostojewski. Im Jahr 1896 konzentriert er sich auf die psychopathologische Reaktion der Juden auf den Antisemitismus und erklärt, es sei dessen größter Triumph, dass er die Juden dazu gebracht habe, sich selbst mit antisemitischen Augen zu sehen.[41] Für die frühen Zionisten war die Identifikation mit dem Aggressor nicht nur ein Kennzeichen der Antizionisten, sondern auch der akkulturierten Juden.

Vorurteile gegenüber den Juden, in welcher Form auch immer, wurden in einer Epoche, in der der medizinische Diskurs eine hohe Wertschätzung genoss, als eine Form von geistiger Verwirrung betrachtet. Das späte 19. Jahrhundert, in dem Pinsker und Nordau lebten, war genau so ein Moment. Das Heilmittel sahen sie in einem neuen Nationalismus, der seine Bürger gegen die Infektion des Hasses immunisieren sollte.[42] Im Kontext der Parlamentsdebatten aus der Mitte des 19. Jahrhunderts, in der Welt von Sheil und Rothschild, war es noch nicht nötig, solche Ansichten als pathologisch zu klassifizieren; es genügte, sie als Vorurteile zu bezeichnen. Die Analogie zwischen irischen Katholiken und britischen Juden funktionierte gut als Parallelsetzung von Bevölkerungsgruppen, die zum Opfer derartiger Vorurteile wurden. Da keine Pathologie konstatiert wurde, war keine Heilung erforderlich. Politischer Wille und der Ruf nach Gerechtigkeit genügten. Der Unterschied mag der robusten Struktur des britischen Systems zu verdanken sein, das in der Lage war, solche Ansichten im Lauf der Zeit zu ändern. Pinsker, der aus dem kaiserlichen Russland kam, hielt dies nicht für möglich. Zeit und Ort unterschieden die beiden Männer voneinander.

---

40 Max Nordau, Entartung, hier Bd. 2 (1893), Berlin 1892-93, S. 5.

41 Nach Meir Ben-Horin, Max Nordau: Philosopher of Human Solidarity, New York 1956, S. 180.

42 Zur Frage des Vergleichs von irischem und zionistischem Nationalismus im Hinblick auf Pinsker, vgl. Aidan Beatty, »Zionism and Irish Nationalism: Ideology and Identity on the Borders of Europe«, in: Journal of Imperial and Commonwealth History 45 (2017), S. 315-338. Beatty plädiert für eine stärker symmetrische Sichtweise, da sein Vergleichstext zu Pinskers *Auto-Emancipation* von 1882 Terence MacSwineys Werk *Principles of Freedom* ist, das zwischen 1912 und 1916 verfasst wurde. Sheils Beitrag ist ein Vorläufer dieser Debatte des späten 19. Jahrhunderts über den zionistischen und irischen Nationalismus als Pharmakon gegen die jüdische und irische Entartung. Obwohl Sheil sich auf medizinische Diskursformen bezieht, sind in seiner Argumentation die Bürgerrechte wichtiger als die Biologie.

Die Juden und die Körperhaltung

Wie in diesem Buch bereits erkennbar, habe ich oft und kritisch über die Diskurse zur jüdischen Körperlichkeit und zu den Stereotypen geschrieben, die sich daraus ergeben. Kein Klischee ist weiter verbreitet als die Vorstellung von der jüdischen Körperhaltung, da es den Kern der westlichen Idee vom Menschen berührt: *anthropos* (ἄνθρωπος), das griechische Wort für »Mensch«, bezeichnet ein Tier, dessen Körperhaltung aufrecht ist und das zu den Göttern hinaufblickt. Ab dem 17. Jahrhundert wurden nationale Merkmale der Körperhaltung als biologische Gegebenheiten verstanden, die Gruppenunterschiede definieren. Das ist nirgendwo besser belegt als in Robert Burtons *Anatomy of Melancholy* (1621), einem Werk, das solche Ansichten aufgreift und die schlechte Körperhaltung der Juden erwähnt. Burton schreibt über das »Schritttempo« der Juden sowie über »ihre Stimme, [...] Gestik [und] ihr Aussehen«, Zeichen »ihres Zustands und ihrer Gebrechen«.[1] Johann Jakob Schudt, ein deutscher Orientalist des 17. Jahrhunderts, machte Bemerkungen über die »krummen Füße« der Juden, die für ihn eines von mehreren Zeichen ihrer körperlichen Minderwertigkeit waren.[2] Der Unterschied in der Körperhaltung definiert den Juden, und dieser Unterschied kann, muss aber nicht »rassisch« bedingt sein. Um es mit Burton zu sagen, kann er ebenso eine Folge der Unterdrückung und der Krankheiten sein, die daraus resultieren.

Was im 17. Jahrhundert noch folkloristisch anmutet (Burtons Werk ist kein medizinisches Handbuch), wird im 19. Jahrhundert zu einem Bestandteil der Rassenkunde. Kurz nach 1800 scheuten die bildlichen Darstellungen des Philosophen Moses Mendelssohn, die in Deutschland angefertigt wurden, nicht davor zurück, die Missbildung seiner Körperhaltung zu betonen (er hatte einen Buckel).[3] Ein Jahrhundert später konnte Balduin Groller behaupten, dass überwältigende Beweise dafür vorlägen, dass »die körperliche Verfassung« sowohl der Ostjuden als auch der Westjuden

---

1 Robert Burton, The Anatomy of Melancholy: What It Is, with All the Kinds, Causes, Symptomes, Prognostickes & Severall Cures of It, New York 1977, S. 211 f.

2 Johann Jakob Schudt, Jüdische Merkwürdigkeiten, Frankfurt a. M. 1718, Bd. II, S. 368.

3 Vgl. Leah Hochman, The Ugliness of Moses Mendelssohn: Aesthetics, Religion and Morality in the Eighteenth Century, New York 2014, S. 6.

» nicht normal« sei.[4] Groller zitiert die statistischen Aufzeichnungen eines russischen Militärarztes über die Häufigkeit jüdischer Entartung: Die Durchschnittsgröße eines erwachsenen Juden betrage 162,7 Zentimeter gegenüber 165 bis 170 Zentimetern bei einem Nicht-Juden; Juden hätten geringer entwickelte Brustknochen und Muskeln, einschließlich eines um 60 Prozent kleineren Brustumfangs im Vergleich zur Norm; sie litten unter schlechter Körperhaltung und einer größeren Anfälligkeit für Tuberkulose, Hautkrankheiten, Augeninfektionen, Kurzsichtigkeit sowie nervliche und psychische Störungen; außerdem komme es bei ihnen häufiger zu Leistenbrüchen.[5]

Joseph Pennell, ein viktorianischer Illustrator, der mit James McNeil Whistler befreundet war, hat in dem kleinen, für eine breite Leserschaft bestimmten Buch *The Jew at Home* (das damals abschnittsweise in den *Illustrated London News* veröffentlicht wurde) mehr oder weniger dasselbe Problem unter den Juden in Russland beschrieben:

Das ärmliche Erscheinungsbild des russischen Juden, sein schwindsüchtiges, hohlbrüstiges Aussehen und sein schlurfender Gang haben unnötigerweise viel Mitleid erregt. [...] Der Jude ist von Natur aus körperlich nicht schwächer als der Bauer. Als Soldat ist er, wenn man ihm eine gerade Haltung beibringt, ein ebenso guter Mann wie jeder andere Russe, abgesehen davon, dass er nicht so gut marschieren kann, sondern schnell wunde Füße bekommt. Das liegt daran, dass er keine körperliche Betätigung gewohnt ist; er geht nie spazieren und benutzt weder seine Hände noch seine Beine, wenn er es vermeiden kann.[6] (Abb. 7)

Jede Darstellung des jüdischen Körpers sieht die schlechte Haltung als eine wesentliche jüdische Eigenschaft an, was wiederum als Ausdruck für den Charakters des Juden verstanden wird. Der amerikanische Romancier und Beobachter der Gesellschaft Jack London, der 1902 anlässlich der Krönung von Edward VII. in London weilte, verbrachte dort mehrere Monate im überbevölkerten East End. In seinem Bericht über die städtische Armut der vertriebenen osteuropäischen Juden in den Ghettos des Londoner East

---

4 Balduin Groller, »Die körperliche Minderwertigkeit der Juden«, in: Die Welt, XVI (19. 4. 1901), S. 3-5, hier S. 4.

5 Ebd.

6 Joseph Pennell, The Jew at Home: Impressions of a Summer and Autumn Spent with Him (im Dezember 1891 erschienen in: The Illustrated London News, dann New York 1892), S. 77 f.

Abb. 7: Ein Lemberger Jude,
aus: Joseph Pennell, The Jew
at Home, 1892.

Lemberg.

Ends um die Jahrhundertwende, wie es sie auch in anderen europäischen und amerikanischen Städten gab, heißt es:

[W]enn [...] sie zwecks Rassentrennung im Ghetto leben müssen, können sie der daraus resultierenden Degradierung nicht entkommen. Es entsteht auf diese Weise ein kleinwüchsiges und verkümmertes Volk, eine Spezies, die sich auffallend von der Spezies ihrer Herren unterscheidet, ein sozusagen bodennahes Volk, dem es an Ausdauer und Kraft fehlt. Die Männer werden zu Karikaturen dessen, was Männer äußerlich darstellen sollten, und ihre Frauen und Kinder sind blass und blutarm, mit dunkel umrandeten Augen; sie bücken und ducken sich und sind früh aller Wohlgestalt und Schönheit beraubt.[7]

London sieht die Körperhaltung in den Armenvierteln nicht nur als Auswirkung des Lebens im Ghetto, sondern auch als Folge der Eugenik. Die besten und kräftigsten Männer (so seine Formulierung) hätten diese Orte längst verlassen, und nur die armseligsten Exemplare der Gattung, »einen entarteten Bestand«, zurückgelassen, um sich dort zu vermehren.

7 Jack London, The People of the Abyss, New York 1904, S. 220.

Zu Beginn des 20. Jahrhunderts akzeptierten auch die Juden das Konzept der schlechten Körperhaltung als Zeichen ihrer mangelnden Anpassung an die moderne Welt. In seiner Eröffnungsrede auf dem Zweiten Zionistenkongress in Basel am 28. August 1898 erfand Max Nordau, die wichtigste Figur des frühen Zionismus nach Theodor Herzl, eines der berühmtesten, heikelsten und herausforderndsten Ideale des Zionismus: den »Muskeljuden«. In seinem Aufsatz über das »Muskeljudentum«, ursprünglich gehalten als Widmungsrede zur Eröffnung eines neuen jüdischen Turnvereins im Jahr 1903, verurteilte er die »entartete Modernität«, die seiner Ansicht nach die damalige Welt bestimmte:

[...] wie denn auch die Personen sich in studirten Stellungen gefallen, welche ihnen ermöglichen, an ihren Gesichtern Rembrandt'sche oder Schalcken'sche Lichtwirkungen herauszuarbeiten. Alles in diesen Häusern sucht die Nerven zu erregen und zu verwirren.[8]

Als Antwort auf die konstatierte jüdische Entartung entstand eine Reihe von Sportvereinen, die einen Gegenentwurf zu den antisemitischen Turnvereinen darstellten. Der wohl berühmteste aus der Zeit vor dem Ersten Weltkrieg war *Makkabi Deutschland*, der jüdische Sportverein, der 1903 als Reaktion auf den weitgehenden Ausschluss der Juden aus den Turnvereinen gegründet wurde. Als der jüdische Philosoph und Pädagoge Franz Rosenzweig einen der Makkabi-Vereine besuchte, stellte er fest, dass zwar Schilder an der Wand hingen, auf denen auf Hebräisch »*mens sana in corpore sano*« stand, die jungen Männer aber nichts über die religiösen Praktiken oder den Glauben des Judentums zu wissen schienen.[9] Für einen starken Geist in einem starken Körper musste die richtige Körperhaltung eingeübt werden. Während des Ersten Weltkriegs wurde durch den »neuen Juden« an der Front, der seine körperliche Fitness trainiert hatte, das Märchen von den gebeugten und krummen Juden als Lüge entlarvt, denn die jüdische Jugend war gesund und mit geraden Körpern herangewachsen.[10] Die Körperertüchtigung mit dem Ziel, die verleumderischen Aussagen über die Haltungsschwächen des Juden zu widerlegen, wurde zu einem Leitmotiv der

---

8 Max Nordau, Entartung, Berlin 1892-93, hier Bd. 1 (1892), S. 18.

9 Franz Rosenzweig, Briefe und Tagebücher, hrsg. von Rachel Rosenzweig und Edith Rosenzweig-Scheinmann, 2 Bde., hier Bd. I, Den Haag 1979, S. 392.

10 Ulrich Dunker, Der Reichsbund jüdischer Frontsoldaten 1919-1938, Düsseldorf 1977, S. 541.

jüdischen Reaktion auf den Antisemitismus. Das bloße Zurückweisen der Vorwürfe reichte nicht aus; der jüdische Körper musste eine perfekte Haltung besitzen, um die Behauptungen über ihn zu entkräften.

Was den frühen Zionismus und andere Formen der Körperreform wie das »Muskelchristentum« miteinander verband, war das wieder auflebende Interesse am antiken Griechenland, das durch den griechischen Aufstand gegen das Osmanische Reich in den frühen 1820er Jahren geschürt wurde. Dieses Ereignis zeigte den Juden nicht nur, dass man frühere Traditionen des Nationalismus wieder aufgreifen konnte, sondern es war auch eng mit Vorstellungen von Körperkultur und Politik verbunden. (Man denke an den trotz seiner Behinderung sportlichen Lord Byron, der 1824 als idealer Held der griechischen Rebellion in Missolonghi starb.) Damit verknüpft war nicht nur die überwältigende Bedeutung der griechischen Statuen, die als Vorbilder für die ideale Körperhaltung einer Nation dienten, sondern auch die Wiederbelebung (oder Neuerfindung) von Modellen für körperliche Reformen wie die moderne olympische Bewegung, die ihre erste neuzeitliche Manifestation in den 1830er Jahren bei den Griechen, dann in den 1850er Jahren in Großbritannien und schließlich 1896 in Athen dank Pierre de Coubertin hatte. Diese Erneuerung der Tradition als Teil einer modernen nationalistischen Körperreform war für den frühen Zionismus besonders wichtig, da

> die jüdischen Nationalisten die rabbinische Spiritualität, die Gewaltlosigkeit und die Verachtung des Sportlichen, die das jüdische Leben nach der Zerstörung des jüdischen Staates durch Rom im Jahr 70 n. Chr. beherrschten, größtenteils ablehnten.[11]

Hierbei überwanden die Juden spezifische Vorstellungen von Körperreformen und machten sich die weiter verbreitete Auffassung von Haltungsreformen als Teil des neuen nationalistischen Körpers zu eigen.

Wie Nordau feststellte, war zu Beginn des 20. Jahrhunderts die schlechte Körperhaltung eine zentrale Anpassungsstörung der Juden:

---

11 Athena S. Leoussi und David Aberbach, »Hellenism and Jewish Nationalism: Ambivalence and Its Ancient Roots«, in: Ethnic and Racial Studies, XXV (2002), S. 755-777, hier S. 755.

Die furchtbare Haltung der Juden ist keine natürliche Eigenschaft. Sie ist lediglich das Ergebnis des Fehlens einer entsprechenden Erziehung. So gesehen gibt es eigentlich keinen Unterschied zwischen Juden und Ariern.[12]

Im Jahre 1900 erklärte Nordau:

Vor zwei Jahren sagte ich in einer Ausschuss-Berathung des Baseler Congresses: »Wir müssen trachten, wieder ein Muskeljudenthum zu schaffen.« Wieder! Denn die Geschichte bezeugt, dass es einst ein solches gegeben hat. [...] Unsere neuen Muskeljuden haben noch nicht die Heldenhaftigkeit der Vorfahren wiedererlangt [...]. Aber sittlich stehen sie schon heute höher als jene, denn die alten jüdischen Circus-Kämpfer schämten sich ihres Judenthums und suchten mittelst eines chirurgischen Kniffes das Zeichen des Bundes zu verheimlichen, [...] während die Mitglieder des Vereines »Bar Kochba« sich laut und frei zu ihrem Stamme bekennen.[13]

Simon Bar Kochba, nach dem diese Sportvereine benannt wurden, war natürlich der Krieger, der die Juden bei ihrem gescheiterten Aufstand gegen die Römer im Jahr 132 n. Chr. anführte. Für Nordau und seine Zeitgenossen, sowohl Juden als auch Nicht-Juden, waren die Juden die kranken Männer Europas:

Die zionistischen Gesellschaften setzen alles daran, dass ihre Mitglieder und auch die jüdischen Massen ganz allgemein die Geschichte ihres Volkes kennenlernen. [...] sie sorgen im Rahmen ihrer Möglichkeiten für die Verbesserung der hygienischen Verhältnisse des jüdischen Proletariats, für seine wirtschaftliche Besserstellung durch Vereinigungen und Solidarität, für eine wohlgeordnete Erziehung der Kinder und für die Ausbildung der Frauen. [...] sie predigen die Pflicht zu einem tadellosen

---

12 Zitiert nach Todd Samuel Presner, »›Clear Heads, Solid Stomachs, and Hard Muscles‹: Max Nordau and the Aesthetics of Jewish Regeneration«, in: Modernism/Modernity, X/2 (2003), S. 269-296, hier S. 296.

13 Aus dem Artikel »Muskeljudenthum« von Max Nordau, ursprünglich erschienen in der Juni-Nummer 1900 der *Jüdischen Turnzeitung*, dann am 15.6.1900 in der Nr. 24 von *Die Welt*, S. 2 f. (In der englischen Fassung dieses Kapitels wurde Nordau zitiert nach Paul R. Mendes-Flohr und Jehuda Reinharz (Hrsg.), The Jew in the Modern World: A Documentary History, New York 2011, S. 547.)

und spirituellen Leben, die Ablehnung des groben Materialismus, in den die Assimilationsjuden mangels eines würdigen Ideals nur zu sehr zu versinken drohen, und strenge Selbstbeherrschung in Wort und Tat. Sie gründen Sportvereine, um die lange vernachlässigte körperliche Entwicklung der heranwachsenden Generation zu fördern.[14]

Als er auf dem fünften Zionistenkongress, der 1901 in Basel stattfand, über den neu gegründeten Jüdischen Nationalfonds sprach, argumentierte Nordau folgendermaßen:

Die Verbesserung der körperlichen Verfassung des jüdischen Volkes ist eine Geldfrage. Wenn die [Mehrheit der] Juden gute Stellungen hätte[n], wäre es nicht nötig, sich mit der Verbesserung ihrer Physis zu beschäftigen. [...] Schauen Sie sich die jüdischen Familien an, die seit drei Generationen im Wohlstand leben! Vergleichen Sie diese stattlichen Reiter, diese erstklassigen Kämpfer, diese eleganten Tänzer, diese preisgekrönten Turner und Schwimmer, vergleichen Sie ihre robusten Körper mit den ausgemergelten und hustenden Gestalten der osteuropäischen Ghettos. Dann werden Sie sich sofort eine Vorstellung von den Mitteln machen, die für die körperliche Verbesserung der jüdischen Rasse erforderlich sind. [...] Die Masse der Menschen hat weder die Zeit noch die Mittel für Gymnastik und Sport. Wenn wir ihnen irgendwelche Vorschläge zur Körperhygiene machen, so müssen es solche sein, die nichts kosten.[15]

Solche Ansichten wurden damals zu Gemeinplätzen. Die Idee, die Körperhaltung der Juden zu verändern, steht im Mittelpunkt des Bildes vom Juden bei nichtjüdischen und mit Sicherheit nicht zionistischen Denkern jener Zeit. In seinem Essay zur »Lösung der Judenfrage« von 1907 betrachtete der spätere Nobelpreisträger Thomas Mann diese als »rein psychologisches Problem«, denn der Jude sei »[ü]berall als Fremdling kenntlich, das Pathos der Ausnahme im Herzen, stellt er eine der ausserordentlichen Daseinsformen dar«.[16] Manns Sichtweise entsprach der damaligen Diskussion,

---

14 Zitiert nach Max Simon Nordau und Gustav Gottheil, Zionism and Anti-Semitism, New York 1905, S. 45.
15 Ebd., S. 176.
16 Aus Manns unbetiteltem Beitrag zu Julius Moses (Hrsg.), Die Lösung der Judenfrage. Eine Rundfrage, Berlin 1907, S. 242-248, hier S. 243. Im Rahmen dieser Erstveröffentlichung erscheint der Text in dem inhaltlichen Zusammenhang, für

welche die Unförmigkeit des jüdischen Körpers als zentralen Topos hatte; darin eingeschlossen die der anderen Beiträger der Sonderausgabe der *Münchner Neuesten Nachrichten* vom 14. September 1907, in der Manns Aufsatz erschien. Der Fortschritt der deutschen Kultur, nicht der Zionismus, so Mann, erlaube – ja verlange sogar – die geistige Integration der Juden in Europa, und diese führe zur Transformation des jüdischen Körpers. Mann stellt sich die Juden in erster Linie als verkrüppelte und missgebildete Bewohner der osteuropäischen Ghettos vor. Ihr Eintritt in die europäisch-deutsche Kultur erfolge nicht nur durch soziale Akkulturation, sondern auch durch körperliche Veränderung.[17] Diese Entwicklung stellt sich Mann als eine Ersetzung vor, bei der der Ghettojude, der »einen Fettbuckel, krumme Beine und rote, mauschelnde Hände« besitze, ausgetauscht wird durch »junge Leute, die bei englischem Sport und unter aller Gunst der Bedingungen erwachsen, ohne ihre Art zu verleugnen, doch einen Grad von Wohlgeratenheit, Eleganz und Appetitlichkeit und Körperkultur darstellen«.[18] Es sei hier daran erinnert, dass Manns erster erfolgreicher Versuch, Belletristik zu verfassen, seine Novelle *Der kleine Herr Friedemann* von 1897 war – die Geschichte eines körperbehinderten Ästheten, »mit seiner spitzen und hohen Brust, seinem weit ausladenden Rücken und seinen viel zu langen, mageren Armen«.[19] Nach einem Leben in selbst auferlegter Askese aufgrund einer jugendlichen Zurückweisung verliebt er sich in Frau Gerda von Rinnlingen, die nicht sonderlich attraktive Gattin des neuen Militärkommandanten seiner Heimatstadt. Als er ihr schließlich seine Liebe gesteht, verspottet sie ihn, und er sieht keinen anderen Ausweg, als sich das Leben zu nehmen. Friedemanns körperliche Unzulänglichkeit wie auch sein jüdisch klingender Name (so empfanden es Manns Zeitgenossen mit ihrer antisemitischen Namensgebung, was im Jahrhundert von Friedemann Bach eindeutig noch nicht der Fall war) verweisen auf die psychologischen Selbstzweifel derjenigen, die eine mangelhafte Körper-

---

den er verfasst wurde; später wurde er nachgedruckt unter dem Titel »Zur jüdischen Frage«, in: Thomas Mann, Gesammelte Werke in 13 Bänden, Frankfurt a.M. 1974, Bd. VII, S. 466-475.

17 Todd Kontje, Thomas Mann's World: Empire, Race, and the Jewish Question, Ann Arbor 2011, S. 19-24.

18 Thomas Mann (Anm. 16), S. 245 f.

19 »Der kleine Herr Friedemann«, in: Thomas Mann, Frühe Erzählungen, 1893-1912, hrsg. von Terence J. Reed unter Mitarbeit von Malte Herwig, Frankfurt a.M. 2004, S. 87-119, hier S. 89.

Die Juden und die Körperhaltung

haltung haben.[20] Für Mann gehören diese Missbildung und ihr Transformationspotenzial zur ›allgemeinen kulturellen Entwicklung‹ Europas, weg von den entarteten Körpern und hin zu einem neuen Kosmopolitismus gesunder Körperlichkeit.

Diese biologische Vorstellung von der Wiederherstellung einer guten Haltung deckt sich weitgehend mit Theodor Herzls Ansichten über Anpassung und Fehlanpassung. Er war der Auffassung, Erziehung sei nur durch Schockbehandlung möglich. Die Gültigkeit von Darwins Mimikry-Theorie werde sich bestätigen, die Juden würden sich anpassen. Sie seien wie Robben, die durch einen Unfall der Natur ins Wasser zurückgeworfen worden sind. Wenn sie auf das Festland zurückkehren und es schaffen, dort ein paar Generationen lang zu bleiben, werden sich ihre Flossen wieder in Beine verwandeln.[21] Und, so können wir hinzufügen, sie werden »aufrecht stehen«. Nur indem man dem zuvor »entmannten« mitteleuropäischen Judentum eine »ehrenhafte und männliche Haltung« verschaffte, schien Theodor Herzl das Ziel der Wiedererrichtung eines jüdischen Staates erreichbar. Doch es blieb nicht bei einem abstrakten Ideal. Der sich zu seinem Judentum bekennende Kraftprotz Siegmund (Zishe) Breitbart (1883-1925) wurde in Herzls Wien und in Berlin zum Prototyp des »neuen Muskeljuden«:

Ein menschliches Wesen mit übernatürlichen Kräften. Breitbart. Er biegt Stahl, als wäre er weicher Gummi, beißt Ketten durch, als wären sie zartes Fleisch, treibt Nägel in dickes Holz mit der bloßen Faust. [...] Eine mit Hunderten von Kilogramm schweren Betonblöcken beladene Brücke wird auf seinen gigantischen Körper herabgelassen, und die Blöcke werden dann mit Hämmern zertrümmert.[22]

Kostümiert als Bar Kochba oder als römischer Zenturio (ohne auf den Widerspruch zwischen diesen beiden Verkleidungen zu achten), wurde er zum Inbegriff des neuen Muskeljuden als pseudomilitärische Figur. Wie in der deutschen Nationalbewegung des 19. Jahrhunderts wurde der Sport zum Mittel, um nicht nur einen gesunden Körper, sondern auch einen gesunden Geist zu regenerieren. Durch solche Veränderungen im

---

20 Dietz Bering, Der Name als Stigma: Antisemitismus im deutschen Alltag, 1812-1933, Stuttgart 1987.

21 Alex Bein, Theodor Herzl: Biographie, Wien 1974, S. 173.

22 Sharon Gillerman, »Samson in Vienna: The Theatrics of Jewish Masculinity«, in: Jewish Social Studies IX/2 (2003), S. 65-98, hier S. 85.

20. Jahrhundert und durch seinen zu neuer Stärke gelangten jüdischen Körper konnte der Jude wieder stolz auf sein Judentum sein.[23]

1908 veröffentlichte der deutsch-jüdische Eugeniker Dr. Elias Auerbach aus Berlin einen Aufsatz mit dem Titel »Die Militärtauglichkeit der Juden«, in dem er aus medizinischer Sicht die Behauptung einer Minderwertigkeit der jüdischen Körperhaltung zurückwies und die angebliche Veranlagung des Juden für bestimmte Gebrechen, was ihn für den Militärdienst untauglich mache, bestritt.[24] Auerbach versucht zunächst, die Statistiken zu ›korrigieren‹, wonach es unter 1000 Christen in der Bevölkerung 11,61 Soldaten gebe, unter 1000 Juden aber nur 4,92 Soldaten. Seine Richtigstellung (ausgehend von dem größeren Anteil von Juden, die als Freiwillige ins Militär eintraten und daher nicht in der Statistik auftauchten) kommt immer noch zu dem Ergebnis, dass ein beträchtlicher Teil der jüdischen Soldaten dienstuntauglich war (gemäß seiner verbesserten Zählung kamen auf 1000 Christen 10,66 Soldaten und auf 1000 Juden 7,76). Er nimmt die körperlichen Unterschiede der Juden als gegeben hin, fragt sich aber, ob es einen stichhaltigen Grund gibt, warum diese Anomalien sie vom Dienst im Militär abhalten sollten. Seines Erachtens ist die einzig wahre Lösung, um die Juden zu gleichwertigen Bürgern zu machen, sie an sportliche Betätigung zu gewöhnen und dadurch den jüdischen Körper umzuformen, auch wenn die Juden dadurch nicht unbedingt besser für den Militärdienst geeignet sein würden. 1909 argumentierte Max Zirker in der *Jüdischen Turnzeitung*, dass das jüdische Volk eine »Bauernklasse« entwickeln müsse, die Ackerbau betreiben könne, was ein Gegengewicht zu der »meist intellektuellen Tätigkeit« der Juden darstellen würde. Auf diese Weise würden sie die Knochen, die Muskulatur und die Körperhaltung entwickeln, die nötig für den Dienst im Militär und die Entwicklung zu Staatsbürgern seien. So wären sie in der Lage, eine künftige Heimat zu verteidigen, während sie gleichzeitig ihre intellektuellen Fähigkeiten und ihre »geistige Hygiene« verbessern würden.[25]

Die pathologische Bedeutung schlechter Körperhaltung findet sich in allen solchen Verteidigungen der Juden angesichts eines erstarkenden rassistischen Antisemitismus gegen Ende des 19. Jahrhunderts. Anatole Leroy-

23 Breitbart trat häufig in den Vereinigten Staaten auf und war der Öffentlichkeit dort bekannt. Vgl.: Siegmund Breitbart, Muscular Power, New York 1924.

24 Elias Auerbach, »Die Militärtauglichkeit der Juden«, in: Jüdische Rundschau, L (1908), S. 491f.

25 Max Zirker, »Vom Basler Schauturnen«, in: Die jüdische Turnzeitung, IX (1903), S. 164-169.

Die Juden und die Körperhaltung

Beaulieu bemerkt in seiner *Apologie des Judentums* von 1893, dass für den Juden die Vorherrschaft des Nervensystems über das Muskelsystem charakteristisch sei: »[...] zu wenig Muskeln, zu viel Nerven, *il est tout nerfs*«. Das liege an seiner »orientalischen Herkunft« und seinem sitzenden Lebensstil.[26] Zur damaligen Zeit machten die Antisemiten dieselben Beobachtungen und stellten dieselben Zusammenhänge her. 1893 bemerkte der deutsche Arzt und Schriftsteller Oskar Panizza bei seiner Beschreibung des jüdischen Körpers, dass die Körpersprache des Juden eine deutliche Eigenart besitze:

> Itzig hob immer beide Schenkel fast bis zur Nabelhöhe beim Gehen, so daß er mit dem Storch einige Aehnlichkeit hatte; dabei steckte er den Kopf tief auf die Plastron-Cravatte herab, und sah starr auf den Boden. [...] [B]ei Rückenmarkskrankheiten kommen ja ähnliche Störungen vor; Itzig war aber nicht rückenmarkskrank, denn er war jung und geschont [...].[27]

Der Jude sieht aus, als sei er krank, aber es sind nicht die Stigmata der Entartung, die der Betrachter wahrnimmt, sondern die natürliche Körperhaltung des Juden. Panizzas Itzig unterzieht sich einer massiven Schönheitsoperation, bei der ihm unter anderem die Beine gebrochen und neu ausgerichtet werden, so wie bei Alexander Granach einige Jahre später in der Realität. Itzig »war etwas größer geworden, und sah schon einem respectablen Menschen gleich«. Er »stand dort schlank gebunden, wie eine Tanne«.[28] Nachdem er versucht hat, sich als Deutscher auszugeben, kehrt sein Körper am Ende der Erzählung in seine ›natürliche‹ Haltung zurück und offenbart seinen unveränderlichen jüdischen Charakter.

Panizzas satirische Darstellung des jüdischen Körpers wurde in der materiellen Welt der jüdischen Körper tatsächlich ausgelebt. Den nicht religiösen und nicht zionistischen Juden in Deutschland, von denen sich einige seit den 1890er Jahren Nasenoperationen unterzogen, um äußerlich unauffälliger zu sein, schienen Haltungsanomalien zu verräterisch. Alexander Granach (1893-1945), einer der populärsten Film- und Bühnenschauspieler im Weimarer Deutschland, war ein Jude aus dem österreichischen

---

26   Anatole Leroy-Beaulieu (und Frances Hellman, Übersetzerin), Israel Among the Nations: A Study of the Jews and Antisemitism, New York/London 1895, S. 198.

27   Oskar Panizza, »Der operirte Jud'«, in: Visionen. Skizzen und Erzählungen, Leipzig 1893, S. 182-227, hier S. 185.

28   Ebd., S. 196 f.

Galizien, der als Jugendlicher vor dem Ersten Weltkrieg nach Berlin kam. Er spielte in einer Reihe von wichtigen Filmen mit, vom Stummfilm *Nosferatu* (1922) bis zu einem der ersten Tonfilme, *Kameradschaft* (1931). Bei einem seiner denkwürdigsten Bühnenauftritte, 1920 in München, spielte er sogar Shakespeares jüdischen Kaufmann Shylock. Als Leinwandstar emigrierte er in die Vereinigten Staaten und setzte seine Filmkarriere dort bis zu seinem frühen Tod im Jahre 1945 fort. In seiner 1945 erschienenen Autobiographie *Da geht ein Mensch* erzählt Granach, wie er sich von einem osteuropäischen Juden in einen Deutschen verwandelte, indem er sich beide Beine brechen ließ, um seine »krummen X-Beine« zu korrigieren.[29] Dass ihm diese peinlich waren, lag vor allem daran, dass sie als Merkmal jüdischer oder zumindest osteuropäisch-jüdischer Körperhaltung galten. Seine Freunde bemerkten rücksichtsvoll, »ihnen sei noch nie aufgefallen, dass meine Beine schief waren«.[30] Er selbst führte diesen Haltungsschaden nicht auf seine ethnische Herkunft zurück. Die Ursache seiner »krummen Bäckerbeine« sah er in seiner harten Arbeit in der Bäckerei seines Vaters, nicht in Unterernährung oder Rasse.[31]

Die Einwanderungspolitik der Vereinigten Staaten zu der Zeit, als Thomas Mann *Der kleine Herr Friedemann* verfasste, war nicht unwesentlich geprägt von der Körperhaltung der jüdischen Einwanderer aus Ost- und Mitteleuropa, die gegen Ende des 19. Jahrhunderts nach New York strömten. Die medizinische Untersuchung auf Ellis Island, die ab 1892 eingeführt wurde, diente u. a. der Feststellung von »Unregelmäßigkeiten im Bewegungsapparat«, neben einer Vielzahl weiterer Gebrechen. Die Einwanderer wurden beim Tragen ihres Gepäcks beobachtet, um festzustellen, ob sich »bei der Anstrengung Missbildungen und Haltungsschäden zeigen würden«. Ein Inspektor schrieb:

Es ist nicht schwieriger, schlecht gebaute, defekte oder abgenutzte Menschen zu erkennen, als ein billiges oder mit Mangeln behaftetes Auto zu identifizieren. [...] Der kluge Mann, der wirklich so viel wie möglich über ein Kraftfahrzeug oder einen Einwanderer herausfinden will, wird

---

29 Hier nach der englischen Ausgabe: Alexander Granach, There Goes an Actor, Garden City, NY, 1945, S. 189. Unter dem oben erwähnten Titel *Da geht ein Mensch* wurde Granachs Autobiographie 1945 im Stockholmer Exil-Verlag »Neuer Verlag« veröffentlicht. Vgl. auch Arnold Zweig, Juden auf der deutsche Bühne, Berlin 1928, S. 149-156.
30 Ebd., S. 189.
31 Ebd., S. 172.

Die Juden und die Körperhaltung

beide unmittelbar beobachten wollen, sowohl in Bewegung als auch im Ruhezustand.[32]

Diejenigen, die eine »fehlerhafte« Haltung an den Tag legten, bekamen schnell mit Kreide ein »L« auf den Rücken gemalt. Dann wurde ihnen befohlen, sich für den Rücktransport nach Europa an die Schifffahrtsgesellschaften zu wenden. Wenn sie in den Vereinigten Staaten aufgenommen wurden, d. h. wenn ihnen eine gesunde und gute Haltung zugesprochen wurde, galten sie dennoch als missgebildet. Zu Beginn des 20. Jahrhunderts saß Richard C. Cabot, ein angesehener Arzt aus Boston, einem solchen Einwanderer gegenüber und sah in ihm

nicht Abraham Cohen, sondern einen Juden; nicht die scharfen, klaren Umrisse dieses individuellen Leidenden, sondern das vage, verschwommene, zusammengesetzte Foto all der Hunderte von Juden, die in den letzten zehn Jahren mit gebeugtem Rücken und düsterem Blick zu mir her geschlurft sind und auf diesem Hocker Platz genommen haben, um ihre Geschichte zu erzählen.[33]

Cabot erkannte, dass die Realität durch Annahmen über den jüdischen Körper verhüllt wurde. Im Jahre 1931 prägte der Historiker James Truslow Adams in seinem Werk *The Epic of America* den Begriff »American Dream«, um die angestrebten Ziele der neuen Einwanderer zu beschreiben. Adams definiert ihn als

einen Traum von einer Gesellschaftsordnung, in der jeder Mann und jede Frau in der Lage sein soll, die höchste Entwicklungsstufe der Haltung (the fullest stature) zu erreichen, zu der sie von Natur aus fähig sind […], unabhängig von den zufälligen Umständen ihrer Geburt.

Ein liberales Verständnis der Elastizität der menschlichen Körperhaltung bestimmte seine Vorstellung von menschlicher Statur.[34]

---

32 Zitiert nach Douglas C. Baynton, »Disability and the Justification for Inequality in American History«, in: Lennard J. Davis (Hrsg.), The Disability Studies Reader, New York 2010, S. 17-33, hier S. 28.

33 Zitiert nach Allan M. Kraut, Silent Travelers: Germs, Genes, and the »Immigrant Menace«, Baltimore 1994, S. 208.

34 James Truslow Adams, The Epic of America, Boston 1931, S. 404 f.

Derartige Forderungen nach körperlicher Umgestaltung sind in den 1930er Jahren nicht auf die Vereinigten Staaten beschränkt. Forscher, die sich mit der Körperpolitik im stalinistischen Russland der 1930er Jahre beschäftigt haben, haben darauf hingewiesen, dass der kulturelle und gesellschaftliche Diskurs jener Zeit von der Rhetorik des Umschmiedens *(perekovka)* des Menschen bestimmt war. Obwohl der Marxismus die Prädominanz des ökonomischen und sozialen Umfelds für die Entwicklung des Menschen betonte, war das Konzept des Umschmiedens paradoxerweise verknüpft mit der Vorstellung von biologischen Veränderungen innerhalb eines Organismus. Mehrere jüdische Schriftsteller, darunter der sowjetische Kinderbuchautor Lew Kassil, versuchten, den Erfolg eines solchen Umschmiedens von Körper und Seele vorzuführen, was in vielen russischen und jüdischen Figuren in der Literatur der 1930er Jahre zum Ausdruck kam. Das biologische Wesen des menschlichen Körpers wurde als ein Ergebnis von Naturkräften betrachtet, gegen die es Abhilfe zu schaffen galt. Wie aus den Tagebüchern von Michail Soschtschenko hervorgeht, war Max Nordaus von der Jahrhundertwende stammendes Konzept der Entartung weiterhin wichtig für die Generation der 1930er Jahre, die sich mit der Frage beschäftigte, wie man diese Entartung überwinden könne.[35] Ein Schlüssel zur Formung des neuen sowjetischen Menschen (wie auch des neuen faschistischen Menschen und des neuen zionistischen Menschen) war, zu lernen, gerade zu stehen, wie der Sexualhistoriker George Mosse bezüglich der Formen von männlicher Identität feststellte, die in diesen sehr unterschiedlichen politischen Richtungen vorherrschten.[36]

Solche Ansichten waren in der marxistischen Ideologie der 1930er Jahre auch außerhalb der Sowjetunion verbreitet und vermischten sich mit grundsätzlichen Annahmen zur Rassenkunde und Körperhaltung. Der utopisch-marxistische Philosoph Ernst Bloch »sah den aufrechten Gang als moralische Orthopädie der Menschenwürde, als Stärkung des Rückgrats gegen Erniedrigung, Abhängigkeit und Unterdrückung«.[37] Bloch betrachtet den aufrechten Gang als politischen Akt und sieht ihn hinter der

---

35 Keith A. Livers, Constructing the Stalinist Body: Fictional Representations of Corporeality in the Stalinist 1930s, Lanham, MD, 2004, S. 204.

36 George L. Mosse, Nationalism and Sexuality: Respectability and Abnormal Sexuality in Modern Europe, New York 1985, S. 134-136.

37 Jan Robert Bloch, »How Can We Understand the Bends in the Upright Gait?«, übersetzt von Capers Rubin, in: New German Critique, XLV (1988), S. 9-39. Bezogen auf Ernst Bloch, Natural Law and Human Dignity, übersetzt von D. J. Schmidt, Cambridge, MA, 1986.

Marx'schen Forderung, alle Verhältnisse umzustürzen, in denen der Mensch ein erniedrigtes, versklavtes, verwahrlostes oder verachtetes Wesen ist. Seines Erachtens ist der Anspruch auf den aufrechten Gang Bestandteil aller Rebellionen, sonst gäbe es keine Aufstände. Schon das Wort Aufstand allein bedeute, dass man sich aus seiner liegenden, niedergeschlagenen oder knienden Position in eine aufrechte Position begebe.[38]

Ernst Bloch begann sein Hauptwerk *Das Prinzip Hoffnung* 1938 im Exil vor den Nazis und beendete es 1947; veröffentlicht wurde es erst in den 1950er Jahren. Bloch präsentiert darin die Körperhaltung als Schlüssel für seine Auffassung von der veränderten Physiognomie der menschlichen Gestalt im Kapitalismus. Er erklärt, echt sportliche Haltungen unterschieden sich deutlich von kosmetischen Haltungen vor dem Spiegel, von der Schminke, die sich eine Frau nachts wieder aus dem Gesicht wischt, oder von anderen Umbauten des Körpers, die rückgängig gemacht werden, sobald man seine Kleider ablegt. Der Körper solle überhaupt nicht verborgen werden, sondern die Verzerrungen und Entstellungen ablegen, die eine entfremdende, arbeitsteilige Gesellschaft auch ihm auferlegt habe.[39] Oberflächlich betrachtet, schreibt Bloch, scheine der Kapitalismus einer gesunden Körperhaltung förderlich zu sein, aber er verberge die Notwendigkeit von Geld, um diese Haltung zu bewahren. Natürlich gebe es Menschen mit richtiger Atmung, die eine angenehme Selbstsicherheit mit einer gut belüfteten Lunge und einem aufrechten Oberkörper verbänden, der bis ins hohe Alter beweglich bleibe. Aber es bestünde weiter die Voraussetzung, dass diese Menschen Geld hätten, was mehr zur Behebung einer ursprünglich krummen Haltung beitrage als die Kunst des Atmens.[40] Das entspricht Immanuel Kants Bemerkung, alle Menschen seien aus »krummem Holze« gemacht, die hier nun auf die Welt der kapitalistischen Ausbeutung übertragen werden kann. Diese Vorstellung taucht erneut auf in der Welt der Armen und des elementaren Kampfes gegen das Verhungern, nicht im Aufklärungsgarten von Jean-Jacques Rousseau, sondern in der brutalen Existenz unter dem Faschismus.

Vieles fiele leichter, könnte man Gras essen. Hierin hat es der Arme, sonst als Vieh gehalten, nicht so gut wie dieses. Nur Luft ist ohne

---

38 Rainer Traub, Harald Wiesner und Otto Klemperer (Hrsg.), Gespräche mit Ernst Bloch, Frankfurt a. M. 1975, S. 123 ff.
39 Ernst Bloch, The Principle of Hope, übersetzt von Neville Plaice, Stephen Plaice und Paul Knight, Cambridge, MA, 1995, Bd. II, S. 453.
40 Ebd., Bd. II, S. 467.

weiteres da, aber der Acker muss bestellt werden, immer wieder. In gebückter, mühsamer Haltung, nicht so, wie man feines Obst aufrecht an der Mauer zieht. Sammeln von Beeren, Früchten, freie Jagd sind lange vorbei, wenige Reiche leben von vielen Armen. Beständiger Hunger zieht durch das Leben, nur er zwingt zur Fron, dann erst zwingt die Peitsche.[41]

Bloch, der als Jude im amerikanischen Exil lebt, lehnt aber auch die Vorstellung ab, dass solche Unterschiede in der Körperhaltung auf die ethnische Herkunft zurückzuführen seien. Er schreibt, dass somit auch die Lebenschancen des Adels nicht durch die Zuchtwahl bedingt seien; es sei vielmehr so, dass die soziale Hygiene und eine Gesellschaft, in der eine aufrechte Haltung nicht mehr unterdrückt werde, in der sich gemeine Tricks nicht mehr auszahlten, das adelige Verhalten automatisch offenbare; in der Tat werde es nur durch diese gesellschaftlichen Rahmenbedingungen vollständig sichtbar. Nur so gelinge wirklich die »Aufzucht« von Genies, dieser wahren und einzig wünschenswerten »Minderheiten aufgrund ihres Blutes«. Obwohl die Argumentationsweise anders ist, ähnelt dies Max Nordaus Auffassung, nur eine tiefgreifende Gesellschaftsreform könne die Verbesserung der fehlerhaften jüdischen Haltung ermöglichen. Für Bloch steht fest, dass die kapitalistische Gesellschaft die Rolle des Antisemitismus als Kraft übernimmt, die den sozialen Körper deformiert, was an die von Max Horkheimer in den 1930er Jahren formulierte Ansicht der Frankfurter Schule erinnert, dass der Antisemitismus lediglich ein Sekundärphänomen des Spätkapitalismus sei. Für Bloch ist die Welt des Kapitals wirkungsmächtiger als die Geltungsansprüche der Rasse. Bloch musste 1934 als Jude aus Deutschland fliehen und ließ sich schließlich in den Vereinigten Staaten nieder, wo er sein Hauptwerk verfasste. Nach dem Krieg siedelte er in die DDR über, wo er zu einem prominenten Kritiker der Repression im neugegründeten kommunistischen Staat wurde. Man darf bezweifeln, dass er der Überzeugung war, der ostdeutsche Kommunismus habe für eine bessere Körperhaltung bei seinen Bürgern gesorgt, aber mit dieser Thematik beschäftigte er sich dort nicht mehr so intensiv wie früher.

Fast zeitgleich war die Ideologie des Zionismus von dem Ziel durchdrungen, ungesunde Juden ausfindig zu machen und sie von potenziell ge-

41 Ernst Bloch, Das Prinzip Hoffnung, 8. Aufl., Frankfurt a. M. 1982, Bd. II, S. 547; hier zitiert nach Martin A. Graf, Werkstücke – Eingriffe, Norderstedt 2020, Bd. 1, S. 287.

Die Juden und die Körperhaltung

sunden Bürgern zu trennen. Der Ursprung liegt in der »Idee der ›produktiven‹ Arbeit« des frühen Zionismus in Palästina.

Physische Arbeit wurde zum Bestandteil einer jüdischen Körperpolitik in Bezug auf den zukünftigen zionistischen Bürger. Die Zielgruppe, an die sich die Zionisten mit ihrer Forderung nach produktiver körperlicher Arbeit wandten, war nicht so sehr die nichtjüdische Gesellschaft und noch weniger die Antisemiten, sondern vielmehr die religiösen Juden, die an ihren Büchern und Glaubenspraktiken festhielten. In recht herablassender Weise nannten sie diese ›Ghetto-Juden‹, im Gegensatz zu den neuen »Halutz« (Pionieren), die erst noch ausgebildet werden mussten.[42]

Die Frage war, ob die Körperhaltung heilbar war und bei wem. Die Haltung wurde zum Mittel der Unterscheidung zwischen dauerhaften Faktoren, die den Juden disqualifizierten, und von außen aufgezwungenen körperlichen Defiziten, die durch eine neuartige Auffassung des Körpers behoben werden konnten.

Um es ganz deutlich zu sagen: Das Bild des buckligen Juden ist durch die Gründung des Staates Israel und die Erschaffung eines neuen »Muskeljuden« nicht verschwunden. Es ist noch bis weit ins 21. Jahrhundert hinein verbreitet. Der jüdische, russisch-amerikanische Schriftsteller Gary Shteyngart, der 1978 im Alter von sechs Jahren aus der UdSSR nach New York übersiedelte, verarbeitete seine Erfahrung als ›amerikanischer Jude‹ in seinem ersten Roman, *The Russian Debutante's Handbook* (2002). In seiner Schilderung wird die Unmöglichkeit der Integration betont, ein häufig behandeltes Thema sowohl in den amerikanischen als auch in den sowjetischen Diskursen der damaligen Zeit. Der Protagonist dieses Werks, der sowjetische Jude Vladimir Girshkin, ist bei der Emma Lazarus Immigrant Absorption Society angestellt, auf einem Posten, der seinen berufstätigen Eltern aus der Mittelschicht weit unter seinem Potenzial zu liegen scheint. Dennoch bleibt Vladimir zu russisch (und damit zu jüdisch) für ein kosmopolitisches Amerika, in dem die Juden eine gerade Körperhaltung besitzen. Seine Mutter hatte bemerkt, dass ihm seine Andersartigkeit im Gegensatz zu den amerikanischen Juden auf den Leib geschrieben war:

---

42 Miriam Rürup, »Capitalism and the Jews Revisited: A Comment«, in: Bulletin of the German Historical Institute Washington, LVIII (2016), S. 25-32, hier S. 27.

»Sieh doch, wie deine Füße auseinander stehen. Achte einmal darauf, wie du beim Laufen hin und her schwankst. Wie ein alter Jude aus dem Schtetl. [...] Wie kann eine Frau einen Mann lieben, der wie ein Jude geht?«[43]

Seine Mutter bemüht sich, ihm vorzumachen, wie ›normale‹ Amerikaner gehen und drängt ihn: »Auch du könntest wie ein Nichtjude gehen. Du müsstest dein Kinn nach oben halten. Die Wirbelsäule gerade. Deine Füße würden sich dem dann anpassen.«[44]

Aber Vladimir lernt diese Lektion nie wirklich und bleibt hinsichtlich seiner Haltung (und damit von außen erkennbar) ein russischer Jude mit einem Körper, der sich nicht dem sportlichen Ideal der aufrecht stehenden Amerikaner anpasst. Anders ausgedrückt: Wenn du den Nationalismus der weißen Amerikaner unter den Rahmenbedingungen des neoliberalen Kapitalismus überleben willst, musst du aufrecht stehen und gehen wie ein echter Amerikaner (d. h., wie ein Nichtjude). Michael Chabon spielt in seinem 2016 erschienenen Roman *Moonglow* hierauf an, wenn er seinen jüdisch-amerikanischen Protagonisten seine Körperhaltung modifizieren lässt, während er vom jüdischen Viertel in Philadelphia durch das angrenzende italienische Viertel geht: »Wenn es dir darauf ankäme, keine Schläge in der Christian Street zu bekommen, könntest du deinen Gang und die Haltung deines Kopfes ändern.«[45] Das hatte Bloch in den 1940er Jahren gemeint, als er von der Orthopädie des aufrechten Ganges sprach, die sich in den Anspruch auf Menschenwürde übersetzen ließ.

Wie wir gesehen haben, mündet die Tendenz, die Körperhaltung zur Abgrenzung einer jüdischen Körperrasse zu verwenden, in Theorien der nationalen Identität und der verbesserten Haltung der Juden. Das hat heutzutage ziemlich weitreichende Auswirkungen. Wie ich bereits in vorhergehenden Kapiteln dieses Buches erwähnt habe, führt die Vorstellung, die Juden seien eine biologisch, rassisch oder genetisch homogene Bevölkerungsgruppe, zu problematischen Schlussfolgerungen. Sie sind für diejenigen, die darin eingeordnet werden, oft mit belastenden, wenn nicht gar zerstörerischen Konsequenzen verbunden. Im Jahr 1990 habe ich einen

---

43 Gary Shteyngart, The Russian Debutante's Handbook, New York 2002, S. 44. Vgl. auch Natalie Friedman, »Nostalgia, Nationhood, and the New Immigrant Narrative: Gary Shteyngart's The Russian Debutante's Handbook and the Post-Soviet Experience«, in: Iowa Journal of Cultural Studies 5 (2004), S. 77-87.

44 Shteyngart (Anm. 43), S. 46.

45 Michael Chabon, Moonglow: A Novel, New York 2016, S. 158.

Aufsatz über den »jüdischen Fuß« veröffentlicht, in dem ich aufzeige, wie sich bildliche Vorstellungen von der Art, wie Juden gehen, auf ihren Charakter auswirken.[46] Um im 19. Jahrhundert die Ansicht zu verteidigen, Juden könnten keine vollwertigen Bürger sein, behauptete man, dies sei an ihren Körpern zu sehen: Ihre missgebildeten Füße würden es ihnen niemals erlauben, wie echte Bürger (damals immer als Männer definiert) ihr Vaterland als Soldaten zu verteidigen. Solche Argumente fanden sich in der politischen Literatur und Rhetorik sowie in der philosophischen Spekulation. Aber wie schon bei den Debatten über die »überlegene jüdische Intelligenz« der Fall, von denen in Kapitel 1 die Rede war, wurden derartige Auffassungen auch von der Wissenschaft der damaligen Zeit vertreten, die ebenfalls Teil der allgemeinen Kultur der Epoche war. Dass Jean-Martin Charcot, der führende Neurologe im Paris des späten 19. Jahrhunderts und Lehrer Sigmund Freuds, die Juden als prädisponiert für bestimmte Formen von Geisteskrankheiten ansah, und zwar aufgrund der Belastung durch Vorurteile, die ihre Psyche deformierten, war angesichts seiner liberalen Einstellung zu psychischen Störungen nicht überraschend. Aber in seiner detaillierteren Arbeit über das Nervensystem beschrieb er 1858 das zeitweilige Hinken, eine Form der verminderten Durchblutung, die Beschwerden und eine eingeschränkte Mobilität verursacht. Zu Beginn des 20. Jahrhunderts war es zu einem der Unterscheidungsmerkmale geworden zwischen den Europäern, die mit ihren gesunden Füßen stundenlang marschieren konnten, und den hinkenden, sich vor Anstrengungen drückenden Juden. Gegen Ende des 20. Jahrhunderts, im selben Jahr, in dem mein Aufsatz veröffentlicht wurde, identifizierten Forscher der Oregon Health Sciences University ein Gen auf dem Chromosom 9q32-34, das für eine andere Erkrankung der Körperhaltung verantwortlich ist: die »idiopathische Torsionsdystonie«,

eine neurologische Störung, die durch anhaltende Muskelkontraktionen gekennzeichnet ist, die sich als Drehbewegungen der Gliedmaßen, des Rumpfes und/oder des Halses äußern und zu abnormen Körperhaltungen führen können.[47]

46 Sander L. Gilman, »The Jewish Body: A Foot-note«, in: Bulletin of the History of Medicine 64 (1990), S. 588-602.

47 P. L. Kramer et al., »Dystonia gene in Ashkenazi Jewish population is located on chromosome 9q32-34«, in: Annals of Neurology, 27 (1990), S. 114-120.

Dieses Syndrom tritt sowohl bei Juden als auch bei Nicht-Juden auf, doch scheint es in der aschkenasisch-jüdischen Bevölkerung fünf- bis zehnmal häufiger zu sein als in anderen Gruppen. Spätere Studien verglichen diese Haltungsschwäche mit der von Nicht-Juden und stellten fest, dass, wie beim zeitweiligen Hinken, Juden hierfür besonders genetisch veranlagt sind.[48] Jedoch spricht keiner der Forscher bezüglich der Juden von Insuffizienz oder Mangel, sondern nur von einem genetischen Unterschied. Die Problematik hierbei besteht wie bei den meisten dieser Studien zur »jüdischen Genetik« darin, dass sich ihre offenen oder impliziten Kommentare nicht auf die begrenzte Zahl von Individuen oder den Genpool in der Untersuchungsgruppe beschränken, sondern dazu neigen, ein Klischee von einer Konstitutionsschwäche zu verfestigen, die anhand der Körperhaltung der Juden erkennbar sei und über eine bloße Differenz hinausgehe. Hier überschneidet sich Ernst Blochs Auffassung von der Rolle der Körperhaltung bei der Charakterisierung des Menschen mit dem Versuch der Genetik, eine »gesunde« Körperhaltung zu definieren.

48 L. J. Ozelius et al., »Strong allelic association between the torsion dystonia gene (DYT1) and loci on chromosome 9q34 in Ashkenazi Jews«, in: American Journal of Human Genetics 50 (1992), S. 619-628; S. B. Bressman et al., »Exclusion of the DYT1 locus in a non-Jewish family with early-onset dystonia«, in: Movement Disorders 9 (1994), S. 626-632.

Die Juden und die Körperhaltung

Que(e)re Haltung und die Juden

In einem 1923 in der angesehenen Fachzeitschrift *American Physical Education Review* erschienenen Artikel erinnerte Lillian Curtis Drew von der Central School of Physical Education in New York an den klassischen Fall ›gespaltenen Bewusstseins‹ aus dem viktorianischen Zeitalter: Robert Louis Stevensons Novelle *Strange Case of Dr Jekyll and Mr Hyde* von 1886, wobei die Autorin auf die zentrale Bedeutung der Körperhaltung als Ausdruck der Persönlichkeit hinwies:

> Es gibt keine bessere Veranschaulichung des Zusammenhangs von Körperhaltung und Persönlichkeit als das altehrwürdige Beispiel von Dr. Jekyll und Mr. Hyde. Dies waren zwei völlig gegensätzliche Charaktere: einerseits Jekyll, mit aufrechter Haltung, gesunder Ausstrahlung, gesellschaftlichem Ansehen und edlen Bestrebungen; andererseits Hyde, dessen kriecherische und kauernde Haltung sein dementsprechendes Gemüt verriet.[1]

Doch wie sieht Hyde eigentlich aus? Die theatralische Darstellung von Mr. Hyde ist eindeutig als Antithese zum bürgerlichen Dr. Jekyll konzipiert. Wie kann man solch einen Unterschied sichtbar machen? Stevenson gibt eine Reihe von Hinweisen auf Hydes Physiognomie. Mr. Hyde ist »irgendwo verunstaltet«. Er erweckt »den Eindruck einer Missbildung, obwohl ich nicht sagen könnte, an genau welchem Körperteil«. Denn »Mr. Hyde war blass und kleinwüchsig, er wirkte entstellt, ohne benennbare Deformation«. Er vermittelt insgesamt »das quälende Gefühl einer unausgesprochenen Fehlgestalt«. Daher ist er »eine abstoßende Kuriosität« und erscheint als »etwas Abnormales, eine Art von Missgeburt, [...] etwas Ergreifendes, Überraschendes und Widerwärtiges«. So primitiv wirkt er, dass »dieser Mann kaum noch wie ein Mensch aussieht! Eher wie jemand aus der Steinzeit [...]«. Tatsächlich schien er ein Höhlenbewohner zu sein, mit »affenähnlichem« Äußeren und einer Hand, die »mager, sehnig, knorrig, von düsterer Blässe und dicht mit dunklem Haarwuchs

---

1 Lillian C. Drew, »Ways and Means of Overcoming Inefficient Posture«, in: American Physical Education Review, January 1923 (Vol. XXVIII, No. 1), S. 3-8, hier S. 4.

bedeckt« war.[2] Urzeitlich, deformiert, ungesund ... Es gibt jedoch kaum konkrete Angaben darüber, wodurch dieser Eindruck entsteht. Sogar Martha Stoddard Holmes stellt in ihrem Werk *Fictions of Affliction* fest, dass Hyde zu den Figuren mit »nicht näher beschriebenen Behinderungen« gehört.[3] Auf der Bühne jedoch ist seine Gestalt eindeutig: 1888 wird er in London und New York als Buckliger gespielt, das genaue Gegenteil von Jekylls »aufrechtem« Charakter. Verdeutlicht wird das durch seine Körperhaltung: schlechte Haltung, also schlechter Charakter.

Für Drew ist eine gute Körperhaltung schlichtweg ein Anzeichen für einen guten Charakter, und in einem New York, in dem es von jüdischen Einwanderern aus Osteuropa wimmelte, die mit schlechter Körperhaltung karikiert wurden, bedeutete Haltungserziehung, moralische Bürger mit »geistiger und körperlicher Fitness« zu schaffen:

> Das Ziel besteht darin, im Einzelnen solche motorischen Fähigkeiten aufzubauen, dass die aufrechte Haltung für ihn zu einer dauerhaften Gewohnheit wird, zu einem integralen Bestandteil seiner Person statt einer starren Position, die in der Turnhalle eingenommen und nur mit dieser Umgebung in Verbindung gebracht wird, oder die nach der Ermahnung »Steh gerade!« erfolgt. Um wirklich von Wert zu sein, muss sie »im Alltag funktionieren«.[4]

Drews Lesart von Stevenson ignoriert natürlich die Tatsache, dass *beide* Figuren verschiedene Aspekte einer einzigen Persönlichkeit sind, was dem Theaterpublikum im Londoner West End 1888 nicht entging – die Dramatisierung der Geschichte kam zur Zeit der Morde von Jack the Ripper im East End auf die Bühne.

Doch die Frage der Haltung in Stevensons Novelle ist vielschichtig. Wir müssen uns vor Augen halten, dass sowohl reiche Schnösel als auch Mörder aus der Arbeiterklasse wie Jack the Ripper von der damaligen Presse mit einer ungesunden Körperhaltung in Verbindung gebracht wurden. Auch Erstere hatten eine schiefe Haltung, was bei ihnen aber eine ganz andere Bedeutung besaß. Die förmliche Körperhaltung, erzeugt durch Haltungsbretter und Benimmstühle, war bereits in der Welt von Jane Austen diskre-

---

2 Robert Louis Stevenson, Strange Case of Dr Jekyll and Mr Hyde, New York 1903, S. 12, 25, 37, 43, 97 und 118.

3 Martha Stoddard Holmes, Fictions of Affliction: Physical Disability in Victorian Culture, Ann Arbor 2007, S. 199.

4 Lillian C. Drew (Anm. 1), S. 4.

Que(e)re Haltung und die Juden

ditiert worden, weil damit nur ein äußerliches Abbild eines »guten Charakters« erzeugt werde. Die Ablehnung der gesellschaftlichen Konvention einer starren Körperhaltung gehört zum Wertesystem von Jane Austen, die sich 1817 in ihrem Roman *Sanditon* äußert über

> genau solche jungen Damen, wie man sie im ganzen Königreich in mindestens einer von drei Familien antrifft; sie hatten einen annehmbaren Teint, eine schlanke Figur, eine aufrechte, entschlossene Haltung und einen selbstsicheren Blick; sie waren vordergründig sehr gebildet, aber doch sehr unwissend, da sie ihre Zeit damit verbrachten, solchen Beschäftigungen nachzugehen, die Bewunderung erregen konnten, sowie solchen Handarbeiten und Kniffen voller geschicktem Einfallsreichtum, durch die sie sich in einem Stil kleiden konnten, der weit über das hinausging, was sie sich eigentlich hätten leisten können; sie gehörten zu den Ersten, die neuen Moden folgten, und das Ziel von alledem war, einen Mann zu erobern, der viel wohlhabender war als sie selbst.[5]

Die gerade Körperhaltung dieser jungen Damen zeugt genauso von ihrer moralischen Leere wie von ihrer völligen Unkenntnis der Welt. Austens Ablehnung der ›guten Haltung‹ als Zeichen eines guten Charakters bereitete einen alternativen ›Lebensstil‹ im 19. Jahrhundert vor, die lässig-schiefe Haltung.

Gegen Ende des 19. Jahrhunderts »wurden auch andere viktorianische Grundannahmen, einschließlich der Normen der Körperhaltung und der Definitionen von idealer Liebe, angegriffen oder aufgegeben«.[6] In einer der bekanntesten Satiren der damaligen Ästhetenbewegung ist die ›schlechte Haltung‹ dieser Ästheten Teil des Bildes der Avantgarde. Hier haben wir George du Mauriers Antwort auf den ultimativen Ästheten Oscar Wilde vor uns, der als Student bemerkte, es falle ihm »jeden Tag schwerer, meinem blauen Porzellan gerecht zu werden«. (Abb. 8) Die Haltung Wildes auf dem Bild entspricht einer Reihe von zeitgenössischen Photographien und Karikaturen, die ihn mit schiefer Haltung zeigen. Als Schüler

---

5 Jane Austen, The Works of Jane Austen, hrsg. von R. W. Chapman, Bd. VI, Oxford 1954, S. 421.

6 Peter N. Stearns, Battleground of Desire: The Struggle for Self-control in Modern America, New York 1999, S. 4. Vgl. auch seinen vorhergehenden Aufsatz zur Körperhaltung, abgedruckt in diesem großartigen Buch: David Yosifon und Peter N. Stearns, »The Rise and Fall of American Posture«, in: American Historical Review, CIII (1998), S. 1057-1095.

Abb. 8: Napoleon Sarony,
Carte-de-Visite: Oscar Wilde,
1882.

ließ dieser sein Haar wachsen; einige sagten, er habe seine Körperhaltung verändert, um damit die träge Empfindsamkeit auszudrücken, die von den Ästheten geschätzt wurde. Er konnte – oder wollte – seinen Kopf nicht gerade halten.

Einer seiner Klassenkameraden bemerkte: »Er fiel zur Seite wie eine Lilienblüte, die zu schwer für ihren Stiel ist.«[7] Die von du Maurier dargestellte Haltung des Ästheten wirkt halb herabgebeugt und halb ohnmächtig, was damals als unmännlich galt.[8] Dass ein schief dastehender Mann mit Homosexualität in Verbindung gebracht wurde, scheint eine Reaktion auf die mehr oder weniger starre Haltung zu sein, die den Körpern (und der Moral) in der bürgerlichen Gesellschaft des viktorianischen Zeitalters vorgeschrieben wurde.

7 David M. Friedman, Wilde in America: Oscar Wilde and the Invention of Modern Celebrity, New York 2014, S. 24.
8 Michele Mendelssohn, Henry James, Oscar Wilde and Aesthetic Culture, Edinburgh 2007, S. 64.

Der viktorianische Topos bildete sich nicht erst gegen Ende des 19. Jahrhunderts heraus. Der Quäkerprediger und Moralist Joseph John Gurney forderte 1845, dass die »jungen Leute« die Gewohnheit entwickeln sollten,

> jedem Menschen ins Gesicht zu sehen, [...] [es] ist eine Sache von nicht geringer Wichtigkeit. [...] Sie fördert die geistige Stärke, ein angemessen kühnes Auftreten und vor allem Offenheit und Aufrichtigkeit. [...] Die gebeugte Haltung muss als eine Art von Hilfsmittel bei Trägheit, Schüchternheit und Verschlagenheit betrachtet werden. [...] Man könnte annehmen, dass viele kräftige junge Menschen der heutigen Zeit plötzlich von den Gebrechen des hohen Alters heimgesucht worden sind, wenn man sie nur nach ihrer ständigen Neigung zu einer schlaffen Körperhaltung beurteilen würde [...].[9]

Am Fin de Siècle war es durch bestimmte Tests einfacher geworden, festzustellen, ob jemand ein echter Mann war: durch das Duell, die Tapferkeit im Krieg und ganz allgemein den Besitz von Willenskraft sowie die männlichen Tugenden der »ruhigen Kraft« und einer akzeptablen moralischen Haltung. Ein anständiges Äußeres und Benehmen galten als Beweis für wahre Männlichkeit [...].[10] Diese Körperhaltung wurde zum Ziel der Erziehung des jungen Mannes aus der gesellschaftlichen Elite: Nicht schlaff herumhängen, das macht keinen guten Eindruck!

Die eingangs erwähnte Drew ging davon aus, dass die gerade Haltung ein wesentlicher Bestandteil der Eingewöhnung der »Hydes« werden musste, der neuen Einwanderer, die damals die East Side von New York City bevölkerten, um sie in junge Menschen mit Charakter zu verwandeln. Die Verbindung zwischen neuartigen Stadtbewohnern und neu hinzugekommenen Einwanderern war in dieser Sichtweise implizit enthalten, denn »Juden und Homosexuelle waren nicht die einzigen Kontrastfiguren, aber sie waren die am deutlichsten sichtbaren und erschreckendsten Beispiele«.[11] Durch das Training ihrer Körpers war ihre Umwandlung möglich. Es ging nicht darum, ob jemand zu einer gesellschaftlichen Avantgarde gehörte, sondern darum, ob er eine Bedrohung für seine neue amerikanische

---

9 Joseph John Gurney, Thoughts on Habit and Discipline, London 1845, S. 65 f.
10 George Mosse, The Image of Man: The Creation of Modern Masculinity, New York 1996, S. 191 f.
11 Ebd., S. 70.

Umgebung darstellte. Das Erlernen der richtigen Körperhaltung bedeutete für die Einwanderer, dass sie das Erbe der primitiven Natur ihrer Herkunft überwinden konnten. Die feinen Leute hatten das bereits getan und versetzten die Bourgeoisie durch ihre Haltung in Panik.

Aufrecht zu stehen, bedeutet aufrecht zu leben. Diese Doppeldeutigkeit ist beabsichtigt und funktioniert in den meisten europäischen Sprachen. Wie Rosemarie Garland-Thomson in ihrer Untersuchung *Staring: How We Look* feststellt, kann das Bewusstsein, als andersartig wahrgenommen zu werden, jedoch bedeuten, dass man in der Lage ist, seine Umgebung zu manipulieren: indem man die Bilder der anderen zum eigenen Vorteil nutzt, statt darunter zu leiden.[12] Susan Sontag hatte das bereits 1964 bemerkt, in ihrem heute klassischen Essay über »camp« (im Sinne von »Affektiertheit«). Sie schreibt, dass

> die beiden bahnbrechenden Kräfte der modernen Sensibilität die moralische Ernsthaftigkeit der Juden sowie der Ästhetizismus und die Ironie der Homosexuellen sind [...]. Der Grund für die Beliebtheit einer aristokratischen Körperhaltung unter den Homosexuellen scheint eine Parallele zur Lage der Juden aufzuweisen [...].[13]

Wenn man gesellschaftlich marginalisiert wird, passt man sich, ironisch oder auch nicht, bis zur Perfektion dem Bild an. Eine ironische Haltung signalisiert, dass man sich dieser Akzeptanz von Normen bewusst ist. Wie man dasteht, definiert, welchen Charakter man besitzt; bei homosexuellen Männern gibt es

> eine scheinbar neue Attitüde, eine Körperhaltung, die man in Bars der Homosexuellen-Szene findet und die Hochmut und Verachtung ausdrückt. In früheren Jahrzehnten neigten Tunten [sic] dazu, Gesten zu verwenden, die mit der Vornehmheit der Salons der Oberschicht und der Klassengesellschaft assoziiert wurden [...].[14]

Absichtlich schief dazustehen, um damit eine affektierte und queere Haltung einzunehmen, führt uns zurück zu Robert Louis Stevenson und

12 Rosemarie Garland-Thomson, Staring: How We Look, New York 2009.
13 »Notes on Camp«, wieder abgedruckt in: A Susan Sontag Reader, New York 1982, S. 105-120, hier S. 118.
14 »Gestures and Body Language«, in: Wayne R. Dynes (Hrsg.), Encyclopedia of Homosexuality, 2 Bde., hier Bd. 1, New York 1990, S. 474.

seinem Mr. Hyde.[15] Der Kritiker Richard Dury stellt in seiner kritischen Einführung zu der Novelle fest, dass unter mehreren »gesellschaftlich geächteten Aktivitäten«, mit denen Hyde in Verbindung gebracht wird, »verschleierte Anspielungen auf die Homosexualität besonders häufig sind«.[16] Homosexuell zu sein in einer Welt, in der man hetero erscheinen musste (es sei daran erinnert, dass Oscar Wilde eine Ehefrau hatte), spiegelt für Dury »das notwendige Doppelleben des viktorianischen Homosexuellen« wider.[17] Im gesamten Roman gibt es Andeutungen einer queeren Haltung: die vermutete Erpressung Jekylls durch seinen »jungen Mann«, seinen »Liebling«; die »sehr hübsche Art der Höflichkeit von Sir Danvers Carew«, wenn er auf der Straße angesprochen wird. Tatsächlich macht Stevenson Carew in seinen frühen Überarbeitungen zum Opfer und nicht zum Angreifer, was »das Thema von Hydes Widerstand gegen die patriarchalische Kontrolle verstärkt und die Andeutungen von Homosexualität abschwächt«.[18] Stevenson beseitigt auch eine Reihe von Hinweisen auf Jekylls frühe Veranlagung durch Anspielungen

auf Masturbation und Homosexualität, enthalten in Sätzen wie »Von einem sehr frühen Alter an wurde ich jedoch heimlich zum Sklaven schändlicher Vergnügungen«, »die eiserne Hand der verhärteten Gewohnheit« und ›Laster [...] kriminell in den Augen des Gesetzes und abscheulich in ihrem Wesen«.[19]

Dennoch betritt Hyde Jekylls Haus auf dem »rückseitigen Weg«, sogar »durch den Hintereingang«.[20] Die Körperhaltung verrät aber den Charakter

15 Wayne Koestenbaum, »The Shadow of the Bed: Dr Jekyll, Mr Hyde, and the Labouchère Amendment«, in: Critical Matrix 1 (Spring 1988, Special Issue), S. 31-55; William Veeder, »Children of the Night: Stevenson and Patriarchy«, in: William Veeder und Gordon Hirsch (Hrsg.), Dr Jekyll and Mr Hyde after One Hundred Years, Chicago 1988, S. 143-148; Elaine Showalter, Sexual Anarchy, London 1990, S. 106-109; Robert Mighall, »Introduction«, in: R. L. Stevenson, The Strange Case of Dr Jekyll and Mr Hyde and Other Tales of Terror, hrsg. v. Mighall, London 2002, S. XVIII-XIX.
16 Diese und die folgenden Zitate stammen aus der »Introduction« von Richard Dury zu Robert Louis Stevenson, Strange Case of Dr Jekyll and Mr Hyde, hrsg. von Richard Dury, Edinburgh 2004, S. XIX-LXII, hier S. XXIX.
17 Ebd.
18 Ebd., S. XXXI.
19 Ebd.
20 Ebd.

von beiden, denn Hyde ist Jekyll »näher als eine Ehefrau«, geht »mit einem gewissen Schwung« und weint »wie eine Frau«; Jekylls Hand ist »weiß und anmutig«.[21]

Sicherlich spiegelte diese Bildlichkeit die gesellschaftlichen Diskussionen über schwule Aktivitäten auf den Straßen, welche die Öffentlichkeit bewegten. Im Juli 1885 beklagte die Sonntagszeitung *Reynolds News* mit sehr ähnlichen Worten die Verderbnis von Jugendlichen in London durch »übersättigte Wollüstlinge«.[22] In den verschiedenen Prozessen, die auf die Verabschiedung von Abschnitt 11 (bekannt als Labouchère Amendment) des Strafrechtsänderungsgesetzes von 1885 folgten – dem Jahr, in dem die Novelle verfasst wurde –, wurde »grobe Unanständigkeit« im Vereinigten Königreich wie ein Verbrechen behandelt. Das Bild des korrupten und korrumpierenden homosexuellen Mannes fand ein Jahrzehnt später anlässlich der Gerichtsverhandlung gegen Oscar Wilde ein erneutes Echo. Stevensons Novelle war sofort sehr erfolgreich und verkaufte sich im Jahr ihres Erscheinens in den Vereinigten Staaten und Großbritannien in einer Auflage von fast 100.000 Exemplaren. Eine Verbindung zwischen der Körperhaltung der Homosexuellen und jener der Juden ergab sich durch das Londoner East End, das Habitat von Jack the Ripper, das von osteuropäischen Juden bewohnt wurde, sodass einer dieser Juden die einzige Person war, die jemals für die Verbrechen angeklagt wurde. In der Tat war das die Welt von »Jekylls Hintergasse, wo ›Landstreicher herumhingen‹«.[23] Und nicht nur Landstreicher ...

Die Rolle, welche die Körperhaltung heutzutage für die Sichtbarkeit (und Selbstparodie) homosexueller Männer spielt, ist selten so eindringlich dargestellt worden wie in Stevensons Bildern von Hyde und Jekyll, die Teil der Physiognomiekultur im viktorianischen Zeitalter sind. Deshalb weist Richard Dury darauf hin, Stevensons affektives Vokabular sei voller Wörter mit potenziell grenzüberschreitenden Bedeutungen, vor allem in den Passagen mit ›exzessiven‹ Beschreibungen im »Camp«-Stil (S. 1). Sontags Beobachtung, dass »die aristokratische Körperhaltung in Bezug auf die Kultur nicht untergehen kann, wenngleich sie nur auf immer ausgefallenere und raffiniertere Weise fortbestehen kann« (S. 118), erweist sich als zutreffend.[24] Während in der »Camp«-Haltung immer etwas Entfremdung

---

21 Ebd.
22 Judith R. Walkowitz, City of Dreadful Delight. Narratives of Sexual Danger in Late-Victorian London, London/Chicago 1992, S. 278 f., Anm. 123.
23 Richard Dury (Anm. 16), S. XLV.
24 A Susan Sontag Reader (Anm. 13), S. 118.

mitschwingt, kann sie auch dazu führen, dass der Körper als angemessener und notwendiger Ausdruck des eigenen Wesens gestaltet wird. Die Künstlichkeit ist zwar einerseits Bestandteil der »Camp«-Haltung, andererseits aber, und das ist der Schlüssel zu ihrem Erfolg, werden »Affektiertheit und Übertreibung« bald als notwendige Seinsweise betrachtet und empfunden. Denn das Wort »Haltung« hat, wie bereits erwähnt, zwei Bedeutungen. Die eine ist die Art und Weise, wie wir uns durch Raum und Zeit bewegen; die andere ist, dass wir absichtlich »posieren«, dass wir den Anschein erwecken, »aufrecht« zu sein. Aufrichtigkeit scheint uns die beste moralische Haltung zu sein. Die Menschen im viktorianischen Zeitalter sahen kein Problem darin, eine gerade dastehende Person als »einen großen, aufrechten Mann von hagerer Gestalt« zu bezeichnen, oder von »einem weißhaarigen Geistlichen [zu sprechen] [...], der aufgefordert wurde, Gebete vorzutragen, was er aufrecht tat«.[25] Das wurde kaum unterschieden von der moralischen Aufrichtigkeit »einer Menge mutiger und aufrechter Burschen, die sich wie Männer verhielten«.[26] Aufrechte Männer stehen im Mittelpunkt solcher Bilder, wobei ihre moralische Qualität sehr deutlich an ihrer Körperhaltung zu erkennen ist. Sogar dann, wenn diese, wie bei der Dickens-Figur Uriah Heep, nur durch geheucheltes Posieren zustande kommt. Aber auch die romantische Umkehr ist möglich: Trotz einer unförmigen Körpergestalt ist moralisches Handeln möglich, was beweist, dass es völlig falsch ist, eine aufrechte Haltung mit einem moralischen Charakter gleichzusetzen. Dennoch konnten Homosexuelle und Juden keine moralischen Vorbilder sein, wenn sie sich nicht zuvor in gesunde, aufrechte, heterosexuelle und weiße Bürger verwandelt hatten. Und das zeigt sich dem Betrachter durch ihre Haltung, sei es im affektierten »Camp«-Stil oder auf eine andere Art.

25 Wie im Deutschen »aufrecht«, kann auch im Englischen »upstanding« im konkreten und im übertragenen Sinn verwendet werden; die Beispielsätze lauten im Original: »The Marquis was a tall, upstanding man of spare figure«, in: Strand Magazine, VIII/1894, S.156; »A white-headed clergyman was called upon to say prayers, which he did upstanding«, in: Illustrated London News, 1. Juni 1861, S.505, Sp.1 (beide Zitate nach dem Oxford English Dictionary, www.oed.com).

26 »A lot of game upstanding chaps, that acted like men«, aus: Rolf Boldrewood, Robbery Under Arms: A Story of Life and Adventure in the Bush and in the Goldfields of Australia, London 1888, zitiert nach www.oed.com (aufgerufen am 21.2.2022).

Bewegte Juden in bewegten Bildern:
Visuelle Fantasien über jüdische Mobilität
in der Zwischenkriegszeit und danach

Der wandernde Jude als Nomade

Im Jahre 1914 war die Frage nach der sozialen und ökonomischen Mobilität der Juden im Rahmen der westeuropäischen Postaufklärung weitestgehend geklärt. Gleichgültig, ob man ein Nationalist, Österreicher, Deutscher, Jude oder eine Kombination daraus war, die Idee, dass Juden nicht sesshaft werden bzw. nicht zur Niederlassung gezwungen werden konnten, war irrelevant. Ob dies nun gefiel oder nicht, war nicht von Bedeutung. Der Zustrom der Juden gen Westen, ein Resultat der Pogrome in Rumänien, dem russischen Reich und der »Ostmark« vor dem Jahre 1914, erschwerte die Idee der jüdischen Mobilität. Selbst jüdischen Flüchtlingen wurde der Wunsch nach einem festen Wohnsitz zugestanden. Dies gewinnt noch an Bedeutung mit dem Flüchtlingszustrom von der Ostfront nach 1914. Die gängige Antwort sesshafter Juden und Nichtjuden (im Sinne von: angepasst, integriert, nationalistisch etc.) sowohl in Wien als auch in Berlin war: »überall, nur nicht hier«. Die Angst von Juden wie Nichtjuden brachte mächtige soziale und politische Strukturen hervor, die diese Juden dazu antrieben, sich woanders niederzulassen (sei es in Argentinien, New York oder Palästina), sodass sie nicht *hier sesshaft* wurden (wo auch immer dieses *hier* zu finden war). Blieben nur die Fragen: wo und wie?

Natürlich gab es einige politische Bewegungen des Fin de Siècle, die den Juden die langsam erworbenen Bürgerrechte (wie immer man sie auch definieren mochte), sich in jedem Land Westeuropas als Bürger niederlassen zu dürfen, absprechen wollten: dabei denkt man sofort an Friedrich Nietzsches Schwager Bernard Förster und dessen *Deutschen Volksverein* in den 1880er Jahren. Försters Antwort auf die Emanzipation und Sesshaftigkeit der Juden war, *seine* Mobilität zu betonen, indem er und seine Anhänger nach Paraguay auswanderten und dort die unselige arische Kolonie *Nueva Germania* gründeten (man könnte sich fragen, ob die Einwohner Paraguays sie wohl als umherziehende Deutsche wahrnahmen?). Den meisten Antisemiten jedoch, selbst Wiens kurzzeitig »aufgeschobenem« Bürgermeister Karl Lueger, war klar, dass die Juden irgendwohin gehören mussten –

nur eben nicht *hierher*.[1] Nur der äußerste Rand der Gesellschaft leugnete sogar dies, während ab 1919 in Wien das Echo der »Hinaus«-Rufe der Demonstranten in den Straßen hallt (und auf Toilettenwänden geschrieben steht).[2] Was bedeutet »sesshaft« eigentlich in der Zwischenkriegszeit, nach dem durch den Krieg verursachten Umbruch, den radikalen Völkerbewegungen in Europa und der wirtschaftlichen Instabilität, die daraus entstand? Seit dem 18. Jahrhundert galten die Juden als unstetes Volk, als »Nomaden«. Während der Aufklärung in Deutschland befassten sich Immanuel Kant, Johann Gottfried Herder und selbst Moses Mendelssohn mit der nomadischen Natur der Juden, in einem Zeitalter, als ein sesshafter jüdischer Einwohner auch als Bürger eines Nationalstaates, denkbar wurde. Selbst als die Debatten um die jüdische Integration (mit ihren breitgefächerten, oft widersprüchlichen Modellen) in der ersten Hälfte des 20. Jahrhunderts beigelegt waren, wurde der Jude als Nomade ein Tropus, der sich auf die Idee des Wiederauftauchens des umherziehenden Juden konzentrierte (nebst vielen anderen mittelalterlichen und frühmodernen antijüdischen Mythen). In der Mitte des 19. Jahrhunderts, als die Sesshaftwerdung der Juden in Westeuropa zur Realität wurde, hielt der Mythos des heimatlosen Juden aufs Stärkste dagegen. 1916, während des Krieges, publizierte Max Brod in Prag, inmitten der dort ansässigen jüdischen Gemeinde und der großen Anzahl der geflüchteten Juden aus dem Osten, einen Essay in Martin Bubers *Der Jude*, in welchem er bemerkt: »Man soll uns nicht eine Zentrifugalkraft einimpfen und hintennach wundern, ›Nomadentum‹ und ›kritische Zersetzung‹ an unserm Leichnam konstatieren!«[3] Die jüdische soziale Zerstörungskraft ist eine Qualität des nomadischen Juden, immer eine Gemeinschaft ihrer Zeit.

Welche Arten des Nomaden existierten in Brods Vorstellung des entwurzelten und destruktiven Juden? Die Juden seien »lästige Nomaden«, weil sie, aufgrund ihrer fehlenden Wurzeln, wirtschaftliche Schmarotzer seien. Wie der blinde sozialistische Kommentator Eugen Dühring bemerkte:

---

1   Karl Lueger wurde schon 1895 in sein Amt gewählt; Kaiser Franz Joseph I. lehnte die Wahl bis 1897 ab, gab dann aber dem Wunsch des Papstes Leo XIII. nach.

2   Murray G. Hall beschreibt dies in seinem Essay »›Hinaus mit den Juden!‹: Von Graffiti und der Zeitung bis zur Leinwand«, in: Wien und die jüdische Erfahrung 1900-1938: Akkulturation – Antisemitismus – Zionismus, hrsg. von Frank Stern und Barbara Eichinger, Köln 2009, S. 59-70.

3   Max Brod, »Erfahrungen im ostjüdischen Schulwerk«, in: Der Jude 1 (1916-17), S. 32-36, hier S. 35.

Bewegte Juden in bewegten Bildern

Mit solcher Austattung wollen diese Nomaden und, wie Voltaire sie ansah, diese Zigeuner von Palästina uns in unserem Norden an unserem eignen Tische noch obenein hänseln und beschimpfen. Das soll sich grade das deutsche Volk, weil es geduldig ist, in der ausgiebigsten Weise bieten lassen![4]

Und frech seien sie, wie Otto Gildemeister bemerkte, da sie all die Gesetze missachteten, die auch unter Nomaden ein zivilisiertes Verhalten gewährleisten sollen:

Selbst das oberste Gesetz, die Gastfreundschaft, ist diesen Nomaden nicht heilig. Der todeswunde Sisera wird von der Jüdin Jael in ein Zelt gelockt und mit Milch bewirtet. Vertrauensvoll legt sich Sisera zur Ruhe. Da treibt ihm Jael einen Pflock in die Schläfe und verspottet triumphierend die Mutter Siseras, die sorgenvoll nach ihrem Sohn ausschaut.[5]

Ξενία, xenía, der Wunsch nach Gastfreundlichkeit, sah das Bürgertum im frühen 20. Jahrhundert ganz im Sinne des Freiherrn von Knigge, der moralischen Autorität zur Zeit der Aufklärung und all den kleinen Knigges, als Schlüssel für zivilisiertes Benehmen. Dieses – gemäß Gildemeister – fehle den Juden. Sobald sie in der »Gastgesellschaft« angekommen seien, so die antisemitischen Kritiker, würden die Juden diese durch ihre wirtschaftliche Macht von innen zerstören. Xenía bleibt jedoch die Kernaussage über Toleranz und bürgerliche Emanzipation als Folge der Aufklärung. Heiße den Fremden willkommen und er (der Fremde wird als Mann wahrgenommen) wird eins mit dir werden. Oder auch nicht.

Diese breitgefächerte Vorstellung liefert jene Spannung, die mit dem mächtigen Stereotyp des wandernden Juden als imaginäre Gemeinschaft einhergeht und dreht damit Benedict Andersons positives Image des neuen Nationalstaates als »imaginäre politische Gemeinschaft« um. Diese sollte sowohl von Natur aus begrenzt und souverän sein. Denn selbst die Mitglieder kleinster Staaten werden ihre Mitbürger niemals kennen, treffen oder auch nur von ihnen hören, und trotzdem besteht in Gedanken jedes einzelnen das Bild ihrer Gemeinschaft.[6] Der Kern der Angst vor den

---

4 Eugen Dühring, Die Judenfrage als Frage der Racenschädlichkeit für Existenz, Sitte und Cultur der Völker, Karlsruhe 1881, S. 60.
5 Otto Gildemeister, Judas Werdegang in vier Jahrtausenden, Leipzig 1921, S. 15.
6 Benedict Anderson, Imagined Communities: Reflections on the Origin and Spread of Nationalism, London 1983, S. 6.

jüdischen Nomaden ist, dass sie Pläne für die Machtübernahme eines Staates haben, grenzüberschreitend und ohne Kenntnis voneinander.

Für Kommentare wie diese über die nomadischen Juden waren zu dieser Zeit nicht nur Antisemiten verantwortlich. In der Mitte des 19. Jahrhunderts feierten einige antisemitische Klischees der Frühen Neuzeit ein Comeback, von Ritualmordlegenden bis zum wandernden Juden – in einer Welt, in der Juden zumindest akkulturiert, wenn nicht integriert waren. Je häuslicher sie sich niederlassen, desto mehr Klischees aus der Vergangenheit tauchen wieder auf und führen die frühen antijüdischen Bilder, wenn auch verändert und den neuen Umständen angepasst, in eine neue politische Sphäre. Jüdische Denker des späten 19. Jahrhunderts waren es sicherlich gewöhnt, das jüdische Nomadentum als Charakteristikum des jüdischen Lebens zu verstehen, genau in jenem Moment, in dem die Juden in den mitteleuropäischen Staaten immer sesshafter werden.

Die Fähigkeit, sich anzupassen (zu einem Zeitpunkt, als über die Darwin'sche Evolutionstheorie heftig diskutiert wurde), war die Eigenschaft, die Juden als Staatsbürger charakterisierte. Schon 1860 bemerkten jüdische Beobachter jener Zeit die Ausdauer dieser imaginären Gemeinschaft:

> Boudin [...] gelangt [...] zu dem Schlusse, daß die jüdische Race allein die Fähigkeit besitzt, in allen Gegenden des Erdkreises zu leben, sich fortzupflanzen und zu entwickeln, nicht nur ohne ihre Stammeseigenthümlichkeiten aufzugeben, sondern in sich [sic] bei ihr weit günstiger gestaltenden Gesundheitsverhältnissen als bei den Ureinwohnern selbst [...]. Liegt darin nicht ein klarer Beweis für die Mission, die Gott dem jüdischen Volke anvertraut hat [...]?[7]

Jüdische Mobilität galt als Zeichen der zivilen Missionierung der Juden (wir befinden uns im Zeitalter der kolonialen Expansion, und diese Zeilen könnten durchaus auch von einem Beobachter jener Zeit zum Thema »Wettlauf um Afrika« stammen). Die Allgegenwärtigkeit der Juden in dieser Formulierung zeugt von einer gesunden Manifestation.

Ein paar Jahre später jedoch wendete sich das Blatt und damit die Vorstellungen von Juden als sesshaften Bewohnern eines Staates. Leo Pinsker in seiner *Autoemanzipation* (1882) drehte diese expansionistischen Argumente

---

7 Anonym, »Der Kosmopolitismus der jüdischen Race«, in: Monatsschrift für Geschichte und Wissenschaft des Judentums 9, Nr. 11 (1860), S. 401.

Bewegte Juden in bewegten Bildern

um und behauptete, dass das vom westlichen Antisemitismus wahrgenommene jüdische Nomadentum daraus resultierte, dass Juden ihre Wurzellosigkeit schlichtweg verweigerten, so wie ihre Zugehörigkeit zur jüdischen Volksgemeinschaft.

Das Brandmal, das diesem Volke anhaftet, das ihm die so wenig beneidenswerte Isolierung unter allen Nationen aufdrängt, wird durch keine offizielle Gleichstellung weggewischt werden können, solange dieses Volk seiner Natur gemäß unstete Landstreicher schaffen wird; solange es sich sich nicht darüber ausweisen kann, woher es kommt und wohin es geht; solange die Juden selbst in arischer Gesellschaft nicht gerne von ihrer semitischen Herkunft sprechen, nicht gerne an diese erinnert werden mögen, solange man sie verfolgen, dulden, beschützen, emanzipieren wird.[8]

Die Illusion, toleriert zu werden, die Unmöglichkeit, Teil einer imaginären Gemeinschaft eines Staates zu werden, verdammt die Juden auf ewige Zeiten zur Wanderschaft. Während Pinskers Stimme zu jener Zeit als Antwort auf die jüdische politische Beständigkeit kaum wahrgenommen wurde, ging Theodor Herzl zehn Jahre später, als Folge des wachsenden politischen Antisemitismus in Frankreich und der österreichisch-ungarischen Monarchie, einen Mittelweg. In seinem Werk *Der Judenstaat* (1896) beschreibt er die positiven Aspekte jüdischer Mobilität und Verwurzelung, die in der Idee eines imaginären Judenstaates weitergeführt werden.[9] Nach Herzl mögen Juden aus Europa aus- und in den neuen Judenstaat einwandern, sie nehmen jedoch die kulturellen Vorteile (inklusive der Sprachen) ihrer alten Welt mit. Sie verlassen Europa, anders als die Juden, die aus Ägypten auszogen, mit ihren erworbenen kulturellen Gütern im Gepäck:

Wer etwas von der Welt gesehen hat, der weiss, dass gerade die kleinen Alltagsgewohnheiten schon jetzt mit Leichtigkeit überallhin verpflanzt werden. Ja, die technischen Errungenschaften unserer Zeit, welche dieser Plan für die Menschlichkeit verwenden möchte, sind bisher hauptsächlich für die kleinen Gewohnheiten verwendet worden. Es gibt englische

---

8 Leo Pinsker, Autoemanzipation: Mahnruf an seine Stammesgenossen von einem russischen Juden. Mit einem Vorwort von M. T. Schnirer, Brünn 1903, S. 13.
9 Vgl. Michael Stanislawski, Zionism and the Fin de Siècle: Cosmopolitanism and Nationalism from Nordau to Jabotinsky, Berkeley 2001.

Hotels in Ägypten und auf den Berggipfeln der Schweiz, Wiener Cafés in Südafrika, französische Theater in Russland, deutsche Opern in Amerika und das beste bayrische Bier in Paris. Wenn wir noch einmal aus Mizraim wandern, werden wir die Fleischtöpfe nicht vergessen [...]. Wenn wir heute aus Mizraim wandern, kann es nicht in der naiven Weise der alten Zeit geschehen. Wir werden uns vorher anders Rechenschaft geben von unserer Zahl und Kraft. Die Society of Jews ist der neue Moses der Juden. Die Unternehmung des alten grossen Gestors der Juden in den einfachen Zeiten verhält sich zur unserigen wie ein wunderschönes, altes Singspiel zu einer modernen Oper. Wir spielen dieselbe Melodie mit viel, viel mehr Violinen, Flöten, Harfen, Knie- und Bassgeigen, elektrischem Licht, Dekorationen, Chören, herrlicher Ausstattung und mit den ersten Sängern.[10]

Michael Berkowitz zeigt jedoch, dass sich Zionisten der ersten Generation schnell wieder von Herzls Vorstellung einer jüdischen Schweiz abwenden und sich der Idee einer neuen, radikalen Ablehnung jeder Idee einer jüdischen Mobilität zuwenden, wie Max Brod 1916 anmerkt.[11]

Die Debatte dreht sich nicht nur um den mobilen Juden an sich, sondern auch, wie viele Kommentare zu dieser Periode zeigen, um Juden als mobilen wirtschaftlichen Faktor. Dieses Thema ist wesentlich, um die jüdische Identität in dieser sich neu entwickelnden Welt der Sozialwissenschaften zu verstehen. Die konstruierten jüdischen Wirtschaftsnomaden geistern in Debatten über die Wirtschaftsgeschichte herum. Georg Simmel beschreibt dies in seinem Werk *Philosophie des Geldes* von 1907 als Antwort auf Max Webers *Die protestantische Ethik und der Geist des Kapitalismus* (1905), der behauptete, der Kapitalismus (im Guten wie im Schlechten) sei das Resultat protestantischer Moralvorstellungen. Es ist der Nomade (d. h. der Jude als Gast) der, so Simmel, das moderne Wertesystem formt. Das fördert natürlich eine komplexe und zuweilen hitzige Debatte über Juden, Nomaden und Kapital, alles in der Zeit vor dem Ersten Weltkrieg. Max Weber und Georg Simmel rücken in den Fokus von Werner Sombart, in seiner klassischen Antwort auf Webers Werk *Die Juden und das Wirtschaftsleben* (1911), wo er von den rastlosen wandernden Beduinen, die die Hebräer

---

10 Theodor Herzl, Der Judenstaat: Versuch einer modernen Lösung der Judenfrage, Leipzig 1896, S. 64; S. 70.
11 Vgl. Michael Berkowitz, Western Jewry and the Zionist Project, 1914-1933, Cambridge 1997.

Bewegte Juden in bewegten Bildern

waren, berichtet, die im Gelobten Land eine wirtschaftliche Organisation gründeten, in welcher die Starken und Mächtigen nach der Eroberung von Großgrundbesitz eine Art Feudalgesellschaft gründeten. Einen Teil der landwirtschaftlichen Erzeugnisse zweigten sie für sich ab, entweder durch Pacht in Naturalien, durch Vergabe an Steuereintreiber oder durch Kreditzusammenlegung.[12] Sombart schafft dadurch einen neuen, wissenschaftlichen Zugang zur Erläuterung der Vergangenheit (und Beschreibung der Gegenwart) im Bezug auf die jüdische wirtschaftliche Mobilität.

Richard Wagners Schwiegersohn Houston Steward Chamberlain bringt sich mit seinem Werk *Die Grundlagen des 19. Jahrhunderts* (1899) in die Debatte ein und argumentiert, im Gegensatz zu Weber, zur Kontinuität der Juden von ihren biblischen Vorfahren bis ins 19. Jahrhundert,

aus dem dürftigen Material, das allen Semiten gemeinsam war, konstruierte der Jude eine ganze Weltgeschichte und brachte sich selbst gleich in den Mittelpunkt; und von diesem Augenblick an, d. h. von dem Augenblick an, wo Jahve mit Abraham den Bund schliesst, bildet das Schicksal Israels die Weltgeschichte, ja, die Geschichte des ganzen Kosmos, das einzige, worum sich der Weltschöpfer kümmert. Es ist, als ob die Kreise immer enger würden; zuletzt bleibt nur der Mittelpunkt, das »ich«; der Wille hat gesiegt.[13]

Dies ist nicht, wie Chamberlain behauptet, eine positive Geschichte, vielmehr ist es eine »entartete« Entwicklung: »Erwählt der Wüstenbeduin das ansässige Leben, so vereint er in der Regel alle Laster des Nomaden und des Bauern, faul, verräterisch, grausam, habgierig, feig, wird er mit Recht von allen Völkern als ein Auswurf der Menschheit betrachtet.«[14] Die Juden der Bibel verwandeln sich in die Juden von heute und ahmen die sesshafte Natur des Deutschen nach, um ihn zu zerstören.

Gerade Adolf Hitler bestreitet jedoch in seinem Buch *Mein Kampf* (1925) den von Chamberlain erdachten Status der Juden als Nomaden:

Da der Jude niemals einen Staat mit bestimmter territorialer Begrenzung besaß und damit auch nie eine Kultur sein eigen nannte, entstand die

---

12 Vgl. Werner Sombart, Die Juden und das Wirtschaftsleben, Leipzig 1911.
13 Houston Steward Chamberlain, Die Grundlagen des 19. Jahrhunderts, Bd. 1, München 1903, S. 235.
14 Ebd., S. 356.

Vorstellung, als handle es sich hier um ein Volk, das in die Reihe der Nomaden zu rechnen wäre. Dies ist ein ebenso großer wie gefährlicher Irrtum. Der Nomade besitzt sehr wohl einen bestimmt umgrenzten Lebensraum, nur bebaut er ihn nicht als seßhafter Bauer, sondern lebt vom Ertrage seiner Herden, mit denen er in seinem Gebiete wandert. Der äußere Grund hierfür ist in der geringen Fruchtbarkeit eines Bodens zu sehen, der eine Ansiedlung einfach nicht gestattet. Die tiefere Ursache aber liegt im Mißverhältnis zwischen der technischen Kultur einer Zeit oder eines Volkes und der natürlichen Armut eines Lebensraumes.[15]

Den historischen Juden blieb die Sesshaftigkeit in einem Staat verwehrt, dennoch können sie keinen Nomadenstatus für sich beanspruchen. Mit diesem Gedanken über jüdische Mobilität im Hinterkopf können wir uns nun dem Wien in Hugo Bettauers Romanen zuwenden, aus einer anderen Perspektive als aus der eines bestimmten Gefangenen im Gefängnis Landsberg am Lech im Jahre 1924, welcher in *Mein Kampf* behauptete, nur Juden, die eindeutig als solche erkennbar waren, in Wien gesehen zu haben, obwohl sie aussahen wie ihre christlichen Mitbürger. Hitlers ziellos herumwandernde, zerstörerische Nomaden sind die Antithese zum sesshaften Juden in Hugo Bettauers Roman von 1922, *Die Stadt ohne Juden,* und noch stärker in Hans Karl Breslauers gleichnamigem Film von 1924. Die Dreharbeiten dazu begannen schon 1923, als Hitler der Prozess gemacht wurde.

Der wandernde Jude im Film

Schon in den frühen 1920 Jahren, bevor Hugo Bettauers Roman erschien, scheint die Vorstellung vom mobilen Juden und seiner wirtschaftlichen Funktion (wir sprechen hier wohl gemerkt nur von Juden, nicht Jüdinnen) klar zu sein.[16] Ich beschäftige mich hier vor allem mit den Kollektiven, die im Grunde Breslauers Film dominieren: die Menge, die die Vertreibung der Juden fordert, sowie die Masse der aus der Stadt vertriebenen Juden. Jüdische Mobilität findet in den 1920er Jahren ihren Platz auf der Leinwand und hat eine Geschichte, die in Veit Harlans *Jud Süß* kulminiert, als die

15 Adolf Hitler, Mein Kampf, München 1936, S. 332 f.
16 Es gibt eine exzellente Studie zu den Problemen von Geschlecht und Rasse auf der Leinwand: Alexandra Lichtenberger, Vergleich der Darstellung der Frau in den jüdischen Stummfilmen ›Ost & West‹ und ›Die Stadt ohne Juden‹. (Diplomarbeit, Wien 2009).

Juden aus Frankfurt nach Stuttgart kommen und am Ende des Films vertrieben werden. Dies könnte man natürlich um Hollywood-Blockbuster wie Otto Premingers *Exodus* (nach dem Roman von Leon Uris) von 1960 erweitern (das Drehbuch stammte von Dalton Trumbo, der während der antikommunistischen Hysterie der McCarthy-Zeit auf die schwarze Liste gesetzt worden war) oder um die israelische Antwort auf diesen Film, *Waltz with Bashir*, ein Zeichentrickfilm von Ari Folman aus dem Jahre 2009. Ferner erwähnt seien auch die tanzenden Juden in Norman Jewisons *Fiddler on the Roof* von 1971, die aus der erfundenen Stadt Anatevka nach Sibirien oder in die USA auswandern.

Das Motiv des wandernden biblischen Juden ist ein Thema, mit welchem sich die Kunst gerne beschäftigt. Man denke an die gefangenen Juden auf dem Titusbogen (82 v. Chr.) oder an den viktorianischen Geschichtsmaler David Roberts und sein monumentales Werk »Die Israeliten verlassen Ägypten« (1829/1833). In der Filmgeschichte jedoch ist der erste Blockbuster Cecil B. DeMilles Stummfilm *Die zehn Gebote* von 1923, geschrieben von Jeanie MacPherson, wo das Vorwort die biblische Geschichte vom Exodus erzählt. Dabei handelt es sich allerdings nicht um die erste Verfilmung dieses Themas: schon 1908 erschien *The Life of Moses*, der erste Fünfakter, der in den USA gedreht wurde, unter der Regie von J. Stuart Blackton und produziert von der General Film Company. Die Eröffnungsszene des Films von DeMille betont, dass es sich hierbei, wie bei Breslauers Film, um eine Nachkriegsgeschichte handelt: »Unsere moderne Welt definiert Gott als einen ›religiösen Komplex‹ und verlachte die Zehn Gebote als altmodisch. Dann, durch das Lachen hindurch, kam der ohrenbetäubende Donner des Weltkrieges« Der Film wurde für seine gewaltigen und überwältigenden Exodus-Szenen gelobt, doch der Kern der Erzählung, die Annahme und die Missachtung der Gebote durch die beiden rivalisierenden Brüder John (gespielt von Richard Dix) und Dan McTavish (Rod LeRoque) in der Nachkriegszeit wurde als trivial und amerikanisch-naiv abgetan. Laut MacPherson ist

John Mc Travish ein durchschnittlicher Typ, für den die Zehn Gebote unveränderliche Gesetze des Universums sind. Er ist kein Weichling oder Tugendbold, nur ein normaler Mann, ein Mensch mit unerschütterlichen Prinzipien, der glaubt, die Gebote seien 1923 genauso aktuell wir zu Moses' Zeiten.

Sein Bruder hingegen »kennt die Zehn Gebote, widersetzt sich ihnen jedoch.«[17] Ihre Mutter, Martha, gespielt von Edythe Chapman, repräsentiert die Starrheit der Orthodoxie, welche die Regeln der Moral innerhalb der engen Grenzen der bürgerlichen Sittlichkeit als unumstößlich ansieht. Für Martha sind diese Regeln in der wortwörtlichen Auslegung des Dekalogs verwurzelt, die harschen Worte eines rachsüchtigen Gottes; im Gegensatz dazu steht ihr Sohn John, der die Gebote im Sinne des gütigen Gottes des Neuen Testaments auslegt. Sie wird absurderweise erschlagen von den einstürzenden Wänden jener Kirche, die von ihrem bösartigen Sohn auf dilettantische Weise erbaut wurde. Ihr Tod ist ein Symbol für eine Welt, in der säkulare Werte über religiöse zu triumphieren scheinen.

Die positive Reaktion auf den Film beschränkte sich jedoch auf den Prolog, während die eigentliche Handlung, die das Gros ausmacht, verrissen wurde.

Die biblischen Eröffnungsszenen der *Zehn Gebote* sind unwiderstehlich in ihrer Zusammensetzung, Breite, Farbe und Regie [...]. Sie sind gewaltig und überwältigend und von einer Größe, die die darauffolgende moderne Erzählung kümmerlich aussehen läßt.[18]

Der Film beginnt damit, dass der ägyptische Vorarbeiter die »Hunde Israels« scharf zurechtweist, während er diese anonyme und undifferenzierte Menge von Juden, die gerade im Begriff ist, große Steine für den Bau ägyptischer Tempel zu ziehen, auspeitscht. Moses erhebt sich unter den Ägyptern und prophezeit dem Pharao die Zehn Plagen. (Ab dieser Szene werden Untertitel mit Zitaten aus dem Buch Exodus eingeblendet.) Nach der Plage, die den Tod aller Erstgeborenen mit sich bringt, werden die Juden des Landes verwiesen, zusammen »mit ihren Schafen, Ziegen und Rindern«, sie plündern von den Ägyptern »Geräte aus Silber und Gold und auch Gewänder«.

Das führt zu tumultartigen Szenen: Kamele und Esel, mit Gütern beladen, straucheln durch die Menge, ein kleines Kind zieht ein Zicklein an der Leine (als Anspielung auf die letzte Plage und das Markieren der Türpfosten der Israeliten).[19] (Abb. 9) Dies steht im starken Gegensatz zu Herzls

---

17 Zitiert in Robert S. Birchard, Cecil B. DeMille's Hollywood, Lexington 2004, S. 181 f.
18 »The Ten Commandments«, in: Variety LXXIII (1923), S. 26.
19 The Ten Commandments, Regie: Cecil B. DeMille (1923; Hollywood, CA).

Abb. 9: Der Auszug der Juden aus Ägypten, aus: Cecil B. DeMille, The Ten Commandments, 1923.

Vision einer Prozession von multikulturellen Juden hinaus aus Ägypten (bzw. Europa), mit ihrer Kultur im Gepäck und hochgeschätzt. Die Juden hier sind eine gesichtslose Masse, chaotisch und orientierungslos. Nur Miriam (gespielt von Estelle Roberts) hebt sich in diesen Szenen von den anderen ab. Dann schwenkt die Kamera zu den Ufern des Roten Meeres, wo ein charismatischer, bärtiger Moses (Theodore Roberts) den Zustrom der Juden aus Ägyptens Tempeln zu sich winkt. In der Nahaufnahme sieht man eine ältere Frau, die auf einer Trage transportiert wird, und Familien mit Kindern in Wagen. Das Gros der Szenen jedoch sind Totale von chaotischen Mengen. Die Massen bringen tatsächlich Schafherden und große Gegenstände, die aus den Tempeln geplündert wurden. Die Armee des Pharaos jagt ihnen hinterher, »um sich tausendfach zu rächen an diesen Hunden Israels.« Die nächste Totale zeigt die Juden, wie sie, angeführt von Moses, durch die Wüste wandern. Nahaufnahmen zeigen einzelne Personen und deren Tiere, wie sie sich langsam durch den Sand bewegen, während ihnen die Armee schnellen Schrittes auf den Fersen ist. In einer Halbnahen scheinen die Juden an der Küste gefangen zu sein, sie verdammen Moses und beweinen ihr Schicksal, als er das Meer teilt. (Abb. 10) Die Szenen des Exodus und der Teilung des Roten Meeres allein machen diesen Film schon sehenswert[20] (die Teilung des Meeres wurde mit Hilfe eines wellenförmigen Gelatinepuddings dargestellt). Die chaotische Menge der Juden bewegt sich, so schnell sie kann, über den nun freigelegten Meeresboden, während hinter ihr die Wellen schon zusammenschlagen und das ägyptische Heer verschluckten. (Paul Wegner hatte schon in seinem Stummfilm *Der Golem, wie er in die Welt kam* in der Fassung von 1914 und noch mehr in der von 1920 die Juden als chaotische »Masse« dargestellt.[21]) Das Chaos wiederholt sich am Sinai, wo Orgien und Korruption die Entstehung des Goldenen Kalbes begleiten. »Der biblische Text impliziert hier keine Liederlichkeit, doch DeMille kennt die Wünsche des Hollywood-Publikums und fügt Sexszenen hinzu. [...] das Kalb ist eine hedonistische Gottheit«.[22] Man möchte fast hinzufügen, dass der Film nach dem sexualisierten Bild des Juden verlangt, das im Stummfilm so mächtig scheint. (Abb. 11)

Die Zehn Gebote wurde im April 1925 erstmals in Wien gezeigt, nach der Deutschlandpremiere im Herbst davor in Berlin. Die Weltpremiere fand allerdings schon Anfang 1925 in Paris statt – unter den geladenen Gästen befand sich auch der Erzbischof von Paris, Kardinal Dubois – und wurde zu dieser Zeit schon von der Wiener Presse hochgelobt.[23] Daher war es nicht verwunderlich, dass der Film von Wiens cineastischen Publikationsorganen schon mit Spannung erwartet wurde. Man wurde nicht enttäuscht. In einer frühen Rezension betonte der Kritiker F. Cl. in der *Neuen Freien Presse* den »naïven amerikanischen Ton« der zweiten Filmhälfte, mit seiner simplen und eher naiven Darstellung der moralischen Dilemmas der zeitgenössischen Nachkriegsgesellschaft.[24] Gleichzeitig jedoch betont er

---

20 Ilana Pardes, »Moses Goes Down to Hollywood: Miracles and Special Effects«, in: Semeia 74 (1996), S. 15-31.

21 Elizabeth Baer, The Golem Redux: From Prague to Post-Holocaust Fiction, Detroit, MI, 2012, S. 69; Wiebke Hölzer, »Der Golem freut sich über seinen Riesenerfolg. Paul Wegeners und Henrik Galeens Film ›Der Golem‹ von 1914«, in: Werner Breunig und Uwe Schaper (Hrsg.), Berlin in Geschichte und Gegenwart (Jahrbuch des Landesarchivs Berlin 2017), Berlin 2017, S. 111-133.

22 Jennifer L. Koosed, »The Cinematic Moses«, in: Rhonda Burnette-Bletsch (Hrsg.), The Bible in Motion: A Handbook of the Bible and Its Reception in Film, Berlin 2016, Bd. 1, S. 69.

23 Der Filmbote, 31. Jänner 1925, S. 19.

24 Neue Freie Presse (3. April 1925): »Wohl mutet dieses biblisch-moderne Filmepos gerade in seinem modernen Teil für europäisches Empfinden ein klein wenig zu amerikanisch, viel mehr, zu puritanisch an, wohl steht es in dem ungeheuren weltgeschichtlichen Dilemma Athen – Jerusalem, Kultur – Moral in echt amerikanischer Naivität mit einer Entschiedenheit, die von beneidenswerter Zweifelsunberührtheit zeugt, zum Sittengesetz.« Zum Kontext siehe Walter Fritz und Josef

Abb. 10: Die Durchquerung des Roten Meeres, aus: Cecil B. DeMille,
The Ten Commandments, 1923.

Abb. 11: Ausschweifungen vor dem Goldenen Kalb, aus: Cecil B. DeMille,
The Ten Commandments, 1923.

den außergewöhnlichen Anfangsprolog mit seiner brillanten filmischen Darstellung einer verlorenen, vergangenen Welt, welche alles bislang auf der Leinwand Gezeigte, was Aussagekraft und Proliferation betrifft, in den Schatten stellt. Während in der amerikanischen Fassung der Prolog die Einleitung zum zweiten Teil ist, ist er in der deutschsprachigen Version hypotaktisch in die zeitgenössische Erzählung integriert. Der Kritiker meint, keine filmische Erzählung könne mit DeMilles Bibelversion mithalten.[25] Für die meisten Wiener Zuseher spielte der Aufbruch der chaotischen Menge der Juden aus Ägypten im Film eine zentrale Rolle.[26] Juden auf Wanderschaft, zumindest durch die Wüste, stehen als Sinnbild für den nomadischen Juden: in den *Zehn Geboten* werden sie als rebellisch und aufrührerisch porträtiert, sind schlecht gekleidet und wissen sich nicht zu benehmen, speziell im Umgang mit Moses, der als charismatischer Anführer dargestellt wird. Der Gang durch die Wüste führt nicht ins Gelobte Land, sondern zur Offenbarung am Sinai. Sie wird zur Basis für die Gesellschaftsmoral, welche nach dem Ersten Weltkrieg die Gebote scheinbar ignoriert oder zu ihrem Schaden vergöttert. Die wandernden Juden führen zu moralischer Korruption oder moralischer Inflexibilität, nicht zwingend zu moralischem Verhalten.

Nach dem Ersten Weltkrieg spielte diese Moral eine Rolle bei der Widerlegung des jüdischen Nomadentums, wie in Hugo Bettauers Roman *Die Stadt ohne Juden* von 1922, und noch treffender in dessen Verfilmung von Hans Karl Breslauer im Jahre 1924.[27] Im Film wird der Status der Juden als

Schuchnig (Hrsg.), Die Stadt ohne Juden. Materialien zum Film (Schriftenreihe des Österreichischen Filmarchivs, Folge 26), Wien 1991.

25 Ebd. »In nächster Nähe des Kinos, in dem ›Die Zehn Gebote‹ erscheinen, wird seit einiger Zeit ein in Rom erzeugter Film gespielt, der gleichfalls um die bildhaften Verlebendigungen der Bibel bemüht ist. Hat man ›Die Zehn Gebote‹ gesehen, empfindet man es künstlerisch förmlich als ein Unding, die beiden Filme in einem Atem zu nennen. Daß auch jener römische Bibelfilm begeisterte Beurteiler finden konnte, ist bloß ein Beweis für die urgewaltige Erhabenheit des ›Buches der Bücher‹ von der selbst in der unvollkommensten Wiedergabe noch ein faszinierender Schimmer verbleibt.«

26 »... in unübersehbarem Zug aus den Toren der Stadt.«, in: Wiener Bilder, 13.9.1925, S. 10.

27 William H. Carter, »Spielerische Gedanken: Economic Crisis and Financial Speculation in Hugo Bettauer's *Die Stadt ohne Juden* and Its Adaptation by Hans Karl Breslauer«, in: Journal of Austrian Studies 49 (2016), S. 1-16; Peter Höyng, »A Dream of a White Vienna after World War I: Hugo Bettauer's The City without Jews and The Blue Stain«, in: La Vinia Delois Jennings (Hrsg.), At Home and Abroad: Historicizing Twentieth-Century Whiteness in Literature and Perfor-

Menschen mit festem Wohnsitz in der österreichischen Öffentlichkeit während der Zwischenkriegszeit dargestellt, ebenso wie der Zusammenbruch jeder Sittenordnung. Doch in der Welt, wie sie im Film zu sehen ist, tragen auch die Nichtjuden mit ihrer Sittenlosigkeit eine Mitschuld am wirtschaftlichen Zusammenbruch der alten Ordnung, die wiederum die mittlerweile sesshaft gewordenen Juden beeinflusst und in Folge diesen die Schuld am Chaos gibt, für welches sie eigentlich keinerlei Verantwortung tragen. Das aus dem Roman entstandene Drehbuch von Breslauer und Ida Jenbach übersetzte (mangelhaft, laut Bettauer)[28] das Sprachbild in ein visuelles Vokabular jüdischer Beständigkeit und Mobilität in geografischen und sozialen Begriffen, mit welchen im Wien der Zwischenkriegszeit und danach über jüdische Mobilität diskutiert wurde.

Die Wienpremiere fand am 24. Juli 1924 gleichzeitig in sechs Kinosälen, darunter dem Zirkus Busch Kino mit seinen 1700 Sitzplätzen und Orchesterbegleitung, statt und entwickelte sich zu einem regelrechten »Flop«. Anstatt eines *Romans von übermorgen*, so der Untertitel des Buches, präsentierte der Film eine visuelle Fantasie vom Bild eines sesshaften Juden in der Zwischenkriegszeit, mit seinen fremdartigen und komplexen kulturellen Schwingungen, und übersetzte sie in die »Filmwelt von übermorgen«. Anstatt einer Prophezeiung, die sowohl vom Roman als auch dem Film erwartet wurde, bleibt das Bild des Juden doch fest in der Zwischenkriegszeit verwurzelt.[29] Breslauers Drehbuch transferiert dieses Image des Juden im Buch in geteilten und differenzierteren Untergruppen auf die Leinwand: die religiösen Ostjuden im Gegensatz zur assimilierten Elite, die auf urbanem Raum lebt, dominiert von der Absenz sozialen Zusammenhalts, verursacht durch den unerwarteten Zusammenbruch der Mittelmächte 1919 und dem daraus resultierenden politischen Chaos der Linken und Rechten.

Im Mittelpunkt des Films steht ein anonymes Wien, die Hauptstadt als Wasserkopf dieses neuen, ökonomisch instabilen Mikrostaates Österreich.

mance (Tennessee Studies in Literature, 44), Knoxville, TN, 2009, S. 29-60; Otto Mörth, »Die Filmadaption des Romans *Die Stadt ohne Juden* (1924)«, in: Maske und Kothurn: Internationale Beiträge zur Theaterwissenschaft 43 (1997), S. 73-92.

28 Murray G. Hall, »Hinaus mit den Juden!«. Von Graffiti und der Zeitung bis zur Leinwand, in: Frank Stern und Barbara Eichinger (Hrsg.), Wien und die jüdische Erfahrung 1900-1938. Akkulturation – Antisemitismus – Antizionismus, Wien/Köln/Weimar 2009, S. 59-70, hier S. 68.

29 Irene Stratenwerth und Herrman Simon (Hrsg.), Pioniere in Celluloid: Juden in der frühen Filmwelt, Berlin 2004, S. 254.

Das Nachkriegschaos in Utopia (so der Name Wiens im Film) wird der »jüdischen« Präsenz in der Stadt zugeschrieben. Als Resultat werden die Juden aus der Stadt verbannt. Luegers Instrumentalisierung des Antisemitismus im Kaiserreich spiegelt der neue Bundeskanzler Dr. Schwerdtfeger (Breslauers Version von Ignaz Seipel, dem christdemokratischen Bundeskanzler Österreichs von 1922 bis 1924 und 1926 bis 1929), der antisemitische Gefühle schürt und die Juden verbannt. Die Szene des Auszugs besteht aus einer langen Serie von extensiven Aufnahmen, die sich auf marschierende Juden konzentrieren, und beinhaltet 68 Statisten, viele davon ehemalige Ostjuden.

Die Lösung dieser Krise, spürbar im kulturellen und wirtschaftlichen Leben der Stadt, wird durch romantischen Kitsch weichgezeichnet: die klischeehafte Beziehung des jüdischen Romeos (Leo Strakosch, gespielt von Johannes Reimann) und der nichtjüdischen Julia (Lotte Lindner, gespielt von Anny Milety) – und, wie in einer klassischen Komödie, das ungleiche Dienerpaar, die Christin Käthe (Gisela Werbezirk) und der jüdische Kommis Isidor (Armin Berg) – sie alle ermöglichen die Reintegration der Juden aufgrund ihrer wirtschaftlichen und kulturellen Bedeutung.

Diese Art der Lösung findet ihren filmischen Höhe- bzw. eher Tiefpunkt in Hollywood mit Victor Flemings außergewöhnlich populärem *Abi's Irish Rose*. Der Film, gedreht 1928 als früher Teilsprechfilm, ist ein gewöhnlicher »Melting Pot«-Tropus, angedeutet schon in früheren komischen Aufnahmen des »jüdischen« Dialekts jener Zeit. Man merkt, dass der Handlungsstrang parallel zur Kerngeschichte DeMilles läuft und sich auf das Moralverhalten der zeitgenössischen Charaktere konzentriert. Tatsächlich ist die unmoralische Sexualität Dannys (des bösen Bruders) ein perverser Spiegel der Liebe und des Vertrauens, die sich Leo und Lotte schenken. Dannys Mord an der Geliebten führt schließlich zu seinem Tod, während die Loyalität des Liebespaares zum Ende des Films hin zu seiner Wiedervereinigung führt und damit zu einem Happy End.

Anstatt mich mit der Auflösung des interreligiösen Handlungsstranges zu beschäftigen, interessiert mich mehr Breslauers bildliches Einfangen der Bewegung der Massen, einschließlich der Menge der Juden, die die Stadt verlässt, sowie das filmische Echo, das auf Breslauers Werk folgte.

Sein Film ist mehr als eine adäquate Antwort auf die Frage, wie sich das Wien der Zwischenkriegszeit sesshafte oder umherziehende Juden, biblisch oder nicht, vorstellte. DeMilles Epos, dem schon vor der Erstaufführung in Wien ein Medienrummel vorausging, wurde kurz nach der *Stadt ohne Juden* in der Hauptstadt gezeigt. Man kann sich kaum vorstellen, wie die

Abb. 12: Die Synagoge erfährt von der Vertreibung der Juden, aus: Hans Karl Breslauer, Die Stadt ohne Juden, 1924.

Zuschauer, mit den unterschiedlichen Darstellungen in beiden Werken konfrontiert, diese aufgenommen haben. Haben sie sie als untrennbar miteinander verbunden (wie Chamberlain argumentierte) wahrgenommen, oder als unterschiedliche Völker, das biblische weitaus radikaler als das in Wien ansässige?

Breslauers Film beginnt mit einer demonstrierenden Menge in den Straßen Utopias, wie uns der Zwischentitel sagt. Man sieht eine weitere Menge, diesmal Juden in der Synagoge, die, im Gegensatz zur chaotischen Masse auf der Straße, ungewöhnlich geordnet erscheint. Die Synagoge an sich, von christlichen Antisemiten wie auch von der Haskala als »Judenschule« bezeichnet und für gewöhnlich lauter und chaotisch, wird hier als Ort der Ruhe dargestellt.[30] (Abb. 12) Der »imposante Synagogenbau« wurde von dem bekannten Wiener Film-Architekten Julius von Borsody im Schönbrunner Atelier aufgebaut.[31]

Die rituelle Praxis, der *Minhag*, konzentriert sich auf die geordnete Versammlung und auf den Thoraschrein, der die Thorarollen enthält. Die chaotischen Massendemonstrationen auf der Straße und die hochgehaltenen

30   Evelyn Adunka, »Der ostjüdische Einfluss auf Wien«, in: Peter Bettelheim (Hrsg.), Ist jetzt hier die »wahre« Heimat? Ostjüdische Einwanderung nach Wien, Wien 1993, S. 77-88, und Brigitte Dalinger, »›Galizianer‹ in: Wien: Zur Darstellung ›östlicher Juden‹ im jiddischen Theater und Film«, in: Armin A. Wallas (Hrsg.), Jüdische Identitäten in Mitteleuropa. Literarische Modelle der Identitätskonstruktion, Tübingen 2002, S. 35-46.
31   »Die Stadt ohne Juden«, in: Die Filmwelt 14/15 (1924), S. 7.

Schilder, auf denen »Wir wollen arbeiten!« prangt, stehen dazu im starken Kontrast. Die Kämpfe auf den Straßen wurden ausgelöst durch den Kollaps der lokalen Währung und den Anstieg des allmächtigen Dollars (»Der Dollar steigt«). Wilde Spekulationen, Massenszenen an der Börse, weitere Anzeichen des sozialen Chaos und die Inflation werden durch eine Markt-szene dargestellt. Durcheinander und Hunger sind die visuelle Darstellung der Inflation, der moralische Exzess wird von den Mengen in den Nacht-clubs repräsentiert, die diskreten Sexszenen als »Wilde Feste« von den Spekulanten inszeniert (»Wir wollen Arbeit und Lohn«). Der Zusammen-bruch hier ist genau die Vorstellung der schwindenden Moral in der Zwi-schenkriegszeit und wird schon im Vorspann von DeMilles Film an-geprangert. Die Spekulatoren hier sind jedoch nicht »jüdisch« konnotiert. Oft reichen auch nur spärliche Hinweise auf die jüdische Identität einer Figur wie in Georg Papsts *Die Büchse der Pandora* (1929), wo lediglich eine Menorah auf dem Kaminsims des moralisch korrupten Dr. Peter Schön (gespielt von Fritz Kortner) auf dessen Religion hinweist.[32] Die »jüdische Physiognomie« wird überhaupt nicht bemüht, um moralisch verdorbene Charaktere darzustellen, anders als in vielen anderen Filmen dieser Zeit, wie in Friedrich Murnaus *Nosferatu, eine Symphonie des Grauens* von 1922.[33]

In Folge dieses wirtschaftlichen Zusammenbruchs finden wir uns auf dem Parkett des Rathauses wieder, auf welchem das Chaos regiert: »Die Juden nehmen uns die Arbeit weg« ist sowohl das Kernthema der Auf-stände als auch die Basis der radikalen Reaktion im Parlament. Die nächste Szene spielt in einem Gasthaus, wo eine projüdische Gruppe mit einer Gruppe von Antisemiten hitzig diskutiert, welche »Raus mit den Juden!« schreit. Rat Volbert (gespielt von Ferdinand Maierhofer), ein Mitglied der antisemitischen »Großdeutschen Partei« im Parlament, wird als Unterstüt-zer der Partei vorgestellt, obwohl seine Tochter mit dem Juden Alois Caroni (Hans Effenberger) verheiratet ist und deren Tochter seine Lieblingsenkelin ist. (Diese Andeutung auf eine mögliche Ehe von Leo und Lotte, obwohl deren Vater Mitglied der Liberalen Partei ist, lässt nicht gerade auf eine warme und freundliche Beziehung mit den Schwiegereltern in spe hoffen). Im Parlament argumentieren die Antisemiten für die Schuld der Juden an

---

32 Siegbert S. Prawer, Between Two Worlds: The Jewish Presence in German and Austrian Film, 1910-1933, New York 2005, S. 84.

33 Zur Diskussion über Nosferatus versteckte jüdische Konnotation, siehe Maria Tatar, Lustmord: Sexual Murder in Weimar Germany, Princeton 1995, S. 57-64; Noah Isenberg, Between Redemption and Doom: The Strains of German-Jewish Mod-ernism, Lincoln, NE, 1999, S. 102 f.

Abb. 13: Der Hausierer verkauft seine Waren von Tisch zu Tisch im Wirtshaus, aus: Hans Karl Breslauer, Die Stadt ohne Juden, 1924.

der zunehmenden Verarmung. Wenn man fragt: »Warum die Juden?«, so ist die Antwort: »Wir werden wissen warum, wenn sie alle fort sind«.

Dann betritt ein offensichtlich jüdischer Hausierer das Gasthaus, wo die Debatte stattfindet, und versucht, seine Ware aus einem Bauchladen den diskutierenden Gästen zu verkaufen. Auch wenn ein Kritiker meint: »der Ostjude wurde zur Symbolfigur des Juden überhaupt«, so ist diese Szene im Film die einzige, auf die dies auch zutrifft.[34] Gekleidet wie ein orthodoxer Jude, mit schwarzem Mantel, Bart und Schläfenlocken, ist dies der erste Versuch, das Bild eines nomadischen Juden als wirtschaftlichen Faktor, wie er in der Rhetorik dieser Zeit so verbreitet war, darzustellen. (Abb. 13) Adolf Wahrmund bemerkte, dass die Juden wirklich Wirtschaftsnomaden seien, ein Bild, das sich mit dem Hausierer im Film wiederholt, mit seinem Bauchladen und seinem orthodoxen Gewand im Gasthaus, wo man sich gerade die Frage nach der jüdischen Mitschuld am Wirtschaftsabschwung stellt:

34 Isenberg, (Anm. 33), S. 93.

Hier haben wir das typische Urbild für den Privaterwerb des Nomaden, das sich bis auf diesen Tag, wie der Einschlag im Gewebe, auch durch die Geschäftsthätigkeit der unter uns lebenden Juden hindurchzieht, – des jüdischen Hausirers und Agenten, der über Land geht, um – statt mit Schwert und Lanze – mit Schundware, Losen, Antheilscheinen und Ratenbriefen – und – anstatt mit wildem Kampfgeschrei – mit sanftem Gedibber und Geschmuse unsere Bauern auszuplündern, und der am Sabbatabend beutebeladen heimkehrt zu Weib und Kindern.[35]

Einer der Kritiker, die den Film verrissen haben, bemerkte, dass die Juden wohl aus dem »tiefsten russischen Ghetto« statt aus der Hauptstadt kämen.[36] Im Film schickt Breslauer den Hausierer weg und löst damit die Frage der jüdischen Mitschuld an der Inflation, zumindest in ihrer filmischen Umsetzung. Die Spekulanten und der Exzess, den sie repräsentieren, sind ja, wie erwähnt, nicht jüdisch konnotiert. (Abb. 14) Die jüdische wirtschaftliche Präsenz ist, sofern es hier überhaupt eine gibt, ganz am Ende der ökonomischen Bedeutsamkeit, mit ihren jüdischen Markthändlern und Hausierern.

Der Film fährt fort mit der Eröffnungsszene der Menschenmassen auf der Straße, den Demonstrationen, Märschen und Massenversammlungen, in einer von oben gedrehten Einstellung.

Der Pöbel ruft nach der Vertreibung der Juden. Dann bewegt sich die Kamera in die Armenviertel und zeigt Juden, wie sie in ihren Hütten sitzen, beten und ihre Kinder fest an sich drücken. Es folgen Aufnahmen in der Synagoge aus der Anfangsszene des Films. Hier liegt der Fokus wieder auf den Individuen, die geordnet und respektvoll im Hinblick auf das Exil beten. Es steht im Kontrast zu den tumultartigen Szenen vor den Toren des Parlaments und den hochgehaltenen Schildern, auf welchen zu lesen ist: »Wir wollen Arbeit«. Der Bundeskanzler spricht, auf höchst hypokritische Weise, zur Menge:

Ich bin ein Freund der Juden und ein Bewunderer ihrer glänzenden Eigenschaften. [...] Trotz jahrelanger Unterdrückung ist es ihnen gelungen, durch ihren scharfen Verstand den 1. Platz in der Welt einzunehmen

35 Adolf Wahrmund, Das Gesetz des Nomadentums und die heutige Judenherrschaft, Karlsruhe/Leipzig 1887, S. 8.
36 Kinematograph (Berlin) 1014 (25.7.1926), zitiert aus: Otto Mörth, »Die Filmadaption des Romans ›Stadt ohne Juden. 1924‹«, in: Maske & Kothurn 40, 1-3 (2000) S. 73-92, hier S. 81.

Bewegte Juden in bewegten Bildern

Abb. 14: Zügellosig-
keit als Folge sozialer
Unordnung, aus: Hans
Karl Breslauer, Die
Stadt ohne Juden,
1924.

[...]. Sie sitzen in den größten Banken der Welt! [...] Sie beherrschen die Industrie und schreiben Theaterstücke. (20:17-22:02)

Das Ausweisegesetz wird im Parlament grölend angenommen, und die Kamera fährt nach draußen zur Menge vor dem Parlament.

Der Schauplatz wechselt zurück zur Synagoge. Wir sehen zwei Betende, dann fährt die Kamera zurück, sodass man den Blick auf die gesamten, geordneten Reihen der Gläubigen bekommt, die zu Gott über das bevorstehende Exil beten. Es entsteht das Bild, als seien Juden entweder als Gläubige in der Synagoge oder als wäre der einzige Ort für sie in den Armenvierteln. Sie jammern hier wie dort, dass sie bald »wie Hunde hinausgejagt werden würden«. Die armen Juden (30:21) mit Bärten, Schläfenlocken, Gebetsschals (ein klarer Anachronismus, denn diese werden nur in der Synagoge getragen) und bedeckten Häuptern werden über ihre Ausweisung nur durch das gemeinsame Zeitunglesen auf der Straße informiert. Sie schreien und gestikulieren, beweinen ihr eigenes Schicksal (ganz im Gegensatz zur stoischen verbalen Ruhe der akkulturierten Juden) und sagen in einem pseudo-jiddischen Titel: »Mit uns können sie doch eine Ausnahme machen!« (30:37) Die im Film dargestellte interreligiöse Ehe wird in der Folgeszene gezeigt: Im Haus von Rat Volbert liest dessen jüdischer Schwiegersohn die Nachricht vom Exil und der Enkel beschwert sich: »Nein, ich gehe nicht nach Zion!«, eine bemerkenswerte Aussage über die Pläne der Zionisten für einen neuen Staat (31:20). Der Konflikt innerhalb der gemischtreligiösen Familie wird genauso rau ausgetragen wie bei den Juden auf der Straße; zuerst die Ehefrau, dann der nichtjüdische Diener schelten den Rat Volbert für seine Wahl. Dann nimmt uns die Kamera zurück in die Synagoge, wo die Juden ihr Schicksal beweinen (33:49). Es herrscht dort eine verzweifelte, aber ruhige Atmosphäre, als sie den Shabbatausgang mit der *Havdala* beenden.

Die zentralen Szenen, die die Mobilität bzw. Immobilität der Juden zeigen, haben den Titel »Die Vertreibung« (34:32). Die akkulturierten Juden stehen am Bahnhof, in ordentlichen Reihen, man spürt aber die unterdrückten Emotionen: Der jüdische Ehemann weint, die nichtjüdische Ehefrau jammert und fällt ihn Ohnmacht, als der Zug abfährt. Sie werden »ausgestoßen«. Die nächste Szene zeigt arme, religiöse Juden, die von der Polizei aus ihren Behausungen geholt werden. Ein blinder Jude mit Blindenstock küsst beim Verlassen die Mesusa am Türrahmen, geleitet von einer Begleitperson. Sie gehen die Straße entlang, kein Zug für sie. Ein Mann auf Krücken und mehrere alte Leute sind ebenfalls zu Fuß unterwegs, angeführt von einem alten Mann, der eine Thorarolle trägt. Eine ältere Frau fällt in Ohnmacht, und nun folgt das zentrale Bild der Vertreibungsszene: eine älterer, bärtiger Mann mit Tallit droht zu kollabieren. Er fällt auf die Knie und sammelt in seinem Taschentuch Erde und Steine seines Heimatbodens, um sie mit auf die Reise zu nehmen (43:24). Seine Frau hilft ihm auf, und sie gehen weiter, das Tuch in Händen. (Abb. 15) Diese Heiligung des Bodens ist einerseits merkwürdig, zugleich aber auch ein aussagekräftiger Hinweis auf die Praxis orthodoxer Juden in der Diaspora, die mit einem Beutel Erde aus dem Heiligen Land begraben werden, um so von ihren Sünden befreit zu werden. Der Handel mit dieser Erde, die in Wirklichkeit oft gar nicht aus dem Heiligen Land stammte, war einer der Hauptkritikpunkte der Reformbewegung, die dies als eine Art Götzendienst betrachteten.[37]

Während die Juden die Stadt verlassen, packen die Orthodoxen rituelle Objekte in der Synagoge. Alles läuft geordnet ab, und als der letzte alte Jude gestützt das Gotteshaus verlässt, wechselt die Szene zum letzten Zug, in welchem die akkulturierten Juden nun sitzen, darunter auch Leo (45:30). Eine lange Einstellung zeigt leere Gleise, als starker Kontrast dazu folgt das Feuerwerk über der Stadt als Ausdruck der Freude über die nun »juden-

---

37 Nati Barak, »The Early Ashkenazi Practice of Burial with Religious Paraphernalia«, in: Stefan C. Reif, Andreas Lehnardt und Avriel Bar-Levav (Hrsg.), Death in Jewish Life: Burial and Mourning Customs Among Jews of Europe and Nearby Communities, Berlin, 2014, S. 195.

Bewegte Juden in bewegten Bildern

Abb. 15: Der aus der Stadt vertriebene Jude sammelt die Erde seiner Heimat ein, aus: Hans Karl Breslauer, Die Stadt ohne Juden, 1924.

reine« Stadt. Der Bundeskanzler hält vom Balkon aus eine Rede zu den jubelnden Massen: »Wir können zufrieden sein. Alles Fremde hat das Land verlassen.« (47:18)

Man muss dazu nicht erwähnen, dass, sowohl im Buch als auch im Film, durch die Vertreibung der Juden Wirtschaft und Kultur in Utopia (Wien) zum Erliegen kommen.

Dies bringt das Parlament zum Umdenken, und man beginnt, über die Rückkehr der Juden zu diskutieren (101:33), während die Arbeiter mit handgeschriebenen, aber unleserlichen Schildern protestieren und Arbeitsplätze einfordern. Auf dem einzig lesbaren Schild steht: »Gebt uns das Recht auf Arbeit« (101:42). Die Demonstranten erreichen nun ein Plakat, auf dem geschrieben steht, dass die Vertreibung der Juden schuld an der wachsenden Armut sei. (113:13)

Hier ist deutlich zu sehen, dass der Film halbnahe Einstellungen der »Mengen« (die in Wirklichkeit nur aus 20-30 Leuten bestehen) mit Totalen anonymer Massen, die der Wochenschau entnommen wurden, mischt. Dies diente vielleicht als Vorbild für den späteren antisemitischen Film *Der ewige Jude* (1940) von Fritz Hippler, der sich des Materials vom zionistischen Film *Juda Lehmans, Land der Verheißung* (1934), bediente.[38]

Die Idee dahinter ist jedoch, ein bestimmtes Bild der Juden zu zeichnen, nicht als Kollektiv, sondern als Individuen im Exil, während die Menge,

---

38 Ariel L. Feldestein, Cinema and Zionism: The Development of a Nation Through Film, übers. von Merav Pagis, London 2012.

Abb. 16: Die akkulturierten Juden kehren in die Stadt zurück (mit dem Zug), aus: Hans Karl Breslauer, Die Stadt ohne Juden, 1924.

die zuerst deren Vertreibung forderte und später die »Wiederzulassung«, scheinbar endlos groß und unübersichtlich wirkt.

Das Happy End bringt die Juden aller Schichten wieder zurück nach Utopia. Alle Paare werden wieder vereint, ebenso die Familien. Es ist dies der »Zahltag«: Die Menge versammelt sich vor dem Parlament und es wird verkündet: »Das Judengesetz ist gefallen« (1:21:23). Als die Juden zurückkehren, begrüßt der Bürgermeister Karl Maria Laberl, welcher eine erstaunliche Ähnlichkeit mit Karl Lueger aufweist, das erste Rückkehrerauto mit dem Satz: »Mein lieber Jude!«, während eine Menschenmenge freudig ruft: »Wir sind alle Brüder!« (frei nach Schillers »Ode an die Freude«) (1:25:27). (Abb. 16)

Es ist sinnvoll, diese Massenszenen mit Juden und einem doch philosemitischen Unterton dem wohl erfolgreichsten antisemitischen Film der nationalsozialistischen Ära, Veit Harlans *Jud Süß* aus dem Jahre 1940, gegenüberzustellen.[39] Dieser ist jedoch keineswegs der erste, der sich mit dem Thema des jüdischen Bankiers aus dem 18. Jahrhundert befasst, im Gegenteil, Harlands Film befand sich laut Literaturkritikern in direkter Konkurrenz zu einer früheren britischen Version, wenn man Goebbels' Meinung zu diesem Projekt in Betracht zieht. Lion Feuchtwangers Roman *Jud Süß* (1925) war der Ausgangspunkt für die Filmadaption des Themas

---

39 Eine ausgezeichnete Evaluierung dieser historischen Figur findet man in Yair Mintzker, The Many Deaths of Jew Süss: The Notorious Trial and Execution of an Eighteenth-Century Court Jew, Princeton 2017.

durch den deutschstämmigen US-amerikanischen Regisseur Lothar Mendes im Jahre 1934.[40] In diesem Werk, in den USA unter dem Titel *Power* und als *Jud Süß* in Großbritannien in den Kinos, spielte Conrad Veidt die Hauptrolle. Veidt hatte zuvor schon den Cesare im *Kabinett des Dr. Caligari* (1920) gegeben, ein früher Versuch, den Antisemitismus der Nazis im Kino zu enttarnen, früher noch als Charlie Chaplins *Der große Diktator* (1940) oder Karl Lubitschs *Sein oder Nichtsein* von 1942. Der Fokus von Mendes' Film liegt auf dem einzelnen Juden und dessen Feinden. So sind die Juden am Markt erfolgreicher, da sie bessere Waren zu einem niedrigeren Preis verkaufen. Ihre Feinde marschieren nicht im Kollektiv auf, sondern sie werden individuell attackiert von einem betrunkenen Konkurrenten, der dann wiederum seine Ehefrau schlägt, da sie eingreift. Die Nichtjuden am Markt werden daraufhin von diesem, einem Stallbesitzer, angehalten, ihren jüdischen Konkurrenten zu verprügeln (47:32). Erst gegen Ende des Films, kurz vor der Exekution Süß', sieht und hört man die Massen gesichtsloser Juden, wie sie das Kaddish beten, ein Geräusch, das gegen das Geschrei der aufgebrachten Menge nach der Exekution fast untergeht. Es folgt eine Ausblende und dann der Hinweis: »Eines Tages vielleicht werden werden die Mauern einstürzen wie die Mauern von Jericho, und die Welt wird ein einziges Volk sein.« Keine chaotischen, wandernden Juden mehr – nur noch gesittete, betende Juden für den Direktor Lothar Mendes.

Wir begeben uns ins nationalsozialistische Deutschland nach dem Jahre 1933. Der Regisseur der *Stadt ohne Juden*, Hans Karl Breslauer, wurde 1940 Mitglied der NSDAP, ein erfolgloser Versuch, Teil der neuen deutschen Filmpropagandamaschine zu werden. Diese Maschinerie, geleitet von Joseph Goebbels' Propagandaministerium, produzierte Ende der Dreißigerjahre eine Reihe von antisemitischen Filmen, der erfolgreichste unter ihnen Veit Harlans *Jud Süß* (1940).[41] Harlan schrieb mit Eberhard Wolfgang Möller und Ludwig Metzger gemeinsam das Drehbuch und nahm Anleihen sowohl an Wilhelm Hauffs antisemitischer Erzählung von 1827 als auch an Lion Feuchtwangers Roman. Nach einer Adaptierung dreht sich

---

40 Jew Süss, unter der Regie von Lothar Mendes (1934; United Kingdom: Gaumont British).

41 Eric Rentschler, The Ministry of Illusion: Nazi Cinema and its Afterlife, Cambridge 1996, S 157 ff.; Richard A. Etlin, Art, Culture, and Media under the Third Reich, Chicago 2002; Antje Ascheid, Hitler's Heroines: Stardom and Womanhood in Nazi Cinema, Philadelphia 2003; Saul Friedländer, The Years of Extermination: Nazi Germany and the Jews, 1939-1945, New York 2008, S. 100 ff.; Susan Tegel, Nazis and the Cinema, Hambledon 2007.

die Handlung um die destruktive Mobilität der Juden und deren noma-
dische Natur.

Zu Beginn des Filmes sehen wir einen Juden, gekleidet (besser: ver-
kleidet) als ein Gentleman des 18. Jahrhunderts, wie er gerade mit einer
jungen deutschen Frau eine Kutsche besteigt. Er umgarnt sie mit seinen
Reiserzählungen und Erzählungen über seinen gesellschaftlichen Aufstieg.
Sein Name ist Joseph Süß Oppenheimer, gespielt von Ferdinand Marian,
und er hat sich einen Passierschein zu der für Juden schon über 100 Jahre
verbotenen Stadt Stuttgart erschlichen, indem er den gierigen und korrupten Herzog von Württemberg, Karl Alexander (Heinrich Georg), herein-
gelegt hatte. Zuerst scheint Oppenheimer ein »Ghettojude« zu sein, seiner
Kleidung nach, mit Bart und Schläfenlocken. Er verspricht dem Herzog
finanzielle Unterstützung für Frivolitäten wie das Ballett, was ihm von
seinen Finanzberatern verboten wurde. In der nächsten Szene verwandelt er
sich in einen Reisenden, gekleidet wie ein feiner Herr, der nach einem
Unfall mit der Kutsche von Dorothea Sturm (gespielt von Christina Söder-
baum) am Straßenrand aufgelesen und mitgenommen wird. Sie passieren
das Stadttor, nachdem die Wache einen »Herrn Oppenheimer aus Frankfurt« auf der Passierliste gefunden hat. Als sie sich der Stadt nähern, fragt
die naive junge Frau, welche Städte er schon bereist hätte: »Paris, Versailles,
London, Rom, Madrid, Lissabon« lautet die Antwort. Wo sind Sie zuhause? Wo fühlen Sie sich am meisten zuhause?, möchte die Dame wissen,
er meint darauf: »Überall«. »Haben Sie denn kein Zuhause?«, fragt sie
weiter, und Oppenheimer antwortet: »Die Welt«. Alle Bürger außer seiner
naiven Gesprächspartnerin, welche später von ihm missbraucht werden
wird, erkennen in ihm den Juden, trotz seiner Kleidung und seines Passier-
scheins. Ihr Verlobter Faber, gespielt von Malte Jaeger, gibt ihr zu verstehen,
dass es sich bei ihrem Gast um einen Juden handelt, worauf sie erstaunt ist,
dass man ihm, ohne zu fragen, Zutritt zur Stadt gewährt hat. Oppenheimer
wird auf seine Identität angesprochen, und es wird ihm nahegelegt, Stuttgart mit der nächsten Kutsche zu verlassen, da hier keine Juden geduldet
würden, selbst wenn sie mit der Kutsche das Stadttor passieren. In der Tat
queren dann jene nomadischen, durch ihre Kleidung leicht erkennbaren
Juden, die sich durch Süß' Intrigen Zutritt zur Stadt verschaffen, zu Fuß das
Stadttor. (Abb. 17) Mobilität, das ultimative Zeichen für Weltbürgertum in
den Augen der Nationalsozialisten, ist ein Fluch, denn sie gestattet dem
Juden mit seiner Gabe der Mimikry, die deutsche Gesellschaft zu unter-
wandern und sie wirtschaftlich auszunutzen. Der Herzog von Württemberg
gibt Süß, nachdem er Bürger der Stadt wurde, die uneingeschränkte Macht,

Bewegte Juden in bewegten Bildern

Abb. 17: Die Württemberg verlassenden Juden, aus: Veit Harlan, Jud Süß, 1940.

Steuern zu erheben. Der Schmied Hans Borgner wird öffentlich gehenkt, weil er Süß attackiert hat, nachdem seine Schmiede zerstört worden war, da er seine Abgaben an Süß nicht zahlen konnte. Nach der Vollstreckung dieses Urteils befahren nun die Juden auf ihren Fuhrwerken Stuttgart. Sie betreten die Stadt durch das Tor, das ihnen (und natürlich Süß) zuvor noch verschlossen war, bewacht von den Garden des Herzogs. Sie strömen in die Stadt als undifferenzierte Masse zum Klang eines schrillen hebräischen Gebetes, gesungen von einem Juden, der eine Karre schiebt. Die langbärtigen Männer, alle in Kaftanen, und Frauen mit Kopfbedeckung sitzen auf den Wagen, die von mottenzerfressenen Tieren gezogen werden. Es ist dies das visuelle Äquivalent zu den Rattenschwärmen und der Übertragung der Pest, mit denen Franz Hippler in *Der ewige Jude* die Bewegung der Juden in der ganzen Welt verglichen hat. Der ungehorsame Jude als das wesentliche soziale Element der geheimnisvollen, unterirdischen Zerstörung der sozialen Ordnung, ähnlich den feigen, abscheulichen Ratten, die die Gesellschaft mit Krankheiten anstecken, wenn man dem Film Glauben schenkt.[42]

---

42 »Wo Ratten auch auftauchen, tragen sie Vernichtung ins Land, zerstören sie menschliche Güter und Nahrungsmittel [...]. Sie sind hinterlistig, feige und grausam und treten meist in großen Scharen auf. Sie stellen unter den Tieren das Ele-

Wie wir aus Harlans Prozess nach Kriegsende wissen, waren die gezeigten Juden Orthodoxe aus Prag, die als Statisten nach Berlin gebracht wurden, und, einer neueren Studie zufolge, dort auch relativ gut behandelt wurden.[43]

Der ursprüngliche Plan war, den »jüdischen« Mob in Prag zu filmen, doch von dieser Idee kam man ab und drehte in Berlin. (Friedrich Knillis Behauptung, dass Harlan ein »Schindler vor seiner Zeit« war, scheint grotesk, da das Bild von Schindler mehr von Steven Spielbergs Verfilmung von 1993 geprägt ist und mit der historischen Figur nicht viel gemein hat.[44]) Man sagt, Harlan sei von der Sangeskunst der Prager Juden, die er für die Ghettoszene engagiert hatte, sehr beeindruckt gewesen. Die parallele Verwendung von in den Ghettos von Warschau, Krakau und Łodz gedrehtem Material für Hipplers Film zeigt den Versuch, authentisch aussehende Juden als Ostjuden darzustellen, als Ersatz für die Fortdauer des Nomadentums, mit welchem die Juden in der Vergangenheit assoziiert wurden und welches nun in die Gegenwart projiziert wird. Dies ist ein gutes Beispiel der Theorie der »Verweigerung der Gleichzeitigkeit« von Johannes Fabian, welche das Barbarische, Wilde, Andersartige, eine andere Rasse, Kriminelle, Geisteskranke nicht nur als pathologisch und minderwertig ansieht, sondern auch als temporär Andersartiges, als Teil einer früheren, primitiveren Zeit.[45] Sie sind Hitlers ewige, lästige Nomaden, die Parallele zu den Juden seiner Zeit, besonders, wenn man seine Erfahrungen mit der jüdischen Andersartigkeit der Ostjuden, die ihm in Wien erstmals begegnete, liest. Breslauer verwendet ähnliche Statisten für seinen Film, und auch wenn dies für unsere Begriffe heutzutage geschmacklos erscheint, war dies ein Versuch, die Erfahrungen dieser Gruppe von Juden denen der akkulturierten Juden im Film entgegenzustellen. Sie reagierten gleichermaßen auf

ment der heimtückischen, unterirdischen Zerstörung dar – nicht anders als die Juden unter den Menschen.«

43 Ingrid Buchloh, Veit Harlan: Goebbels' Starregisseur, Paderborn 2010, S. 88 ff. Diese Biographie ist der Versuch einer Reinwaschung Harlans, aber die Autorin hat zumindest alles für den Film relevante Material gelesen. Ihre Interpretation ist fragwürdig, nicht aber ihre Arbeitsweise.

44 Friedrich Knilli und Siegfried Zielinski, »Der Jude als Sittenverderber. ›Weinend floh der Engel der Unschuld.‹ Kleine Mediengeschichte des Hofjuden Joseph Süß Oppenheimer 1737/38 bis 1984«, in: Günther B. Ginzel (Hrsg.), Antisemitismus. Erscheinungsformen der Judenfeindschaft gestern und heute, Bielefeld 1991, S. 328; zitiert von Buchloh, S. 92.

45 Johannes Fabian, Time and the Other: How Anthropology Makes Its Object, New York 1983.

die dräuende Auswanderung und beweinen den Verlust ihrer Sesshaftigkeit und des zugehörigen Status.

Faber, der blonde Held, bedauert den Einlass der Juden nach Stuttgart als Zeichen für eine potenzielle Zerstörung der Moralvorstellungen der Stadt. Als Süß wegen des Missbrauchs seiner Verlobten Dorothea Sturm gehenkt wird – höher noch als zuvor der Schmied –, werden die Juden als Warnung aus Württemberg verbannt, für alle kommenden Generationen, wie es heißt. Hier gibt es am Ende des Filmes keinen Marsch der Juden ins Exil, denn wie es die Konklusion des Films andeutet, weilen sie auch im Jahre 1940 noch im Geheimen in der Welt der Zuseher.

Eine Menge von Juden und Andersartigen

Das kollektive Bild des wandernden Juden und der Menge seiner Feinde führt zu einer weiteren Diskussion, welche teilweise von Guntram Geser in seinem Aufsatz von 2000 analysiert wurde.[46] Er greift auf eine rückwirkende Analyse der Massen aus Elias Canettis brillantem Œuvre von 1960, *Masse und Macht*, zurück und reflektiert über Canettis Post-Holocaust-Analyse über den Aufstieg der Nazis. Gesner übersieht allerdings die Besonderheit der Debatte in der Zwischenkriegszeit und den Sonderstatus der Juden in dieser Diskussion. Wenn man sich die zwischen 1920 und 1940 gedrehten Filme genauer ansieht, so ist es wichtig zu verstehen, dass die Zeit nach dem Ersten Weltkrieg schon 1895 ihre Schatten vorausgeworfen hat, als den Lesern dieser Zeit bewusst gemacht wurde: »Das Zeitalter, in das wir eintreten, wird in Wahrheit das Zeitalter der Massen sein.«[47] Gustave Le Bons *Psychologie der Massen* (1985; 1911 von Rudolf Eisler ins Deutsche übertragen) analysierte erstmals die Masse als eigenständiges Konzept in der Öffentlichkeit. Le Bons Werk entstammt der Beschäftigung mit der Rolle des Individuums innerhalb der Menge, auf sozialer und psychologi-

---

46 Guntram Geser, »›Zeitfilm‹ versus historischer Großfilm: ›Die Massen‹ in »Die Stadt ohne Juden«, in: Guntram Geser (Hrsg.), Die Stadt ohne Juden (Film Edition 3) Wien 2000, S. 273-303. Siehe Susanna Barrows, Distorting Mirrors – Visions of the Crowd in Late Nineteenth Century France, New Haven, Conn., 1981; J. S. McClelland, The Crowd and the Mob: From Plato to Canetti, London, 1988; Stefan Jonsson, A Brief History of the Masses: Three Revolutions, New York 2008; Stefan Jonsson, Crowds and Democracy: The Idea and Image of the Masses from Revolution to Fascism, New York 2013.

47 Alle Zitate hier aus: Gustave Le Bon, Psychologie der Massen, Stuttgart 1982, hier S. 2.

scher Ebene, im späten 19. Jahrhundert und wurde bis zu einem gewissen Grad auch von der unverhohlenen, öffentlichen Feindseligkeit während der Dreyfus-Affäre im Jahre 1894, als der Antisemitismus Welle um Welle jede soziale Schicht Frankreichs überschwemmte, inspiriert.[48] Obwohl die Debatte über die Eigenschaften einer Menge schon in der Nachkriegszeit begann, so wird sie erst in der Zwischenkriegszeit zum Tropus in der Populärkultur.

In den 1890er Jahren definiert Le Bon die Menge durch drei Faktoren: Anonymität, Verseuchung (»Sorgfältige Beobachtungen scheinen nun zu beweisen, daß ein einzelner, der lange Zeit im Schoße einer wirkenden Masse eingebettet war, sich alsbald – durch Ausströmungen, die von ihr ausgehen, oder sonst eine noch unbekannte Ursache – in einem besonderen Zustand befindet, der sich sehr der Verzauberung nähert, die den Hypnotisierten unter dem Einfluß des Hypnotiseurs überkommt.«)[49] und Beeinflussbarkeit (»In der Masse gleicht der einzelne einem Sandkorn in einem Haufen anderer Sandkörner, das der Wind nach Belieben emporwirbelt.«).[50] Innerhalb der Masse kann der Mensch anonym agieren, wie er es als Individuum nicht wagen würde. Diese Taten, das Resultat psychopathologischer Kräfte im neuen Kollektiv, werden zur Tat des Kollektivs. Während der Fokus der Massentheorie auf dem charismatischen Anführer und dessen Fähigkeit, die Menge aufzumischen, liegt, was später die politische Ideologie Mussolinis und Hitlers, welcher Le Bons Werk 1920 mit großem Interesse las, beeinflusst hat, ist dies doch nur ein Aspekt im Kontext der eigentlichen Zusammenstellung der Menge selbst. Es ist wichtig zu betonen, dass die Masse nicht per se impulsiv und beweglich ist – und hier kommt der Aspekt des Rassismus ins Spiel:

> Gleich dem Wilden läßt sie nicht zu, daß sich zwischen ihre Begierde und die Verwirklichung dieser Begierde ein Hindernis erhebt, um so weniger, als ihre Überzahl ihr das Gefühl unwiderstehlicher Macht gewährt. Für den einzelnen in der Masse schwindet der Begriff des Unmöglichen. Der alleinstehende einzelne ist sich klar darüber, daß er allein keinen Palast einäschern, keinen Laden plündern könnte, und die Versuchung dazu kommt ihm kaum in den Sinn.[51]

48 Robert Nye, The Origins of Crowd Psychology: Gustave Le Bon and the Crisis of Mass Democracy in the Third Republic, London 1975, S. 89 ff.
49 Le Bon (Anm. 47), S. 16.
50 Ebd., S. 17.
51 Ebd., S. 21.

Die Rasse bestimmt also die Natur der Masse, denn es sind »Wilde«. Die Rasse an sich ist eine Variable in der Zusammenstellung der Menge, allerdings doch klar definiert durch die Wichtigkeit der Rassenkunde in zeitgenössischer psychologischer und Sozialtheorie. Für Le Bon steht die Rasse an erster Stelle jener Faktoren, die die unterschwellige Einstellung der Masse formen

wenn sich ihre Charaktermerkmale gebildet haben, ihre Glaubenslehren, ihre Einrichtungen, ihre Kunst, kurz, alle ihre Kulturelemente den äußeren Ausdruck ihrer Seele bilden. Die Kraft der Rasse ist so groß, daß kein Element von einem Volk zum andern übergehen könnte, ohne die tiefgehendsten Umwandlungen zu erfahren.[52]

Es definiert die Unterschiede verschiedener Massen, denn auch

die Worte haben also nur veränderliche und vergängliche Bedeutungen, die mit den Zeiten und Völkern wechseln. Wollen wir durch sie auf die Massen wirken, so müssen wir den Sinn kennen, den sie für die Massen im gegebenen Augenblick haben, nicht aber jenen, den sie einst besaßen oder den sie für Persönlichkeiten von ganz besonderer geistiger Beschaffung haben können.[53]

Die Idee der »besonderen geistigen Beschaffung« bedeutet für Le Bon die Unterscheidung zwischen den Juden und der Masse der antisemitischen Nichtjuden, die Dreyfus' Kopf fordern.

In der deutschsprachigen Welt war der Soziologe Georg Simmel mit seiner Einführung in die Soziologie 1908 und die Darstellung der Massen federführend. Schon 1903 setzt er sich mit dem Problem der Vergesellschaftung auseinander, mit sozialen Formen und den Wechselwirkungen zwischen Individuen. In seiner Schrift umreißt er die Theorie der Massen, die wir sowohl in den Filmen als auch in der Kinematographie selbst finden.

Gerade wo große Massen in Bewegung gesetzt werden – in politische, soziale, religiöse – zeigen sie einen rücksichtslosen Radikalismus, einen Sieg der extremen Parteien über die vermittelnden. Dies liegt zunächst daran, dass große Massen immer nur von einfachen Ideen erfüllt und

52 Ebd., S. 51.
53 Ebd., S. 74 f.

geleitet werden können: was vielen gemeinsam ist, muss auch dem niedrigsten, primitivsten Geiste unter ihnen zugängig sein können, und selbst höhere und differenziertere Persönlichkeiten werden sich in großer Anzahl nie in den komplizierten und hoch ausgebildeten, sondern nur in den relativ einfachen, allgemeinmenschlichen Vorstellungen und Impulsen begegnen. Da nun aber die Wirklichkeiten, in denen die Ideen der Masse praktisch werden sollen, stets sehr mannigfaltig gegliedert und aus einer großen Anzahl sehr divergenter Elemente zusammengesetzt sind – so können einfache Ideen immer nur ganz einseitig, rücksichtslos, radikal wirken. Dies wird noch eine Steigerung erfahren, wo das Verhalten einer aktuell zusammenbefindlichen Menge in Frage steht. Hier bewirken die unzähligen hin- und hergehenden Suggestionen eine außerordentlich starke nervöse Aufregung, die den Einzelnen oft besinnungslos mitreißt, jeden Impuls lawinenartig anschwellt und die Menge zur Beute der je leidenschaftlichsten Persönlichkeit in ihr werden lässt.[54]

Das ist nicht nur die Kraft der Masse, sondern auch der Zuschauer, ein Gefühl der Gemeinschaft, welches frühen Filmkritikern wie Béla Balázs und Siegfried Kracauer durchaus bekannt war. Simmel allerdings unterscheidet klar zwischen dem Kollektiv der Juden und dem der Antisemiten, ein dominantes Thema der Zwischenkriegszeit. Die religiöse Gemeinschaft der Juden definiert, wie bei anderen Religionen auch, ihre »Massenpräsenz«:

So sollen die Juden immer zu mindestens zehn zusammen beten [...]. Die Kraft, Konzentriertheit und Stabilität der religiösen Gemeinschaftsstimmung wird in diesen Fällen also erst von einer gewissen Mitgliederzahl an, die sich gegenseitig hält und hebt, erwartet. Zusammenfassend: wo das Gesetz eine Mindestzahl bestimmt, wirkt das Zutrauen zu der Vielheit und das Mißtrauen gegen die isolierteren individuellen Energien; wo eine Maximalzahl festgesetzt ist, wirkt umgekehrt das Mißtrauen gegen die Vielheit, das sich gegen ihre einzelnen Bestandteile nicht richtet.[55]

Andererseits verfügt die Masse über eine andere Chemie, wenn man ein antisemitisches Kollektiv hat:

---

54 Georg Simmel: Soziologie, Untersuchungen über die Formen der Vergesellschaftung, 1. Aufl., Berlin 1908, S. 37.
55 Ebd., S. 99.

Bewegte Juden in bewegten Bildern

Durch diese Wirrnis minimaler Anregungen unterhalb der Bewußt-seinsschwelle entsteht einerseits auf Kosten der klaren und konsequenten Verstandestätigkeit eine große nervöse Aufgeregtheit, in der die dunkelsten, primitivsten, sonst beherrschten Instinkte der Naturen erwachen, andrerseits eine hypnotische Paralyse, die die Menge jedem führenden, suggestiven Impuls bis ins Extrem folgen lässt. Dazu tritt der Machtrausch und die individuelle Verantwortungslosigkeit des Einzelnen in einer aktuell kooperierenden Menge, wodurch die sittlichen Hemmungen der niedrigen und brutalen Triebe ausfallen. Daraus erklärt sich hinreichend die Grausamkeit der Mengen, mögen es römische Zirkusbesucher oder mittelalterliche Judenhetzer oder amerikanische Negerlyncher sein, und das schlimme Los derer, die einer aktuellen Menge unterworfen sind.[56]

Die Spannung zwischen einer soziologischen und einer psychologischen Theorie der Masse gab die Richtung mancher Debatten über Rassismus in der Zwischenkriegszeit an. Diese Theorien unterscheiden deutlich zwischen der Menge der Opfer und der der Täter.

Le Bons Idee einer Reziprozität von Masse und Rasse veränderte sich kurz vor und während des Ersten Weltkriegs. Der britische Neurochirurg Wilfred Trotter, ab 1908 einer der frühen Anhänger Sigmund Freuds, beschreibt in seinem Werk *Instincts of the Herd in Peace and War* zu Beginn des Ersten Weltkriegs 1914 die Frage nach der Psychologie deutschen Gruppenbewusstseins. Seine Analyse des deutschen Geistes hinterfragt, warum die Deutschen (er schafft diese Kategorie als Gegenstück zu den Engländern) auf ihre eigene Weise hassen:

England und Deutschland begegnen sich als die wohl typischsten Antagonisten des Kriegs. Wenn wir uns nur auf diese beiden Parteien konzentrieren, so ist dies keine vollständige Art und Weise, die Geschehnisse zu analysieren. Dennoch sollten wir unser Hauptaugenmerk auf diesen »Zweikampf« richten, da er ausreichend Material für die Analyse bietet, außerdem hat Deutschland selbst diesen Gegner gewählt – eine instinktive Entscheidung von Gewicht.[57]

56 Ebd., S. 134.
57 Vgl. Wilfred Trotter, »Herd Instinct and Its Bearing on the Psychology of Civilized Man«, in: Sociological Review 1, Nr. 3 (1908), S. 227-248, und »Sociological Application of the Psychology of Herd Instinct«, in: Sociological Review 2, Nr. 1 (1909), S. 36-54. Hier in Übersetzung seiner Studie: Wilfred Trotter, Die Bedeutung des

Er spricht vom Charakter, das, was den Deutschen von »zivilisierten« Nationen unterscheidet. Die Natur des deutschen Geistes ist bestimmt von ihrem irrationalen Hass auf, in diesem Falle, die Briten und alles, wofür sie stehen. Die deutsche Masse wird als Übertreibung des Normalen angesehen:

> Bei seinen Verhandlungen mit anderen Völkern und dem hohen Stellenwert des Nationalcharakters zeigt Deutschland sein Temperament in bemerkenswerter Weise. Altruismus ist für die Belange der Politiker nicht existent, zeigt er sich doch, dann nur als Ausdruck der Schwäche und Degenerierung. Die Beweggründe, unter denen eine Nation so agiert, sind, aus deutscher Sicht, Eigeninteresse und Angst, und nirgendwo zeigt sich die »Fremdartigkeit« besser als in der direkten Art, wie Deutschland auf beides seinen Reiz ausübt, entweder abwechselnd oder gleichzeitig.[58]

Trotter sieht den deutschen Geist als von Disziplin geprägt und empfindet dies als infantil, im Gegensatz zum reiferen Charakter zivilisierter Nationen. Es ist von Natur aus atavistisch, mehr eine Einteilung des Wolfsrudels denn einer Nation. Dem wird das Bild der Juden als Beispiel für das, was passieren kann, wenn ein mächtiger Staat seine Führungsrolle verliert, entgegengesetzt:

> Daher sehen wir die Gesellschaft durch die instinktiven Eigenschaften ihrer Mitglieder in zwei grosse Gruppen geteilt, wobei jede von ihnen das besitzt, was der anderen fehlt, und beide unterschreiten die Möglichkeiten menschlicher Persönlichkeit. Der Einfluß der stetig wachsenden Unsicherheit in der Gesellschaft spiegelt sich teilweise in der Geschichte wider. Das sehen wir am Werdegang der Juden, zuerst, als der Großteil der Bürger stabil war, war die Nation unternehmerisch, tatkräftig, unbezwingbar, aber auch hart, unelastisch und von ihrer göttlichen Mission geradezu fanatisch überzeugt. Der unvermeidliche Effekt dieser Erfahrungssammlung, die der Erfolg mit sich brachte, war das Aufkeimen von Unsicherheit und Skeptik, die die Nation, die den Glauben an sich und an ihre Götter verloren hatte, letztendlich zur leichten Beute für stabilere Völker machte.[59]

Herdentriebes in der Zivilgesellschaft: Herdeninstinkte im Frieden und im Krieg, New York 1916, S. 156.
58 Trotter, Die Bedeutung des Herdentriebes (Anm. 57), S. 179.
59 Ebd., S. 59 f.

Bewegte Juden in bewegten Bildern

Trotter formuliert hier einen der Gründe für den Status der Juden als eine »Masse«: sie seien schwächer als alle andere Nationen, dadurch bedingt, dass sie permanent Vorurteilen ausgesetzt seien, was wiederum die »jüdische Unterwürfigkeit« gegenüber stärkeren und aggressiveren Nationen wie der deutschen erkläre. Er unterstreicht die Kritik der Toleranz im Westen, präsent bei Pinsker und Herzl als auch bei den frühen Zionisten. Mengen haben ihre eigene komplexe Bedeutung, speziell in der Zwischenkriegszeit, wenn man die Entwicklung der Idee, dass Juden anders als ihre christlichen Nachbarn seien, betrachtet.

Die visuelle Welt des Zwischenkriegskinos war das Zeitalter der Massen. Es war auch das Zeitalter der charismatischen Anführer: »In den menschlichen Massen spielt der Führer eine hervorragende Rolle. Sein Wille ist der Kern, um den sich die Anschauungen bilden und ausgleichen. Die Masse ist eine Herde, die sich ohne Hirten nicht zu helfen weiß.«[60]

Man kann sagen, dass die Menschenmengen in DeMilles Filmen zwar einen Anführer wie Moses haben, welchem jedoch die unvollkommene Natur der Juden immer und immer wieder einen Strich durch die Rechnung macht. Le Bon meint zu dem Einfluss, den solche Figuren auf die Nachwelt haben:

Die echteste Tyrannei beherrscht die Seelen unbewußt, denn sie allein ist nicht zu bekämpfen. Tiberius, Dschingis Khan, Napoleon waren zweifellos furchtbare Tyrannen, aber Moses, Buddha, Jesus, Mohammed, Luther haben aus ihrem Grabe heraus eine nicht weniger tiefgehende Herrschaft über die Seelen ausgeübt.[61]

Das ist die »Aussage«, die die *Zehn Gebote* ihren Zusehern vermittelt. Im Breslauer'schen Film ist der charismatische Führer weder ein Tiberius, Dschingis Khan noch ein Napoleon. Es ist der Bundeskanzler, der Anführer der antisemitischen Menschenmengen in den Straßen und im Parlament, welcher sich im Laufe des Films allerdings als wenig charismatisch und als Dummschwätzer entpuppt. Auch bei Veit Harlan gibt es einen eindeutigen Anführer – Faber als de facto Führer der Christen in Stuttgart und Süß als der der Juden. Einer steht für Ordnung, der andere für Chaos. Harlan betont nach Le Bon, dass »die Zeit allmählich die Einführung der Glaubens-

---

60 Ebd., S. 83.
61 Le Bon (Anm. 47), S. 104

lehren vorbereitet, dann ihre Zerstörung. Dank ihrer erhebt sich die Ordnung aus dem Chaos.«[62]

Die Spannungen zwischen den einzelnen Modellen, den nomadischen Juden und den aufrührerischen Massen, wird von beiden Enden des politischen Spektrums ausgenützt. Juden waren sesshaft oder aber auch nicht, sie waren nicht einheitlich, was ihr Aussehen und ihren Glauben betrifft, die einen wurden von tobenden Antisemiten bedroht, andere wiederum nicht. Diese Spannung ist ein Subtext der Filmwelt der 1920er bis hin zu den '40er Jahren und stützt sich auf das verinnerlichte Vokabular jener Vorstellungen über die Natur des Juden und der Gesellschaft allgemein, die schon zum Fin de Siècle entstanden waren. Die post-darwinistische, Post-Dreyfus-Welt des Sozialdarwinismus und des (Il-)Liberalismus ermöglichte die Erstellung eines visuellen Vokabulars, welches so verformbar war, dass es von der ganzen Bandbreite der Öffentlichkeit zum Guten wie zum Schlechten angewandt werden konnte.

62 Trotter, Die Bedeutung des Herdentriebs (Anm. 57), S. 73.

Die ultraorthodoxen Juden als Sündenböcke für COVID-19

Der Schwarze Tod

Seit den 1980er Jahren habe ich eine Reihe von Aufsätzen über ›Schuld-zuweisungen‹ im Rahmen von Pandemien verfasst. Als Folge erhielt ich während der COVID-19-Pandemie eine Fülle von Anfragen nach Kommentaren zu falschen und stereotypen Schuldzuweisungen gegenüber verschiedenen ›Fremdgruppen‹.[1] Einer der Gemeinplätze im Zusammenhang mit COVID-19 besagt, dass bestimmte ›Fremdgruppen‹ zu Unrecht zu Sündenböcken für die Pandemie gemacht wurden. Dabei wird in den Massenmedien für eine derartig falsche und verhängnisvolle Zuschreibung heutzutage meist eine Parallele zum Schwarzen Tod bzw. der Beulenpest gezogen, die von 1348 bis 1351 in Europa wütete und für die damals die Juden verantwortlich gemacht wurden. (Abb. 18) Ein Chronist behauptete im Jahr 1348, während die Juden »aus ihren Häusern gezerrt und auf Scheiterhaufen geworfen wurden«, dass sie mit dem Auslösen der Pest »die Absicht hatten, die gesamte Christenheit zu töten und zu vernichten und die Herrschaft über die Welt zu erlangen«.[2] Sie vergifteten »Flüsse

---

1 Vgl. zum Beispiel Richard Chin, »There's a reason you're so freaked out by the Corona virus«, in: Star Tribune, 7.3.2020, https://www.startribune.com/there-s-a-reason-why-you-re-so-freaked-out-by-the-coronavirus/568486972/ (aufgerufen am 12.11.2020). S.a. Hanni Schroeder, Ronny Numa und Ephraim Shapiro, »Promoting a Culturally Adapted Policy to Deal with the COVID-19 Crisis in the Haredi Population in Israel«, in: Journal of Racial and Ethnic Health Disparities, 2.11.2021, https://doi.org/10.1007/s40615-021-01186-2 (aufgerufen am 12.11.2020); Ravit Hananel, Ram Fishman und Nechumi Malovicki-Yaffe, »Urban Diversity and Epidemic Resilience: The Case of the COVID-19«, in: Cities (2021), https://doi.org/10.1016/j.cities.2021.103526 (aufgerufen am 22.11.2022).

2 Beide Zitate stammen aus dem Standardwerk zu jenem Jahrhundert: Barbara Tuchman, A Distant Mirror: The Calamitous 14th Century, New York 1978, S. 109. Vgl. unter den neueren Veröffentlichungen Samuel K. Cohen, Jr., »The Black Death and the Burning of Jews«, in: Past & Present 196 (2007), S. 3-36, zur Frage, ob die Verbrennung der Juden tatsächlich als Reaktion auf die Seuche erfolgte; Ron Barkaï, »Jewish treatises on the Black Death (1350-1500): a preliminary study«, in: Roger French, Jon Arrizabalaga, Andrew Cunningham und Luis García-Ballester (Hrsg.), Medicine from the Black Death to the French Disease (The History of Medicine in

Abb. 18: Grabkreuze aus Blei, die bei der Ausgrabung eines Londoner Friedhofs gefunden wurden; sie sollen bei den Opfern des Ausbruchs des Schwarzen Todes von 1348-1353 gelegen haben.

und Brunnen / Die klar und rein waren / Sie vergifteten an vielen Orten«, so der höfische Dichter Guillaume de Machaut.[3] Die antijüdischen Ressentiments, die bereits während des zweiten »Hirtenkreuzzugs« von 1320 bei Angriffen auf die Juden aufgeflammt waren, verliehen der Pest eine religiöse Dimension. Die Anschuldigungen führten zu massiven Verfolgungen und Todesopfern unter einer Bevölkerungsgruppe, die ohnehin bereits genauso an der Pest litt und starb wie ihre nichtjüdischen Nachbarn, trotz der zeitgenössischen Behauptungen über die jüdische »Immunität« gegenüber

Context), Aldershot 1998, S. 6-25, über jüdische Ärzte und ihre Mittel gegen die Seuche. Zu den Auswirkungen des Massensterbens auf die europäischen Juden vgl. Anna Foa, The Jews of Europe after the Black Death, Berkeley/Los Angeles 2000; Cordelia Heß, »Jews and the Black Death in 14th-Century Prussia«, in: Cordelia Heß und Jonathan Adams (Hrsg.), Fear and Loathing in the North: Jews and Muslims in Medieval Scandinavia and the Baltic Region, Berlin 2015, S. 109-125; Klaus Bergdolt, »Die Pest und die Juden – Mythen, Fakten, Topoi«, in: Aschkenas: Zeitschrift für Geschichte und Kultur der Juden 29 (2019), S. 43-62.

3   Salo W. Baron, A Social and Religious History of the Jews, Bd. XI: Late Middle Ages and Era of European Expansion (1200-1650), Citizen or Alien Conjurer, Second Edition, New York 1967, S. 160.

Die ultraorthodoxen Juden als Sündenböcke

der Infektion, die die Anfeindungen gegen die jüdischen Gemeinschaften rechtfertigen sollten.[4]

In der Tat ergab eine einfache Nexis-Suche von 1990 bis heute weit über 10.000 Belegstellen für »Juden«, »Schwarzer Tod« und »COVID«, mit einem radikalen Anstieg im Laufe des Jahres 2020. Wobei nahezu alle Medienbeiträge diesbezüglich von falschen Anschuldigungen sprachen. Angriffe auf Juden als Überträger, Verursacher und Auslöser von COVID-19 wurden als moderne Version des alten Ammenmärchens abgetan, der Schwarze Tod sei von Juden verursacht worden, welche die Brunnen vergiftet hätten.[5] Am 8. September 2020 berichtete Mark Hay in dem Online-Magazin *The Daily Beast*, dass ein rechtsextremes Meme aufgetaucht war, das dazu aufforderte, Juden mit dem Virus zu infizieren. Es lautete:

---

4   Naomi E. Pasachoff und Robert J. Littman (Hrsg.), A Concise History of the Jewish People, Lanham 2005, S. 154. »Jedoch nahmen die Juden regelmäßig rituelle Waschungen und Bäder vor, und ihre Wohnstätten waren etwas sauberer als die ihrer christlichen Nachbarn. Als die Ratte und der Floh den Schwarzen Tod brachten, hatten die Juden, die über eine bessere Hygiene verfügten, darunter folglich weniger schwer zu leiden [...].« Ich habe mich besonders bemüht, diese Behauptungen über die jüdische Immunität gegen Infektionskrankheiten zu kontextualisieren, die in der Schulmedizin des 19. Jahrhunderts ihren Anfang nahmen und auf Annahmen über jüdische Hygienepraktiken oder auf rassische Veranlagung zurückgeführt wurden. Beides war nicht zutreffend. Vgl. Sander L. Gilman, »Tuberculosis as a Test Case«, in: ders., Franz Kafka: The Jewish Patient, New York 1995, S. 169-228, sowie Adrienne Denoyelles, »›Peculiar Resistance‹: Tuberculosis, Identity and Conflict among Jewish Physicians in Early-Twentieth-Century America«, in: American Jewish History 100, no. 3 (2016), S. 349-377, doi:10.1353/ajh.2016.0037 (aufgerufen am 24.9.2020). Bereits im 19. Jahrhundert widerlegten Medizinhistoriker die Vorstellung, die Juden seien gegen die Pest »immun«. Schon in Justus Heckers erster umfassender Studie über den Schwarzen Tod von 1832 wurde deutlich, dass die Juden genauso stark unter der Pandemie litten wie ihre nichtjüdischen Nachbarn. Tatsächlich stellt Hecker fest, dass in Kommunen wie Magdeburg und Leipzig, aus denen die Juden vertrieben worden waren, die Schuld an der Pest nicht den Juden, sondern den Totengräbern zugeschoben wurde. Justus Friedrich Carl Hecker, Der schwarze Tod im vierzehnten Jahrhundert. Nach den Quellen für Ärzte und gebildete Nichtärzte bearbeitet, Berlin 1832, S. 52 f. Vgl. auch Joseph Jacobs, Studies in Jewish Statistics: Social, Vital and Anthropomorphic, London 1891, S. VIII f. für eine Reihe von Quellen sowie das neuere Werk von Dean Phillip Bell, Jews in the Early Modern World, Lanham, UK, 2008, S. 41, zur Bevölkerungsentwicklung der Juden während der Seuche.

5   Zur Instrumentalisierung des Schwarzen Todes in der Geschichte des Antisemitismus vgl. Nico Voigtländer und Hans-Joachim Voth, »Persecution Perpetuated: The Medieval Origins of Anti-Semitic Violence in Nazi Germany«, in: Quarterly Journal of Economics 127 (2012), S. 1339-1392.

»COVID-19. Wenn Sie das Virus haben, dann umarmen Sie jemanden. Stecken Sie alle Juden damit an. Holocough.« (Ein Wortspiel mit »Holocaust« und »cough«, Husten.) Hay bemerkt dazu:

> In einem Bericht des Community Security Trust, einer britischen Vereinigung gegen die Ausbreitung von Antisemitismus, wird das Meme als sichtbare Spitze einer Masse an rechtsextremen Internet-Chats dargestellt, in denen es darum geht, nach einer absichtlichen oder versehentlichen Infektion in Synagogen und andere jüdische Treffpunkte zu gehen, um dort zu versuchen, so viele Juden wie möglich zu infizieren.

In diesem Zusammenhang stellte er fest, dass

> antisemitische Verschwörungstheorien zur Pandemie sowie Hassbotschaften bereits seit Monaten im Internet auftauchen. Solche Komplottfantasien entstehen und verbreiten sich in der Regel in Zeiten der Verwirrung und des Umbruchs, wenn Menschen nach klaren und einfachen Antworten sowie nach Personen suchen, denen sie die Schuld geben können. Sie stürzen sich oft auf etablierte Sündenböcke wie die jüdische Bevölkerung, die mindestens seit dem Schwarzen Tod im 14. Jahrhundert fälschlicherweise für Pandemien verantwortlich gemacht wird und der zu Unrecht vorgeworfen wird, buchstäblich jedes größere globale Ereignis zu ihren eigenen Gunsten und zum Schaden anderer zu manipulieren.[6]

Dieser Mythos rahmte die meisten Diskussionen über die abwegige Identifizierung einer Bevölkerungsgruppe als Urheber des Virus. Am 10. August 2020 schrieb Jayita Mukhopadhyay aus Indien in *The Statesman*:

> Im mittelalterlichen Europa wurden die Juden beschuldigt, den Zorn Gottes auf sich gezogen zu haben, von dem man annahm, dass er den Schwarzen Tod verursachte, und in ähnlicher Weise wurden sowohl in Indien als auch in anderen Ländern bestimmte Gemeinschaften für den Ausbruch des Coronavirus verantwortlich gemacht, wodurch andere

---

6 Mark Hay, »How Holocough went from Anti-Semitic Threat to COVID-19 Truther Rallying Cry«, in: The Daily Beast, 8. 9. 2020, https://www.thedailybeast. com/how-holocough-went-from-anti-semitic-threat-to-covid-truther-rallying-cry?ref=home (aufgerufen am 12. 11. 2020).

Die ultraorthodoxen Juden als Sündenböcke

tödliche Viren des Aberglaubens, der Vorurteile, des irrationalen Hasses und der damit einhergehenden Gewalt verbreitet wurden.[7]

Gemäß der heutzutage weithin akzeptierten Auffassung darf man die Juden nicht für die Übertragung von Infektionen verantwortlich machen, denn sie waren damals (und sind es erst recht in der Gegenwart) unschuldige Opfer und sollten nicht zum Ziel von Angriffen werden.

Die Juden bildeten natürlich nicht die einzige traditionelle ›Randgruppe‹, die für die Ausbreitung der Pandemie verantwortlich gemacht wurde; sie sind jedoch diejenige, die am deutlichsten betont hat, dass das klischeehafte Bild ihrer Gemeinschaft auf historisch gewachsener Feindseligkeit beruht, die in den antisemitischen Gemeinplätzen des Mittelalters verwurzelt ist.[8] So taucht in der allgemeinen Diskussion über COVID-19 nicht nur immer wieder der Vorwurf auf, Juden hätten Brunnen vergiftet und den Schwarzen Tod im 14. Jahrhundert verursacht, es ist auch unübersehbar, dass die heutigen ultraorthodoxen Juden (Charedim) in New York, Israel und Teilen des Vereinigten Königreichs beschuldigt worden sind, das COVID-19-Virus zu verbreiten.[9] In Rockland County, nur eine Autostunde von New York entfernt, mit dem höchsten Anteil an Juden aller amerikanischen Bezirke (mehr als 34 Prozent der Einwohner der County bezeichnen sich als Juden), wurde die Beerdigung eines Rabbiners, der Anfang April 2020 bei einem Einbruch in sein Haus ermordet worden war, als »Super-Spreader«-Ereignis qualifiziert, und die Juden wurden als Quelle lokaler Infektionen weit über ihre Gemeinschaft hinaus betrach-

---

7 Jayita Mukhopadhyay, »Towards a New World«, in: The Statesman, 10. 8. 2020, https://www.thestatesman.com/opinion/towards-new-world-1502915715.html. (aufgerufen am 8. 11. 2020).

8 Vgl. Howard Markel und Alexandra Minna Stern, »The Foreignness of Germs: The Persistent Association of Immigrants and Disease in American Society«, in: The Milbank Quarterly 80 (2002), S. 757-788; Allan Kraut, »Foreign Bodies: The Perennial Negotiation over Health and Culture in a Nation of Immigrants«, in: Journal of American Ethnic History 23 (2) (2004), S. 3-22; Howard Markel, Quarantine! East European Jewish Immigrants and the New York City Epidemics of 1892, Baltimore 1997.

9 Sean Clare, »Losing a ›beacon of light‹ of the UKs ultra-Orthodox community to coronavirus«, 19. 5. 2020, https://www.bbc.co.uk/news/av/uk-52731506 (aufgerufen am 24. 9. 2020); Joyce Dalsheim, »Jewish history explains why some ultra-Orthodox communities defy coronavirus restrictions«, in: The Conversation, 29. 4. 2020, https://theconversation.com/jewish-history-explains-why-some-ultra-orthodox-communities-defy-coronavirus-restrictions-135292 (aufgerufen am 12. 11. 2020).

tet.[10] Doch wie wir sehen werden, gingen die Anschuldigungen über das konkrete Ereignis hinaus. Yossi Gestetner, Mitbegründer der Jüdisch-Orthodoxen Komitees für Öffentliche Angelegenheiten (Orthodox Jewish Public Affairs Council) in New York, bemerkte gleich hierzu:

> Die Leute im Rest des Landes machen New York für das landesweite Problem verantwortlich, also versuchen die Leute in New York, jemand anderem die Schuld zu geben. [...] Aber diejenigen, die das nicht durchschauen, [...] haben sich mächtig ins Zeug gelegt, um Mitglieder unserer Gemeinschaft zu verfolgen, zu belästigen und zu diskriminieren.[11]

Die jüdischen Gemeinschaften werden somit als von Natur aus andersartig eingestuft im Gegensatz zu allen übrigen Bevölkerungsgruppen mit erhöhten Infektionsraten. Dabei ist davon auszugehen, dass die Ursache hierfür gemäß der 1950 erschienenen, zum Standardwerk gewordenen Untersuchung *The Authoritarian Personality* von Theodor Adorno, Else Frenkel-Brunswik, Daniel Levinson und Nevitt Sanford zu suchen ist in den

> stereotypen Negativurteilen, die die Juden als bedrohlich, unmoralisch und grundsätzlich anders als die Nicht-Juden darstellen, sowie in feindseligen Haltungen, die verschiedene Formen der Einschränkung, des Ausschlusses und der Unterdrückung als Mittel zur Lösung »des Judenproblems« fordern.[12]

Nicht wir, sondern unsere Ankläger sind schuld, denn wir werden immer zum Opfer gemacht.

---

10 Haven Orecchio-Egresitz, »Orthodox and Hasidic Jews are being scapegoated for the coronavirus crisis in a New York suburb. It's bringing decades of community controversy to the surface«, in: Business Insider, 27.5.2020, https://www.businessinsider.com/orthodox-jews-scapegoats-in-coronavirus-crisis-2020-5 (aufgerufen am 12.11.2020).

11 Ebd.

12 Theodor Adorno, Else Frenkel-Brunswik, Daniel Levinson und Nevitt Sanford, The Authoritarian Personality, Teil I, New York 1964, S. 71.

Die Komplexität der Genauigkeit
in ultraorthodoxen jüdischen Gemeinschaften

Im Vorfeld der durch die Pandemie verursachten Wirtschaftsflaute hielt ein Großteil der säkularen Bevölkerung Israels die Ultraorthodoxen für die Ursache der Ausbreitung des Virus. In Bnei Berak riegelte die israelische Polizei im April 2020 wichtige Straßenkreuzungen ab, und die Armee wurde zur Unterstützung der Einwohner herangezogen, als nicht weniger als 38 Prozent der dort ansässigen 200.000 Menschen mit dem Coronavirus infiziert waren, was deutlich über dem Landesdurchschnitt lag.[13] Die Stadt wurde zur »Sperrzone« erklärt. Da die ultraorthodoxen Juden (Charedim) dort etwa 38 Prozent der Stadtbevölkerung ausmachen, waren ihre Gemeinschaften am stärksten von dem Virus betroffen. Zusammen mit den arabischen Einwohnern im Stadtgebiet wurden die Charedim als Hauptquelle für die Verbreitung von COVID-19 angesehen.[14]

Auch in New York wurden den ultraorthodoxen Gemeinschaften, deren Sterblichkeitsrate in die Höhe geschnellt war, im April Beschränkungen auferlegt; diese wurden jedoch von denjenigen missachtet, die in großer Zahl an der Beerdigung von Rabbi Chaim Mertz teilnahmen. »Es gibt keine einzige chassidische Familie, die nicht betroffen ist«, sagte ein Mitglied der Gemeinschaft, »es ist eine Seuche von biblischem Ausmaß.«[15] Mit mehr als 700 Todesfällen bis Herbst 2020, die eine Vielzahl von Familien berührten, hatte das Coronavirus diese Gemeinschaft zweifellos stark heimgesucht.[16] New Yorks Bürgermeister Bill de Blasio, der die Gemeinschaft seit langem unterstützte, wandte sich an die Verantwortlichen vor Ort. »Meine Botschaft an die jüdische Gemeinschaft und an alle Gemeinschaften ist ganz einfach: Die Zeit der Warnungen ist vorbei.« Dann unterstrich er, dass jeder Verstoß gegen die Abstandsregeln zu einer Vorladung

---

13 Oliver Holmes, »Calls to seal off ultra-Orthodox areas add to Israel's virus tensions«, in: The Guardian, 6. 4. 2020, https://www.theguardian.com/world/2020/apr/06/calls-to-seal-off-ultra-orthodox-areas-adds-tension-to-israels-virus-response (aufgerufen am 24. 11. 2020).

14 Ilan Rosenberg, »Israel seals off ultra-Orthodox town hit hard by coronavirus«, in: Reuters, 2. 4. 2020, https://fr.reuters.com/article/instant-article/idUKKBN21L11J (aufgerufen am 24. 11. 2020).

15 Liam Stack, »›Plague on a Biblical Scale‹: Hasidic families hit hard by virus«, in: The New York Times, 21. 4. 2020, aktualisiert am 8. 10. 2020, https://www.nytimes.com/2020/04/21/nyregion/coronavirus-jews-hasidic-ny.html (aufgerufen am 12. 11. 2020).

16 Ebd.

oder einer Verhaftung führen würde. Daraufhin wurde er von Jonathan Greenblatt, dem Vorsitzenden der Anti-Defamation League (die sich dem Kampf gegen den Antisemitismus seit 1913 verschrieben hat), scharf kritisiert:

> Die wenigen, die das Social Distancing nicht praktizieren, sollten gerügt werden – aber deshalb eine ganze Bevölkerungsgruppe anzuprangern, ist ungeheuerlich, vor allem in einer Zeit, in der so viele die Juden zum Sündenbock machen,

schrieb er auf Twitter. »Das untergräbt genau die Einigkeit, die unsere Stadt jetzt mehr denn je benötigt.«[17] Alle Juden oder nur einige Juden; alle Menschen oder nur einige Menschen. Es kommt darauf an, was man sagt, wie wir noch sehen werden.

Am 22. September 2020 war die Pandemie, die in New York radikal abgeflacht war, in den ultraorthodoxen chassidischen Vierteln Williamsburg, Midwood, Borough Park und Bensonhurst von Brooklyn sowie in Kew Gardens und Edgemere-Far Rockaway von Queens wieder dabei, stark anzusteigen. Der Prozentsatz an Infizierten war doppelt so hoch wie in anderen Teilen der Stadt. Das Gesundheitsamt warnte: »Diese Situation wird weitere Maßnahmen erforderlich machen, falls festgestellt wird, dass die Sicherheitsvorkehrungen nicht eingehalten werden.«[18] Als Ursache für den Anstieg der Infektionszahlen wurde die Nichtbeachtung grundlegender Praktiken betrachtet, die während der Pandemie gefordert wurden, wie das Tragen von Masken und der Abstand zu anderen Personen, insbesondere bei der Eröffnung von Religionsschulen und beim Begehen hoher jüdischer Feiertage. Die *New York Times* verwies in diesem Zusammenhang jedoch auch auf frühere Verstöße gegen die öffentlichen Gesundheitsvorschriften: »Das Gesundheitsamt stieß auf Skepsis und manchmal auch Trotz von Seiten der chassidischen Gemeinschaft, als seine Beamten auf einen Masernausbruch und auf sporadische Herpesfälle im Zusammen-

---

17 Liam Stack, »De Blasio Breaks Up Rabbi's Funeral and Lashes Out Over Virus Distancing«, in: The New York Times, 28. 4. 2020, https://www.nytimes.com/2020/04/28/nyregion/hasidic-funeral-coronavirus-de-blasio.html (aufgerufen am 12. 11. 2020).

18 Joseph Goldstein, »N. Y. C. Warns About Rising Virus Cases in Hasidic Neighborhoods«, in: The New York Times, 22. 9. 2020, aktualisiert am 25. 9. 2020, https://www.nytimes.com/2020/09/22/nyregion/coronavirus-Orthodox-Jewish-neighborhoods.html (aufgerufen am 12. 11. 2020).

hang mit einem Beschneidungsritual reagierten.«[19] Die Haltung der Ultraorthodoxen gegenüber den Gesundheitsbehörden war anfangs von großer Feindseligkeit geprägt.[20] Die Behauptung, bei der Herstellung der MMR-Impfstoffe sei Schweinegelatine verwendet worden, verschärfte in dieser Gruppe die bereits in der Gesamtbevölkerung vorhandene Neigung zur Impfgegnerschaft. Das führte zu anfänglichem Zögern und in einigen Fällen zur Leugnung der unübersehbaren Notwendigkeit, die eigenen Kinder vor schwerwiegenden Schäden zu schützen.[21] Auf Letzteres werden wir weiter unten noch ausführlich eingehen.

NAZIS

Im September 2020 stand ein zweiter Lockdown im Raum, insbesondere in den orthodoxen Vierteln von Brooklyn. Da die hohen jüdischen Feiertage zu größeren Menschenansammlungen sowohl in Synagogen als auch in Privathaushalten führen, wurde die Angst vor einer Infektionsspitze in New York zum Thema des Tages. Beamte der Gesundheitsbehörden begannen, in diesen Vierteln Flugblätter auf Jiddisch und Englisch zu verteilen, mit denen sie vor den Risiken einer Durchseuchung der jüdischen Gemeinschaft warnten. Am 25. September 2020 leitete der New Yorker Gesundheitsbeauftragte David Chokshi eine Bürgerversammlung und bezeichnete den jüngsten Anstieg der Ansteckungen in Teilen von Brooklyn undQueens als »die gefährlichste Situation seit dem Ende des Lockdowns«. Die Zuhörerschaft bestand unter anderem aus einer großen Gruppe ultraorthodoxer Juden, die sowohl die Impfung als auch das Tragen von Masken ablehnten und die Pandemie als Schwindel bezeichneten. Angeführt wurden sie von dem orthodoxen Radio-›Schocksprecher‹ und Stadtratskandidaten Heshy Tischler, der einen »Trump for President«-Button trug und die Redner anschrie. »Eure brutalen Nazi-SA-Männer kommen hierher, um uns Gewalt anzutun«, rief er. »Nur deswegen seid ihr

19 Ebd.
20 Robert McDonald et al., »Notes from the Field: Measles Outbreaks from Imported Cases in Orthodox Jewish Communities – New York and New Jersey, 2018-2019«, in: MMWR (Morbidity and Mortality Weekly Report), Bd. 68, Nr. 19, Mai 2019, S. 444 f., EBSCOhost, doi:10.15585/mmwr.mm6819a4 (aufgerufen am 24.9.2020).
21 Tyler Pager, »›Monkey, Rat and Pig DNA‹: How Misinformation Is Driving the Measles Outbreak Among Ultra-Orthodox Jews«, in: The New York Times, 9.4.2019.

hier!«[22] Die Sitzung artete in einen verbalen Schlagabtausch aus. Im Mittelpunkt stand die Idee, dass der Schwindel der Pandemie gegen die Juden gerichtet und ein Zeichen sei für

antisemitische Voreingenommenheit der Beamten des öffentlichen Gesundheitswesens, die mit einem realen, messbaren Anstieg der Infektionen in dieser Gemeinschaft konfrontiert waren. Im September 2020 waren dort ein Viertel aller Neuinfektionen aufgetreten, die bereits über 700 Menschen das Leben gekostet hatten.[23]

Anfang Oktober 2020 war Tischler unter den Teilnehmern einer stürmischen Massendemonstration, die sich gegen den von Andrew Cuomo, dem Gouverneur des Bundesstaates New York, verhängten Teil-Lockdown von Gotteshäusern richtete, der motiviert war durch den rasanten Anstieg der Infektionen, unter anderem in Borough Park, Brooklyn. Einige der Teilnehmer warfen dem Gouverneur vor, dabei »unverantwortliche und abwertende« Rhetorik zu verwenden.[24] Cuomo hatte während der Pressekonferenz, auf der er den Lockdown ankündigte, ein zehn Jahre altes Archivfoto einer chassidischen Beerdigung verwendet, um die Gefahren innerhalb dieser Gemeinschaft zu veranschaulichen und um zu zeigen, warum auch andere Gemeinschaften außerhalb Brooklyns gefährdet waren. Während der Massendemonstration versuchte ein Befürworter des Maskentragens und Abstandhaltens aus derselben Bevölkerungsgruppe, der Menge Vorhaltungen zu machen. Er wurde mit Steinen beworfen, bis er das Bewusstsein verlor und ins Krankenhaus eingeliefert werden musste. Dabei ist von Bedeutung, dass er von der Menge als »Moyser«, d. h. als Verräter, beschimpft wurde: Man warf ihm vor, die essenziellen Werte zu verraten, die für die Identität der Gemeinschaft standen. Die feindselige Atmosphäre

22 Jake Offenhartz, »Orthodox Anti-Maskers Crash NYC COVID Outreach, Scream Racial Epithets«, in: The Gothamist, 25. 9. 2020, https://gothamist.com/news/ orthodox-anti-maskers-crash-nyc-covid-outreach-scream-racial-epithets?fbclid=Iw AR30qcSaGFhJLz8JsTZ6Ghufo9RqOc4WiiDwoLJ1y1pN7uO5PCqF_53unJc &mc_cid=0cb986a961&mc_eid=50cb9f8dea&utm_campaign=shared_ email&utm_medium=social&utm_source=email&utm_term=0_65dbec786b- 0cb986a961-82161157 (aufgerufen am 12. 11. 2020).

23 Joseph Goldstein in: The New York Times, 22. 9. 2020 (Anm. 18).

24 Liam Stack, »Backlash Grows in Orthodox Jewish Areas Over Virus Crackdown by Cuomo«, in: The New York Times, 7. 10. 2020, aktualisiert am 8. 10. 2020, https:// www.nytimes.com/2020/10/07/nyregion/orthodox-jews-nyc-coronavirus.html (aufgerufen am 12. 11. 2020).

wurde noch aggressiver, als ein jiddisch sprechender Fotograf einer lokalen jüdischen Zeitung, der die Szene verfolgte, niedergeschrien wurde. »Es waren Mitglieder meiner eigenen Gemeinschaft mit Hass in den Augen, die mir den Mittelfinger zeigten, mich einen Nazi nannten und sagten, ich verdiene es zu sterben.«[25] Während es Cuomo war, der den Lockdown für die ultraorthodoxe Gemeinschaft beschloss, zog sich de Blasio durch seinen konkurrierenden Versuch, die explosionsartige Zunahme der Fälle einzudämmen, ebenfalls den Zorn dieser Bevölkerungsgruppe zu. Dabei wurde der Bürgermeister als Handlanger einer benachteiligten und ethnisch minderwertigen Unterschicht angesehen. Tischler beschimpfte Chirlane McCray, die Gattin von Bill de Blasio, als »geistig Behinderte, N****, was auch immer«.[26] Tischler sah einerseits in den Beamten des Gesundheitsamtes moderne Nazis, die die Juden verfolgten, hielt die Ultraorthodoxen jedoch andererseits für etwas Besseres als andere ›Randgruppen‹ wie die Schwarzen, die genauso von der Pandemie betroffen waren!

Am Mittwoch, dem 6. Januar 2021, kam es in Washington, D.C., zu einem vom damaligen US-Präsidenten Donald Trump angefachten Massenaufstand gegen die Bundesregierung. Das Kapitol der Vereinigten Staaten, der Sitz der gesetzgebenden Organe, die gerade dabei waren, die Wahl von Joseph Biden zu bestätigen, wurde erstürmt und entweiht, wobei Wände und Böden mit Blut und Fäkalien beschmiert wurden. Fünf Menschen wurden getötet, darunter einer der Polizisten, die das Kapitol verteidigten. Die Eindringlinge, die das Gelände des Kapitols und das Gebäude selbst stürmten, trugen verschiedene Flaggen: die »Q«(QAnon)-Verschwörungsflagge mit ihren antisemitischen Untertönen, die Flagge der Südstaaten aus der Zeit des Bürgerkriegs, die Gadsden-Flagge aus dem amerikanischen Unabhängigkeitskrieg mit dem Motto »Don't Tread On Me« – wobei die beiden letztgenannten heutzutage Erkennungszeichen der Rechtsextremisten sind –, die Flagge der USA und die Flagge Israels.[27] (Abb. 19) In der

---

25 Teo Armus, »Brooklyn's Orthodox Jews burn masks in violent protests as New York cracks down on rising coronavirus cases«, in: The Washington Post, 8.10.2020, https://www.washingtonpost.com/nation/2020/10/08/orthodox-jews-protest-covid-brooklyn/ (aufgerufen am 12.11.2020).

26 https://twitter.com/MylesMill/status/1313832787191898113 (aufgerufen am 12.11.2020).

27 Richard Silverstein, »At MAGA Rally, Israeli Flag and Neo-Nazis Co-Exist Awkwardly«, Newstex Blogs Tikun Olam: Make the World a Better Place, 8.1.2021, advance-lexis-com.proxy.library.emory.edu/api/document?collection=news&id=urn:contentItem:61PV-8GX1-JCMN-Y4XB-00000-00&context=1516831 (aufgerufen am 9.1.2021).

Abb. 19: Ali Harb, »Our house«: Inside the MAGA riot that rocked Amerika, 7. 1. 2021.

Menschenmenge befanden sich ultraorthodoxe Charedim-Juden neben Personen, die Sweatshirts mit dem Aufdruck »Camp Auschwitz: Work brings freedom« trugen, eine Anspielung auf die Inschrift »Arbeit macht frei« an den Toren von Auschwitz und anderen Konzentrations- und Vernichtungslagern der Nazis.[28] Wie Jonathan Sarna, Professor für amerikanisch-jüdische Geschichte an der Brandeis University, feststellte, gab es auch Teilnehmer, auf deren

> T-Shirt[s] die Aufschrift »6MWE« über gelben Symbolen des italienischen Faschismus prangte. »6MWE« ist ein unter Rechtsextremisten gebräuchliches Akronym, das für »6 Million Wasn't Enough« steht. Es bezieht sich auf die Juden, die während des Nazi-Holocausts umgebracht wurden, und lässt den Wunsch des Trägers erkennen, diese Zahl noch weiter zu erhöhen.[29]

---

28 Mallory Simon und Sara Sidner, »Decoding the extremist symbols and groups at the Capitol Hill insurrection«, in: CNN Wire, 9. 1. 2021, advance-lexis-com.proxy. library.emory.edu/api/document?collection=news&id=urn:contentItem:61R1-VF41-DY7V-G10K-00000-00&context=1516831 (aufgerufen am 9. 1. 2021).

29 Jonathan D. Sarna, »A scholar of American anti-Semitism explains the hate symbols present at the US Capitol«, in: The Conversation – United States, 8. 1. 2021,

Die ultraorthodoxen Juden als Sündenböcke

Eine Reihe von führenden Persönlichkeiten der Ultraorthodoxen, die zuvor eine maßgebliche Rolle bei den Protesten gegen die öffentliche Gesundheitspolitik gespielt hatten, waren an der Planung für die Erstürmung des Kapitols beteiligt, darunter Heshy Tischler. Er half, Gruppen zusammenzutrommeln, die daran teilnehmen wollten, und ließ sie mit Bussen von New York nach Washington bringen. Tischler bemerkte damals: »Wir wollen dort sein, [...] wir kommen nur nicht rein.« An jenem Mittwochabend, nachdem es der entfesselten Menschenmenge erlaubt worden war, das Gebäude wieder zu verlassen, äußerte er: »Wenn ich tatsächlich vorne mit dabei gewesen wäre, dann hätte ich das Kapitol nicht erstürmt, sondern hätte es einfach durch eine seiner Türen betreten.«[30] In der Menschenansammlung vor dem Kapitol waren zahlreiche ultraorthodoxe Juden zu sehen. Einige von ihnen randalierten sogar innerhalb des Gebäudes, zum Beispiel Aaron Mostofsky, der das Gebäude mit umgehängten Pelzfellen und mit einer kugelsicheren Weste betrat; am Arm trug er ein gestohlenes Polizeischutzschild. Er und sein Bruder Nachman, der geschäftsführende Direktor von Chovevei Zion, einer politisch konservativen orthodoxen Organisation, hatten eine Busladung Demonstranten zum Kapitol transportieren lassen. Nachman war auch Bezirksleiter von Brooklyn und Vizepräsident des South Brooklyn Conservative Club. Sie waren aus New York auf Geheiß des Präsidenten angereist, der ein paar Tage zuvor in einem Tweet versprochen hatte, dass »es hoch hergehen würde«.[31] Aaron wurde am 12. Januar vom FBI verhaftet, mit dem Vorwurf des unrechtmäßigen Betretens eines Gebäudes mit Zugangsbeschränkung und des ungebührlichen Verhaltens auf dem Gelände des Kapitols mit der Absicht, die Regierungstätigkeit zu behindern. Später sollte er noch wegen des Diebstahls des Schildes angeklagt werden. Sein Vater, der Richter des Obersten Bezirksgerichts von Kings County (Brooklyn), Steven (Shlomo) Mostofsky, war früher Präsident des National Council of Young Israel, einer orthodoxen

advance-lexis-com.proxy.library.emory.edu/api/document?collection=news&id=u rn:contentItem:61R0-P461-DXP7-1531-00000-00&context=1516831 (aufgerufen am 9.1.2021).

30 Shira Hanau, »Orthodox Jewish Trump supporters decry violence, but not movement that fueled it«, The Times of Israel, 7.1.2021, https://www.timesofisrael.com/ orthodox-jewish-trump-supporters-decry-violence-but-not-movement-that-fu eled-it/ (aufgerufen am 10.1.2021).

31 Shira Hanau, »Fur Pelt Rioter Said to Be Son of NY Jewish Judge, Led National Synagogue Group«, in: Times of Israel, 7.1.2021, https://www.timesofisrael.com/ rioter-in-fur-pelt-is-son-of-ny-jewish-judge-who-led-a-national-synagogue-group/ (aufgerufen am 10.1.2021).

Synagogenvereinigung, die sich offen für Trump ausgesprochen hatte. Sie war auch eine der Organisationen, die am heftigsten gegen die gesundheitspolitischen Maßnahmen protestierten, denn

[...] das Herausgreifen der jüdischen Gemeinschaft und ihrer Einrichtungen ist eine Form von Diskriminierung, die uns der Gefahr einer negativen Reaktion von Seiten der gesamten Bevölkerung aussetzt und die ohnehin schon anwachsende antisemitische Stimmung, die derzeit in den Vereinigten Staaten herrscht, unnötig weiter anheizt. Gotteshäuser sind ein zentraler Bestandteil des jüdischen Gemeinschaftslebens, und wenn wir daran gehindert werden, in unseren Synagogen zu beten, während gleichzeitig andernorts Zusammenkünfte erlaubt werden, ist dies eine Einschränkung unserer im ersten Verfassungszusatz verankerten Rechte. Indem Gouverneur Cuomo und Bürgermeister de Blasio die jüdische Gemeinschaft in ein negatives Licht rücken, während sie offenbar nichts von den ernsthaften Problemen wissen, die in anderen Gebieten und anderen Bevölkerungsteilen während dieser Pandemie auftreten, messen sie mit zweierlei Maß, wenn es um orthodoxe Juden und Synagogen geht, was diskriminierend und gefährlich ist. Synagogen und alle übrigen Gotteshäuser sollten nicht unterschiedlich behandelt werden als jede andere für die Gesellschaft unverzichtbare Einrichtung.[32]

Die Nähe dieser Gemeinschaften zur Trump-freundlichen Propaganda und zu Protesten gegen die öffentliche Gesundheitspolitik ist nicht überraschend. Man muss sich nur daran erinnern, dass die Charedim-Gemeinschaft im Jahr 2016 mit überwältigender Mehrheit Trump unterstützt hatte. Wie Elchanan Poupko, der Vorsitzende von EITAN – The American Israeli Jewish Network in der *Times of Israel* bloggte, unterstützte diese Gemeinschaft Trump nicht speziell wegen seiner angeblich pro-israelischen Haltung so stark, sondern wegen seiner antisäkularen Rhetorik. Deshalb stimmten in Orten wie dem chassidischen New Square 2973 Menschen für Trump und nur 6 für Biden; genauso stimmten in dem von Angehörigen der Satmar-Bewegung bewohnten Kiryas Joel 6159 Personen für Trump und

32 Arutz-Sheva-Redaktion, »Young Israel condemns ›double standard‹ in NY Covid restrictions«, in: Arutz Sheva, 11.10.2020, advance-lexis-com.proxy.library.emory.edu/api/document?collection=news&id=urn:contentItem:611V-S891-F11P-X4WF-00000-00&context=1516831 (aufgerufen am 9.1.2021).

nur 72 für Biden.[33] Trump wurde zum Platzhalter für eine breite Palette von Einstellungen in der ultraorthodoxen Gemeinschaft. Zwar gaben einige der Charedim-Organisationen nach einer Weile Erklärungen ab, in denen sie den Gewaltausbruch jenes Mittwochs verurteilten, aber keine von ihnen missbilligte den unmittelbar vorher erfolgten und direkten Aufruf von Trump (und seinen Anhängern) zu der Aggressivität, die zur Erstürmung des Kapitols führte. In der Tat nahmen einige der führenden Vertreter der Ultraorthodoxen diesen Angriff auf den Staat nicht ernst, so wie sie zuvor die Angriffe auf die Gesundheitsbehörden einfach abgetan hatten. Yossi Gestetner forderte seine Anhänger in einem Tweet auf, sich zu »entspannen«, und bezeichnete die Aktionen der Randalierer lediglich als »unbefugtes Betreten eines Gebäudes«.[34] Das Leugnen der Pandemie und der damit verbundenen Befürchtungen hatten bereits das internationale Image von Trump im Jahr 2020 geprägt. Hier ist nichts Besonderes passiert, schienen diese Leute nach dem Sturm auf das Kapitol nun auch noch zu sagen, seht einfach hinweg über den Schrecken, das vergossene Blut und die Toten, denn das seid ihr ja schon aus eurem Umgang mit der Pandemie gewohnt. Die aktuelle politische Haltung der Gemeinschaft war offensichtlich, da sie Donald Trump nicht nur bei den Wahlen von 2016 und 2020 mit überwältigender Mehrheit unterstützt hatte, sondern auch jetzt auf der Demonstration immer wieder seinen Namen gerufen hatte. Trump repräsentierte eine Reihe konservativer Werte, die die Charedim mit den meisten evangelischen Christen (und konservativen Katholiken) teilen und in deren Mittelpunkt die »Religionsfreiheit« steht, die durch Trumps Dekret vom 2. Juni 2020 zur »Förderung der internationalen Religionsfreiheit« als »wichtigste Freiheit« neu definiert wurde. Das neue Verständnis von Religionsfreiheit umfasste die staatliche Unterstützung religiöser Einrichtungen aller Art sowie die Unabhängigkeit religiöser Autoritäten von jeglicher Einmischung in die Ausübung und die Inhalte des Glaubens, was auch die Bemühungen betraf, die Pandemie in diesen Gemeinschaften durch individuelle Beschränkungen der Besucherzahl bei religiösen Veranstaltungen einzudämmen. Rabbi Yosef Blau, der Vorsitzende

33 Elchanan Poupko, »American Orthodoxy's political suicide«, in: The Times of Israel, 7.1.2021, https://blogs.timesofisrael.com/american-orthodoxys-political-sui cide/ (aufgerufen am 19.1.2021).

34 Shira Hanau, »Orthodox Jewish Trump supporters decry violence, but not movement that fueled it«, in: The Times of Israel, 7.1.2021, https://www.timesofisrael. com/orthodox-jewish-trump-supporters-decry-violence-but-not-movement-that-fueled-it/ (aufgerufen am 10.1.2021).

der Religious Zionists of America, erklärte diese Neuausrichtung damit, dass

> das orthodoxe Judentum seit einiger Zeit weniger auf das Wohlergehen der Allgemeinheit achtet. Die Trump-Regierung war aufgeschlossen für die Unterstützung religiöser Einrichtungen. Die politischen Aktivitäten der orthodoxen Organisationen in Washington konzentrieren sich darauf, mehr Verständnis bei der Regierung für die Bedürfnisse der Orthodoxen zu wecken und Rückhalt für Israel zu schaffen. Zu Themen, die die Gesamtgesellschaft betreffen, hat die Orthodoxie fast nichts zu sagen.[35]

Vielleicht die einzige nennenswerte Ausnahme davon war die Abneigung dieser Gemeinschaft gegen die Vorschriften der staatlichen und lokalen Gesundheitsbehörden, zumindest im Fall des neuartigen Coronavirus.

Dass diese Antipathie schnell zum theologischen Argument werden kann, zeigt der Fall von Gila Jedwab, einer ›maskenlosen‹ Zahnärztin aus einem Vorort von New York, die in ihrer regelmäßigen Kolumne in der örtlichen jüdischen Zeitung im Juni 2020 das Maskentragen als gottlos ablehnte:

> Aber wenn es bei diesem Virus nur darum ging, einen unsichtbaren Feind zu bekämpfen, wäre es dann nicht naheliegender, Gott diesen Krieg ohne unsere Hilfe führen zu lassen? Dieses Mal konnten wir dem Feind nicht einmal ins Auge blicken. Wäre es nicht klüger gewesen, beiseitezutreten und zu sagen: »Gott, dieser Kampf gehört nur Dir. Wir können nicht einmal sehen, was wir bekämpfen. Wir wollen zurücktreten und die Angelegenheit Dir überlassen.« Vertrauen in Gott bedeutet nicht, die ganze Welt mit Masken herumlaufen zu sehen und zu sagen: »Richtig so«.[36]

Es versteht sich von selbst, dass sie während des unter dem Motto »Save America« stehenden Aufstandes am 6. Januar 2021 ohne Maske erschien. Die Maske ist in der rituellen Praxis des Judentums normalerweise irrele-

---

35 Rabbi Yosef Blau, »Orthodox Jewry and President Trump«, The Commentator: Independent Student Newspaper of Yeshiva University, 22.1.2021, https://yucommentator.org/2021/01/orthodox-jewry-and-president-trump/ (aufgerufen am 23.1.2021).

36 Gila Jedwab, »Trusting God to Run His World«, The Five Towns Jewish Times, 26.6.2020, http://www.5tjt.com/jedwab-t (aufgerufen am 10.1.2021).

vant, aber aufgrund der HIV/AIDS-Epidemie wurde sie für Zahnärzte zur Pflicht, weil diese beschuldigt wurden, das Virus zu verbreiten, und sich selbst auch durch ihre Patienten gefährdet sahen.

In Israel hatte sich Rabbiner Chaim Kanievsky, der 93-jährige Dekan der sogenannten Litauischen Juden, einer nicht-chassidischen Sekte ultraorthodoxer Juden mit osteuropäischen Wurzeln, die etwa ein Drittel der Charedim in Israel ausmachen, vehement gegen die Schließung religiöser Einrichtungen gewehrt, wobei er sich direkt gegen staatlich verordnete Lockdowns wandte; und das trotz eines massiven Anstiegs der Fälle in seiner Gemeinschaft. Haim Zicherman, der akademische Leiter des ultraorthodoxen Campus des Ono Academic College, bemerkte, dass dies »das erste Mal in der Geschichte des Staates Israel war, dass die Charedim einfach deutlich und unmissverständlich sagten: ›Es ist uns egal, was im Gesetz steht; wir werden uns nicht daran halten‹.«[37] Angesichts eines deutlichen Anstiegs der Krankheits- und Sterblichkeitsrate änderte Kanievsky jedoch bald seine Ansichten über die Gesundheitspolitik. Im Juni 2020 erklärte er, das Tragen einer Maske sei eine religiöse Pflicht, und im Dezember desselben Jahres sagte er dies auch über das Impfen.[38] Seine Positionen waren jedoch oftmals so unterschiedlich und widersprüchlich, dass er zum Lackmustest für sowohl Zustimmung als auch Ablehnung gegenüber staatlich verordneten Maßnahmen der öffentlichen Gesundheit wurde. Nachdem er zuvor wegen seiner Forderung, die Religionsschulen offen zu lassen, von der säkularen Gesellschaft verurteilt worden war, ermöglichte sein späteres Eintreten für das Maskentragen und die Abstandsregeln seinen Anhängern, sich die Symbole auszusuchen, die ihnen am wichtigsten erschienen. Währenddessen wurde in den Vereinigten Staaten Rabbi Michoel Green, bis Januar 2021 einer der offiziellen Vertreter der Chabad- oder Lubawitsch-Bewegung, von seinem Posten in Westborough, Massachusetts, entlassen, da »einige seiner öffentlichen Äußerungen extrem unbesonnen und potenziell gefährlich waren«, so die regionale Chabad-Leitung. Als glühender Trump-Anhänger griff Green öffentlich alle Personen an, die Masken trugen und die Richtlinien zum Abstandhalten respektierten.

---

37 Ronen Bergman, »How the Pandemic Nearly Tore Israel Apart«, in: The New York Times, 25. 2. 2021, https://www.nytimes.com/2021/02/25/magazine/how-the-pandemic-nearly-tore-israel-apart.html?action=click&module=TopProzent20Stor ies&pgtype=Homepage (aufgerufen am 28. 2. 2021).

38 Patrick Kingsley, »He Is Israel's ›Prince of Torah‹. But to Some, He Is the King of Covid«, in: The New York Times, 29. 1. 2021, https://www.nytimes.com/2021/01/29/world/israel-virus-rabbi-orthodox.html (aufgerufen am 29. 1. 2021).

Lockdowns, weit verbreitete Panik, Masken, Doppelmasken, Quarantäne, experimentelle Gentherapie mit Risiken für das Leben und die Fortpflanzungsfähigkeit, invasive, aber diagnostisch kaum nützliche Nasen-Rachen-Abstriche und jetzt auch Analabstriche. [...] Und das alles für eine Krankheit mit einer Überlebensrate von 99,9 Prozent.

Als Impfstoffe verfügbar wurden, erklärte er: »Das ist KEINE Immunisierung. Es ist pathogenes Priming und Massensterilisierung.«[39] Durch die Verbindung zu den rechten Trump-Unterstützern wurde das Thema der Masken in eine rechtsextremistische Version der jüdischen Theologie aufgenommen, obwohl das symbolische Register der Rechten auch antisemitische Verschwörungstheorien enthielt.

Was solche Widersprüche zeigen, ist, dass es kein universelles und dauerhaftes Konzept des »Juden« gibt, da jeder dieser parallelen Stränge und ihre spezifische Verwendung im Lauf der Gesellschaftsgeschichte jeweils eigene »Juden« erschafft, die in der realen Welt existieren können oder auch nicht, jedoch Auswirkungen haben auf echte Menschen in der wirklichen Welt, einschließlich derer, die sich selbst nicht aus theoretischen, sondern aus praktischen Gründen als Juden verstehen können oder auch nicht. Jede antisemitische Theorie erfindet bei ihrer Ausgestaltung in Zeit und Raum ihre eigenen Juden, und das ist entscheidend, wenn wir die Ereignisse am 6. Januar 2021 verstehen wollen. Die Charedim und alle wie auch immer definierten Juden, die an jenem Tag vor dem Kapitol standen, wussten also, dass sie nicht der »erzjüdische Schurke« George Soros waren, der von den Rechten immer als Urheber einer radikalen linken Politik verschrieen wurde, und fühlten sich daher recht wohl dort. Ob die QAnon-Brüder, die ihre Flagge neben der von Israel schwenkten, sich über die Anwesenheit dieser Juden freuten, ist eine andere, durchaus wichtige Frage: Jeder hatte sein eigenes Bild vom Judentum.

Der symbolische Bedeutungsumfang des Bilds von Trump während der COVID-19-Pandemie war ebenfalls von zentraler Wichtigkeit für die Neudefinition von Gemeinschaftsgrenzen innerhalb der Vereinigten Staaten, da er – ironischerweise, angesichts seiner Rolle als Chef der Bundesregierung – die Gegnerschaft zu den Autoritäten, zur Wissenschaft und vor allem zur

---

39 Danielle Ziri, »U. S. Chabad Rabbi Fired for Barrage of Anti-vaccine Social Media Posts«, Haaretz, 3. 2. 2021, https://www.haaretz.com/us-news/.premium-u-s-chabad-rabbi-fired-for-barrage-of-anti-vaccine-social-media-posts-1.9507174 (aufgerufen am 5. 2. 2021).

Die ultraorthodoxen Juden als Sündenböcke

staatlichen Kontrolle repräsentierte. Religion und Einflussnahme des Staates wurden als unvereinbar empfunden. Insbesondere die gesetzliche Ausnahmeregelung für Religionsgemeinschaften, die sich weigern, zur Behandlung kranker Glaubensgenossen die Schulmedizin einzusetzen (was normalerweise nicht für ultraorthodoxe Juden gilt), wie die Anhänger der Christian Science, stieß im Hinblick auf Infektionskrankheiten an ihre Grenzen. Mary Baker Eddy selbst, die Gründerin dieser Bewegung, erklärte 1902, dass »die Adepten des Christlichen Heilens es ablehnen werden, Infektionen oder andere ansteckende Krankheiten zu behandeln, bis die Öffentlichkeit die Christian Science besser kennengelernt hat«.[40] Zumindest in den Vereinigten Staaten wurde die Religionsausübung fast immer eingeschränkt – möge man dies nun positiv oder negativ bewerten –, wenn man den Eindruck hatte, dass sie gegen die Normen der Gemeinschaft verstieß (wie im Fall des Peyote-Gebrauchs der Ureinwohner, wofür 1981 eine Ausnahmeregelung des Kongresses und 1994 die Verabschiedung des American Indian Religious Freedom Act erforderlich war) oder eine Gefahr für die Volksgesundheit darstellten, die über die Grenzen der Gemeinschaft hinausging. Deshalb wird nun u. a. die »religiöse Ausnahmeregelung« für Impfungen in einer Reihe von Bundesstaaten erneut infrage gestellt.

Die anfänglichen Einwände in den ultraorthodoxen Gemeinschaften richteten sich jedoch nicht gegen die Impfung – derartige Einwände gab es nur in begrenztem Umfang, sobald die Impfstoffe zum Einsatz kamen –, sondern gegen nichtmedizinische Maßnahmen wie das Abstandhalten, Beschränkungen bei der Raumbelegung und das Tragen von Masken. Der erwähnte Widerstand gegen das Impfen bezog sich auf die Verwendung von Schweinegelatine als Stabilisator im Impfstoff. Naor Bar-Zeev, Professor für Internationale Gesundheits- und Impfstoffwissenschaft an der Johns Hopkins Bloomberg School of Public Health, bemerkte hierzu, dass es Juden erlaubt sei, Xenotransplantate sowie Insulin vom Schwein zu verwenden, denn »all diese komplexen Gesetze gelten für Lebensmittel, die mit dem Mund aufgenommen werden, und sind für injiziertes Material in keiner Weise relevant«.[41] Aber die mRNA-Impfstoffe gegen COVID-19 sollten dann nicht einmal dieses potenzielle Hindernis enthalten.

40 Shawn Francis Peters, When Prayer Fails: Faith Healing, Children, and the Law, New York 2007, S. 94 f.
41 Donald G. McNeil Jr., »Religious Objections to the Measles Vaccine? Get the Shots, Faith Leaders Say«, in: The New York Times, 26. 4. 2019.

In Israel hatte sich der ultraorthodoxe Gesundheitsminister Yaakov Litzman im April 2020 noch geweigert, große religiöse Zusammenkünfte zu verbieten, bis auch bei ihm das Virus diagnostiziert wurde. Als in Israel der vollständige Lockdown angeordnet wurde, ging dadurch die Infektionsrate radikal zurück, und am Ende des Sommers wurden die Beschränkungen wieder aufgehoben, weil die ultraorthodoxen Führer gegen die weitere Einschränkung der Religionsausübung protestierten und gleichzeitig Tausende von Religionsschülern aus dem Ausland, vor allem aus den orthodoxen Gemeinschaften in New York, nach Israel einreisten. Im April 2020 war New York noch das Epizentrum der Infektion gewesen, und die orthodoxe Gemeinschaft war von den städtischen Gesundheitsbehörden besonders im Auge behalten worden. Die von Israels im Juli 2020 ernanntem ›COVID-Zar‹, Dr. Ronnie Gamzu, verkündeten Forderungen nach Isolierung und Abstand wurden nunmehr rasch untergraben, und er zog die strengsten seiner Kontrollmaßnahmen zurück, als die Ultraorthodoxen, die einen wichtigen Teil der Regierung bildeten, begannen, Premierminister Benjamin Netanjahu anzugreifen. »Die Ultraorthodoxen verweisen auf die relative Normalität des Lebens in Tel Aviv und beklagen sich, dass sie davon ausgenommen werden.«[42] Die Folge war ein drastischer Anstieg der Infektionsraten, sodass Israel plötzlich eine der höchsten Pro-Kopf-Raten der Welt aufwies. Im September ordnete die Regierung erneut eine vollständige Schließung an, die in der heiligsten Woche des Jahres, dem jüdischen Neujahrsfest, beginnen sollte. Die Reaktion darauf ließ nicht auf sich warten. Der Lockdown wurde sofort als Angriff auf die Gläubigen empfunden. Yaakov Litzman, mittlerweile Minister für Wohnungs- und Bauwesen, trat von seinem Amt zurück. Er war

> wütend darüber, dass die Einschränkungen mit Rosch ha-Schana und Jom Kippur, dem jährlichen Fasten- und Bußtag, zusammenfallen würden und dass Gläubige dann nur in begrenzter Zahl in die Synagogen gelassen werden würden. Er sagte, die Regierung habe es aus Furcht, den Israelis ihren geplanten Sommerurlaub zu verderben, versäumt, früher zu handeln.[43]

42 David M. Halbfinger und Isabel Kershner, »Israel's Virus Czar Was Making Headway. Then He Tangled with a Key Netanyahu Ally«, in: The New York Times, 8.9.2020 (aktualisiert am 29.9.2020), https://www.nytimes.com/2020/09/08/world/midd leeast/israel-coronavirus-ronni-gamzu-netanyahu.html (aufgerufen am 12.11.2020).

43 Isabel Kershner, »Israel to Celebrate Jewish New Year Under a Second Lockdown«, in: The New York Times, 13.9.2020 (aktualisiert am 18.9.2020), https://www.

Was Litzman tat, war, dem Schuldigen, nämlich dem Staat, vorzuwerfen, er sei motiviert durch jüdischen Antisemitismus. Er behauptete, die Gesundheitsbehörden versuchten nicht, die Hauptursachen für den Ausbruch der Infektion zu bekämpfen, sondern benutzten ihr Argument als ideologische Waffe, die säkulare Juden als gesellschaftliche Mehrheit gegen die Charedim richteten. Damit knüpfte er an bei den Angriffen auf die Polizei und die Gesundheitsbehörden in Mea Shearim, dem ultraorthodoxen Viertel von Jerusalem; im April waren die beiden Institutionen sowie der damalige Gesundheitsminister Litzman als »Nazis« bezeichnet worden.[44]

Während des dritten Lockdowns in Israel bewies die von Netanjahu dominierte Koalitionsregierung, die sich nunmehr den vierten Wahlen seit April 2019 stellen musste, eine angesichts der eingeschränkten Verfügbarkeit der Impfstoffe erstaunliche Kompetenz bei der Impfung der Bevölkerung. Die Impfung gelang in einem größeren Umfang als in jedem anderen Nationalstaat.[45] Doch es gab weiterhin Probleme bei öffentlichen Gesundheitsmaßnahmen wie dem Maskentragen und dem Abstandhalten. Obwohl sie nur 12,8 Prozent der israelischen Bevölkerung ausmachen, wiesen die ultraorthodoxen Gemeinschaften 28 Prozent der Infektionsfälle auf. Ende Januar 2021 brachen in den ultraorthodoxen Vierteln Jerusalems Unruhen aus. In Bnei Berak gehörten die Randalierer einer extremistischen Fraktion der chassidischen Sekte der Vizhnitz an, doch schlossen sich ihnen auf der Straße auch viele andere Personen an. Ein Bus wurde mit einer Brandbombe beworfen, Polizeiautos wurden angezündet und die eintreffenden Polizeibeamten wurde angegriffen. Sie reagierten ihrerseits mit Wasserwerfern und Blendgranaten. Die Regierung war auf die Stimmen der Anhänger der religiösen Parteien angewiesen. Deshalb hatte sie die Befähigung der Gesundheitsbehörden, das überdurchschnittliche Infektionsgeschehen in diesen Gemeinschaften zu kontrollieren, eingeschränkt und unternahm wenig oder gar nichts, um diese Situation zu verbessern.

nytimes.com/2020/09/13/world/middleeast/israel-second-lockdown.html (aufgerufen am 12.11.2020).

44 Redaktion der Times of Israel, »Police disperse violent protesters yelling ›Nazis‹ in Jerusalem Haredi area«, in: Times of Israel, 14.4.2020, https://www.timesofisrael.com/police-disperse-violent-protesters-in-jerusalem-ultra-orthodox-neighborhood/ (aufgerufen am 12.11.2020).

45 Steve Hendrix and Shira Rubin, »Israel is vaccinating so fast it's running out of vaccine«, in: The Washington Post, 4.1.2021, https://www.washingtonpost.com/world/israel-vaccinates-the-most-people/2021/01/04/23b20882-4e73-11eb-a1f5-fdaf28cfca90_story.html (aufgerufen am 25.1.2021).

COVID-19 hat die Menschen in der Welt der Ultraorthodoxen dazu gezwungen, sich mit einem Wandel auseinanderzusetzen, der schon lange im Gange war. Wie bei den afroamerikanischen Frauen ist auch bei den weiblichen Ultraorthodoxen die Zahl der Erwerbstätigen in den letzten zehn Jahren ständig gestiegen. Charedim-Männer, insbesondere junge Männer, haben begonnen, Verschiebungen in der symbolischen Ordnung ihrer Welt wahrzunehmen. Diese Situation wurde in Israel noch dadurch verschärft, dass die Fortschritte auf dem Weg zur vollständigen Impfung der gesamten Bevölkerung Anfang 2021 immer wieder durch ultraorthodoxe Aktivitäten gehemmt zu werden schienen, was von Aufständen gegen den Lockdown bis hin zu Menschenmengen bei Beerdigungen reichte. Wie eine ultraorthodoxe Frau mittleren Alters in Bnei Berak, Vivian Shinfeld, bemerkte: »Die Atmosphäre ist jetzt nicht nur angespannt, sondern voller Hass. Es fühlt sich langsam wie ein Krieg an.« Ihr Mann fügte hinzu: »Wenn die Regierung sagt: ›Tragt eine Maske‹, dann ist das für diese Leute ein hinreichender Grund, keine Maske zu tragen.«[46] Die Anti-Impf-Haltung beruhte auf dem Misstrauen der ultraorthodoxen Gemeinschaften gegenüber diesem Staat, obwohl deren politische Parteien eine wichtige Rolle in diesem Staat spielen. In ihren Wohnvierteln tauchten Plakate auf, auf denen zu lesen war: »Juden, macht die Augen auf, warum die Eile? Die Nichtjuden können sich zuerst impfen lassen.«[47] Das Zögern beim Impfen ist eine politische Haltung, wie Ben Kasstan ganz richtig bemerkt hat:

Der Diskurs über die religiös begründete Befreiung von Impfungen verdeckt die verschiedenen Praktiken, Philosophien und Ideen, die den Impfentscheidungen zugrunde liegen und von denen die Halacha oder rabbinische Autoritäten nur ein möglicher Teil sind. Was politisch relevant wird, ist weniger die religiöse Ablehnung als vielmehr die Sorge

---

46 Steve Hendrix und Shira Rubin, »Anger grows at Israel's ultra-Orthodox virus scofflaws, threatening rupture with secular Jews«, in: The Washington Post, 9.2.2021, https://www.washingtonpost.com/world/middle_east/israel-ultra-orthodox-religious-coronavirus/2021/02/08/306e894a-6702-11eb-bab8-707f8769d785_story.html (aufgerufen am 9.2.2021).

47 Patrick Kingsley, »As Ultra-Orthodox Defy Israel's Rules, Virus Exacts a Grim Toll«, in: The New York Times, 18.2.2021, https://www.nytimes.com/interactive/2021/02/17/world/middleeast/israel-orthodox-jews-haredim.html (aufgerufen am 18.2.2021).

um die Ethik, Wirksamkeit und Sicherheit biomedizinischer Techno-
logien.«[48]

Der Konflikt zwischen säkularen Israelis (einschließlich religiöser Nicht-
Charedim) und den zunehmend als staatsfeindlich wahrgenommenen
Kräften in einer Welt, in der die Ultraorthodoxen reale politische Macht
haben – wie in der israelischen Regierung im Jahr 2020 –, weist Parallelen
zur Rolle der ultraorthodoxen Juden in der Welt von Trump auf. Ihre Stimmen haben dazu beigetragen, 2016 Trump zu wählen, der weiterhin ihre
unverminderte Bedeutung betont. Das Durcheinander symbolischer Ord-
nungen in einer Welt, in der sich die Wertesysteme verschieben und radikal
verteidigt werden, ist ein Dilemma, das eine Lösung erfordert – ohne dass
diese erreichbar wäre.

Nachdem Rabbi Meshulam Soloveitchik, der Leiter der Brisk-Jeschiwa-
Hochschule in Jerusalem, Ende Januar 2021 im Alter von 99 Jahren an dem
Virus gestorben war, begleiteten über 20.000 überwiegend unmaskierte
Trauergäste seinen Sarg.[49] Auch hier war die Polizei wieder machtlos, und
Benny Gantz, der für die Opposition sprach, bemerkte, derartige Vorfälle
würden den Lockdown ins Lächerliche ziehen. Nur ein Zehntel der israe-
lischen Bevölkerung sind Ultraorthodoxe, aber im Januar 2021 verzeichne-
ten sie landesweit ein Drittel aller Infektionen. Die religiösen Autoritäten,
darunter der jetzige Wohnungsbauminister Yaakov Litzman, gaben die
Schuld an der Gewalt einfach der Polizei. Und natürlich wurde ein Vergleich mit dem Holocaust angestellt: Ein Bewohner eines dieser Viertel,
Nathan Rosenblatt, sprach von der »Kristallnacht, welche die Polizei letzte
Woche in Bnei Berak verübt hat«. Ein Vertreter der extremistischen
Jerusalem-Fraktion beschuldigte die Polizei, sie habe »Pogrome« durchgeführt.[50] In der Knesset verurteilte der stellvertretende Parlamentssprecher
einer der ultraorthodoxen Parteien, Israel Eichler, die Beschränkungen für
die Charedim-Viertel »als ob sie Ghettos wären«. Damit wurde unter-

48 Ben Kasstan, »›If a rabbi did say ›you have to vaccinate‹, we wouldn't: Unveiling
the secular logics of religious exemption and opposition to vaccination«, in: Social
Science and Medicine 280 (2021), doi.org/10.1016/j.socscimed.2021.114052 (aufgerufen am 24.1.2021).
49 Stuti Mishra, »20,000 break rules to attend funeral of Orthodox Rabbi as Israel
extends lockdown«, in: The Independent, 31.1.2021.
50 »Fresh clashes in Bnei Brak as Haredi leaders blame police for violence«, in: The
Times of Israel, 24.1.2021, https://www.timesofisrael.com/fresh-clashes-in-bnei-
brak-as-haredi-leaders-blame-police-for-violence/ (aufgerufen am 24.1.2021).

stellt, der säkulare Staat sei zumindest in Bezug auf seine Verantwortlichkeit im Bereich des öffentlichen Gesundheitswesens antisemitisch, denn die Behauptung, die Chassidim seien schuld an der Ausbreitung des Virus, sei »eine rassistische Diffamierung, als ob sie die Verbreiter der Krankheit und der Verseuchung wären«, was »den Antisemitismus in einer Bevölkerung fördert, die im ganzen Land große Angst vor dem Virus hat«.[51] Die Beschuldigung von Juden durch Juden sei eine Form von Nazi-Terror, wenngleich die Vorwürfe sowohl in statistischer Hinsicht als auch bezüglich der Lebenswirklichkeit der ultraorthodoxen Gemeinschaften tatsächlich berechtigt waren.

Die Macht der Instrumentalisierung von Geschichte zeigt sich am deutlichsten in der Reaktion auf die öffentlichen Gesundheitsmaßnahmen zur Bekämpfung von COVID-19. Nachdem die Bildlichkeit des Holocaust und des ›SS-Staates‹ bereits in den Vereinigten Staaten und in Israel auf die heutigen Akteure des öffentlichen Gesundheitswesens übertragen worden war, verwundert es nicht, dass in Deutschland die rechtsextremen Anhänger der AfD gelbe Armbinden mit dem ›Judenstern‹ und der Aufschrift »Ungeimpft« trugen.[52] In der Tat wurde die Heraufbeschwörung des Holocaust zu einer festen Größe bei den Gegnern praktisch jeder Maßnahme im Bereich der öffentlichen Gesundheit, vom Tragen von Masken bis zur Schließung öffentlicher Räume, nicht nur in Deutschland, sondern in der gesamten westlichen Welt.

Plötzlich wird jeder Akteur, ob ultraorthodoxer Jude oder nicht, zum metaphorischen Opfer der Staatsgewalt, der Nazis. In Großbritannien gingen die Gegner des staatlichen Establishments, die sich »StandUp X« nennen, sogar noch weiter. Auf ihrer Website erklärten sie, dass sie

den »illegalen und unverhältnismäßigen Maßnahmen« nicht zustimmen; sie behaupten, Großbritannien lebe »unter einem autoritären Regime«. StandUp X wehrt sich gegen die Abstandsregeln, das Tragen von Masken, die Durchsetzung von Lockdowns und angebliche »Covid Ghettos«.

Sie argumentieren, dass insbesondere die Verwendung von Impfstoffen sie zu medizinischen Versuchskaninchen mache, was »gegen die Grundsätze

---

51 Bergman (Anm. 37).
52 Helmut Reister, »Die Stadt untersagt künftig das Tragen von ›Judensternen‹ auf Corona-Demos«, in: Jüdische Allgemeine, 11.11.2020, https://www.juedische-all gemeine.de/unsere-woche/ein-konsequenter-schritt/ (aufgerufen am 12.11.2020).

der Nürnberger Ärzteprozesse« verstoße (wo grausame Menschenversuche der Nazis im Jahre 1947 verurteilt wurden).[53] Sie fühlen sich nicht nur wie Opfer, sondern wie Opfer der Nazis, die in Ghettos gezwungen und schrecklichen medizinischen Misshandlungen ausgesetzt wurden.

COVID redivivus

Ende 2020 führte in Israel der sprunghafte Anstieg der Fallzahlen auf 5000 pro Tag zu einem dritten teilweisen Lockdown im ganzen Land. Am 1. Januar 2021 waren 420.000 Israelis infiziert und 3325 gestorben. Zu diesem Zeitpunkt lag der Fokus nicht mehr auf den Charedim und den israelisch-arabischen Gemeinschaften, die stärker gefährdet waren als die übrige Bevölkerung und damit ein größeres Risiko für die Übertragung des Virus darstellten. Nach dem 20. Dezember 2020 war es die Massenimpfung, die in das Zentrum der nationalen Aufmerksamkeit rückte. Dank eines straff organisierten Systems ineinandergreifender kommunaler Gesundheitsstrukturen, die in der Lage waren, Impfstoffe auszuliefern, und denen alle Bürger angehörten, sowie dank einer Regierung, die frühzeitig für die Beschaffung der Impfstoffe sorgte, hatten bis Anfang des Jahres fast 10 Prozent der israelischen Bevölkerung die erste Dosis der verfügbaren mRNA-Impfstoffe erhalten – mehr als in fast jedem anderen Land der Erde. Der Gesundheitsminister der sogenannten Einheitsregierung, Yuli Edelstein, sah in der Massenimpfung nicht nur eine Notwendigkeit für die Volksgesundheit, sondern auch eine Chance, das Gesundheitssystem als Grundlage für weitere Tests und Forschungen zur Wirksamkeit der Impfstoffe zu nutzen. Israel, einschließlich seiner meisten Einwohner, würde zu einem Labor werden, um die Wirksamkeit der Impfstoffe zu messen. (Die Frage des Zugangs der palästinensischen Bewohner der »besetzten Gebiete« im Westjordanland und im Gazastreifen zu den Impfstoffen stellte ein weiteres großes Problem für die öffentliche Gesundheit dar, da ungeimpfte Arbeiter aus dem Westjordanland täglich nach Israel kamen. Erst im März 2021 wurde damit begonnen, diese Bevölkerungsgruppe zu impfen.) Als am 19. Dezember 2020 Ministerpräsident Benjamin Netanjahu als erste Person

---

53 Dan Sales, »Anti-vax protestors clash with police outside Parliament as ministers plunge London into Tier Three«, in: MailOnline, 14.12.2020, https://www.dailymail.co.uk/news/article-9051681/Anti-vax-army-clash-police-outside-Parliament-London.html (aufgerufen am 7.12.2021).

in Israel öffentlich geimpft worden war, hatte er verkündet: »Wir haben [die Impfstoffe] zu allen gebracht: Juden und Arabern, religiösen und säkularen.«[54] Für die Ultrareligiösen, die in der Frage der staatlichen Kontrolle der öffentlichen Gesundheit gespalten waren, war diese nicht vergleichbar mit sozialer Kontrolle. Rabbi Yitzchok Zilberstein, eine führende ultraorthodoxe Autorität (Posek) auf dem Gebiet der jüdischen Medizinethik und Rabbiner des Viertels Ramat Elchanan in Bnei Berak, sprach sich nachdrücklich für die Impfungen aus und bemerkte, dass sie »sogar von gesunden Menschen akzeptiert werden sollten, basierend auf dem Gebot ›Ve'Rapo Ye'Rapeh‹, das die Einnahme von Medikamenten auch dann verlangt, wenn ein gewisses Risiko besteht.«[55] Diese Aussage untermauert die oben erwähnte Beobachtung des Medizinanthropologen Ben Kasstan, dass die rabbinischen Charedim-Autoritäten in Israel im Allgemeinen für Impfungen eintreten. Sogar dann, wenn es unter ihnen vereinzelte Impfgegner geben sollte, die das Impfen für eine Kompetenzüberschreitung des Staates halten, würden sie nicht die offizielle religiöse Sichtweise vertreten.[56]

Die dritte Welle hatte jedoch weiterhin sehr viel stärkere Auswirkungen auf die ultraorthodoxen Gemeinschaften als auf alle anderen Bevölkerungsgruppen in Israel, denn innerhalb von vier Wochen, von Anfang Dezember 2020 bis Anfang Januar 2021, stieg die Zahl ihrer Infektionen um das Sechzehnfache an. Am 7. Januar 2021 wütete die ursprünglich in Großbritannien entdeckte Mutante des Virus unter den ultraorthodoxen Israelis und war verantwortlich für mehr als 20 Prozent der Todesfälle. Während früher bereits viele von ihnen gegen die Vorschriften zum Maskentragen, zum Abstandhalten und zur Begrenzung der Menschenansammlungen verstoßen hatten, könnte der neue Anstieg (laut Eran Segal vom Weizmann Institute of Science bis Februar nicht weniger als 4600 Fälle pro Tag bei insgesamt etwa 9 Millionen Menschen in dieser Bevölkerungsgruppe),

54 Isabel Kershner, »How Israel Became a World Leader in Vaccinating Against Covid-19«, in: The New York Times, 1.1.2021, https://www.nytimes.com/2021/01/01/world/middleeast/israel-coronavirus-vaccines.html?referringSource=article Shar (aufgerufen am 10.1.2021).

55 »Rabbi Yitzchak Zilberstein: Vaccine Has the Authority of Beis Din and Should Be Taken«, in: Voz iz Neias?, 24.12.2020, https://vosizneias.com/2020/12/24/rabbi-yitzchak-zilberstein-vaccine-has-the-authority-of-beis-din-and-should-be-taken und https://www.inn.co.il/news/461793?fbclid=IwAR09BPrNX1cEnCw4v3GK9oqbsn2gniDfcRdmQJFHGsefcWZaSTlT6-BK3xk (aufgerufen am 10.1.2021).

56 Ben Kasstan, Making Bodies Kosher: The Politics of Reproduction among Haredi Jews in England, Oxford 2019, S. 231 f.

durchaus noch eine weitere Ursache haben.[57] Wir müssen bedenken, dass solche ideologisch und physisch miteinander verwobenen Gemeinschaften in Großbritannien, den Vereinigten Staaten und Israel gerade wegen ihrer ›Inselhaftigkeit‹ und ihres regelmäßigen Austauschs untereinander eine Ausbreitung des Virus unter ihren Mitgliedern feststellten.

Lassen Sie uns nun über die Konstruktion von Schuld und ihre Historisierung innerhalb selbstbestimmter Gemeinschaften in einem solchen Kontext nachdenken, egal ob sie groß oder klein sind. Gemeint sind selbstbestimmte Gemeinschaften, die sich entweder durch gewollte Isolierung von der Gesamtgesellschaft abgrenzen oder von dieser systematisch ausgegrenzt werden, sodass sie in einer Art von Ghetto leben. Letzteres ist ein komplexer Begriff, der sich anfangs, wie Daniel B. Schwartz bemerkt hat, auf die venezianischen Juden im Jahr 1516 bezieht und anschließend verschiedene Räume umfasst, die von marginalisierten Menschen bewohnt werden, sei es unter den Jim-Crow-Gesetzen zur Zeit der Rassentrennung in den USA, in den weltweit von chinesischen Aussiedlern gegründeten Chinatowns, an den Nazi-Schauplätzen der erzwungenen Isolierung und Vernichtung oder an den Orten, die im heutigen Europa von Flüchtlingen besiedelt werden.[58] In all diesen historischen Kontexten wurde das Bild des Ghettos mit Infektionskrankheiten in Verbindung gebracht, die von den Bewohnern verursacht wurden. Wie Schwartz feststellt, galt das Ghetto bereits im 16. Jahrhundert als »ein Ort des materiellen Schmutzes und der Unordnung«.[59] Dennoch, so Schwartz weiter, wurde das Konzept von amerikanischen Juden aufgegriffen, die ebenso sehr auf Hygiene wie auf Akkulturation bedacht waren. Das gilt für Autoren wie Abraham Cahan, der in seinem Werk *Yekl: A Tale of the New York Ghetto* (1896) diese klar abgegrenzten Räume als »einen assimilativen ›Schmelztiegel‹« bezeichnete.[60] Für viele Juden in der amerikanischen Diaspora war das Ghetto ein »konstitutives Element jüdischer Identität«.[61] Doch nach dem Zweiten Weltkrieg wurde es für andere Juden »zu einer Metapher für eine vor-

---

57 Isabel Kershner und Adam Rasgon, »After Quick Vaccine Success, Israel Faces New Virus Woes«, in: The New York Times, 6.1.2021, https://www.nytimes.com/2021/01/06/world/middleeast/israel-coronavirus-vaccine-palestinians.html?action=click&module=TopProzent20Stories&pgtype=Homepage (aufgerufen am 10.1.2021).

58 Daniel B. Schwartz, Ghetto: The History of a Word, Cambridge 2019.

59 Ebd., S. 38.

60 Ebd., S. 104.

61 Ebd., S. 6.

moderne jüdische Vergangenheit, die zur Auslöschung bestimmt war, die aber als gespenstische Präsenz überlebte«.[62] Stadtsoziologen verwendeten das Konzept auf ebenso komplexe Weise, wobei sie das Ghetto nicht mehr als eine Welt der Krankheit, sondern als eine der Kaste auffassten. Für die Chicagoer Schule unter Robert E. Park war das Ghetto nicht mehr ein Raum der Absonderung, sondern eine vorgestellte Gemeinschaft, wie in Louis Wirths Klassiker *The Ghetto* von 1928, in dem das Ghetto von einer »jüdischen Örtlichkeit zu einem soziologischen Konzept« wurde.[63] Durch Ernest W. Burgess, der 1925 zu sozialen Gemeinschaften in begrenzten Territorien forschte, wurde das Ghetto Teil einer toponymischen Kartierung. Doch die negativen Konnotationen von schlechter Gesundheit, Schmutz und Unordnung scheinen auch in diesen ›wissenschaftlichen‹ Kontexten präsent zu sein. Gemeinschaften können »Ghettos« sein, und diejenigen, die in diesem realen oder symbolischen Raum leben, reagieren auf die metaphorischen Konstrukte von Gesundheitsgefahren, indem sie sich der damit verbundenen Stigmatisierung übermäßig bewusst werden. Sie alle sind Teil des vielschichtigen symbolischen Registers, das diejenigen verwenden, die sich in der COVID-19-Krise selbst als »Opfer« der staatlichen Autorität bezeichnen.

Gesundheitspolitik oder neue Nazis? Antisemitismus oder vernünftige, maßvolle Reaktion? Einige Menschen oder alle Menschen? Hierin liegt das Problem, mit dem wir konfrontiert sind: Kann man über Pandemien diskutieren, ohne dass Stereotypen entweder als Waffe gegen bestimmte Gruppen oder als Verteidigung dieser Gruppen herangezogen werden? Wie können wir die Kategorien, die bei der Definition von »Bevölkerungsgruppen« im Diskurs über öffentliche Gesundheit auftauchen, als getrennt von oder als Teil einer solchen Analyse betrachten?

Erklärungen für die Schuldzuweisung

Betrachten wir eine Reihe ineinandergreifender Probleme, die sich hinter den Annahmen der Schuldzuweisung an die Ultraorthodoxie verbergen. Die Gründe, die für den rasanten Anstieg der Infektionen in den ultraorthodoxen Gemeinschaften in den Vereinigten Staaten und in Israel angeführt werden, erfordern erstens eine Bestimmung, was solche Gemein-

---

62 Ebd., S. 52.
63 Ebd., S. 115.

schaften sind, wo sie sich befinden und wie sie sich selbst definieren; zweitens, ausgehend von diesen Festlegungen, erfordern sie den Versuch, sich vorzustellen, wie das Kernproblem an den Berührungspunkten zwischen religiösen Gemeinschaften und staatlicher Macht verortet werden kann, z. B. in der Sorge um die Gesundheit der Bevölkerung. Der allgemeine Diskurs über die Pandemie wirft alle ultraorthodoxen Gemeinschaften und ihre Mitglieder in einen Topf und etikettiert sie als Charedim. In Wirklichkeit decken diese Gruppen ein sehr breites Spektrum an ideologischen Positionen ab, auch in Bezug auf die Gesundheit der Bevölkerung. Am Rande stehen die radikal antizionistischen und isolationistischen Charedim wie Neturei Karta, eine offiziell 1938 in Jerusalem gegründete religiöse Gruppe, die dort noch Ende November 2020 Demonstrationen mit zahlreichen unmaskierten Teilnehmern gegen den Staat Israel organisierte. Während des ersten Corona-Ausbruchs im Frühjahr jenes Jahres in dem Jerusalemer Viertel Mea Shearim, in dem die Mehrheit der Neturei Karta wohnt, lautete die Devise, »der Thora zu folgen«: »Unser Rabbi sagte, wir sollten einfach weiter beten.«[64] Auch die zwölf chassidischen Rabbiner-›Hofstaaten‹ sind sehr unterschiedlich, von der hochpolitischen Ger-Bewegung (der größten Gemeinschaft in Israel) über die Satmar- und Bobov-Gemeinschaften (der größten in New York), die von einer vererbten rabbinischen Führerschaft geleitet werden, bis hin zu der global präsenten Gruppierung, den Lubawitschern (weltweit bekannt unter dem Namen Chabad). Bei den Letztgenannten hat das Fehlen einer Führung und der Wunsch nach einer Auferstehung ihres 1994 verstorbenen Rabbiners Menachem Mendel Schneerson nach Auffassung der Soziologen Menachem Friedman und Samuel Heilman dazu geführt, dass sie dem messianischen Christentum, das auf die Wiederkunft des Messias wartet, näher stehen als dem ultraorthodoxen Judentum traditioneller Prägung.[65] In Israel sind viele dieser ultraorthodoxen Gruppen mit bestimmten politischen Parteien verbunden, die ein breites Spektrum von Meinungen über öffentliche Gesundheitsangelegenheiten vertreten. Agudath Israel (heute die zentrale Organisation der Charedim-Juden in den Vereinigten Staaten) in Borough Park, Brooklyn, verteilte beispielsweise mehr als eine halbe Million Masken,

64 Amnon Gutman, »The coronavirus? Just follow the Torah. Everything will be alright«, in: Web24 News, 7. 4. 2020, https://www.web24.news/u/2020/04/the-coronavirus-just-follow-the-torah-everything-will-be-alright.html (aufgerufen am 12. 11. 2020).

65 Samuel Heilman und Menachem Friedman, The Rebbe: The Life and Afterlife of Menachem Mendel Schneerson, Princeton 2012.

während in derselben Gemeinschaft während des Laubhüttenfests im Jahr 2020 eine große Zahl unmaskierter Gläubiger zu großen Gottesdiensten in geschlossenen Räumen zusammenkam.[66] Die offizielle Organisation sprach sich für die Einhaltung der öffentlichen Gesundheitsrichtlinien aus. »Feiern, die Krankheiten verbreiten und nicht den örtlichen Gesetzen entsprechen, dürfen [...] die Rückkehr zu einem normalen Leben nicht gefährden.«[67] Dennoch färbte das Verhalten einiger weniger auf die gesamte Gemeinschaft ab. Wie Yehuda Meshi-Zahav, der Leiter von ZAKA, Israels freiwilliger Notfallhilfe-Organisation, im Oktober 2020 bemerkte,

erkläre ich den Leuten, dass andere sie beobachten und sagen, dass wir wegen der Charedim in dieser Situation sind und dass die 12 Prozent die über 80 Prozent anstecken und dass »ihr« die Beatmungsmaschinen »stehlt«. Ich finde diesen Hass schrecklich, aber was die Menschen sehen, ist das Andauern von Singen, Tanzen, öffentlichen Gebeten und Simchas [Feiern] – und auch die Fortsetzung der Proteste. Wenn Juden auf diese Weise [...] übereinander sprechen, werden andere das natürlich auch tun. [...] Man wird das Symbol eines Mannes in jüdischer Kleidung nehmen und es mit dem Coronavirus in Verbindung bringen.[68]

Aufgrund ihrer Verhaltensweise, fügte er hinzu, werden die Charedim in Israel und in der Diaspora als Vertreter aller Juden wahrgenommen.

Im Vereinigten Königreich befinden sich die größten Gemeinschaften in London und Manchester (sowie in ›neuen ultraorthodoxen Städten‹ wie Southend-on-Sea in Essex) und bestehen aus einem breiten Spektrum von Gruppen, die mit der landesweiten Union of Orthodox Hebrew Congregations verbunden sind. Alle diese Gruppen haben eine breite Palette von Positionen vertreten, die zum Teil von der rabbinischen Führung geäußert wurden, zum Teil von Mitgliedern (oft in politisch einflussreichen Positio-

---

66 Zach Helfand, »›We don't protest‹: Borough Park's Mask-burning Demonstrators«, in: The New Yorker, 1.11.2020, https://www.newyorker.com/news/our-local-correspondents/we-dont-protest-borough-parks-mask-burning-demonstrators (aufgerufen am 12.11.2020).

67 »Agudath Israel Statement on Uptick in COVID-19 Cases«, https://agudah.org/agudath-israel-statement-on-uptick-in-covid-19-cases/ (aufgerufen am 12.11.2020).

68 Nathan Jeffay, »Haredi health pioneer: COVID-19 defiance fuels anti-Semitism, sullies God's name«, in: The Times of Israel, 12.10.2020, https://www.timesofisrael.com/haredi-health-pioneer-covid-19-defiance-fuels-anti-semitism-sullies-gods-name/ (aufgerufen am 13.11.2020).

nen) und zum Teil von Laienführern. Diese Positionen reichten von der vollständigen Unterstützung aller Maßnahmen des öffentlichen Gesundheitswesens zur Bekämpfung der Pandemie über deren totale Ablehnung bis hin zur modifizierten Akzeptanz bestimmter Einschränkungen zu bestimmten Zeiten und in bestimmten Zusammenhängen. Hin und wieder kam es auch zu radikalen Neuausrichtungen der Einstellungen. Wie Nadav Davidovitch, Direktor der School of Public Health an der Ben-Gurion-Universität der Negev, feststellt,

> ist die Charedim-Gemeinschaft nicht monolithisch; sie besteht aus vielen Teilen. [...] Einige von ihnen halten sich sehr gut an die Vorschriften. Andere haben jedoch eine lange Geschichte des Widerstandes gegen den zionistischen Staat.[69]

Das gilt gleichermaßen für die Vereinigten Staaten wie für das Vereinigte Königreich. Sowohl in Israel, den USA wie auch in Großbritannien liegt der Schlüssel in der konzeptionellen Struktur der »Gemeinschaft«. In einem kürzlich in London geführten Gerichtsverfahren, in dem es darum ging, ob Agudat Israel, die Wohltätigkeitsorganisation der orthodoxen Gemeinschaft, die Belegung ihrer Wohneinheiten auf religiöse Juden beschränken darf, betonte Rabbi Abraham Pinter, der im April 2020 an COVID-19 sterben sollte, dass »die sowohl physische als auch spirituelle Zugehörigkeit zu einer Gemeinschaft eine Voraussetzung für die Lebensführung eines orthodoxen Juden ist«.[70] Was der Begriff »Gemeinschaft« bedeutet, ist wesentlich für das Verständnis der Diskussionen über die Infektion und die Reaktionen der Gruppe.

Die Armut und die daraus resultierenden beengten Lebensverhältnisse der Charedim in Israel und den Vereinigten Staaten werden als Ursache für die Ausbreitung des Virus in dieser Gemeinschaft angeführt. Zweifellos war das individuelle Einkommen (zumindest im Jahr 2013) der ultraorthodoxen Juden in den Vereinigten Staaten niedriger als das anderer Juden (43 Prozent der Ersteren und 37 Prozent der Letzteren verdienten weniger als 50.000 Dollar). Man muss jedoch berücksichtigen, dass 24 Prozent der

---

69 Tara Kavaler, »Ultra-Orthodox Jews Reject Coronavirus Non-Compliance Claims«, in: The Medialine, 29.3.2020, https://themedialine.org/top-stories/ultra-ortho dox-jews-reject-coronavirus-non-compliance-claims/ (aufgerufen am 12.11.2020).

70 Robert Booth, »UK supreme court backs housing charity's ›Jewish only‹ rule«, in: The Guardian, 16.10.2020, https://www.theguardian.com/society/2020/oct/16/uk-supreme-court-backs-housing-charitys-jewish-only-rule (aufgerufen am 12.11.2020).

Charedim im Jahr 2013 über ein Einkommen von mehr als 150.000 Dollar verfügten, was ein geringfügig höherer Anteil ist als bei den konservativen Juden (23 Prozent) und wesentlich höher als bei der amerikanischen Gesamtbevölkerung (8 Prozent). Während sich die Armutsquote auf ein niedrigeres Niveau weltlicher Bildung zurückführen lässt (nur 25 Prozent haben einen Hochschulabschluss im Vergleich zu 58 Prozent aller Juden und 29 Prozent der amerikanischen Gesamtbevölkerung), wird das obere Ende der Einkommensskala nicht erwähnt.[71] Aber weltliche Bildung hat in dieser Gemeinschaft eine ganz andere Bedeutung, und diese Art von Armut wird durch staatliche Unterstützung von SNAP bis Medicaid ausgeglichen. Man kann hinzufügen, dass solche Statistiken nur das individuelle Einkommen analysieren und nicht den potenziellen Reichtum der Gesamtgemeinschaft, der erhöht wird durch die Wohltätigkeit der Besserverdienenden in dieser Bevölkerungsgruppe. In Israel sind die durchschnittlichen Einkommensraten zwar niedriger – 58 Prozent der Charedim-Familien lebten 2018 unter der offiziellen Armutsgrenze –, aber die Verschiebungen in den familiären Verdienstmöglichkeiten während der letzten zehn Jahre und die noch stärkere finanzielle Unterstützung durch den Staat führen dazu, dass diese Gemeinschaften mit ihrem wirtschaftlichen Status zufrieden sind. Nur 8 Prozent hatten das Gefühl, in Armut zu leben, während 71 Prozent mit ihrer finanziellen Situation zufrieden waren. In einer Zeit, in der sich die säkulare israelische Gesellschaft über den wirtschaftlichen Druck aufregte, fühlten sich also zwei Drittel der Befragten keineswegs wirtschaftlich benachteiligt. Die Realität in Israel sah so aus, dass aufgrund der Unterstützung durch den Staat und die Gemeinschaft viel weniger Ultraorthodoxe (10 Prozent) als israelische Araber (14 Prozent) von Nahrungsmittelknappheit berichteten.[72] Armut ist auch Teil eines Symbolsystems; wenn man sich selbst als »arm« versteht, sieht man sich eher als ausgeschlossen denn als integriert in die Gesellschaft.

Nicht die Armut, sondern die Geselligkeit steht im Mittelpunkt einiger Interpretationen des radikalen Anstiegs der Infektionsraten, eine Geselligkeit, die durch das Konstruktionsprinzip der gemeinschaftlichen Symbolsprache definiert wird. Shaul Magid, Professor für Jüdische Studien in

---

71 »A Portrait of American Orthodox Jews: A Further Analysis of the 2013 Survey of U.S. Jews«, in: Pew Research Center for Religion and Public Life, 26.8.2015, www.pewforum.org (aufgerufen am 10.1.2021).

72 Dan Zaken, »Haredim aren't as poor as you think«, in: The Globe, 17.12.2018, en.globes.co.il (aufgerufen am 10.1.2021).

Die ultraorthodoxen Juden als Sündenböcke

Dartmouth und ehemaliges Mitglied einer solchen Kommunität, bemerkte in einer persönlichen Nachricht, dass

> die Charedim eine viel sozialere Gemeinschaft bilden als die Gruppen, in denen die meisten von uns leben. Mit sozial meine ich, dass das kollektive Leben von sozialen Ereignissen bestimmt wird, von so kleinen wie dem täglichen Minjan oder dem nächtlichen Seder, bis hin zu so großen wie einer chassidischen Hochzeit oder dem Tisch des Rabbiners beim Laubhüttenfest. Derartige Veranstaltungen haben in unserer Welt nicht den gleichen Stellenwert wie in ihrer Welt. Für sie ist dies das Zentrum ihrer »Freizeit«, es ist der Ort, an dem man sich außerhalb von Geschäft und Studium trifft. Ich erinnere mich, dass ich bei meinem Eintritt in die Welt der Charedim überrascht war, dass Kinder immer ein Teil dieses sozialen Gefüges sind. Die Idee, Kinder könnten zu einer Hochzeit nicht eingeladen werden, ist hier unvorstellbar.[73]

Gleichzeitig gibt es aber auch in diesen Gemeinschaften, wie in allen anderen, Kindesmissbrauch, Isolation und Entfremdung.[74] Von den Romanen von Chaim Potok in den 1960er Jahren bis hin zur Fernsehserie *Unorthodox* aus dem Jahr 2020 sind diese Themen zu einem festen Bestandteil der Massenkultur geworden. Im November 2021 wurde Chaim Walder, ein weit gefeierter und produktiver Autor von Kinderbüchern, Kommentator und Kinder- und Familienberater in dieser Welt, des sexuellen Übergriffs und Missbrauchs von Frauen und Kindern beschuldigt. Sein Selbstmord im Dezember löste eine heftige Debatte aus, ob diese geschlossene Gesellschaft wirklich »anders« sei. In Israel hat die Pandemie schon dazu geführt, dass die Zahl derer, die die Gemeinschaft nicht nur in der Fiktion, sondern in der Realität verlassen, stark zugenommen hat. Während früher jährlich etwa 3000 Charedim ausstiegen, wuchs diese Zahl im Jahr 2020 um mehr als 50 Prozent. Ein offensichtlicher Faktor dabei war, dass sie Debatten ausgesetzt waren, in denen es um die schädliche soziale Isolation ihrer Gemeinschaft und deren Verantwortung für die Ausbreitung der Pandemie ging. Gilad Malach vom Israel Democracy Institute stellte fest, dass sich aufgrund der Pandemie der Zusammenhalt in der Gemeinschaft, auf den

---

73 Persönliche Mitteilung, 1.10.2020.
74 Alexandra Levine, »Faigy Mayer's Brave Life and Shocking Death«, in: The Forward, 7.8.2015, https://forward.com/news/317900/the-brave-life-and-shocking-death-of-faigy-mayer/ (aufgerufen am 12.11.2020).

Magid hinwies, gelockert hat: »Sie denken nun an Optionen, an die sie nicht denken, wenn sie in der Jeschiwa sind, und eine der Optionen ist, wegzugehen.«[75] Und sie gehen trotz des starken Drucks, sich den Normen der Gemeinschaft anzupassen und im Komfort der ihnen vertrauten Symbolwelt zu verharren.

Ein anderer Blickwinkel auf den einheitskonformen Charakter solcher Gemeinschaften führt zu der Beobachtung, dass die religiöse Führung in der Lage ist, ihre Anhänger zu zerstörerischen Handlungen zu verleiten. Eine schlechte, ineffektive Führung von eingeschüchterten Gemeinschaften ohne Ressourcen führt zur Ausbreitung der Krankheit. Niemand hat dies nachdrücklicher formuliert als der orthodoxe, aber moderne Rabbi Yitz Greenberg, der Gründer, Leiter und Professor der Abteilung für Studien zum Judentum des City College der City University of New York, als er in der *Jerusalem Post* schrieb:

[...] im Großen und Ganzen hat die religiöse Führung die Bemühungen zur Eindämmung der Pandemie behindert. Wenn sie nicht direkt Verhaltensweisen förderte, die die Übertragung des Virus erhöhten, stellte sie sich oftmals den nötigen Maßnahmen in den Weg. Die Rabbiner, sowohl Charedim (Ultraorthodoxe) als auch Hardal (nationalistische Haredi), bestanden darauf, dass die Jeschiwot, an denen die Tora studiert wird, geöffnet bleiben sollten, obwohl sie das Virus verbreiteten. [...] Das Ergebnis von alledem ist, dass Charedim und traditionelle religiöse Gemeinschaften die höchsten, nur noch von den Arabern übertroffenen Infektionsraten aufweisen sowie eine unverhältnismäßig hohe Zahl von Todesfällen und schweren Krankheitsverläufen mit Schäden verursachenden Nachwirkungen.[76]

Durch solche Schuldzuweisungen neigt eine derartige Argumentation dazu, alle ultraorthodoxen Gemeinschaften in Israel (und infolgedessen auch anderswo) über einen Kamm zu scheren und als grundsätzlich gewissenlos einzustufen.

75 Isabel Kershner, »Virus Hastens Exit from Israel's Ultra-Orthodox Community«, in: The New York Times, 8.2.2021, https://www.nytimes.com/2021/02/08/world/middleeast/israel-orthodox-virus.html (aufgerufen am 8.2.2021).

76 Yitz Greenberg, »Religious leadership is also to blame for COVID-19 crisis in Israel«, in: The Jerusalem Post, 28.9.2020, https://www.jpost.com/opinion/religious-leadership-is-also-to-blame-for-COVID-19-crisis-in-israel-643774 (aufgerufen am 12.11.2020).

Auf die Verurteilung aller rabbinischen Autoritäten in Israel reagierte Rabbi Avi Shafran, der Öffentlichkeitsreferent von Agudat Israel, in einem scharfen Leitartikel in derselben Zeitung, wobei er betonte, die Schuld sei bei der Lage in den Wohnvierteln zu suchen, nicht bei der religiösen Führung.

Nein, es lag nicht an der Besiedelungsdichte vieler Charedim-Städte und -Viertel. Auch die regelmäßigen Kontakte, die sich aus religiösen Veranstaltungen, Feierlichkeiten und täglichen Gebetsgottesdiensten ergeben, waren keine ausschlaggebenden Faktoren. Und nein, die Armut und die Schwierigkeit, große Familien in kleinen Wohnungen unterzubringen, waren nicht die Hauptursache der Infektionen. Rabbi Greenberg behauptet, die jüdischen Religionsführer würden von den Charedim für unfehlbar gehalten. Das ist Unsinn. Man respektiert sie aufgrund ihres Einfühlungsvermögens und ihrer Thora-Gelehrsamkeit, und das ist etwas ganz anderes als blinder Gehorsam.[77]

Es gibt zweifellos andere, noch ärmere und nicht-religiöse Bevölkerungsgruppen in Israel, z. B. äthiopische Juden (Beta Israel) in bestimmten Vierteln von Netanja, Be'er Scheva und Aschdod, die zwar unter COVID-19 gelitten haben, in denen die Leitung der Gemeinschaft aber stärker die Initiative ergriff oder zumindest keine Verweigerungshaltung einnahm. So wurde die Einwanderung aus Äthiopien während der Pandemie gestoppt, während amerikanische und europäische Jeschiwa-Studenten ins Land gelassen wurden; erst am 12. Oktober wurden wieder Äthiopier aufgenommen, allerdings in stark reduzierter Zahl.[78]

Wenn wir es als erwiesen ansehen, dass die Übertragung der Infektion durch schlechte Lebensbedingungen und die Aufforderung, freiwillige oder sogar vorgeschriebene Quarantänemaßnahmen zu ignorieren, sicherlich

---

77 Avi Shafran, »Mayor de Blasio is no enemy of Orthodox Jews, but others are vilifying us«, in: The Jerusalem Post, 30.5.2020, https://www.jpost.com/diaspora/ma yor-de-blasio-is-no-enemy-of-orthodox-jews-but-others-are-vilifying-us-626367 (aufgerufen 20.3.2022).

78 Judy Maltz, »Aliyah and Coronavirus: 24 New Immigrants from U.S. Land in Israel, While Flight from Ethiopia Canceled«, in: Haaretz, 19.3.2020, https://www.haaretz.com/israel-news/.premium-aliyah-and-coronavirus-24-new-immig rants-from-u-s-land-in-israel-while-flight-fro-1.8691403; Adam Rasgon, »Israel Accepts Ethiopians of Jewish Descent, but Fewer Than Promised«, in: The New York Times, 12.10.2020 (aktualisiert am 5.11.2020), https://www.nytimes.com/2020/ 10/12/world/israel-ethiopia-jews-immigration.html (beide aufgerufen am 12.11.2020).

begünstigt wird, bleibt immer noch die Frage, warum gerade diese untereinander so verschiedenen ›Randgruppen‹ als wichtige Infektionsquelle angesehen werden, während das bei vielen anderen vergleichbaren Gruppen mit ebenso hohen oder sogar höheren Infektionsraten nicht der Fall ist. Yossi Gestetner meinte dazu:

> Wenn eine unverhältnismäßig hohe Zahl afroamerikanischer Todesfälle aufgrund von Corona festgestellt wird, gibt es keinen einzigen Reporter in irgendeiner Zeitung, der behauptet, dass mit der afroamerikanischen Gemeinschaft wegen ihres Verhaltens etwas nicht stimmt. Es geht hier um Ungleichheiten, institutionellen Rassismus und Armut; der Gedanke, Menschen, die Opfer eines Problems sind, zu dessen Ursache zu machen, ist unerhörte Bigotterie.[79]

Der Vorwurf des Antisemitismus lenkte die Aufmerksamkeit auf die sogenannten Übertragungsbedingungen, einschließlich Armut und Überbevölkerung. Dabei wurde impliziert, dass diese Bedingungen das direkte Ergebnis des systeminhärenten Antisemitismus waren, unter dem Juden in den Vereinigten Staaten oder Israel lebten, und nicht das Spiegelbild von Werten dieser Gemeinschaften, die das religiöse Studium über weltliche Einkünfte stellte. Damit erklären sich die radikal unterschiedlichen Konnotationen, die Konzepten wie Armut und Führung zugeschrieben werden.

Die Berücksichtigung des Antisemitismus richtet die Aufmerksamkeit auf ansonsten vernachlässigte Übertragungsbedingungen, einschließlich der Armut. Wir müssen an dieser Stelle anmerken, dass insbesondere in den Vereinigten Staaten die außerordentlich hohe Infektionsrate unter People of Color mit deren Lebensverhältnissen zu tun hat: Armut, schlechte und beengte Wohnbedingungen, notwendige, aber strapaziöse Berufe (Müllmänner, Verkäufer, Arbeiter in Schlachthöfen, Gesundheitspersonal), bereits bestehende Gesundheitsprobleme, einschließlich psychischer Leiden als unmittelbare Folge von Marginalisierung und Vertreibung, wurden zu Recht als Grund für die höheren Infektionsraten betrachtet.[80]

Solche Anfälligkeiten gab es auch in Großbritannien, wo die Krankenhauseinweisungs- und Sterberaten unter Schwarzen, Asiaten und anderen

79 Haven Orecchio-Egresitz (Anm. 10).
80 Sherita Hill Golden, »Coronavirus in African Americans and Other People of Color«, in: Johns Hopkins Medicine, 20. 4. 2020, https://www.hopkinsmedicine. org/health/conditions-and-diseases/coronavirus/covid19-racial-disparities (aufgerufen am 12. 11. 2020).

ethnischen Minderheiten (die unter dem englischen Akronym BAME – Black, Asian, and minority ethnic – zusammengefasst werden) wesentlich höher waren als unter weißen Briten. Dieser Umstand scheint auf eine komplexe Mischung von Faktoren zurückzuführen zu sein, und keiner von ihnen allein kann den gesamten Unterschied erklären. Zu den relevanten Kriterien gehören, genannt in ungeordneter Reihenfolge: größere Armut als in der durchschnittlichen Bevölkerung, der Wohnort, überbelegte Unterkünfte, die Art des Arbeitsplatzes, Vorerkrankungen und der Zugang zu medizinischer Versorgung.[81] In Großbritannien wird diese statistische Korrelation bedingt durch die Frage, wer einer besonderen »Ethnie« oder »ethnischen Minderheit« angehört. Der Komiker und Gesellschaftskritiker David Baddiel weist in seinem kürzlich erschienenen und vielgelesenen Buch *Jews Don't Count* (2021) darauf hin, dass Juden in Großbritannien in der öffentlichen Wahrnehmung nicht als ethnische Minderheit zu gelten scheinen (und auch nicht in Diskussionen über die Pandemie, könnten wir hinzufügen). Er bemerkt, dass jedoch

die meisten Menschen [...] Juden nicht aktiv [aus der BAME-Gruppe] ausschließen würden, sobald jemand wie ich sie darauf hinweist, dass Juden eigentlich eine ethnische Minderheit sind, die diskriminiert wird und unter Rassismus leidet.[82]

Juden, zumindest ultraorthodoxe Juden in Großbritannien, weisen genauso wie Menschen, die der BAME-Gruppe zugeordnet werden, eine sehr viel höhere Erkrankungs- und Sterblichkeitsrate durch das neue Coronavirus auf als die Allgemeinbevölkerung; dennoch gelten sie nicht als Personen mit denselben Risikofaktoren. Baddiel betont, dass Juden aufgrund der Tatsache, dass ihr Status als diskriminierte ethnische Minderheit unsichtbar ist, nicht in den Genuss von positiver Diskriminierung kommen (im Sinne von »affirmative action«, wie dies in den USA genannt wird).[83] Die Vorstellung, dass sie diese Hilfe beanspruchen könnten, wirkt befremdlich, fährt Baddiel fort, da sie gemäß dem antisemitischen Klischee als reich

---

81 Loubaba Mamluk und Tim Jones, »The Impact of Covid-19 on black, Asian and minority ethnic communities«, National Institute of Health Research Paper, 20.5.2020, https://arc-w.nihr.ac.uk/Wordpress/wp-content/uploads/2020/05/COVID-19-Partner-report-BAME-communities-BCC001.pdf (aufgerufen am 12.11.2020).

82 David Baddiel, Jews Don't Count: How Identity Politics Failed One Particular Identity, London 2021, S. 52.

83 Ebd., S. 53.

(sprich: geldgierig), intelligent (sprich: verschlagen) und »weiß« gelten. Letzteres wird natürlich von Antisemiten bestritten, welche die Annahme, die Juden seien »weiß« oder könnten sogar »weiße Privilegien« geltend machen, als Teil der verhängnisvollen Fähigkeit dieser Rasse betrachten, sich anderen Bevölkerungsgruppen zu deren Schaden anzugleichen. Die Juden werden auch in eine eigene Kategorie gesteckt, wenn es um Diskussionen über COVID-19 geht: Sie sind »schuld« und keine »unschuldigen Opfer«. An dieser Stelle sollten wir vielleicht George Bernard Shaws scharfzüngige Bemerkung zitieren, die er in seinem Theaterstück *Pygmalion* von 1913 der Figur des Alfred Doolittle *(nomen est omen)* in den Mund legt. Doolittle stellt fest, dass er zu den »nicht verdienstvollen Armen« gehört, während aufgrund der »bürgerlichen Moral« alle Zuwendungen an die sogenannten »verdienstvollen Armen« gehen. Dennoch seien seine Bedürfnisse nicht geringer als ihre, sondern in vielerlei Hinsicht sogar größer, da er seine Vergnügungen finanzieren müsse, was auf Ablehnung stoße. Es ist seit langem bekannt, dass die Grenzziehung zwischen denen, die man tadelt, und denen, die man bemitleidet, vom Beobachter abhängt und keine objektive Bewertung der Betroffenen darstellt. In allen Erhebungen und wissenschaftlichen wie auch populären Diskussionen über COVID-19 werden diese beiden Kategorien getrennt voneinander betrachtet, als ob sie sich gegenseitig ausschließen. Das gilt sowohl in den Vereinigten Staaten als auch in Großbritannien. Das britische Recht ist jedoch ganz eindeutig, wenn es um die Definition von Minderheiten geht. Juden fallen unter das Gesetz über die »Beziehungen zwischen den Rassen« (Race Relations Act) von 1965 (und dann unter das erweiterte, überarbeitete Gesetz von 1976, das seinerseits durch das Gleichstellungsgesetz von 2010 erweitert wurde), das Diskriminierung aufgrund von »Hautfarbe, Rasse oder ethnischer oder nationaler Herkunft« verbietet. Man beachte, dass die Juden nicht aufgrund ihrer religiösen Identität Gegenstand des Gesetzes sind, sondern im Rahmen von ethnischen oder »racial« Kriterien erfasst werden. Diese Formulierung wurde vom Jewish Board of Deputies nachdrücklich unterstützt, als das Gesetz als Antwort auf die Gewalt gegen die steigende Zahl von Einwanderern aus den ehemaligen britischen Kolonien in Südasien und der Karibik erlassen wurde. Juden sind rechtlich gesehen BAME, werden aber funktional nicht als solche aufgefasst. Um zu verstehen, wie transparent ein derartiger Ausschluss im heutigen Großbritannien ist, das mit COVID-19 zu kämpfen hat, muss man sich nur vorstellen, eine ethnische Minderheit in London, Manchester oder Liverpool im Jahr 1890 oder 1920 zu definieren. Zu den aus »ethnischen Minderheiten« bestehenden Gemeinschaften, gebrandmarkt durch Vorurteile, Diskriminierung und wirtschaftliche Marginalität, würden dann ganz plötzlich natürlich auch die Juden gehören, deren Selbstverständnis durch den Zustrom von osteuropäischen Juden bestimmt wurde, aber auch die (katholischen) Iren und die (Süd-)Italiener. Alles Gruppen, die selbstverständlich in besonderem Maße den Risiken von Krankheit und Armut ausgesetzt waren, die heute als typisch für BAME gelten. Wie wir bereits wiederholt gesagt haben: Sprache ist von Bedeutung.

Armut und race als sich überschneidende Kategorien anzusehen, ist generell richtig, ist aber in diesen Gemeinschaften ebenso wenig allgemeingültig wie in der Welt der Charedim. So hat sich beispielsweise der wirtschaftliche Status Schwarzer Frauen in den Vereinigten Staaten und im Vereinigten Königreich in den letzten Jahrzehnten ständig verbessert. Es ist jedoch klar, dass solche Gemeinschaften im Zeitalter von »Black Lives Matter« möglicherweise nicht als Infektionsquellen genannt werden, weil man davor zurückschreckt, das Label »race« im Zusammenhang mit einer Schuldzuweisung zu benutzen. Solche Gemeinschaften enthalten alle einen Kern identischer Widersprüche, die nicht so sehr von Geschichte und Erinnerung geprägt sind, sondern vielmehr von ihrer Heraufbeschwörung im Jahr 2020.

Wenn negative Bilder des Widerstands gegen die staatliche Autorität als Teil der Reaktion von Ultraorthodoxen auf die Pandemie angesehen werden, so ist es ebenso wahr, dass es eine Annahme über die spezifische Natur der Belastbarkeit in solchen autarken Gemeinschaften gibt. Laut *The Guardian* hatte das Virus in Londons ultraorthodoxer Gemeinschaft

die Brüchigkeit von allen Bevölkerungsgruppen aufgedeckt, aber auch deren Durchhaltevermögen offenbart. Das enge Zusammenleben in Stamford Hill bedeutete, dass der Lockdown bisher unvorstellbare Herausforderungen mit sich brachte und viele Menschen gefährdet waren. Jeder kennt jemanden, der gestorben ist. Auch diejenigen [...], die in einem Moment der Not Unterstützung brauchten, haben sie zweifellos erhalten. Moses Gluck, der Bestatter, drückte etwas Ähnliches aus wie so viele, mit denen ich gesprochen habe, als er mir sagte, dass seine Arbeit nicht nur ein Geschäft sei: »Man muss mit dem Herz dabei sein«.[84]

84 Grey Hutton, »How a Haredi community in London is coping with coronavirus«, in: The Guardian, 26. 5. 2020, https://www.theguardian.com/world/2020/may//

Im Januar 2021 gab es in Stamford Hill, das zum Stadtteil Hackney gehört, eine COVID-19-Infektionsrate von 625,43 Fällen pro 100.00 Einwohnern. Die durchschnittliche Rate in England lag im Januar 2021 bei 471,31 pro 100.000 Einwohner. Doch der Widerstand gegen die verordneten Maßnahmen hielt auch während des dritten britischen Lockdowns an, als Anfang Januar 2021 eine überfüllte Hochzeitsfeier mit mehr als 400 Teilnehmern in der Yesodey Hatorah Senior Girls' School in Stamford Hill stattfand. Der Direktor der Schule, Avrahom Pinter, war bereits im April 2020 an COVID-19 gestorben. Als die Polizei das Gebäude betrat, flohen die Hochzeitsgäste. Der oberste (orthodoxe) Rabbiner Großbritanniens, Ephraim Mirvis, verurteilte die Feier als

> eine schändliche Entweihung all dessen, was uns wichtig ist. In einer Zeit, in der wir alle so große Opfer bringen, bedeutet dies eine schamlose Versäumnis der Pflicht zum Schutz des Lebens, und ein solch illegales Verhalten wird von der überwältigenden Mehrheit der jüdischen Gemeinschaft verabscheut.[85]

Offensichtlich hatten solche Hochzeiten während des gesamten Jahres 2020 heimlich weiterhin stattgefunden, mit mehreren Hochzeiten pro Tag und vielen Hunderten von Gästen an einer ganzen Reihe von Veranstaltungsorten in Stamford Hill. Die verschiedenen Lockdowns wurden kaum durchgesetzt, die nachweisbare Ausbreitung des Virus unter den Teilnehmern und dem Servicepersonal wurde nicht kontrolliert. Ein führendes Mitglied der ultraorthodoxen Gemeinschaft war ganz einfach nicht dazu bereit, irgendeine soziale Verantwortung für die zunehmende Ansteckung zu übernehmen:

> Der Versuch, [die großen Hochzeiten] zu erklären, zu rechtfertigen oder den schlechten Eindruck abzumildern, funktioniert nicht. Die Menschen sind zu sehr von ihrer Auffassung überzeugt, niemand wird nachgeben. Dieser Vorfall hat bereits zu einer in diesem Umfang noch nie dagewesenen negativen Berichterstattung über die Gemeinschaft von Stamford Hill geführt, was in mancherlei Hinsicht wohlverdient ist. Aber so ist es nun einmal.

how-a-haredi-community-in-london-is-coping-with-coronavirus-photo-essay (aufgerufen am 12.11.2020).

85 »Covid: 400-person wedding party in Stamford Hill broken up by police«, in: BBC-News, 22.1.2021, https://www.bbc.com/news/uk-england-london-55764673 (aufgerufen am 23.1.2021).

Die ultraorthodoxen Juden als Sündenböcke

Ein Vertreter der nicht-orthodoxen Gemeinschaft distanzierte sich hiervon:

> Dadurch werden die anderen im Stich gelassen. Nicht nur das, es ist wirklich gefährlich. Ja, man sollte nicht eine ganze Gemeinschaft stigmatisieren [...]. Wegen einer Seuche, die sich vor 2000 Jahren ereignete, werden zu bestimmten Zeiten des Jahres keine jüdischen Hochzeiten abgehalten, aber die Seuche, unter der wir aktuell leiden, scheint nicht Grund genug für eine Verschiebung zu sein.

War das Widerstand, Resilienz oder Rebellion?[86]

In Israel wurde die Konfrontation mit der Staatsgewalt während des zweiten Lockdowns im Oktober 2020 von einigen als eine alternative Form des Widerstands und der Resilienz betrachtet. Die israelische Regierung, die sich seit 2018 per Gesetz als jüdisch (und nicht nur als israelisch) definiert, brachte die Nation bis zum 17. Oktober 2020 zum zweiten Mal zu einem erzwungenen Stillstand und wurde deshalb zum Feind erklärt. Unter einigen ultraorthodoxen Juden im Jerusalemer Stadtteil Mea Shearim, der vorwiegend von ihnen bewohnt wird, führte das zu einer Form des Widerstands: Sie weigerten sich, Menschen mit Symptomen durch die staatlichen Gesundheitseinrichtungen testen zu lassen, und wandten sich stattdessen an eine private Wohltätigkeitsorganisation, Hasdei Amram, um die Behandlung und Quarantäne zu organisieren. Das Gesundheitsministerium verurteilte diese Vorgehensweise und bezeichnete sie als »gefährlich« und höchstwahrscheinlich illegal, da die Infektionen dem Staat nicht gemeldet wurden und die Quarantänevorschriften nicht überwacht werden konnten.[87] Ob es sich um Verweigerung oder Durchhaltevermögen handelt, wird außerhalb und innerhalb solcher Gemeinschaften sehr unterschiedlich beurteilt.

---

86 Ellie Jacobs, »JN Investigation: ›For months they've broken every rule in the book‹«, in: The Jewish Times, 28.1.2021, https://jewishnews.timesofisrael.com/jn-investigation-for-months-theyve-broken-every-rule-in-the-book/ (aufgerufen am 30.1.2021).

87 Isabel Kershner, »Badly Ill with Coronavirus, Some Ultra-Orthodox in Israel Choose Home Care«, in: The New York Times, 16.10.2020, https://www.nytimes.com/2020/10/16/world/middleeast/israel-coronavirus-ultra-orthodox.html?referringSource=articleShare (aufgerufen am 12.11.2020).

Vorgestellte Nationen

Während der Aufklärung fand in zunehmendem Maße ein spezifischer Symbolcode Anwendung, der ›Staaten innerhalb eines Staates‹ und ›Nationen innerhalb einer Nation‹ dazu zwang, ihr öffentliches Leben an das nationale Symbolsystem anzupassen. Hannah Arendt stellte dazu fest:

> Die Juden hatten zwar keine eigenen politischen Ambitionen und waren die einzige Gesellschaftsgruppe, die dem Staat gegenüber bedingungslos loyal war, aber sie hatten nur zur Hälfte Recht [...], denn die Juden bildeten, als soziale und nicht als politische Gemeinschaft betrachtet, tatsächlich eine eigene Bevölkerungsgruppe innerhalb der Nation.[88]

Dieser Wunsch nach radikaler Integration, der zu einer defensiven Haltung bezüglich der eigenen Autonomie führt, ist in solchen untergeordneten Bevölkerungsgruppen oft zu beobachten. Wie Arendt feststellt, waren einige deutsche Juden im Allgemeinen ganz zufrieden damit, ihre religiöse Identität zugunsten einer neuen nationalen Identität aufzugeben. Das brachte ein neues symbolisches Register für ihr Gemeinschaftsgefühl mit sich, wovon sie vielleicht stärker betroffen waren als jede andere Bevölkerungsgruppe im modernen Deutschland.[89] Aber in dem Land, das sich 1871 zum Deutschen Reich zusammenschließen würde, gab es innerhalb verschiedener jüdischer Gruppierungen Widerstand dagegen. Das symbolische Register des Nationalismus, das sich einige deutsche Juden zu eigen machten, war vom Idealismus der Aufklärung geprägt und wurde damals von Persönlichkeiten wie J. G. Herder und Friedrich Schiller vertreten; es enthielt mehr als nur eine Prise von antisemitischer Rhetorik. Dabei wurde argumentiert, am deutlichsten von Seiten des Conte de Clermont-Tonnere im Jahr 1789, man könne die Bürgerrechte jedem jüdischen Individuum gewähren, nicht aber den Juden als »Nation«. Moderne orthodoxe Denker protestierten gegen diese Formen der Identifikation, welche die Grenzen zwischen Bevölkerungsgruppen verwischten.

Dennoch muss man die zentrale Bedeutung der öffentlichen Sphäre in der Moderne verstehen. Eines ihrer zentralen Konzepte, das solche Positionen unter anderem prägt, besteht in der politischen Umbenennung religiöser Gemeinschaften in begrenzte politische Einheiten im Licht von John

---

88 Hannah Arendt, The Origins of Totalitarianism, San Diego 1976, S. 34.
89 Ebd., S. 11.

Die ultraorthodoxen Juden als Sündenböcke

Lockes Vorstellung vom Verhältnis zwischen Staatsbürgerschaft und religiöser Praxis. Darin ist das komplexe Problem begründet, das man in Nationalstaaten vorfindet, in denen einige Gruppen von Juden die Symbolik ihrer politischen Identität nicht unter die des Staates subsumieren. So wurden vor kurzem während des zweiten Ausbruchs von COVID-19 in Israel die Ultraorthodoxen wegen ihres erneuten Widerstands gegen die staatliche Gesundheitsbehörde von Gilad Malach, dem Mitglied eines unabhängigen Think Tanks, als »Staat im Staat« abgetan, denn »wenn 50 Prozent der Erkrankten Charedim sind, ist das ganze Land davon betroffen«.[90] Somit sind die Ultraorthodoxen die ›Juden‹ innerhalb des israelischen Staates – ein Paradox, das sich nur durch die Ablehnung der konfliktreichen symbolischen Identifikation mit einer einzigen »imaginären Gemeinschaft« erklären lässt, was bereits von Hannah Arendt zum Ziel der aufklärerischen Integration erklärt worden war. In dieser problematische Lesart wird Israel dadurch mit Deutschland nach 1933 identisch; die Ultraorthodoxen werden in diesem »feindlichen« Staat den säkularen und religiösen Juden von Berlin und Frankfurt unter den Nürnberger Gesetzen gleichgesetzt.

John Lockes *Letter Concerning Toleration* von 1689 richtete sich gegen die Vorstellung von Thomas Hobbes, dass Einheitlichkeit in der Religion eine notwendige Voraussetzung für einen funktionierenden Staat sei. Die Identifikation mit einem mächtigen Symbolsystem wie der Religion könne jede Identifikation mit der Totalität des Staates nur untergraben. Locke plädierte nicht nur für Pluralismus, sondern forderte eine Grenze zwischen religiösem Glauben und staatlicher Funktion,

> um die Angelegenheiten der Zivilregierung säuberlich von denen der Religion zu unterscheiden und um die gerechten Grenzen festzulegen, die den einen von dem anderen Bereich trennen. Wenn dies nicht geschieht, werden die Kontroversen zwischen denjenigen, die sich auf der einen Seite um die Seelen der Menschen und auf der anderen Seite um das Gemeinwesen kümmern (oder dies zumindest vorgeben), kein Ende nehmen.[91]

Er war zwar besorgt wegen einer Ausweitung der Bürgerrechte für Katholiken in Großbritannien, malte sich aber sogar aus, dass diese Erweiterung erfolgen könnte, wenn die römische Kirche auf Mitspracherechte im Zivil-

---

90 Kershner (Anm. 87).
91 http://www.let.rug.nl/usa/documents/1651-1700/john-locke-letter-concerning-toleration-1689.php (aufgerufen am 12.11.2020).

leben verzichten würde. Der religiöse Glaube habe seine Grenzen im säkularen Staat, der seinerseits nicht über die Seele bestimmen könne; die zivilen Befugnisse des säkularen Staates hätten allgemeine Gültigkeit nur für die Handlungen des Bürgers, nicht für seinen Glauben. Zentral war für Locke die Forderung, jede Religion müsse die Autorität des Staates tolerieren und der Staat wiederum müsse ganz unterschiedliche religiöse Anschauungen tolerieren (ausgenommen natürlich den Atheismus – selbst Locke hätte das nicht geduldet!).

In der Tradition der Aufklärung unterschieden die jüdischen Reformer im Anschluss an Moses Mendelsohn zwischen der religiösen Praxis innerhalb der Gemeinschaft und dem zivilen Handeln in der Gesamtgesellschaft. Hierbei folgten sie der klassischen Definition der Aufklärung von Immanuel Kant, dem es jedoch widerstrebte, die Juden (zumindest die polnischen) in eine Welt einzubeziehen, in der der Einzelne sich für den »Ausgang des Menschen aus seiner selbst verschuldeten Unmündigkeit« entscheidet.

> Selbstverschuldet ist diese Unmündigkeit, wenn die Ursache derselben nicht am Mangel des Verstandes, sondern der Entschließung und des Muthes liegt, sich seiner ohne Leitung eines andern zu bedienen. *Sapere aude!* Habe Muth, dich deines eigenen Verstandes zu bedienen! ist also der Wahlspruch der Aufklärung.[92]

Die Juden sahen dies als Aufforderung, nicht nur die Voraussetzungen ihrer religiösen Praxis zu überdenken, sondern auch das Konzept der Symbolsprache (im Sinne Benedict Andersons) ihrer Gemeinschaft. Wie Jonathan A. Jacobs feststellt, haben sich als Ergebnis dieser Veränderungen

> viele Juden entschieden, die Verantwortung für die Erfüllung der Gebote nicht zu übernehmen [...] und dennoch eine starke jüdische Identität zu bewahren, als Mitglieder des jüdischen Volkes, die demokratischen Werten verpflichtet sind.[93]

Eine solche Identifikation mit dem symbolischen Vokabular des nachaufklärerischen Nationalstaats kann auch dazu führen, dass die Juden, die sich stärker mit ihrer bisherigen ›imaginären‹ Religionsgemeinschaft identifi-

---

92 Immanuel Kant, »Beantwortung der Frage: Was ist Aufklärung?«, in: Berlinische Monatsschrift (1784), Heft 12, S. 481-494, hier S. 481.

93 Jonathan A. Jacobs, »Judaism, Pluralism and Public Reason«, in: Daedalus 149 (2020), S. 169-184, hier S. 181.

Die ultraorthodoxen Juden als Sündenböcke

zieren, in einen Konflikt geraten: zwischen der bestehenden symbolischen Definition dieser Gemeinschaft und jener der neuen öffentlichen Sphäre, die, wie Jacobs zutreffend argumentiert, eine gewisse Neutralität gegenüber dem verlangt, was wir heutzutage als das symbolische Register des Staates bezeichnen. Diese Überprüfung führte, wie Antoon Braeckman bemerkt, zwangsläufig zu einem »Plädoyer für die Emanzipation des Denkens«, aber auch zu Änderungen der religiösen Praxis, wenn diese den Regeln der Zivilgesellschaft widersprach; Regeln, die während der Aufklärung für das aufstrebende Bürgertum aller Konfessionen gleichzeitig auch als »Manieren« formuliert wurden.[94] Die religiöse Praxis und die Zivilgesellschaft definierten sich also wechselseitig. Religiöse Vereinigungen wie Katholiken, Juden und Muslime, die keine Grenze zwischen der Zivilgesellschaft und der religiösen Praxis kannten, waren gezwungen, sich für eine der beiden zu entscheiden.[95] Einige zogen es vor, sich von der säkularen Gesellschaft zu isolieren, so wie es die katholische Kirche nach dem italienischen Risorgimento tat, zumindest nach 1871: Die Tore des Vatikans blieben verschlossen, bis der Lateranvertrag von 1929 zwischen Pius XI. und der faschistischen Regierung Mussolinis die Gründung der Vatikanstadt ermöglichte, eines neuen Nationalstaats mit eigenen symbolischen Werten. Die Juden in Westeuropa begannen nur zögerlich mit einer Anpassung. Einige reformierte Juden sprachen sich dafür aus, Praktiken wie das rituelle Schlachten von Tieren und die Beschneidung männlicher Säuglinge aufzugeben, die im (christlichen) säkularen Europa auf starke Ablehnung stießen. In Osteuropa hatte es die Haskala, die jüdische Aufklärung, zur gleichen Zeit nicht mit Staaten zu tun, die sich in einem Säkularisierungsprozess befanden, sondern mit starr strukturierten Monarchien. Nachdem Katharina die Große sich geweigert hatte, das russische Zivilrecht gemäß den Idealen der Aufklärung zu modifizieren, blieben die dortigen Juden, von denen nur sehr wenige russifiziert wurden, in homogenen Siedlungen, sozial und kulturell isoliert von ihren städtischen Nachbarn. Die Grenzen wurden vom Russischen Kaiserreich 1791 durch den sogenannten Ansiedlungsrayon festgelegt, in dem die Juden leben durften, sowie durch die Beschränkung offizieller Wohnmöglichkeiten für Juden in städtischen Gebieten. Gegen Ende des

94 Antoon Braeckman, »The Moral Inevitability of Enlightenment and the Precariousness of the Moment: Reading Kant's What is Enlightenment?«, in: The Review of Metaphysics 62 (2008), S. 295-306, hier S. 286.
95 Sander L. Gilman, »Cosmopolitisme et nomadisme juifs dans l'histoire des idées«, in: Edith Bruder (Hrsg.), Juifs d'ailleurs: Diasporas oubliées, identités singulières, Paris 2020, S. 369-375.

19. Jahrhunderts entstand als Reaktion auf diese bedingungslose Akzeptanz ziviler Grenzen im Westen die moderne Orthodoxie, wobei Samuel Raphael Hirsch sich auf das alte Schlagwort von der »Thora im Derech Eretz« berief, um das Verhältnis zwischen praktizierenden Juden und der säkularen Gesellschaft genauer zu definieren. In seinem Werk *Die Religion im Bunde mit dem Fortschritt* erklärte Hirsch im Jahr 1854:

> Das Judenthum ist kein Zubehör zum Leben, Jude sein, ist kein Theil der Lebensaufgabe, Judenthum umfaßt das ganze Leben, Jude sein ist die Summe unserer Lebensaufgabe, in der Kirche und der Küche, auf dem Acker und im Gewölbe, im Büreau und auf der Kanzel, [...] mit der Nadel und dem Grabstichel, mit der Feder und dem Meißel Jude sein, [...] das heißt Judenthum.[96]

Aber er betonte ebenso die Notwendigkeit, sich weltliches Wissen anzueignen und dieses Wissen zu nutzen, um als Jude draußen in der Welt zu bestehen; es ging nicht darum, die religiöse Praxis infrage zu stellen, sondern nur den weltlichen Notwendigkeiten entgegenzukommen. Das war eine klare Antwort auf die Forderung der Reformatoren, »ein Jude zu Hause, ein Bürger auf der Straße« zu sein. Hirschs Beziehung zum ersten modernen Zeitalter der biologischen Medizin zeigt sich in seiner Aussage, dass die jüdische rituelle Praxis in Bezug auf ansteckende Krankheiten (wie die Hansen-Krankheit, damals noch als Lepra bekannt) keine Durchsetzung von hygienischen Standards durch entsprechend geschulte Amtspersonen vorsehe.[97] Denn Hirsch räumte ein, dass die jüdische Sichtweise nicht zwischen einer Vielzahl von infektiösen »Hautkrankheiten« unterschied, von »Lepra« bis zu »den Krankheiten des modernen Europas«, wie Masern und Scharlach. Außerdem erstreckte sich das jüdische Ritualgesetz zur Isolierung von Juden mit solchen Krankheiten keineswegs auf die Nicht-Juden in derselben Gemeinschaft. Religion und Volksgesundheit sollten für die moderne Orthodoxie zwei getrennte Aspekte des symbolischen Registers sein. Dementsprechend ist es nicht überraschend, dass Hirschs Enkelin, Rahel Hirsch, im Jahre 1903 eine der ersten im deutschsprachigen Raum ausgebildeten Ärztinnen wurde. Den Rabbinatsgerichten

---

96 [Samuel Raphael Hirsch], Die Religion im Bunde mit dem Fortschritt, von einem Schwarzen, Frankfurt a. M. 1854, S. 16.
97 Timeless Torah: An Anthology of the Writings of Rabbi Samson Raphael Hirsch, herausgegeben und übersetzt von Jacob Breuer, New York 1957, S. 86.

Osteuropas, die heute als zentrales Bollwerk der Ultraorthodoxie gelten, ging selbst die moderate Annäherung der modernen Orthodoxie an die säkulare Gesellschaft einen Schritt zu weit. Für viele von ihnen wurden die Grenzen zur säkularen Gesellschaft immer starrer.

Die westliche Romantisierung dieser abgeschotteten, geheimnisvollen Welt begann mit Martin Bubers Nacherzählung der Geschichten der chassidischen Meister ganz zu Beginn des 20. Jahrhunderts, zu einer Zeit, als die osteuropäischen Juden gerade dabei waren, sich zu verstädtern und Teil der Arbeiterklasse zu werden. Einige westlich akkulturierte Juden, wie Franz Kafka und sein Freund Jiří Langer, waren plötzlich mit traditionellen Strukturen konfrontiert, als Rabbinatsgerichte, wie das des ›Wunder-rabbiners‹ von Grodeck, während des Ersten Weltkriegs nach Prag zogen.[98] Kafka war von Grodeck fasziniert, Langer wurde zu seinem Anhänger. Nach der systematischen Zerstörung des jüdischen Gemeinschaftslebens und aller seiner religiösen, ethischen und kulturellen Grundlagen durch den Holocaust wurde der Gedanke an eine Grenze, die als Mittel zum Widerstand zwischen dem Staat und der Gemeinschaft diente, sogar noch stärker. Die Trennungslinien zum säkularen Staat, die nach dem Ersten Weltkrieg durchlässig geworden waren, wurden nun zu einem Instrument, mit dem diese Gemeinschaften ihr Gefühl der Integrität wiederherstellten. Die Form, die dieser Widerstand gegen die Auflösung der Grenze zwischen Nationalstaat und Religionsgemeinschaft annimmt, ist genau das, was Locke beanstandet hatte: Er wird innerhalb und außerhalb der Gemeinschaft zum Mittelpunkt ihrer politischen Macht. Und hier liegt das Problem: Wie können solche Gemeinschaften die sich ständig verschiebenden Grenzen zwischen sich und dem Staat aushandeln? Eine Möglichkeit besteht darin, davon auszugehen, dass der Staat illegitim ist und keine Macht über sie hat, wie es die antizionistischen ultraorthodoxen Gruppen in Israel tun. Oder man organisiert sich als politische Struktur, um mit dem säkularen Staat auf derselben Ebene zu konkurrieren. Letzteres können wir bei der Ausdehnung der ultraorthodoxen Gemeinschaften in die Bezirke um New York City herum beobachten, in Ortschaften wie der neuen Satmar-Stadt Kiryas Joel in Orange County oder dem Squarer Chassid-Dorf New Square in Rockland County, wo die neue Mehrheit nun erfolgreich mit den ›Einheimischen‹ um staatliche Ressourcen konkurriert.[99] Anfang Oktober

---

98 Mark Gelber, Kafka, Zionism, and Beyond, Tübingen 2004, S. 38.
99 Nomi M. Stolzenberg and David N. Myers, American Shtetl: The Making of Kiryas Joel, a Hasidic Village in Upstate New York, Princeton 2021.

2020 verzeichneten diese Vorstadtgemeinden nördlich von New York ebenfalls einen massiven Anstieg der COVID-19-Fälle und wurden einem systematischen Lockdown unterworfen. Geschlossen wurden die offensichtlichen Übertragungsquellen: die Synagogen und Religionsschulen.[100]

Konkrete Symbole

Wir konzentrieren uns hier auf einen Bereich, den der öffentlichen Gesundheit, der beispielhaft dafür steht, wie problematisch die heute scheinbar feststehenden, in Wirklichkeit aber ständig im Fluss befindlichen Grenzen zwischen symbolischen Gemeinschaften sein können. Wir können uns kein Beispiel vorstellen, in dem sie stärker umstritten sind. Denn Infektionskrankheiten haben keine Grenzen und keine Trennlinien, außer denen, die der Staat ihnen auferlegt. Die Gesundheit scheint eine neutrale Sphäre zu sein, hat aber, wie alle Elemente dieser Art, einen hohen symbolischen Wert, der von der Gemeinschaft bestimmt wird und diese dann seinerseits definiert. Das gilt insbesondere für die ultraorthodoxen Gemeinschaften, deren symbolische Grenzen explizit festgelegt sind. Solche Gemeinschaften, ob in Israel, den Vereinigten Staaten oder dem Vereinigten Königreich, werden buchstäblich durch eine symbolische Grenze von der Außenwelt abgetrennt, einen *Eruv* (hebräisch für »Mischung«). Dieser besteht in der Regel aus einem nahezu unsichtbaren Draht, der hoch über den Wohnvierteln aufgehängt ist und den Bereich markiert, in dem man am Schabbat und an Feiertagen verbotene Gegenstände, wie einen Gehstock oder einen Kinderwagen, ›bei sich haben‹ darf. In den Vereinigten Staaten ist die Festlegung solcher symbolischen Grenzen sowohl stark kritisiert als auch verteidigt worden.[101]

Einige Gemeinschaften in den weiter entfernten Vororten New Yorks mit neuen und großen ultraorthodoxen Bevölkerungsgruppen, darunter auch solche mit zwar zahlreichen jüdischen, aber keinen Charedim-Einwohnern, sahen in dem *Eruv* einen Konflikt zwischen ihrer säkularen

---

100 Sarah Maslin Nir und Sharon Otterman, »15 Prozent of Virus Tests Are Positive, and Few Wear Masks in One Orthodox Suburb«, in: The New York Times, 9.10.2020, aktualisiert am 13.10.2020, https://www.nytimes.com/2020/10/09/ nyregion/orthodox-jews-covid-rockland-orange-ny.html?referringSource=article Share (aufgerufen am 12.11.2020).

101 Myer Siemistycki, »Contesting Sacred Urban Space: The Case of the Eruv«, in: Journal of International Migration and Integration 6 (2005), S. 255-270.

Die ultraorthodoxen Juden als Sündenböcke

Identität und der staatlich sanktionierten religiösen Abgrenzung. Es war klar, dass er nicht Teil des symbolischen Registers säkularer Juden war, aber er schien auch im Widerspruch zu ihrer Vorstellung vom Jüdischsein in der heutigen Gesellschaft zu stehen. Kontrastieren kann man das mit der Ablehnung des Maskentragens während der Pandemie in vielen ultraorthodoxen Gemeinschaften. Die Maske betrachteten diese als Zwangsmaßnahme, welche die zivile Autorität ihnen auferlegt hatte, wenngleich sie an sich eine politische Bedeutung nur in der Welt von Donald Trump hatte. Trump hatte die Maske politisiert, als die hauptsächlichen Ansteckungsorte noch die von den Demokraten kontrollierten Stadtgebiete waren, sodass der Widerstand gegen das Maskentragen schnell Teil des symbolischen Registers der Rechten wurde. In Borough Park, einem der überwiegend ultraorthodoxen Stadtteile von New York, haben im Jahr 2020 80 Prozent der Wähler für Trump gestimmt. Die Gesundheit der Bevölkerung ist immer Teil des symbolischen Registers jeder imaginären Gemeinschaft.

Da wir uns bei der Thematik der öffentlichen Gesundheit auf politisch organisierte Gemeinschaften konzentrieren, kann ein früherer Fall aus New York eine Parallele zu den Ereignissen rund um COVID-19 darstellen. Anfang 2010 entstand in den Gesundheitsbehörden von New York eine Debatte darüber, ob man die rituelle *Metzitzah* unter ultraorthodoxen Juden für den Tod von Säuglingen durch Herpes verantwortlich machen könne. *Metzitzah B'peh* oder orales Saugen, wobei das Blut aus der Beschneidungswunde durch den rituellen Beschneider mit dem Mund abgesaugt wird, war eines der strittigen Probleme der frühesten jüdischen Reformer. Die Diskussion über das besondere Verhältnis zwischen Juden, Formen der rituellen Beschneidung und der Volksgesundheit fand Widerhall im *Verein der Reformfreunde* in Frankfurt am Main, der 1843 erklärte, dass die rituelle Beschneidung männlicher Säuglinge weder eine religiöse Pflicht noch ein symbolischer Akt sei.[102] Damit reagierte man auf den Beschluss des Frankfurter Gesundheitsamtes vom 8. Februar 1843, dass die Beschneidung unter ärztlicher Aufsicht durchgeführt werden müsse. Mit der wachsenden Rolle der Medizin kam weiterer Widerstand auf; bestimmte rituelle Aspekte der jüdischen Beschneidung wie die *Metzitzah* galten nunmehr als unhygienisch.[103] Die Ausbrüche von Syphilis und

---

102 Leopold Zunz, Gutachten über die Beschneidung, Frankfurt a. M. 1844.

103 Jacob Katz, »The Controversy over the Mezizah: The Unrestricted Execution of the Rite of Circumcision«, und »The Struggle over Preserving the Rite of Circumcision in the First Part of the Nineteenth Century«, in dessen Divine Law in Human Hands: Case Studies in Halakhic Flexibility, Jerusalem 1998, S. 320-402.

Tuberkulose zwischen 1805 und 1865 wurden den rituellen Beschneidern angelastet. Viele Reformer sprachen sich daher für eine Modifizierung der *Metzitzah* unter Verwendung eines Schwamms oder einer Glaspipette aus, eine Form, die im 21. Jahrhundert von orthodoxen Gemeinschaften wie der in London ansässigen Conference of European Rabbis und dem Zentralrat der Juden in Deutschland aus Gründen der öffentlichen Gesundheit befürwortet wurde. Die Sorge um Hygiene und Infektionen führte jedoch letztendlich dazu, dass die rituelle Beschneidung von akkulturierten Juden in Mittel- und Westeuropa ab der Mitte des 19. Jahrhunderts immer seltener durchgeführt wurde.

Ein Herpes-Ausbruch bei einer Reihe von Säuglingen führte nach dem Jahr 2000 zu 17 Fällen von Herpes, zu Hirnschäden und zu zwei Todesfällen. Infolgedessen erließ die Gesundheitsbehörde von New York am 12. September 2012 eine Verordnung, laut der die Eltern über das Risiko der rituellen Beschneidung informiert werden müssen – eine Forderung, die von religiösen Autoritäten vehement abgelehnt wurde, weil die Vorgehensweise bei der Beschneidung niemals die Ursache einer möglichen gesundheitlichen Gefährdung des Säuglings sei. Nach Angaben der Gesundheitsbehörde werden in New York jedes Jahr etwa 3600 männliche Säuglinge mit direkter oraler Absaugung beschnitten; das Risiko, dabei an Herpes zu erkranken, wird auf etwa 1 zu 4000 geschätzt. Die Zentren für Krankheitskontrolle und -vorbeugung bezeichneten das Verfahren als unsicher und empfahlen, es nicht anzuwenden. Einige Mitglieder der Gesundheitsbehörde erklärten, sie seien der Meinung, dass die Zustimmungspflicht nicht weit genug gehe. »Es ist verrückt, dass wir das weiterhin zulassen«, sagte Dr. Joel A. Forman, Professor für Pädiatrie an der Mount Sinai School of Medicine. Auch hier dreht sich die Debatte um den Gegensatz zwischen dem Ritual als gemeinschaftliche Praxis und der Gesundheit des Säuglings. »Dieses [vom Gesundheitsamt geforderte] Verfahren wird ohne den geringsten Beweis geschaffen«, sagte Rabbi William Handler, einer der wenigen ultraorthodoxen Juden, die sich aus Protest außerhalb der Sitzung versammelten. »Die Stadt lügt und verleumdet mitfühlende Rabbiner.«[104] Dr. Kenneth I. Glassberg, der Direktor der Abteilung für Kinderurologie am Morgan Stanley Children's Hospital beim New York-Presbyterian

---

104 Sharon Otterman, »Board Votes to Regulate Circumcision, Citing Risks«, in: The New York Times, 13.9.2012, http://www.nytimes.com/2012/09/14/nyre gion/health-board-votes-to-regulate-jewish-circumcision-ritual.htm (aufgerufen am 12.11.2020).

Die ultraorthodoxen Juden als Sündenböcke

Krankenhaus, kommentierte: »Die Eltern haben das Gefühl, dass ihr Kind nicht jüdisch ist, wenn es die *Metzitzah* nicht hat, deshalb ist dies für sie der wichtigste Akt, den sie für ihren Sohn in seinem ganzen Leben vollbringen können.« »Aus medizinischer Sicht halte ich nichts davon«, fügte er in Bezug auf den oralen Kontakt hinzu, »aber wenn Sie mich fragen, ob es schädlich ist, dann muss ich sagen, dass mir dafür noch nicht genügend Belege vorliegen.«[105] Das ist das Problem mit der durchlässigen Grenze zwischen »Theologie« und »Wissenschaft«: Keine der beiden Seiten kann ausreichende Beweise erbringen, um die andere Seite zu überzeugen, da ihre Vorstellungen von Beweiskräftigkeit (im Sinne von symbolischer Gewichtigkeit) sich grundlegend voneinander unterscheiden. Das wurde im heutigen Israel deutlich, als Mosche Morsiano, Vorsitzender des Beschneidungsrats des nationalen Oberrabbinats, in einem Brief vom 22. April 2014 erklärte, dass es keine Rechtfertigung für die Unterlassung der *Metzitzah B'peh* gebe, »es sei denn, der Mohel [d.h., der rituelle Beschneider] hat eine wunde Stelle im Mund oder eine ansteckende Krankheit.«[106] Und das werde natürlich auf der Grundlage von Selbstauskünften entschieden.

Hier muss man die politische Dimension hinzufügen, die durch das symbolische Register geformt wird und dieses ihrerseits prägt. Als Bill de Blasio 2013 zum ersten Mal als Kandidat der Demokraten für das Amt des New Yorker Bürgermeisters kandidierte, galten seine Positionen allgemein als »liberal«, was auf seine Zeit im Stadtrat zurückzuführen war. Er »betrachtete die ultraorthodoxen New Yorker als ein wichtiges Wählerpotenzial«[107] und benötigte breitere Unterstützung über ideologische Grenzen hinweg. Er fand sie 2013 in Gestalt der ultraorthodoxen Gemeinschaft, der er finanzielle Unterstützung zusagte, beispielsweise für die Kinderbetreuung, die ihnen vom amtierenden Bürgermeister Michael Bloomberg entzogen worden war. Die Entscheidung, sich mit der durch die Beschneidung verursachten Herpesinfektion zu befassen, die sowohl zu einer medizinischen als auch zu einer kommunalen Frage geworden war,

105 Ebd.

106 Redaktion der *Times of Israel*, »Israel's Chief Rabbinate backs metzitzah b'peh rite«, in: Times of Israel, 25. 4. 2013, https://www.timesofisrael.com/israels-chief-rabbinate-backs-metzitzah-bpeh-rite/ (aufgerufen am 12. 11. 2020).

107 Michael M. Grynbaum, »Mayor de Blasio Is Set to Ease Rules on Circumcision Ritual«, in: The New York Times, 24. 2. 2015, https://www.nytimes.com/2015/02/25/nyregion/de-blasio-set-to-waive-rule-requiring-consent-form-for-circumcision-ritual.html (aufgerufen am 12. 11. 2020).

wurde schnell von der Realpolitik in New York beeinflusst. De Blasio besetzte die Gesundheitsbehörde der Stadt mit Gleichgesinnten und änderte das Meldeverfahren.

Seine Mitarbeiter bemühten sich monatelang darum, einen Kompromiss zu finden, der, als er schließlich in Kraft trat, im Wesentlichen auf ein direktes Verbot dieser Praxis verzichtete und nur auf einen Meldemechanismus vertraute, gegen den häufig verstoßen wurde.

Erst nach der Infektion eines Kindes würde das Herpesvirus auf seine DNA getestet, und wenn der Mohel, der rituelle Beschneider, als Urheber dieser Infektion erkannt würde, würde er dieses Amt nicht mehr ausüben dürfen. Das setzte natürlich voraus, dass die Gesundheitsbehörde solche Befunde melden würde (wenngleich erst im Nachhinein), was sie jedoch nicht tat, womit sie die Ziele der öffentlichen Gesundheitspolitik durchkreuzte.[108] Es versteht sich von selbst, dass nach dieser Entscheidung zahlreiche Kinder infiziert wurden. Das politische Gewicht der Beschneidung setzte sich durch gegenüber der eindeutigen Gesundheitsgefahr aufgrund der Infektion.

Als de Blasio im Jahr 2014 dieses Problem für eines hält, das sich beschränkt auf eine geschlossene Gemeinschaft mit einem örtlich begrenzten Gesundheitsanliegen, und er eine weitere Ausbreitung als unwahrscheinlich erachtet, zögert er nicht, Informationen über die wachsende Zahl der Infizierten zurückzuhalten. Wir müssen hier eigentlich nicht betonen, dass bestimmte Handlungen eine Krankheit verbreiten können, die Verbreitung aber nie ausschließlich auf eine einzige Praxis beschränkt ist. Oraler Herpes kann die Grenzen der ultraorthodoxen Gemeinschaft auf vielen und komplexen Wegen überschreiten und tut dies auch, ebenso wie das bei den aufeinanderfolgenden Ausbrüchen von Masern in Religionsschulen im Jahr 2019 der Fall war. Die Schuld dafür wurde einer Bewegung von Impfgegnern gegeben, die zweifellos auch außerhalb dieser Gemeinschaft existierte. Als COVID-19 aufkam, verschwand das Konzept der Grenze völlig. In der Tat muss man feststellen, dass die symbolische Grenze solcher Gemeinschaften, der *Eruv,* nur dann gültig war, wenn die verbotenen Tätigkeiten (die sogenannten 39 *Melachot* oder Formen der Arbeit) nicht für die Erhal-

---

108 Paul Berger, »New Controversial Circumcision Rite Rules: Don't Ask, Don't Tell«, in: The Forward, 25.9.2015, https://forward.com/news/321465/new-circumcision-rules-metzitzah-dont-ask-dont-tell/ (aufgerufen am 12.11.2020).

tung des menschlichen Lebens *(Pikuach Nefesch)* notwendig waren. Der *Eruv* erlaubt durchaus Tätigkeiten, die sonst am Schabbat und an den Feiertagen verboten sind. Die Eindämmungspolitik hatte Vorrang vor der Symbolpolitik der Gemeinschaft, zumindest aus der Sicht der öffentlichen Gesundheitsbehörden, deren Scheuklappen im Umgang mit der Herpes-Epidemie angesichts der COVID-19-Ausbreitung plötzlich verschwanden. Die Gemeinschaft verteidigte sich eingedenk des früheren Falles der Herpes-Ausbreitung, indem sie die damalige Verletzung der Grenze zwischen der Selbstkontrolle der Gemeinschaft und der Berechtigung des öffentlichen Gesundheitswesens, Normen für die Gemeinschaft festzulegen, als staatlich sanktionierten Antisemitismus ansah. De Blasio und die von ihm eingesetzten Leiter des öffentlichen Gesundheitswesens, die im Jahr 2105 bei der Gemeinschaft noch äußerst beliebt gewesen waren, galten plötzlich als »Nazis«.

In Israel war die Parteipolitik sogar noch einfacher. Nach drei ergebnislosen Wahlen war die wackelige Koalitionsregierung von Benjamin Netanjahu im Jahr 2020 auf die Beteiligung der ultraorthodoxen Parteien Schas und Vereinigtes Tora-Judentum angewiesen, um sich mit dem Gegner Benny Gantz arrangieren zu können, der sowohl Verteidigungsminister als auch »Premierminister im Wechsel« wurde. Dabei ist anzumerken, dass diese parteiübergreifende Unterstützung regelmäßig durch die Notwendigkeit untergraben wurde, die Pandemie zu kontrollieren, insbesondere nachdem Gantz Ende Juli 2020 unter Quarantäne gestellt wurde. Das war beispielsweise ausschlaggebend dafür, dass die Gesundheitsbehörden unter der Leitung des ›COVID-Zaren‹ Ronni Gamzu zur Rücknahme ihrer strengen Empfehlungen für verstärkte Kontrollen in von Charedim und israelischen Arabern bewohnten Stadtvierteln gezwungen waren. Die Empfehlungen dienten dem Zweck, die Ausbreitung der Pandemie in diesen Gemeinschaften einzudämmen, und zwar lange vor dem zweiten nationalen Lockdown im September 2020.[109] Diese Entwicklung folgte auf Gamzus anfänglich erfolglosen Versuch, die Einreise von Jeschiwastudenten zu beschränken, insbesondere aus Ländern mit einer sehr hohen Rate an positiven Fällen, die im August in Israel relativ gut unter Kontrolle

---

109 David M. Halbfinger und Isabel Kershner, »Israel's Virus Czar Was Making Headway. Then He Tangled with a Key Netanyahu Ally«, in: The New York Times, 8.9.2020 (aktualisiert am 29.9.2020), https://www.nytimes.com/2020/09/08/world/middle east/israel-coronavirus-ronni-gamzu-netanyahu.html (aufgerufen am 30.9.2020).

war.[110] Ende Dezember 2020 befand sich die Regierung jedoch in einem chaotischen Zustand: Die Pandemie stieg radikal an, und für März 2021 wurden Neuwahlen angesetzt – die vierten innerhalb von zwei Jahren –, die in einer ähnlichen Pattsituation endeten wie die drei vorherigen. Die Unfähigkeit, die Ausbreitung des Virus in der Charedim-Gemeinschaft unter Kontrolle zu bringen, verschärfte die nationale Krise der Volksgesundheit, da die Zahl der Fälle zunahm und die Impfgegnerschaft in dieser Gemeinschaft ausgeprägter war als in der übrigen Bevölkerung; nicht weniger als drei Viertel der Charedim gaben an, sie würden sich nicht impfen lassen. Die Maßnahmen im Bereich der öffentlichen Gesundheit wurden von Seiten der ultraorthodoxen Gemeinschaft weiterhin als »Nazi«-Angriff gewertet.[111]

Die Instrumentalisierung antisemitischer Stereotypen, mit denen sich die ultraorthodoxen Gemeinschaften verteidigen, findet also gleichzeitig mit Angriffen auf Juden durch die Ultrarechten in einer Vielzahl von Nationalstaaten von Polen über Ungarn bis zu den Vereinigten Staaten statt, wobei das Vokabular des klassischen Antisemitismus verwendet wird. Die Angriffe auf den Finanzier George Soros als den Rothschild von heute, der angeblich die ganze Welt manipuliert, um eine jüdische Hegemonie zu errichten, und die Neonazis in Charlottesville, Virginia, die im August 2017 riefen, »die Juden werden uns nicht ersetzen« (gemeint war: durch angeblich rassisch Minderwertige), bilden den Rahmen für die Debatten über COVID-19 und die damit verbundenen Schuldzuweisungen. Es ist kein Zufall, dass das Bild der »Brunnenvergiftung« zum Leitbild völlig unberechtigter Vorwürfe wird, auch gegen ultraorthodoxe Gemeinschaften. Die Schwierigkeit besteht darin, dass genau diese Gemeinschaften, die mit ihren politischen Grenzen zu kämpfen haben, dann dieselbe Atmosphäre als schützende Tarnung nutzen, um ihre Autonomie zu verteidigen. Die Schuldzuweisung ist also ein zweischneidiges Schwert. Sie bietet einem Teil der Bevölkerung des Nationalstaats einen wohlbekannten und bequemen Feind, der bereits klar als bösartig und niederträchtig definiert ist. Den Gemeinschaften, die als Feind identifiziert werden, bieten sie ein Mittel zur

110 Steve Hendrix, »Ultra-Orthodox Jews Clash with Secular Israeli Officials Over Coronavirus Measures«, in: Washington Post, 5.9.2020, https://www.washingtonpost.com/world/middle_east/ultra-orthodox-jews-clash-with-secular-israeli-officials-over-coronavirus-measures/2020/09/04/97bb37be-ee0e-11ea-bd08-1b10132b458f_story.html (aufgerufen am 6.9.2020).

111 Vgl. hierzu Sander L. Gilman und Steven T. Katz (Hrsg.), Anti-Semitism in Times of Crisis, New York 1991; Taschenbuch-Ausgabe 1993.

Verteidigung ihrer eigenen Grenzen gegen staatliche Übergriffe. Auch oder gerade dort, wo Eingriffe so wichtig sind wie im Bereich der öffentlichen Gesundheit, wo es keine Grenzen zwischen symbolisch definierten Gemeinschaften geben kann. Das Virus ist nicht nur ›symbolblind‹, sondern es kennt auch keine Grenzen, ganz gleich, wie sehr man sich deren Existenz einbildet.

Im Wartezustand: Ein jüdisches Paradox

Nachdem er 1935 vor den Nazis nach Istanbul geflohen war, wandte sich der deutsch-jüdische Literaturwissenschaftler Erich Auerbach der Untersuchung der großen Kluft zwischen den Griechen und den Hebräern in ihrer Art der Weltdarstellung zu. Die Dichotomie zwischen Hebräern und Hellenen, zwischen Juden und Griechen als Verkörperung der Antithese der Kulturen war ein Thema, mit dem sich das ganze 19. Jahrhundert ständig beschäftigt hatte, von Georg Wilhelm Friedrich Hegel über Heinrich Heine bis hin zu Matthew Arnold. In seiner Monographie *Mimesis* (die schließlich 1946 erschien) deutet Auerbach das Universum der hellenistischen Weltdarstellung, wie sie in Homers Beschreibung der Narbe des Odysseus umgesetzt wurde, als »ausformende Beschreibung, gleichmäßige Beleuchtung, lückenlose Verbindung, freie Aussprache, Vordergründlichkeit, Eindeutigkeit«.[1] In der *Akedah*, der Bindung Isaaks, dem Kernstück der *Wajera* (Genesis 18,1 bis 22,24), sieht er die

> Hervorarbeitung einiger, Verdunkelung anderer Teile, Abgerissenheit, suggestive Wirkung des Unausgesprochenen, Hintergründlichkeit, Vieldeutigkeit und Deutungsbedürftigkeit, weltgeschichtlichen Anspruch, Ausbildung der Vorstellung vom geschichtlich Werdenden und Vertiefung des Problematischen.[2] (Abb. 20)

Die Narbe des Odysseus steht für den Hang der Griechen zum Realismus, die Bindung Isaaks für den skelettartigen und evozierenden Charakter der jüdischen Texte, was deren wiederholte Interpretation und Neuinterpretation notwendig macht, die in den Jahrtausenden der Lektüre dieses zentralen Abschnitts so präsent war.

Aber es gibt eine Ebene von Details, die oftmals übersehen wurde, auch von Auerbach. Sehen wir uns neben Abraham und Isaak auch die anderen Figuren in dieser Geschichte an:

---

1 Erich Auerbach, Mimesis. Dargestellte Wirklichkeit in der abendländischen Literatur, Bern 1946, hier zitiert nach der 6. Aufl. 1977, S. 26.
2 Ebd.

Abb. 20: Rembrandt van Rijn, Abrahams Opfer, 1655.

Da stand Abraham früh am Morgen auf und gürtete seinen Esel und nahm mit sich zwei Knechte und seinen Sohn Isaak [...]. Am dritten Tage hob Abraham seine Augen auf [...] und sprach zu seinen Knechten: Bleibt ihr hier mit dem Esel. Ich und der Knabe wollen dorthin gehen, und wenn wir angebetet haben, wollen wir wieder zu euch kommen. [...] So kehrte Abraham zurück zu seinen Knechten. Und sie machten sich auf und zogen miteinander nach Beerseba und Abraham blieb daselbst.[3] (Gen. 22, 3-19)

Diese beiden Knechte, höchstwahrscheinlich Männer, sind Standard-figuren. Sie oder ihre Stellvertreter tauchen in der hebräischen Bibel als namenlose Charaktere immer wieder auf. Während unsere Augen den zentralen Gestalten des Dramas folgen, Abraham und seinem Sohn, ent-gehen die anderen beiden Figuren unserer Aufmerksamkeit. (Nach islami-scher Lesart ist der Sohn Ismael und nicht Isaak: Koran 37: 101-113.) In der Tat liegt der Schwerpunkt aller biblischen Erzählungen auf den Protagonis-ten, von Abraham bis Daniel. Wir konzentrieren uns auf die Schauspieler, nicht auf die Statisten; wir hören auf die sprechenden Rollen, nicht auf die

3   Die Bibel oder Die ganze Heilige Schrift des Alten und Neuen Testaments nach der Übersetzung Martin Luthers, Stuttgart 1972, S. 36.

Im Wartezustand

stummen. Die Knechte – von denjenigen, die Abram in Genesis 14,14 bewaffnet, bis zu dem, der in 24,65 zwischen Isaak und Rebekka vermittelt – bleiben anonym, gesichtslos. Und oft sind sie wirklich Akteure abseits der Bühne des Geschehens, zum Beispiel, wenn Samuel sich umdreht, um Saul zu ermahnen (1. Sam. 9, 27), ihm aber vorher befiehlt: »Sage dem Knecht, daß er uns vorangehe – und er ging voran –, du aber steh jetzt still, daß ich dir kundtue, was Gott gesagt hat.«[4] Was hat der Diener erlebt, zu dem man einfach sagte, er solle warten, er solle unauffällig verschwinden, wie es zu seiner Aufgabe gehörte? Wir wissen, dass die Diener sogar in der Literatur das Potenzial für ein Innenleben haben, entgegen der Darstellung des Butlers Stevens in Kazuo Ishiguros Roman *The Remains of the Day* von 1989 (auf Deutsch erschienen unter dem Titel *Was vom Tage übrig blieb*).

Eine der großen Klagen über unsere moderne Welt lautet, dass wir alle zu anonymen, gesichts- und stimmlosen Statisten degradiert worden seien. Vor allem Männer, so wird behauptet, hätten ihre einst mächtige, gesellschaftlich (oder göttlich) vorgegebene Rolle im traditionellen Patriarchat verloren. Sie seien zu bloßen Rädchen im Getriebe geworden, ihrer Individualität und damit ihrer Stärke und ihres Status beraubt. Charlie Chaplins erschreckendes Bild der mechanisierten Welt in *Modern Times* (1936), in der alle Menschen austauschbare Teile sind, hat Eingang gefunden in unser männliches Selbstverständnis. Es ist ein Gemeinplatz der nachaufklärerischen Epoche, dass die Menschen nicht mehr die Gestalter ihres eigenen Schicksals sind, im Gegensatz zu einer Zeit, in der die Männer noch ›echte‹ Männer waren, wie vielleicht in der hebräischen Bibel. Fiktionen können uns das immer besser vergegenwärtigen als unsere eigene soziale Realität, zumindest indem sie uns mit utopischen Vergangenheiten versorgen.

Wo sind die Abrahams und Isaaks heute? – Wo sind die Akteure auf der göttlichen Bühne, die in der Welt so präsent waren, dass Gott von ihnen Notiz nahm? Ob diese Schauspieler wohl Symbole für etwas viel Größeres waren? Das deuten sowohl Auerbach als auch der iberische Gelehrte Jonah ibn Janah (geboren als Abu al-Walīd Marwān ibn Janāh) aus dem 11. Jahrhundert an (vgl. *Bereschit Rabba* 56, 12 aus dem 6. Jahrhundert). Oder standen die Männer stellvertretend für alle religiösen Menschen? Dies behauptete Joseph B. Soloveitchik: »Die Auserwählten des Volkes beschäftigten sich von dem Augenblick an, als sie die Offenbarung Gottes hatten, mit

---

4 Ebd., S. 323.

einem fortwährenden Akt des Opferns.«[5] Oder stellten sie einen echten Vater dar, der seinen Sohn niemals wirklich opfern würde, da Gott so etwas niemals verlangen könnte? So argumentiert Lippman Bodoff in seinem Buch *The Binding of Isaac, Religious Murders & Kabbalah*.[6] Ob solch ein echter Vater seine Söhne so bereitwillig geopfert hätte, wie der britische Dichter aus der Zeit des Ersten Weltkriegs Wilfred Owen es in seinem außergewöhnlichen Gedicht über die *Akedah* nahelegt?

> Und siehe, ein Engel rief ihn aus dem Himmel / und sprach: Leg deine Hand nicht an den Knaben / [...] / Aber der alte Mann hörte nicht darauf, sondern tötete seinen Sohn, / Und die Hälfte der Nachkommen Europas, einen nach dem anderen.[7]

Andererseits sieht zumindest ein neuerer israelischer Kritiker in der *Akedah* die Wurzeln des modernen israelischen Nationalgefühls, das laut ihm bestimmt ist von Selbstaufopferung und Altruismus.[8] Ob die Erzählung von Abraham und Isaak den gesellschaftlichen Konventionen der damaligen Zeit bezüglich der Kinderopfer widerspricht, wie Bibelwissenschaftler von J. H. Hertz bis Richard Elliott Friedman behauptet haben, soll uns hier jetzt nicht weiter interessieren.[9]

Uns beschäftigt die Frage unserer Unfähigkeit, in der heutigen Welt im Mittelpunkt des Geschehens zu stehen. Warum scheinen wir nicht mehr in der Lage zu sein, unser Schicksal zu gestalten oder wenigstens eine Hauptrolle im Drama unseres eigenen Lebens zu spielen? Warum sind wir darauf reduziert worden, zu warten, dass andere handeln? Warum werden wir Menschen ständig in die Rolle von Hamlets Freunden Rosencrantz und Guildenstern oder, vielleicht noch genauer, in die Rolle ihrer berühmtesten Nachfahren, Samuel Becketts Wladimir und Estragon, gedrängt, als Akteure im Hintergrund, während das eigentliche Geschehen woanders stattfin-

---

5 Joseph B. Soloveitchik, Divrei Hashkafa, hrsg. v. Moshe Krone, Jerusalem 1992, S. 255.

6 Lippman Bodoff, The Binding of Isaac, Religious Murders & Kabbalah: Seeds of Jewish Extremism and Alienation?, New York 2005.

7 Wilfred Owen, »The Parable of the Old Man and the Young«, in: Jon Stallworthy (Hrsg.), The Complete Poems and Fragments, Bd. I: The Poems, London 1983, S. 151.

8 Yael Feldman, Glory and Agony: Isaac's Sacrifice and National Narrative, Palo Alto 2010.

9 Richard Elliott Friedman, The Bible with Sources Revealed, New York 2003, S. 65.

Im Wartezustand

det – ein Geschehen, dessen wir uns nur vage bewusst sind und das wir in unserer passiven und abhängigen Rolle weder verändern noch darauf reagieren können? Anders ausgedrückt: Wo sind all die >echten Männer< geblieben? Warum sind wir in unserer modernen Welt nicht nur so weit von jeglichem Bewusstsein einer Offenbarung entfernt, sondern auch von jeglicher Fähigkeit, tatsächlich zu handeln? Warum warten wir ständig >auf Godot<, während andere ihm zu begegnen scheinen?

Was verblüffend ist, wenn wir uns zusammen mit den Knechten hinsetzen und warten, während Abraham mit Isaak in die Ferne entschwindet, wo die Umrisse des Berges Morija erkennbar sind, ist die Langeweile des Alltags, die Unmännlichkeit des Nichtstuns, das bedeutungsleere Gerede, das als Unterhaltung gilt, während andere handeln, während andere die göttliche Sphäre hören und ihr antworten. »Da rief ihn der Engel des HERRN vom Himmel und sprach: Abraham! Abraham! Er antwortete: Hier bin ich.«[10] Erst ganz am Ende, erst nachdem das Geschehen vorbei ist, ein Geschehen, von dem wir keine Kenntnis haben, weil wir nur dasitzen und warten, erst dann werden wir dazu aufgefordert, zu den Akteuren zurückzukehren, zurück an den Ort, von dem wir gekommen sind. Niemand ruft uns, wir antworten nie »Hier bin ich«, weil wir immer schon da sind und warten; unser Hier ist unbestimmt und endlos; unsere Leben sind reduziert auf die Rolle, die wir in einem göttlichen Drehbuch spielen, das wir nie zu Gesicht bekommen haben und dessen Aktionen wir immer nur vom Rande aus beiwohnen werden.

Aber natürlich ist es dieses Bewusstsein des Wartens, das die Rolle aller Menschen im Leben zu definieren scheint. Nach Martin Heideggers 1966 erschienenen *Feldweggesprächen über das Denken* konnte die abendländische Philosophie vom »Warten« als dem Zustand sprechen, der es uns ermöglicht, von der bloßen Vorstellung der Welt zum wahren meditativen Denken überzugehen, das die Wahrheit des Seins denkt.[11] In Heideggers Text sagt der »Lehrer«: »Warten, wohlan; aber niemals erwarten; denn das Erwarten hängt sich bereits in ein Vorstellen und dessen Vorgestelltes.« Und der »Gelehrte« antwortet: »Das Warten jedoch läßt davon ab; oder ich muß eher sagen: Das Warten läßt sich auf das Vor-stellen [sic] gar nicht ein. Das Warten hat eigentlich keinen Gegenstand.«[12] Im Warten bewegen

---

10 Gen. 22, 11 (Anm. 3), S. 36.

11 Martin Heidegger, »Zur Erörterung der Gelassenheit. Aus einem Feldweggespräch über das Denken«, in: ders., Gesamtausgabe, Band 13: Aus der Erfahrung des Denkens, 1910-1976, Frankfurt a. M. 1983, S. 37-74.

12 Ebd., S. 49.

wir uns weg von jenem vertrockneten Denken, das die Welt zu verstehen und zu kennen scheint, hin zu einer emotionalen Reaktion, die vom »Dasein« [sic] vereinnahmt wird und daher dem »Da-sein« [sic] zugewandt ist. Was Heidegger meint, ist ganz einfach, dass das Bewusstsein des Wartens das Warten zu etwas ganz anderem macht, es macht das Warten zum eigentlichen Wesen des Lebens. Das Leben ist weder aktiv noch passiv, man muss weder im Mittelpunkt noch am Rande stehen, aber es ist das fehlende Bewusstsein des Lebens, das es so unerfüllt macht.

Dieses Bewusstsein des eigenen Wartens war jedoch, zumindest seit der Herausbildung des rabbinischen Judentums, stets das Hauptanliegen der Juden. Das Warten auf den Messias definiert in vielerlei Hinsicht die jüdische Identität. Und man wartet nicht mitten auf der Bühne, sondern immer am Rand. Ein altes Klischee besagt, dass Jüdischsein in der Moderne einfach bedeutet, modern zu sein, und dass Modernsein einfach bedeutet, ein Jude zu sein; dass alle Ängste, unter denen der moderne Mensch leidet – von der Entfremdung inmitten der Welt bis hin zum Gefühl der Handlungsunfähigkeit – beide Seinsformen bestimmen. Mit anderen Worten: Der Jude von heute ist nicht Abraham, der die Stimme Gottes hört, sondern Woody Allen, der sich in seiner 1975 erschienenen Textsammlung *Without Feathers* folgende Sorgen macht: »Was, wenn nichts existiert und wir alle in jemandes Traum sind? Oder was noch schlimmer ist, was, wenn nur dieser fette Kerl in der dritten Reihe existiert?«[13] Wobei der anonyme fette Kerl in der dritten Reihe den auf Abraham wartenden Dienern sehr ähnlich ist. Ihnen ist gemeinsam, dass sie das Geschehen zu verpassen scheinen; sie müssen nur warten auf das Drama, das sich in der Mitte der Bühne abspielt.

Und doch ist dieses Warten ein produktives Warten, solange man sich bewusst ist, dass man wartet. Das ist es, was ein jüdisches Leben ausmacht. Es ist die Reglosigkeit dieses Wartens, die es uns ermöglicht zu verstehen, dass wir nicht die Hauptakteure unserer eigenen Existenz sind. Dass der Ort von »jenseits der Bühne« überall ist. Dass das Warten auf Godot, das Warten auf den Messias, der Zustand ist, der es den Juden ermöglicht, sich mit den Kleinigkeiten der täglichen Existenz zu befassen, die wichtig sind, um unsere Leben als menschliche Wesen zu definieren. Die Aufgaben des Alltags erhalten nur dann einen Sinn, wenn wir uns das Warten als jenen Zustand vorstellen, der es uns ermöglicht, über die Bedeutung solcher gewöhnlichen Verrichtungen nachzudenken. Die 613 Mitzwot sind die

13   Woody Allen, Without Feathers, New York 1975, S. 137.

Artikulation des Gewahrseins des bewussten Wartens. (In der Tat, wenn wir dem glauben, was Abraham ibn Esra in seinem Werk *Yesod Mora* schreibt, dann »ist die Zahl der Mitzwot ohne Ende«.) Uns fällt nicht einmal die scheinbar banale Aufgabe zu, das Brennholz für das Opferritual zu spalten, sondern wir müssen zusammen mit dem Esel warten. Aus diesem Warten besteht das Leben; und es ist der Augenblick, in dem wir uns dessen bewusst werden, der es uns ermöglicht, zu warten: auf den Messias, ohne Zweifel noch ohne Zögern. Der Akt des Wartens bedeutet für Juden weder Ohnmacht noch Passivität; er bedeutet, sich auf die sinnvollen Tätigkeiten des Alltags einzulassen, die so oft als >Zeittotschlagen< disqualifiziert werden.

Damit sind wir zu einem anderen Verständnis der männlichen Identität im Judentum gelangt: Sie beruht auf der Fähigkeit zu warten. Nicht im negativen Sinne der Entfremdung in der Moderne, sondern in dem Sinne, dass die Rolle als Nebenfigur, die nicht im Mittelpunkt steht – und weder die Gesamtheit der Welt wahrnimmt noch wenigstens ihre Komplexität erahnt – eine Rolle ist, die man bereitwillig annehmen sollte. Jüdisch zu sein bedeutet, auf produktive Weise zu warten, indem wir uns in der Welt bewusst so verhalten, als wären wir Abrahams Knechte. Erinnern wir uns daran, dass Maimonides im *Sefer Hamitzwot* erklärt, die 497. Mitzwa bestehe darin, »anderen beim Beladen ihres Lasttiers zu helfen« (Deut. 22,4). Es gehört zur Wesensbestimmung des Menschen, Männer und Frauen, zu warten, eingedenk der Tatsache, dass bei diesem Warten die Aufgaben des täglichen Lebens, der menschlichen Interaktion, immer mehr an Bedeutung gewinnen.

Abbildungen

1) »Die Glockenkurve«, aus: »Sind Juden genetisch anders?«, in: Michael Haller und Martin Niggeschmidt (Hrsg.), Der Mythos vom Niedergang der Intelligenz: Von Galton zu Sarrazin, Wiesbaden 2012, S. 72.

2) Aus: Sander L. Gilman, »Der jüdische Körper: Gedanken zum physischen Anderssein der Juden«, in: Elizabeth Klamper (Hrsg.), Die Macht der Bilder. Antisemitische Vorurteile und Mythen, Wien 1995, S. 177.

3) George Brayton, »Shohet und weitere Angestellte einer Fleischfabrik beim Schlachten eines Lammes«, The Massachusetts Society for the Prevention of Cruelty to Animals (1913), Library of Congress, Photographic Division, Washington, D. C.

4) »Bemalte Metallfigur eines betrunkenen jüdischen Mannes in einem Trog«, spätes 19. Jahrhundert, United States Holocaust Memorial Museum Collection, Geschenk der Familie Katz.

5) »Richard Lalor Sheil: Popular Portraits – No. XVIII«, in: Illustrated London News, 22. 10. 1842, S. 381.

6) Leon Pinsker, Carte-de-Visite, The Pritzker Family National Photography Collection, Abraham Schwadron Collection, The National Library of Israel.

7) »Ein Lemberger Jude«, aus: Joseph Pennell, The Jew at Home: Impressions of a Summer and Autumn Spent with Him, New York 1892, S. 96.

8) Napoleon Sarony, Carte-de-Visite: Oscar Wilde, 1882, Library of Congress, Photographic Division.

9) Der Auszug der Juden aus Ägypten, aus: Cecil B. DeMille, The Ten Commandments (Die Zehn Gebote), 1923.

10) Die Durchquerung des Roten Meeres, aus Cecil B. DeMille, The Ten Commandments (Die Zehn Gebote), 1923.

11) Ausschweifungen vor dem Goldenen Kalb, aus: Cecil B. DeMille, The Ten Commandments (Die Zehn Gebote), 1923.

12) Die Synagoge erfährt von der Vertreibung der Juden, aus: Hans Karl Breslauer, Die Stadt ohne Juden, 1924.

13) Der Hausierer verkauft seine Waren von Tisch zu Tisch im Wirtshaus, aus: Hans Karl Breslauer, Die Stadt ohne Juden, 1924.

14) Zügellosigkeit als Folge sozialer Unordnung, aus: Hans Karl Breslauer, Die Stadt ohne Juden, 1924.

15) Der aus der Stadt vertriebene alte Jude sammelt die Erde seiner Heimat ein, aus: Hans Karl Breslauer, Die Stadt ohne Juden, 1924.

16) Die akkulturierten Juden kehren in die Stadt zurück (mit dem Zug), aus: Hans Karl Breslauer, Die Stadt ohne Juden, 1924.

17) Die Württemberg verlassenden Juden, aus: Veit Harlan, Jud Süß, 1940.

18) Grabkreuze aus Blei, die bei der Ausgrabung eines Londoner Friedhofs gefunden wurden; sie sollen bei den Opfern des Ausbruchs des Schwarzen Todes von 1348-53 gelegen haben, Wellcome Library, Photographic Collection, London.

19) Ali Harb, »›Our house‹: Inside the MAGA riot that rocked America«, in: MIDDLE EAST EYE, 7. 1. 2021, https://www.middleeasteye.net/news/our-house-inside-maga-riot-rocked-america (aufgerufen am 8. 1. 2021).

20) Rembrandt van Rijn, »Abrahams Opfer«, 1655, Princeton Art Museum, Laura P. Hall Memorial Collection.

Textnachweise

»Sind Juden genetisch anders?«, in: Michael Haller und Martin Niggeschmidt (Hrsg.), Der Mythos vom Niedergang der Intelligenz: Von Galton zu Sarrazin, Wiesbaden 2012, S. 71-86.

»Jüdischer Humor und die Bedingungen, durch welche Juden Eintritt in die westliche Zivilisation fanden«, in: Burkhard Meyer-Sickendiek und Gunnar Ochs (Hrsg.), Der jüdische Witz, Paderborn 2015, S. 155-170.

»Are You Just What You Eat? Ritual Slaughter and the Politics of National Identity«, in: Jewish Cultural Studies 3 (2011), S. 341-359.

»The Problem with Purim: Jews and Alcoholism«, in: Leo Baeck Institute Year Book 50 (2005), S. 215-231.

»From Richard Lalor Shiel to Leon Pinsker: The Jewish Question, the Irish Question, and the Genealogy of Hebrewphobia«, in: Aidan Beatty und Dan O'Brien (Hrsg.), Irish Questions and Jewish Questions: Crossovers in Culture, Syracuse 2018, S. 79-95.

»›You, too, could walk like a Gentile‹: Jews and Posture«, in: Stefan Vogt et al. (Hrsg.), Wegweiser und Grenzgänger: Festschrift für Mark H. Gelber, Köln 2018, S. 17-30.

»Queer Posture; Jewish Posture«, in: Florian Mildenberger (Hrsg.), Transatlantische Emanzipation: Freundschaftsgabe für James Steakley, Berlin 2021, S. 15-22.

»Bewegte Juden in bewegten Bildern: Visuelle Fantasien über jüdische Mobilität in der Zwischenkriegszeit und danach« (unveröffentlicht).

»Placing the Blame for COVID-19 in and on Ultra-Orthodox Communities«, in: Modern Judaism 41 (2021), I, S. 1-30.

»Waiting: A Jewish Paradox?«, in: Jeffrey Salkin (Hrsg.), The Modern Men's Torah Commentary, Woodstock 2009, S. 24-29.